왜 우리는 예수 그리스도를 믿어야 하는가?

제3권 개정 증보판

왜 당신은 예수를 믿습니까?

김도수 지음

크리스챤 디스커버리

왜 우리는 예수 그리스도를 믿어야 하는가?

왜 당신은 예수를 믿습니까?

개정 증보판

김도수 지음

크리스챤 디스커버리
Christian Discovery

개정 증보판

현대는 포스트모더니즘 시대로서 인류를 혼돈의 도가니 속으로 몰아넣고 있다. 포스트모더니즘은 상대주의와 다원주의(다양성)로 특징지어진다. 절대적인 것이 없으며 모든 것이 상대적이다. 따라서 의와 불의, 선과 악, 거룩함과 더러움, 자유민주주의와 사회주의에 대하여 구분이 모호하다. 인류의 죄 문제를 해결함에 있어서 해답은 절대주의가 아니라 상대주의이다. 성경은 그리스도의 피만이 모든 죄의 문제를 해결한다는 절대주의를 취하고 있다. 이에 반하여 포스트모더니즘은 기독교의 절대주의를 부정하고 구원에 있어서 종교다원주의를 추구한다. 따라서 현대사회는 절대적인 기준이 없는 혼돈의 시대라고 말할 수 있다. 선과 악의 구분이 모호한 혼돈의 시대에 살고 있는 우리는 동성애와 종교다원주의에 의하여 미혹을 받고 있다.

본서는 성경의 말씀을 통하여 그리스도의 피에 의한 속죄와 구원의 절대성을 체계적으로 설명하려고 노력하였다. 구약성경의 예언은 그리스도의 피에 의한 속죄와 그를 믿음으로 얻는 구원에 대한 모형과 그림자이다. 또한 예수 그리스도의 사역은 율법과 선지자의 예언의 성취이다. 그리스도의 피에 의한 속죄를 인정하는 믿음만이 죄로부터 구원을 얻는 유일한 믿음이며, 이것이 성경을 통하여 계시된 믿음임을 밝히려고 노력하였다. 본서가 종교다원주의, 적그리스도 및 동성애의 미혹으로부터 교회를 보호하는 데 있어서 조금이나마 도움이 되기를 기도한다.

우리는 증보판에서 많은 부분을 보충하였으며 오자와 탈자를 수정하였다. 첫째, 제1부에서 스스로 계신 하나님의 이름을 보충하였다. 둘째, 제2부에서 사단의 죄의 성격을 명확하게 기술하였으며, 내용이 중복되며 난해한 것으로 지적되어온 보충적 설명을 삭제하였다. 셋째, 제3부에서는 구약성경의 이해를 돕기 위하여 보충적 설명으로서 이스라엘 역사와 성전국가를 추가하였다. 넷째, 제4부에서 그리스도 예수의 피와 생명 값, 그리스도의 벌거벗음과 인류의 수치, 죄의 모형과 실상에 대한 내용을 보충하였고, 보충적 설명으로서 삼위일체와 하나님의 이름을 추가하였다. 다섯째, 제5부에서 그리스도 예수의 피와 거듭남의 본질을 보충하였다. 여섯째, 제6부에서는 할례와 세례를 통하여 계시된 하나님의 뜻을 보충하였고 광야 교회와 전도의 모형에서 모호한 표현을 분명하게 논술하려고 하였다. 제7부에서는 첫째 부활에 참여한 성도들에게 임할 하나님의 영광과 부활한 몸의 특성을 보충하였다.

2023. 6

저자 김 도 수

머리말

초판

이 책은 두 가지 질문에 대한 해답을 제시하는 것을 목적으로 한다. "왜 우리는 예수 그리스도를 믿어야 하는가?"란 성도 자신에 대한 질문이며, "왜 당신은 예수를 믿는가?"란 불신자들의 질문이다. 성도들은 '왜 내가 예수 그리스도를 믿는가'에 대하여 자신에게 대답을 할 수 있어야 한다. 또한 '왜 당신은 예수를 믿는가?'에 대하여 불신자에게 답변을 할 수 있어야 한다. 이 책은 이 두 가지 질문에 대한 해답을 제시하는 것을 목적으로 한다. 내 자신과 불신자에 대한 질문에 답변하려면 예수 이름을 믿고 구원을 받은 것에 대한 객관적인 증거가 있어야 한다. 곧 구원에 대한 성령의 증거가 있어야 한다. '예수 그리스도를 믿고 구원을 받았다'라고 말하는 것은 나의 주장이다. 이 주장은 주관적이며 객관성이 없다.

구원에 대한 객관적인 증거를 가지려면 창세전에 작정된 하나님의 뜻과 그 뜻을 성취한 예수 그리스도의 사역을 알아야 한다. 하나님의 뜻은 예수 이름을 믿고 구원을 얻는 것이다. 구원은 믿음을, 믿음은 예수 그리스도의 피에 의한 속죄를, 속죄는 율법과 양심에 의한 하나님의 아들의 심판을, 심판은 아담의 타락을, 아담의 타락은 천사의 타락을 전제로 한다. 따라서 본서는 태초에 스스로 계신 하나님으로부터 시작하여 천사의 타락, 사단의 미혹과 아담의 타락, 율법과 양심에 의하여 정죄 받는 자범죄의 특성, 속죄와 구원과 심판에 대한 모형과 그림자, 하나님의 뜻을 성취하기 위하여 오신 예수 그리스도의 죽음과 부활, 믿음과 구원, 성령의 사역과 교회의 사명, 예수 그리스도의 재림과 최후의 심판에 대하여 살펴보았다. 이것을 통하여 인류를 향한 하나님의 뜻을 밝히려고 노력하였다. 하나님의 뜻을 앎으로 성령으로 구원에 대한 객관적인 증거를 제시할 수 있을 것이다.

  본서에 포함된 오류가 있다면 모두 저자의 책임이다. 진심으로 독자 여러분들의 많은 비판을 바란다. 모든 비판을 겸허하게 수용하여 나를 깨우치는 계기로 삼을 것이다. 죄가 넘치며 연약하고 부족한 사람을 택하셔서 예수 그리스도를 알게 하시고 구원을 주신 하나님께 감사를 드린다. 원고를 읽고 많은 오류를 지적하여 주신 분들에게 감사를 드린다.

"만군의 주 여호와여 주를 바라는 자로 나를 인하여 수치를 당케 마옵소서 이스라엘의 하나님이여 주를 찾는 자로 나를 인하여 욕을 당케 마옵소서" (시 69:6).

"누구든지 나를 믿는 이 소자 중 하나를 실족케 하면 차라리 연자 맷돌을 그 목에 달리우고 깊은 바다에 빠뜨리우는 것이 나으니라" (마 18:6).

"그리하여 온 이스라엘이 구원을 얻으리라 기록된바 구원자가 시온에서 오사 야곱에게서 경건치 않은 것을 돌이키시겠고 내가 저희 죄를 없이 할 때에 저희에게 이루어질 내 언약이 이것이라 함과 같으니라" (롬 11:26,27).

주후 2015. 9.

저자 **김 도 수**

제6부 성령의 은사와 예수 그리스도의 지체로서의 교회

6.1 성령 세례와 성령의 은사 ································· 17
  1. 육체의 정욕과 세례 ································· 17
    (1) 세례의 모형과 육신의 정욕
    (2) 불세례와 육체의 정욕
    (3) 성령 세례와 육체의 정욕
    (4) 할례와 세례를 통하여 계시된 하나님의 뜻
    (5) 이해를 위한 질문
  2. 성령의 은사 ································· 36
    (1) 예수 그리스도와 성령의 은사
    (2) 지혜의 말씀과 지식의 말씀
    (3) 믿음과 능력과 병 고치는 은사
    (4) 예언의 은사와 영 분별의 은사
    (5) 방언과 방언의 통역은사
    (6) 이해를 위한 질문

6.2 그리스도의 지체로서의 교회와 그리스도의 형상 ·················· 59
  1. 성령의 은사와 그리스도의 지체 ······················· 59
    (1) 예수 그리스도와 성령의 사역
    (2) 성령의 은사와 그리스도의 지체
    (3) 성령의 은사와 그리스도와의 연합
    (4) 이해를 위한 질문

2. 교회와 그리스도의 형상 ··· 74
      (1) 광야 교회와 그리스도의 형상
      (2) 교회와 그리스도의 형상
      (3) 하나님의 창조질서와 교회를 통한 하나님의 영광
      (4) 이해를 위한 질문
   3. 그리스도의 형상과 마귀의 형상 ··· 89
      (1) 세상과 마귀의 형상
         가) 마귀의 형상
         나) 교회를 핍박하고 미혹하는 마귀의 형상
      (2) 만물 위에 있는 교회와 그리스도의 형상
         가) 세상으로부터 핍박을 받는 그리스도의 형상
         나) 만물 위에 있는 교회의 권세
      (3) 이해를 위한 질문

6.3 교회와 복음전도 ··· 109
   1. 복음전도의 내용 ··· 109
      (1) 율법의 정죄와 회개의 선포
      (2) 마귀의 심판과 그리스도의 왕권의 선포
      (3) 그리스도의 피에 의한 속죄와 교회의 복음증거
      (4) 이해를 위한 질문
   2. 성령의 권능과 예수 그리스도 부활의 증거 ······················· 124
      (1) 예수 그리스도의 부활과 사도들의 증거
      (2) 예수 그리스도의 부활과 교회의 증거
      (3) 국가 권력에 의한 복음의 증거와 교회의 타락
      (4) 이해를 위한 질문
   3. 하나님의 사랑과 교회의 복음증거 ···································· 138
      (1) 하나님의 사랑과 예수 그리스도의 피

(2) 사랑의 실천과 복음의 증거

　　(3) 사랑의 실천과 구제

　　(4) 하나님의 사랑과 교회의 복음증거

　　(5) 이해를 위한 질문

6.4 교회와 예배와 성찬 ··· 155

　1. 광야 교회와 예배의 모형 ·· 155

　　(1) 아브라함의 제사와 예배의 모형

　　(2) 성막의 제사와 예배의 모형

　　(3) 제사와 하나님의 얼굴

　　(4) 하나님의 말씀을 사모하는 예배의 모형

　　(5) 이해를 위한 질문

　2. 진정과 신령으로 드리는 예배 ······································ 175

　　(1) 진정으로 드리는 예배

　　(2) 신령으로 드리는 예배

　　(3) 이해를 위한 질문

　3. 산 제사와 영적 예배 ··· 184

　　(1) 생활 속에서 드리는 예배

　　(2) 산 제사와 영적 예배

　　(3) 이해를 위한 질문

　4. 교회와 성찬 ·· 193

　　(1) 유월절과 성찬의 모형

　　(2) 교회와 성찬

　　(3) 이해를 위한 질문

6.5 요약 및 결론 ·· 202

제7부 예수 그리스도의 재림과 최후의 심판

7.1 예수 그리스도 재림과 성도의 부활 ·················· 215
1. 재림의 준비 ·················· 215
(1) 복음의 전파와 이스라엘의 구원
(2) 거짓 그리스도와 거짓 선지자의 출현
(3) 마귀의 미혹과 교회의 배교
　가) 마귀의 미혹과 교회의 영적 전쟁
　나) 마귀의 미혹과 교회의 배교
(4) 이해를 위한 질문

2. 그리스도의 재림의 징조 ·················· 238
(1) 멸망의 가증한 것
(2) 큰 환난
(3) 미혹하는 자들에 대한 심판
(4) 이해를 위한 질문

3. 예수 그리스도의 재림과 성도의 부활 ·················· 250
(1) 예수 그리스도의 재림
(2) 성도의 몸의 부활
(3) 이해를 위한 질문

7.2 예수 그리스도의 재림과 최후의 심판 ·················· 259
1. 심판의 기준 ·················· 259
(1) 의와 공의에 의한 심판
(2) 심판의 보좌와 생명책
(3) 이해를 위한 질문

2. 음부와 낙원에 있는 자들에 대한 의의 심판 ·················· 269
(1) 율법과 양심 아래서 육체가 죽은 자에 대한 심판

(2) 복음 아래서 육체가 죽은 자에 대한 심판

　　　(3) 이해를 위한 질문

　　3. 육체가 살아있는 자들에 대한 의의 심판 ·················· 279

　　　(1) 율법 아래 있는 자들에 대한 심판

　　　(2) 복음 아래 있다고 하는 자들에 대한 심판

　　　(3) 이해를 위한 질문

　　4. 무저갱에서 나온 자들과 미혹을 받은 자들에 대한 의의 심판 ··· 289

　　　(1) 무저갱에서 나온 악한 영들에 대한 심판

　　　(2) 무저갱에서 올라온 마귀에게 미혹 받은 자들에 대한 심판

　　　(3) 이해를 위한 질문

7.3 첫째 부활과 마지막 부활 ·················· 299

　　1. 첫째 부활에 참여할 자 ·················· 299

　　　(1) 의롭다하심을 받은 자들과 첫째 부활

　　　(2) 첫째 부활에 참여한 자들과 예수 그리스도의 흔적

　　　(3) 이해를 위한 질문

　　2. 마지막 부활에 참여할 자 ·················· 310

　　　(1) 마지막 부활의 시점

　　　(2) 마지막 부활과 죄의 흔적

　　　(3) 마지막 부활과 육체의 저주

　　　(4) 이해를 위한 질문

7.4 지옥의 형벌과 아버지 집의 영광 ·················· 322

　　1. 지옥의 형벌 ·················· 322

　　　(1) 흑암과 음부와 지옥

　　　(2) 지옥과 영원한 형벌

　　　(3) 이해를 위한 질문

2. 새 예루살렘 성과 첫째 부활에 참여한 자들이 받을 유업·········· 332
   (1) 그리스도 이후 성도들이 받을 유업
   (2) 그리스도 이전 의롭다하심을 받은 자들이 받을 유업
   (3) 이해를 위한 질문
3. 새 예루살렘 성과 하나님의 영광······················· 342
   (1) 아버지의 집: 새 예루살렘 성
   (2) 새 예루살렘과 하나님의 영광
   (3) 이해를 위한 질문

7.5 요약 및 결론································· 351

성령의 은사와 예수 그리스도의 지체로서의 교회

6.1 성령 세례와 성령의 은사
  1. 육체의 정욕과 세례
  2. 성령의 은사

6.2 그리스도의 지체로서의 교회와 그리스도의 형상
  1. 성령의 은사와 그리스도의 지체
  2. 교회와 그리스도의 형상
  3. 마귀의 형상과 그리스도의 형상

6.3 교회와 복음전도
  1. 복음전도의 내용
  2. 성령의 권능과 예수 그리스도 부활의 증거
  3. 하나님의 사랑과 교회의 복음증거

6.4 교회와 예배와 성찬
  1. 광야 교회와 예배의 모형
  2. 진정과 신령으로 드리는 예배
  3. 산 제사와 영적 예배
  4. 교회와 성찬

6.5 요약 및 결론

"그러므로 너희는 가서 모든 족속으로 제자를 삼아 아버지와 아들과 성령의 이름으로 세례를 주고' (마 28:19)

"너희는 그리스도의 몸이요 지체의 각 부분이라" (고전 12:27).

"오직 성령이 너희에게 임하시면 너희가 권능을 받고 예루살렘과 온 유대와 사마리아와 땅 끝까지 이르러 내 증인이 되리라 하시니라" (행 1:8)

제6부 성령의 은사와 예수 그리스도의 지체로서의 교회

6.1 성령 세례와 성령의 은사

1. 육체의 정욕과 세례

(1) 세례의 모형과 육신의 정욕

1) 육체의 정욕은 성령의 사역을 대적하므로 정욕을 십자가에 못 박은 자만이 성령의 인도하심을 받을 수 있다. 성령의 인도하심을 받아 진리를 순종하는 자는 하나님께 속한 자이며, 정욕에 따라서 범죄하는 자는 세상에 속한 자이다(요일 2:16). 정욕에 따라서 범죄하는 사람들의 집단을 세상이라고 정의한다면, 그리스도의 지체로서 교회는 부르심을 받아 세상에 나온 자들의 모임이다. 곧 교회는 육체의 정욕을 십자가에 못 박고 예수 그리스도의 말씀을 따르는 자들의 모임이라고 말할 수 있다. 성경은 믿는 자들에게 정욕을 십자가에 못 박으라고 말씀한다. 육체의 정욕을 십자가에 못 박았다는 것을 인치는 의식이 세례이다. 세례는 예수 그리스도의 죽음 및 부활과 연합하는 표이다.

2) 애굽에서 광야로 나온 이스라엘 백성은 교회의 모형이다. **"시내산에서 말하던 그 천사와 및 우리 조상들과 함께 광야 교회에 있었고 또 생명의 도를 받아 우리에게 주던 자가 이 사람이라"** (행 7:38). "광야 교회"란 유월절 어린 양의 피로 속죄 받고 홍해를 건너서 광야로 나온 이스라엘의 회중을 말한다. 그들은 홍해를 건넘으로 애굽의 바로의 지배에서 완전히 벗어났다. 이것은 예수 그리스도의 이름을 믿고 세상에서 나옴으로 마귀의 권세와 분리된 하나님의 교회를 모형으로 보여준다. 교회란 하나님께서 택하여 세상에서 불러낸 자들의 모임을 의미한다.[1]

3) 이스라엘 백성이 광야로 나오려면 홍해바다를 건너야 한다. 이것은 세례의 모형이다. 이스라엘 백성이 애굽에서 나와서 홍해를 건너고 구름 아래를 통과한 것은 믿는 자들이 받는 세례를 모형으로 보여준다. **"형제들아 너희가 알지 못하기를 내가 원치 아니하노니 우리 조상들이 다 구름 아래 있고 바다 가운데로 지나며 모세에게 속하여**

---

[1] James D. G. Dunn, op. cit., pp. 718, 719.

다 구름과 바다에서 세례를 받고"(고전 10:1,2). 이스라엘 백성이 하나님의 은혜로 홍해바다를 통과하였으나 그들을 추격하던 애굽의 군사는 모두 물에 빠져서 죽었다. **"물이 다시 흘러 병거들과 기병들을 덮되 그들의 뒤를 쫓아 바다에 들어간 바로의 군대를 다 덮고 하나도 남기지 아니하였더라 그러나 이스라엘 자손은 바다 가운데 육지로 행하였고 물이 좌우에 벽이 되었었더라"**(출 14:28,29). 이스라엘 백성을 추격하던 애굽의 군대가 바다에 빠져 죽음으로 이스라엘은 바로의 권세로부터 벗어날 수 있었다.

4) 홍해바다에서 죽은 애굽의 군대가 영적으로 무엇을 예표로 하느냐에 대한 해답을 제시하는 것이 노아 시대의 홍수에 의한 심판이다. 성경은 홍수에 의한 심판을 세례의 모형이라고 말씀한다. **"그들은 전에 노아의 날 방주 예비할 동안 하나님이 오래 참고 기다리실 때에 순종치 아니하던 자들이라 방주에서 물로 말미암아 구원을 얻은 자가 몇 명 뿐이니 겨우 여덟 명이라 물은 예수 그리스도의 부활하심으로 말미암아 이제 너희를 구원하는 표니 곧 세례라 육체의 더러운 것을 제하여 버림이 아니요 오직 선한 양심이 하나님을 향하여 찾아가는 것이라"**(벧전 3:20,21). 세례란 육체의 죄를 씻는 것이 아니다. 죄는 오직 그리스도의 피로써만이 거룩하게 할 수 있다. 세례를 받음으로 육체의 정욕을 십자가에 못 박은 자만이 선한 양심을 가질 수 있고 하나님의 말씀을 순종할 수 있다.

5) 노아 시대에 하나님께서 물로 세상을 심판하신 이유는 사람들의 생각이 악하였기 때문이다. **"여호와께서 사람의 죄악이 세상에 관영함과 그 마음의 생각의 모든 계획이 항상 악할 뿐임을 보시고 땅위에 사람 지으셨음을 한탄하사 마음에 근심하시고 가라사대 나의 창조한 사람을 내가 지면에서 쓸어버리되 사람으로부터 육축과 기는 것과 공중의 새까지 그리하리니 이는 내가 그것을 지었음을 한탄함이니라 하시니라"**(창 6:5~7). "마음의 생각의 모든 계획이 항상 악하다"란 육신의 생각이 악하다는 것을 의미한다. "계획"으로 번역된 히브리어 야차르(יָצַר)는 계획(devise, plan), 상상(imagination), 무엇을 만드는 것(something formed)을 의미한다.[2] 하나님의 뜻을 대적하려는 악한

---

2) BDB., p. 428.

생각을 가지고 있는 모든 자들이 홍수로 인하여 죽임을 당하였다. 곧 악한 생각과 강퍅한 마음이 물로 인하여 죽는 것을 세례라고 말할 수 있다.

6) 홍해바다에서 죽은 애굽의 군사들과 노아 시대에 홍수로 인하여 죽은 자들은 정욕과 그로부터 나오는 육신의 생각을 의미한다고 말할 수 있다. 따라서 사도 바울은 세례가 예수 그리스도의 죽음과 부활에 연합하는 표라고 해석하였다. **"만일 우리가 그의 죽으심을 본받아 연합한 자가 되었으면 또한 그의 부활을 본받아 연합한 자가 되리라 우리가 알거니와 우리 옛 사람이 예수와 함께 십자가에 못 박힌 것은 죄의 몸이 멸하여 다시는 우리가 죄에게 종노릇하지 아니하려 함이니"** (롬 6:5,6). 예수 그리스도의 죽음과 연합하는 것은 믿는 자들에게 있어서 옛 사람이 죽음을 의미한다. "옛 사람"이란 정욕과 욕심을 따라서 살아가는 사람을 말한다. **"그리스도 예수의 사람들은 육체와 함께 그 정과 욕심을 십자가에 못 박았느니라"** (갈 5:24). "정"으로 번역된 헬라어 에피뒤미아이스($\epsilon\pi\iota\theta\upsilon\mu\acute{\iota}\alpha\varsigma$)는 (요일 2:16)에서 정욕으로 번역되고 있다. 육체의 정욕을 행동으로 옮기려는 욕망이 육신의 생각이다. (갈 5:24)에서 정과 욕심은 (갈 5:19~21)에서 말씀하는 죄를 의미한다고 해석할 수 있다.[3] **"육체의 일은 현저하니 곧 음행과 더러운 것과 호색과 우상 숭배와 술수와 원수를 맺는 것과 분쟁과 시기와 분냄과 당 짓는 것과 분리함과 이단과 투기와 술 취함과 방탕함과 또 그와 같은 것들이라 전에 너희에게 경계한 것 같이 경계하노니 이런 일을 하는 자들은 하나님의 나라를 유업으로 받지 못할 것이요"** (갈 5:19~21).

7) 세례는 육체가 물속에 잠기는 것으로 죽음을 의미한다. 그리고 육체가 물에서 올라오는 것은 아담 안에서 죄로 인하여 죽은 자가 살아나는 것을 말한다. 세례는 그리스도의 죽음 및 부활과 연합하여 옛 사람이 죽고 새 사람이 살아나는 것을 의미한다. **"그러므로 우리가 그의 죽으심과 합하여 세례를 받음으로 그와 함께 장사되었나니 이는 아버지의 영광으로 말미암아 그리스도를 죽은 자 가운데서 살리심과 같이 우리로 또한 새 생명 가운데서 행하게 하려 함이니라 만일 우리가 그의 죽으심을 본받아 연합한 자가 되었으면 또한 그의 부활을 본받아 연합한 자가 되리라"** (롬 6:4,5). "너희가 세례로 그리스도와

---

[3] H. Seesemann, "$\pi\acute{\alpha}\theta\eta\mu\alpha$." ed., Gerhard Kittel and Gerhard Friedrich, op. cit., pp. 896, 897.

함께 장사한바 되고 또 죽은 자들 가운데서 그를 일으키신 하나님의 역사를 믿음으로
말미암아 그 안에서 함께 일으키심을 받았느니라" (골 2:12). 그리스도의 죽음과 연합하
여 죽은 사람은 정욕에 따라서 살던 옛 사람이다. 그리스도의 부활과 연합하여 살아난
사람은 성령의 인도하심을 받아 진리를 순종하는 새 사람이다. 사도 바울은 옛 사람에
대응하는 개념으로 새 사람을 도입하였다. **"하나님을 따라 의와 진리의 거룩함으로 지으
심을 받은 새 사람을 입으라"** (엡 4:24). 세례를 통하여 그리스도의 죽음과 연합하여
죽은 사람이 옛 사람, 그리스도의 부활하심과 연합하여 살아난 사람이 새 사람이다.

8) 마귀는 육체의 정욕을 통하여 믿는 자들을 미혹하므로 믿는 자들은 정욕의 죽음으
로 마귀의 미혹에서 벗어나 진리를 순종할 수 있다. 이것을 인치기 위하여 믿는 자들은
예수 그리스도의 이름으로 세례를 받아야 한다. **"나는 너희로 회개케 하기 위하여 물로
세례를 주거니와 내 뒤에 오시는 이는 나보다 능력이 많으시니 나는 그의 신을 들기도
감당치 못하겠노라 그는 성령과 불로 너희에게 세례를 주실 것이요"** (마 3:11). 성령과
불로 받는 세례는 영적인 세례이다. 불과 성령으로 받는 세례는 육체의 정욕의 죽음과
관련되므로 예수 그리스도께서 믿는 자들에게 세례를 명하셨다. **"그러므로 너희는 가서
모든 족속으로 제자를 삼아 아버지와 아들과 성령의 이름으로 세례를 주고"** (마 28:19).
"아버지와 아들과 성령의 이름으로 세례를 주고"란 예수 이름으로 세례를 주는 것을
말한다. 사도들은 예수 이름으로 믿는 자들에게 세례를 주었다. **"베드로가 가로되 너희
가 회개하여 각각 예수 그리스도의 이름으로 세례를 받고 죄 사함을 얻으라 그리하면
성령을 선물로 받으리니"** (행 2:38). **"명하여 예수 그리스도의 이름으로 세례를 주라
하니라 저희가 베드로에게 수일 더 유하기를 청하니라"** (행 10:48).

9) (마 28:19)의 말씀은 삼위일체 하나님의 이름으로 세례를 주라는 명령이다. (행
2:38)의 말씀은 삼위일체 하나님의 이름이 예수임을 가리킨다. (마 28:19)의 말씀에서
이름으로 번역된 헬라어 오노마($ὄνομα$)는 복수가 아니고 단수이다. 곧 삼위일체 하나
님의 이름은 단수이며 그 이름은 예수이다.4)

10) 이상의 논의를 바탕으로 하여 "세례를 주다"로 번역된 밥티조($βατίζω$)의 의미를

---

4) 보충적 설명: 삼위일체와 하나님의 이름 참조

살펴보자. 개혁주의는 세례를 물을 뿌리는 것으로 해석한다.[5] 세례를 그리스도의 죽음, 장사 및 부활과 연합이란 의미로 해석하면 물에 잠기는 것으로 해석할 수 있다.[6] 예수 그리스도께서 죽으시고 땅속에 장사되셨다. 이와 같이 예수 그리스도의 죽음과 연합하여 옛 사람이 죽어 땅속에 장사되었다. 물에 잠기는 것은 옛 사람이 장사되는 것을 의미한다. 물에서 올라오는 것은 예수 그리스도의 부활과 연합하여 새 사람을 입는 것을 의미한다. 따라서 세례란 물에 잠기는 것으로 해석하는 것이 타당할 것이다.

11) 광야 교회는 하나님의 교회를 모형으로 보여준다. 하나님께서 애굽에서 불러내신 이스라엘의 회중을 광야 교회라고 한다. 이와 같이 하나님께서 세상에서 불러내신 자들의 모임을 하나님의 교회라고 한다. 이스라엘 회중은 유월절 어린 양의 피로써 애굽에서 나와서 홍해를 건너 광야로 나왔다. 이와 같이 성도는 예수 그리스도의 피로 죄 사함을 받고 세상에서 나오며 세례를 받음으로 옛 사람을 장사한다. 노아 시대에 마음의 생각의 모든 계획이 악한 사람들이 홍수로 인하여 죽었고 이스라엘 백성을 추격하던 애굽의 군대가 홍해바다에 빠져 죽었다. 이것은 세례를 모형으로 보여준다. 예수 그리스도의 죽음과 연합하는 세례는 정욕과 육신의 생각에 따라서 범죄하는 옛 사람의 죽음을 의미한다.

(2) 불 세례와 육체의 정욕

1) 예수 그리스도께서 믿는 자들에게 세례를 받으라고 명령하였다. 예수 그리스도께서 그의 피로써 율법의 모든 의식을 폐하셨지만 세례와 성찬을 명하셨다. 세례는 구원과 무관하지만 그리스도의 지체로서 맡은 직분을 수행하려면 이를 받아야 한다. 그의 명령에 순종하여 믿는 자들은 물 세례를 받는다. 이것은 영적인 세례를 모형으로 보여준다. 불 세례는 육체의 정욕이 율법에 의하여 십자가에 못 박히는 것을 의미한다. 불은 율법에 의한 심판과 관련되기 때문이다. 불이 모든 나무를 태우듯이, 율법은 모든 육체를 심판하여 나무에 달리는 사형을 선고한다.

---

[5] Heinrich Heppe, pp. 870, 871.
[6] Wayne Grudem, 하, op. cit., pp. 195, 196. 및 A. Oepke, "$\beta\alpha\pi\tau i\zeta\omega$," ed., Gerhard Kittel and Gerhard Friedrich, op. cit., p. 102.

2) 성령 세례와 불 세례는 동일한 것이 아니라 각각 다르다.7) 불은 심판과 관련되고 성령은 은사와 관련되기 때문이다.8) 성경에서 불을 심판과 관련하여 말씀하고 있다. **"네 하나님 여호와는 소멸하는 불이시요 질투하는 하나님이시니라"** (신 4:24). **"우리 하나님은 소멸하는 불이심이니라"** (히 12:29). "소멸하는 불"이란 불이 나무를 태워서 없이하듯이 율법이 죄를 심판하여 죗값을 없이하는 것을 말한다. 불은 더러운 모든 것을 태워서 정결하게 한다. 나무에는 각종 오염물질과 미생물이 있지만 불타고 남은 재는 깨끗하다. 이와 같이 율법은 모든 육체를 심판하여 십자가에 못 박음으로 죗값을 없이한다. **"이는 주께서 그 심판하는 영과 소멸하는 영으로 시온의 딸들의 더러움을 씻으시며 예루살렘의 피를 그 중에서 청결케 하실 때가 됨이라"** (사 4:4). "심판하는 영과 소멸하는 영"이란 율법을 의미한다. 예수 그리스도께서 불을 심판의 의미로 사용하셨다. **"내가 불을 땅에 던지러 왔노니 이 불이 이미 붙었으면 내가 무엇을 원하리요"** (눅 12:49). "땅에 던지다"란 세상을 심판하는 것을 의미한다.

3) 율법이 이스라엘 백성의 모든 죄를 심판한다는 것을 알리기 위하여 하나님은 연기와 불 가운데서 율법을 주셨다. **"시내산에 연기가 자욱하니 여호와께서 불 가운데서 거기 강림하심이라 그 연기가 옹기점 연기 같이 떠오르고 온 산이 크게 진동하며"** (출 19:18). 이스라엘 백성은 불 가운데서 말씀하시는 하나님을 두려워하였다. **"무릇 육신을 가진 자가 우리처럼 사시는 하나님의 음성이 불 가운데서 발함을 듣고 생존한 자가 누구니이까"** (신 5:26). 율법은 불같이 이스라엘 백성의 죄를 심판하였다. **"일렀으되 여호와께서 시내에서 오시고 세일산에서 일어나시고 바란산에서 비취시고 일만 성도 가운데서 강림하셨고 그 오른손에는 불같은 율법이 있도다"** (신 33:2). 불이 나무를 불살라 없애듯이, 하나님께서 우상을 숭배하는 이스라엘 백성을 율법으로 심판하셨다. **"그러므로 만군의 하나님 여호와가 이같이 말하노라 그들이 이 말을 하였은즉 볼찌어다**

---

7) 불을 성령으로 오해할 수 있다. 오순절 날에 불의 혀 같은 것이 성령과 함께 임하였으므로 불을 성령으로 오해하는 경우가 있다(행 2:3). 성령은 인격이며 사람의 눈으로 볼 수 없다. 그러나 불은 인격이 아니며 사람의 눈으로 볼 수 있으므로 성령이 아니다. 성령이 임하실 때 나타난 불은 천사의 사역이라고 말할 수 있다(히 1:7).

8) F. Lang, "πῦρ," ed., Gerhard Kittel and Gerhard Friedrich, op. cit., pp. 1086, 1087.

내가 네 입에 있는 나의 말로 불이 되게 하고 이 백성으로 나무가 되게 하리니 그 불이 그들을 사르리라"(렘 5:14).

4) 하나님의 형상으로 창조된 사람이 하나님의 말씀을 대적하는 것은 하나님의 이름을 더럽히는 것이므로 사람의 죄는 하나님을 괴롭게 한다. **"너는 나를 위하여 돈으로 향품을 사지 아니하며 희생의 기름으로 나를 흡족케 아니하고 네 죄 짐으로 나를 수고롭게 하며 네 죄악으로 나를 괴롭게 하였느니라"**(사 43:24). 따라서 하나님은 율법으로 죄를 심판하신다. 죄인이 율법에 의하여 심판을 받아 죽으면 그의 죗값은 도말된다. **"이런 자를 죽임에는 증인이 먼저 그에게 손을 댄 후에 뭇 백성이 손을 댈찌니라 너는 이와 같이 하여 너의 중에 악을 제할찌니라"**(신 17:7). 이스라엘 백성이 우상을 숭배함으로 하나님의 이름과 성소를 더럽혔을 때, 하나님은 앗수르와 바벨론을 통하여 그들을 심판하심으로 그들의 죄를 없이하셨다. 성경은 죄의 심판을 비유로 말씀하신다. **"가마가 빈 후에는 숯불 위에 놓아 뜨겁게 하며 그 가마의 놋을 달궈서 그 속에 더러운 것을 녹게 하며 녹이 소멸하게 하라"**(겔 24:11). 가마에 열을 가하면 그 속에 있는 녹은 벗겨진다. 이와 같이 율법은 모든 죄를 심판하여 그 죗값을 없이 한다.

5) 육체의 정욕으로부터 나오는 육신의 생각이 하나님을 대적함으로 하나님의 이름을 더럽히고 하나님을 괴롭게 한다. 따라서 하나님은 율법으로 육체의 정욕을 심판하신다. 육체의 정욕은 육체의 속성으로서 항상 육체 안에 있다. 율법은 육체의 정욕을 정죄하기 때문에 사도 바울은 그의 육체 안에 항상 죄가 거하고 있다고 고백하였다(롬 7:17). 바울은 사도로서 부름을 받았지만 그의 육체 안에 있는 정욕으로 인하여 괴로워하였다. 사도 바울은 죄로부터 자유하려면 육체의 정욕이 율법에 의하여 정죄를 받아 십자가에 못 박혀야 한다고 믿었다. 따라서 사도 바울은 예수 그리스도의 죽음과 연합하여 자신이 십자가에 못 박혀 죽였다고 선언하였다. **"내가 율법으로 말미암아 율법을 향하여 죽었나니 이는 하나님을 향하여 살려 함이니라 내가 그리스도와 함께 십자가에 못 박혔나니 그런즉 이제는 내가 산 것이 아니요 오직 내 안에 그리스도께서 사신 것이라 이제 내가 육체 가운데 사는 것은 나를 사랑하사 나를 위하여 자기 몸을 버리신 하나님의 아들을 믿는 믿음 안에서 사는 것이라"**(갈 2:19,20).

6) 예수 그리스도께서 제자들에게 십자가를 지고 자신을 따르라고 명령하셨다. **"이에 예수께서 제자들에게 이르시되 아무든지 나를 따라 오려거든 자기를 부인하고 자기 십자가를 지고 나를 좇을 것이니라"** (마 16:24). "십자가를 지다"란 육체의 정욕이 율법에 의하여 심판을 받아 십자가에 못 박힌 것을 의미한다. 나무에 달린 자는 저주를 받은 자이므로 십자가에 못 박히려면 율법에 의하여 정죄를 받아야 한다(갈 3:13). 정욕을 십자가에 못 박은 자만이 육신의 생각(자신)을 부인하고 예수 그리스도의 말씀을 순종할 수 있다. 육신의 정욕으로부터 나오는 육신의 생각이 율법에 의하여 정죄를 받아 십자가에 못 박혀 죽었다고 인정하는 믿음이 자기의 십자가를 진 것이다. 하나님의 말씀을 대적하는 육신의 생각을 십자가에 못 박은 자란 하나님의 말씀과 자신의 생각이 다르면 자신의 것을 포기하는 자를 말한다.

7) 믿는 자들은 예수 그리스도를 주님(Lord)라고 고백한다. 십자가에 못 박힌 그리스도를 주님이라고 고백하는 것은 그리스도와 함께 자신이 십자가에 못 박힌 것을 의미한다. 죽임을 당하시고 장사된 그리스도를 주님이라고 고백하는 것은 그리스도와 함께 자신이 죽고 장사된 것을 의미한다. 부활하신 그리스도를 주님이라고 고백하는 것은 그리스도와 함께 자신이 죽은 자 가운데서 살아난 것을 의미한다. **"너희가 세례로 그리스도와 함께 장사한바 되고 또 죽은 자들 가운데서 그를 일으키신 하나님의 역사를 믿음으로 말미암아 그 안에서 함께 일으키심을 받았느니라"** (골 2:12). 주인이 죽으면 종도 주인과 함께 죽으며, 주인이 살아나면 종도 같이 살아난다.9) 따라서 믿는 자들은 십자가를 볼 때 그리스도와 함께 내 육신의 정욕이 못 박힌 것을 보아야 한다. 사도 바울은 자신의 죄 때문에 예수 그리스도께서 십자가에 못 박힌 것과 동시에 자기의 정욕이 율법에 정죄를 받아 십자가에 못 박힌 것을 보았다. 따라서 그는 항상 그리스도를 죽인 죄를 짊어지고 있다고 고백하였다. **"우리가 항상 예수 죽인 것을 몸에 짊어짐은 예수의 생명도 우리 몸에 나타나게 하려 함이라"** (고후 4:10).

8) 예수 그리스도께서 세례를 자신의 죽음이라고 말씀하셨다. **"나는 받을 세례가 있으

---

9) 전쟁에서 패하여 국가의 통치자가 항복하면 전 국민이 항복한 것이다. 전제왕정시대에 중국의 황제가 죽으면 살아있는 그의 시녀들과 후궁들은 황제와 함께 무덤에 들어갔다. 황제의 죽음은 후궁들의 죽음과 같다.

니 그 이루기까지 나의 답답함이 어떠하겠느냐" (눅 12:50). 이 말씀은 죽음을 앞에 둔 예수 그리스도의 괴로움을 표현하고 있다.10) 예수 그리스도께서 자신의 죽음을 세례로 말씀하신 것은 성도들이 받을 세례가 죽음을 가리킨다는 것을 의미한다. 이러한 관점에서 볼 때, 불 세례는 옛 사람(정욕)이 율법에 의하여 심판을 받아 십자가에 못 박히는 것이라고 해석할 수 있다.11)

9) 믿고 세례를 받은 자는 십자가를 볼 때 두 가지를 보아야 한다. 하나는 우리의 죄를 대신하여 십자가에 못 박히신 예수 그리스도이다. 다른 하나는 육체의 정욕에 따라서 살아가는 옛 사람이 십자가에 못 박힌 것이다. 따라서 믿는 자는 두 개의 십자가를 그 마음속에 가지고 있어야 한다. 그리스도 예수의 피에 의한 속죄와 구원을 감사하는 마음과 육신의 정욕을 십자가에 못 박는 냉철한 마음을 가지는 것이다. 이렇게 하면 세상으로부터 오는 죄의 미혹을 극복할 수 있다. 육체에 새겨진 죄의 흔적으로부터 나오는 육신의 생각이 십자가에 못 박혀 죽은 것으로 알고 있는 자는 성령으로 그 생각을 이길 수 있다. 육신의 생각이 믿는 자의 의지를 사로잡아오지만 그 생각이 율법에 의하여 심판을 받아 십자가에 못 박힌 것을 아는 자는 그 생각을 극복하고 하나님의 은혜에 감사한다.

10) 사람이 세상에 속하였을 때 정욕에 따라서 행동함으로 죄를 범하고 있다. 그러나 예수 그리스도를 믿고 그 이름으로 세례를 받음으로 믿는 자들은 육체의 정욕을 십자가에 못 박았다. 믿는 자들은 세례를 받음으로 그리스도 예수와 연합하여 옛 사람을 벗어버리고 그리스도의 부활과 연합하여 새 사람을 입는다. 믿고 구원을 받음으로 그리스도의 지체가 된 자들은 육체의 정욕을 십자가에 못 박은 자들이다.

(3) 성령 세례와 육체의 정욕

1) 성령 세례란 성령을 받는 것을 말한다. 불 세례와 성령 세례는 동시적 사건이다. 육체의 정욕이 십자가에 못 박히는 것은 믿는 자의 의지에 속한 것이 아니라 성령의

---

10) 4.1.2. (2) 참조
11) 율법은 영을 정죄하지 못하므로 불(침)례는 정욕과 육신의 생각만이 십자가에 못 박히는 것을 의미한다. 곧 세례를 통하여 아담 안에서 죽은 영이 십자가에 못 박히는 것은 아니다.

인도하심이다. 예수 그리스도께서 성령에 의하여 십자가에 못 박히신 것과 같이, 육체의 정욕도 성령의 인도하심을 받아 못 박힌다. **"하물며 영원하신 성령으로 말미암아 흠 없는 자기를 하나님께 드린 그리스도의 피가 어찌 너희 양심으로 죽은 행실에서 깨끗하게 하고 살아계신 하나님을 섬기게 못하겠느뇨"** (히 9:14). "성령으로 말미암아 흠 없는 자기를 하나님께 드린 그리스도의 피"란 예수 그리스도께서 성령의 인도하심으로 십자가에 못 박혀 피를 흘리신 것을 의미한다.

  2) 육체의 정욕이 율법에 의하여 정죄를 받아 십자가에 못 박히려면 먼저 율법에 의하여 자신이 죄인임을 깨달아야 한다. 자신이 죄인임을 아는 자만이 그리스도 예수 안에서 육체의 정욕이 십자가에 못 박혔다는 것을 인정한다. 죄의 결과가 사망이라는 것을 아는 것은 성령의 감동으로 가능하다(롬 6:23). 바리새인들과 서기관들은 성령의 감동을 받지 못하였기 때문에 자신들이 율법에 의하여 정죄 받는 죄인임을 깨닫지 못하였다. 예수 그리스도께서 부활하신 뒤에 사도들은 성령의 감동으로 율법에 의하여 정죄 받은 자신의 죄를 깨달았다. 사도 바울은 부르심을 받기 전에 바리새인으로서 교회를 핍박하는 것이 죄임을 알지 못하였다. 그러나 부활하신 그리스도를 만난 뒤에 자신의 죄를 깨닫고 그 죄가 십자가에 못 박힌 것을 알았다.

  3) 율법을 통하여 자신의 죄를 알지 못하였을 때 바울은 예수 그리스도도 알지 못하였다. 그러나 그가 성령의 감동을 받았을 때, 자신이 교회를 박해한 죄임임을 깨달았다. **"미쁘다 모든 사람이 받을만한 이 말이여 그리스도 예수께서 죄인을 구원하시려고 세상에 임하셨다 하였도다 죄인 중에 내가 괴수니라"** (딤전 1:15). "내가 죄인의 괴수"란 예수 그리스도를 십자가에 못 박은 죄인임을 의미한다. 바울은 항상 예수 그리스도를 죽인 죄를 짊어지고 있다고 고백하였다. **"우리가 항상 예수 죽인 것을 몸에 짊어짐은 예수의 생명도 우리 몸에 나타나게 하려 함이라"** (고후 4:10). 바울은 그 죄로 인하여 자신이 십자가에 못 박혀 죽은 것을 알았다(갈 2:20). 바울의 육체가 십자가에 못 박힌 것이 아니라 정욕에 따라서 살던 옛 사람이 못 박혔다. 바울은 구원을 받기 전에 육체의 정욕을 따라서 살아가고 있었으므로 그의 생각은 육체의 정욕으로부터 나오는 육신의 생각과 항상 일치하였다. 따라서 그는 정욕에 따라서 행동하는 사람을 바로 "나"라고

고백하였다.

4) 성령의 감동으로 율법을 통하여 자신의 죄를 깨닫고 그리스도의 피에 의한 속죄를 아는 것은 옛 사람이 십자가에 못 박힌 것을 의미한다. 예수 그리스도께서 성령으로 십자가에 못 박히신 것과 같이, 믿는 자도 역시 성령으로 십자가에 못 박힌다. 성령으로 율법에 의하여 육체의 정욕이 십자가에 못 박히면, 세상과 무관한 자가 된다. 세상은 정욕에 따라서 범죄하는 자들의 집단을 의미하기 때문이다. **"이는 세상에 있는 모든 것이 육신의 정욕과 안목의 정욕과 이생의 자랑이니 다 아버지께로 좇아 온 것이 아니요 세상으로 좇아 온 것이라" (요일 2:16).** 따라서 정욕이 십자가에 못 박힌 것은 세상이 십자가에 못 박힌 것을 의미한다. **"그러나 내게는 우리 주 예수 그리스도의 십자가 외에 결코 자랑할 것이 없으니 그리스도로 말미암아 세상이 나를 대하여 십자가에 못 박히고 내가 또한 세상을 대하여 그러하니라" (갈 6:14).** 육체의 정욕에 따라서 세상에 속하여 살아가는 것은 사망이다. 사도 바울은 육체의 정욕과 세상이 십자가에 못 박힘으로 죄로 인하여 죽었던 자신이 의롭다하심을 받았다고 기록하였다. **"이는 죽은 자가 죄에서 벗어나 의롭다 하심을 얻었음이니라" (롬 6:7).**

5) 성령의 감동을 받아 율법에 의하여 육체의 정욕이 십자가에 못 박히면 성령을 선물로 받는다.12) 정욕이 십자가에 못 박혀 죽었다는 것은 성도가 성령에 의하여 인도받는다는 것을 의미한다. 성령께서 육신의 생각을 결박하셔야 하기 때문이다(갈 5:17). 따라서 정욕이 십자가에 못 박히는 것과 성령을 받는 것은 동시적 사건이라고 말할 수 있을 것이다. 이러한 이유로 성경은 세례를 받으면 성령을 선물로 받는다고 말씀한다. **"베드로가 가로되 너희가 회개하여 각각 예수 그리스도의 이름으로 세례를 받고 죄사함을 얻으라 그리하면 성령을 선물로 받으리니" (행 2:38).** "세례"란 물 세례를 의미하나 영적으로 불 세례를 포함한다고 말할 수 있다.

6) 성령 세례를 받는 것은 성령을 받는 것이다. 성령이 임하신 것은 세 가지의 현상으로 나타난다. 첫째, 하늘나라의 권세가 성령으로 믿는 자들 안에 임하신다. 예수 그리스

---

12) 성령의 감동을 받는 것과 성령을 받은 것은 구별한다. 성령을 받지 못하더라도 성령의 감동을 받을 수 있다. 성령을 받지 못하였지만 성령의 감동으로 육체의 정욕을 십자가에 못 박을 수 있다.

도께서 하늘나라의 권세를 가지고 임하셔서 아버지의 뜻을 이루셨다(요 4:34). 예수 그리스도께서 승천하여 하늘보좌에 앉으시고 믿는 자들에게 성령을 보내주신다(행 2:33). 성령께서 하늘나라의 권세를 가지고 오셔서 믿는 자들의 인격을 지배하신다. 성령께서 믿는 자들 안에 임하시면 하나님의 인격이 성도의 인격을 다스리신다. 성령을 받으면 그리스도의 말씀이 성도의 인격을 사로잡으며 성도들은 그 말씀을 순종함으로 하나님의 영광을 나타낸다. 따라서 사도 바울은 자신의 인격이 성령에 매였다고 고백하였다(행 20:22).

7) 성령을 받으면 믿는 자들은 자유의지를 상실한다. 성령의 감동하심으로 예수 이름을 믿으면 마귀의 지배로부터 벗어나 자유의지를 회복한다. 그러나 성령을 받으면 믿는 자의 의지가 성령에 예속되므로 자유의지를 상실한다. 자유의지를 상실하면 성령께서 믿는 자들의 의지를 사로잡아 진리를 순종하게 하신다. 따라서 믿는 자들은 성령으로 예수 그리스도를 주님이라고 시인하고 그의 말씀을 왕의 명령으로 알고 순종한다(고전 12:3). 성령으로 예수 그리스도의 말씀 앞에 무릎을 꿇을 수 있다. 성령을 받은 이후에 사도들은 자유의지를 상실하고 성령의 인도를 받아 그리스도의 부활을 증거하였다. 사도들이 세상으로부터 오는 많은 박해를 참고 견디며 복음을 증거한 것은 성령을 받았기 때문이다.

8) 성령께서 믿는 자의 인격을 사로잡아 하나님의 말씀을 순종하게 한다. 따라서 믿는 자들은 성령을 받음으로 비로소 육체의 정욕을 통제하고 하나님의 말씀을 순종할 수 있다. **"내가 이르노니 너희는 성령을 좇아 행하라 그리하면 육체의 욕심을 이루지 아니하리라 육체의 소욕은 성령을 거스리고 성령의 소욕은 육체를 거스리나니 이 둘이 서로 대적함으로 너희의 원하는 것을 하지 못하게 하려 함이니라"** (갈 5:16,17). 사도 바울은 육체의 정욕을 따라서 살아가는 자들과 성령을 받은 자들의 삶을 대조하여 설명하였다. 육체를 따라서 살아가는 것은 하나님의 말씀을 대적하는 것이다. **"육체의 일은 현저하니 곧 음행과 더러운 것과 호색과 우상 숭배와 술수와 원수를 맺는 것과 분쟁과 시기와 분냄과 당 짓는 것과 분리함과 이단과 투기와 술 취함과 방탕함과 또 그와 같은 것들이라 전에 너희에게 경계한 것 같이 경계하노니 이런 일을 하는 자들은 하나님의 나라를**

유업으로 받지 못할 것이요" (갈 5:19~21). 성령으로 인도받는 것은 하나님의 말씀을 순종하는 것이다. **"오직 성령의 열매는 사랑과 희락과 화평과 오래 참음과 자비와 양선과 충성과 온유와 절제니 이같은 것을 금지할 법이 없느니라"** (갈 5:22,23). 사도 바울은 성령의 인도하심으로 그의 육체 안에서 역사하는 정욕을 쳐서 예수 그리스도의 말씀에 복종시켰다. **"내가 내 몸을 쳐 복종하게 함은 내가 남에게 전파한 후에 자기가 도리어 버림이 될까 두려워함이로라"** (고전 9:27).

9) 둘째. 성령의 인격은 예수 그리스도의 말씀으로 나타난다. 성령께서 임하셨다는 것은 예수 그리스도께서 임하신 것을 말한다(요일 3:24). 예수 그리스도께서 우리 안에 오신 것은 그의 말씀이 임하신 것이다. 성령께서 육체 안에 오시지 아니하시고 영 안에 오신다. 믿는 자들 안에 성령께서 임하시면 영원히 성도와 함께 하신다. **"내가 아버지께 구하겠으니 그가 또 다른 보혜사를 너희에게 주사 영원토록 너희와 함께 있게 하시리니"** (요 14:16). 성령께서 성도의 영 안에 오셔야 성도와 영원히 함께하실 수 있다. 육체는 죽어서 흙으로 돌아가기 때문이다. 성령은 성도의 영 안에서 그리스도의 말씀으로 자신의 인격을 나타내신다. 성령을 받으면 그리스도의 말씀을 순종하려는 생각이 영으로부터 나온다. 영의 생각이란 그리스도의 말씀을 순종하려는 생각이다.

10) 예수 그리스도의 말씀은 영에 관한 언약이므로 영의 생명이다. **"살리는 것은 영이니 육은 무익하니라 내가 너희에게 이른 말이 영이요 생명이라"** (요 6:63). 예수 그리스도의 말씀은 생명의 양식으로서 영 안에 들어오는 말씀이다. **"너희가 내 안에 거하고 내 말이 너희 안에 거하면 무엇이든지 원하는 대로 구하라 그리하면 이루리라"** (요 15:7). "내 말이 너희 안에 거하다"란 그 말씀이 성령으로 성도의 영 안에 들어와서 성도의 인격을 다스린다는 것을 말한다. 사도 바울은 예수 그리스도의 말씀이 영에 새겨진다고 기록하였다.13) **"너희는 우리로 말미암아 나타난 그리스도의 편지니 이는 먹으로 쓴 것이 아니요 오직 살아 계신 하나님의 영으로 한 것이며 또 돌비에 쓴 것이 아니요 오직 육의 심비에 한 것이라"** (고후 3:3).

---

13) 율법은 육체의 예법으로서 영에 들어오지 못하고 인격에 들어온다. 영, 혼, 육의 삼분설을 전제로 할 때 예수 그리스도의 말씀은 영에, 율법은 혼에 들어온다. 세상지식에 혼에 저장되듯이 율법은 혼에 저장된다.

11) 예수 이름으로 받는 물 세례와 성령 세례는 그 시점이 각각 다를 수 있다. 물 세례를 받을 때 성령 세례를 받을 수 있고 그렇지 아니할 수 있다. 빌립이 사마리아에서 복음을 전하고 믿는 자에게 물로 세례를 주었다. **"빌립이 하나님 나라와 및 예수 그리스도의 이름에 관하여 전도함을 저희가 믿고 남녀가 다 세례를 받으니"** (행 8:12). 그러나 물 세례를 받은 자들이 성령을 받지 못하였다. 사도들이 그들에게 안수할 때 그들은 비로소 성령을 받았다.

12) 예수 이름을 믿고 세례를 받은 자들은 육체의 정욕을 십자가에 못 박음으로 세상과 단절한다.14) 불 세례를 통하여 옛 사람을 십자가에 못 박은 자만이 성령을 받고 성령의 인도를 받을 수 있다. 성령은 받으면 성도의 의지가 그리스도의 말씀에 예속된다. 사도들이 성령으로 진리의 말씀에 예속되어 목숨을 아끼지 아니하고 복음을 증거하였다.

(4) 할례와 세례를 통하여 계시된 하나님의 뜻

1) 할례를 통하여 모형으로 계시된 하나님의 뜻이 세례를 통하여 실상으로 나타나고 있다. 아브라함은 그의 육체에 하나님의 언약을 가지고 있다는 증거로 할례를 받았다. 이스라엘 백성은 율법을 온전히 순종하겠다는 맹세로 할례를 받았다. 성도들은 그리스도의 죽음 및 부활과 연합하는 증표로 세례를 받는다. 율법을 순종한다는 맹세로 할례를 받는 것처럼, 진리를 순종한다는 맹세로 세례를 받는다고 말할 수 있을 것이다. 사도 바울은 세례를 할례와 관련하여 설명하였다.

2) 하나님께서 아브라함의 믿음을 의로 여기시고 그에게 가나안 땅을 기업을 주신다고 약속하셨다. **"아브람이 여호와를 믿으니 여호와께서 이를 그의 의로 여기시고 또 그에게 이르시되 나는 이 땅을 네게 주어 업을 삼게 하려고 너를 갈대아 우르에서 이끌어 낸 여호와로라"** (창 15:6,7). 아브라함은 약속의 성취에 대한 증거를 하나님께 요구하였다. **"그가 가로되 주 여호와여 내가 이 땅으로 업을 삼을 줄을 무엇으로 알리이까"** (창 15:8). 하나님은 아브라함에게 약속하신 것을 반드시 지키신다는 것을 맹세하시고 동시

---

14) 로마 가톨릭에서 받는 영세는 세례가 아니다. 개신교회에서 이것을 세례로 인정하는 것은 적그리스도를 타당한 것으로 취급하는 것이다.

에 아브라함에게도 맹세하라고 말씀하셨다. **"여호와께서 그에게 이르시되 나를 위하여 삼 년 된 암소와 삼 년 된 암염소와 삼 년 된 수양과 산비둘기와 집비둘기 새끼를 취할찌니라"** (창 15:9). 아브라함은 소와 염소와 양을 죽여 그 사체를 둘로 쪼개었다. 이제 하나님과 아브라함이 그 짐승의 사체 사이로 지나가면 둘 사이에 그 맹세는 돌이킬 수 없는 언약으로 성립한다. 언약이 성립한 뒤에 그 약속을 위반하면 칼로 그의 몸을 둘로 쪼개야 한다.

3) 언약의 성격을 알고 있는 아브라함은 그 소와 염소와 양의 사체 사이를 지나가지 못하고 두려워하였다. 그는 하나님의 말씀을 반드시 순종한다고 맹세할 수 없었기 때문이다. **"해질 때에 아브람이 깊이 잠든 중에 캄캄함이 임하므로 심히 두려워하더니"** (창 15:12). 그러나 하나님은 그것들의 사체 사이를 지나가심으로 자기의 약속을 반드시 지키신다고 맹세하셨다. **"해가 져서 어둘 때에 연기 나는 풀무가 보이며 타는 횃불이 쪼갠 고기 사이로 지나더라"** (창 15:17). 이로써 그 언약이 유효하게 성립되었다. 비록 아브라함이 그 짐승의 사체 사이를 지나가지 아니하였지만, 하나님은 아브라함에게 자신의 언약을 순종하라고 명령하셨다. **"하나님이 또 아브라함에게 이르시되 그런즉 너는 내 언약을 지키고 네 후손도 대대로 지키라"** (창 17:9). 아브라함은 하나님의 언약을 지킨다는 맹세로 할례를 받았다. **"너희 중 남자는 다 할례를 받으라 이것이 나와 너희와 너희 후손 사이에 지킬 내 언약이니라"** (창 17:10).

4) 하나님과 아브라함이 언약을 맺었다는 증표가 할례이다. **"너희는 양피를 베어라 이것이 나와 너희 사이의 언약의 표징이니라"** (창 17:11). 하나님은 그의 언약을 지키신다는 증표로 소와 염소와 양의 사체 사이로 지나가셨고, 아브라함은 하나님과의 언약을 순종한다는 증표로 할례를 받았다. 하나님은 소와 염소와 양의 피로써 그의 언약의 성취를 보증하셨고, 아브라함은 할례를 통하여 하나님의 언약을 순종한다고 맹세하였다. 아브라함이 할례를 받았을 때 하나님은 자기의 언약이 아브라함의 육체에 새겨졌다고 선언하셨다. **"너희 집에서 난 자든지 너희 돈으로 산 자든지 할례를 받아야 하리니 이에 내 언약이 너희 살에 있어 영원한 언약이 되려니와"** (창 17:13). 따라서 하나님의 언약을 받은 뒤에 그 언약을 순종하겠다는 맹세로 할례를 받아야 하며, 그렇지 아니하는 자는

하나님의 언약을 대적하는 자이다. **"할례를 받지 아니한 남자 곧 그 양피를 베지 아니한 자는 백성 중에서 끊어지리니 그가 내 언약을 배반하였음이니라"** (창 17:14). 하나님의 명령에 따라서 이삭은 생후 팔 일에 할례를 받았다. **"그 아들 이삭이 난지 팔 일만에 그가 하나님의 명대로 할례를 행하였더라"** (창 21:4).

5) 이스라엘 백성이 애굽에서 나온 뒤에 하나님은 그들에게 율법을 주셨다. 그들은 율법의 모든 계명을 순종하겠다고 하나님께 맹세하였다. **"언약서를 가져 백성에게 낭독하여 들리매 그들이 가로되 여호와의 모든 말씀을 우리가 준행하리이다"** (출 24:7). 율법은 하나님과 이스라엘 백성 사이에 언약이다. 그들이 율법을 온전히 순종한다면 언약에 따라서 하나님의 백성이 된다. **"세계가 다 내게 속하였나니 너희가 내 말을 잘 듣고 내 언약을 지키면 너희는 열국 중에서 내 소유가 되겠고 너희가 내게 대하여 제사장 나라가 되며 거룩한 백성이 되리라 너는 이 말을 이스라엘 자손에게 고할찌니라"** (출 19:5,6). 그들이 율법을 온전히 순종한다고 맹세하였을 때 하나님은 그 언약이 유효하게 성립되었다고 증거로 송아지의 피를 뿌리게 하셨다. **"모세가 그 피를 취하여 백성에게 뿌려 가로되 이는 여호와께서 이 모든 말씀에 대하여 너희와 세우신 언약의 피니라"** (출 24:8).

6) 이스라엘 백성이 율법을 온전히 순종한다고 맹세하였으므로 하나님은 그들에게 육체의 할례와 마음의 할례를 명하셨다. **"그 때에 여호와께서 여호수아에게 이르시되 너는 부싯돌로 칼을 만들어 이스라엘 자손들에게 다시 할례를 행하라 하시매"** (수 5:2). 광야에서 태어난 자들은 할례를 받지 아니하였으므로 가나안 땅에 들어가기 전에 할례를 받았다. 그들은 할례를 받음으로 율법을 그들의 육체에 가지고 있으며 동시에 율법을 순종한다고 맹세하였다. 하나님께서 계명을 순종하겠다는 맹세로 할례의 의식을 정하신 것은 할례가 육체의 정욕을 절제하는 수단이기 때문이라고 해석할 수 있다. 할례로 고통을 당하는 동안 사람은 본능적인 욕구인 성욕을 비롯하여 모든 정욕을 절제하고 상처가 낫기만을 기다린다. 사람이 모든 정욕을 절제하고 하나님의 말씀을 위하여 고통을 당하는 것은 율법을 순종하겠다는 맹세의 증표이다.

7) 할례의 고통이 끝나면 사람은 다시 정욕에 따라서 행동한다. 따라서 성경은 할례를 마음에 받으라고 말씀한다. **"그러므로 너희는 마음에 할례를 행하고 다시는 목을 곧게**

하지 말라"(신 10:16). 마음의 할례란 마음에 율법을 새기라는 것이다. 사람이 율법을 순종하지 못하는 이유는 마음속에 정욕이 도사리고 있기 때문이다. 육체의 욕심을 위하여 하나님의 말씀을 대적하려는 생각이 사람의 인격을 사로잡고 있다. 하나님의 말씀을 순종하려면 칼로 마음속에 있는 육신의 생각을 도려내야 한다. 이것은 사람에게 있어서 고통이다. 사람이 밤을 새우며 괴로워하는 것은 육신의 생각과 하나님의 말씀 사이에서 전자를 포기하지 못하기 때문이다.[15] 하나님의 말씀을 순종하려고 결심하였을 때 마귀는 육신의 생각을 통하여 그 결심을 바꾸도록 미혹한다. 마귀의 미혹으로 나타나는 육신의 생각을 칼로 도려내는 것이 마음의 할례이다. 따라서 마음의 할례를 받으면 하나님의 말씀을 순종할 수 있다. **"네 하나님 여호와께서 네 마음과 네 자손의 마음에 할례를 베푸사 너로 마음을 다하며 성품을 다하여 네 하나님 여호와를 사랑하게 하사 너로 생명을 얻게 하실 것이며"**(신 30:6).

8) 율법을 순종하겠다는 맹세로 할례를 받은 이스라엘은 율법을 온전히 순종하여야 할 의무를 가지고 있다. **"내가 할례를 받는 각 사람에게 다시 증거하노니 그는 율법 전체를 행할 의무를 가진 자라"**(갈 5:3). 그러나 할례를 받은 뒤에 율법을 순종하지 아니하면 하나님과 맺은 약속은 파기된다. 율법을 순종하지 아니하는 자에게 할례는 아무런 의미가 없다. 율법을 순종하였을 때 비로소 할례는 유효하다. 따라서 율법을 순종하겠다는 맹세로 할례를 받은 뒤에 율법을 순종하지 아니하면 무할례와 같이 된다. **"네가 율법을 행한즉 할례가 유익하나 만일 율법을 범한즉 네 할례가 무할례가 되었느니라"**(롬 2:25). 할례를 받지 아니한 자가 율법을 온전히 지키면, 하나님은 그를 할례자와 동일하게 여기신다. **"그런즉 무할례자가 율법의 제도를 지키면 그 무할례를 할례와 같이 여길 것이 아니냐"**(롬 2:26).

9) 할례는 하나님의 말씀을 순종한다는 맹세이므로 사도 바울은 할례를 세례와 관련하여 설명하였다. **"또 그 안에서 너희가 손으로 하지 아니한 할례를 받았으니 곧 육적 몸을 벗는 것이요 그리스도의 할례니라 너희가 세례로 그리스도와 함께 장사한바 되고**

---

15) 알콜 중독자에게 알콜을 금지시키면 그는 알콜로 인하여 괴로워한다. 담배를 즐기는 자에게 금연은 심각한 마음의 고통이다. 알콜과 담배를 즐기려는 생각을 칼로 도려내는 것이 마음의 할례이다.

또 죽은 자들 가운데서 그를 일으키신 하나님의 역사를 믿음으로 말미암아 그 안에서 함께 일으키심을 받았느니라" (골 2:11,12). "그리스도의 할례"란 그리스도의 죽음 및 부활과 연합하여 예수 이름으로 받는 세례를 의미한다. 마음의 할례가 마음속에 있는 육신의 생각을 칼로 도려내는 것으로 이해하면, 육신의 생각을 십자가에 못 박는 불과 성령으로 받는 세례는 할례와 관련된다고 말할 수 있을 것이다. 그리스도 예수 안에서 불과 성령으로 받은 세례는 손으로 하지 아니한 할례를 받은 것이다. 따라서 그리스도 예수 안에서 거듭난 자는 할례당이다. **"하나님의 성령으로 봉사하며 그리스도 예수로 자랑하고 육체를 신뢰하지 아니하는 우리가 곧 할례당이라"** (빌 3:3).

10) 할례를 세례의 모형과 그림자로 해석하면, 예수 이름으로 세례를 받은 자들은 복음을 순종할 의무를 가지고 있다. 율법을 순종한다는 맹세로 할례를 받는 것처럼, 진리를 순종한다는 맹세로 세례를 받는다고 해석할 수 있을 것이다. 할례를 받은 자가 율법을 순종하지 아니하면 무할례자와 동일하게 되는 것처럼, 세례를 받은 자가 진리를 순종하지 아니하면 세례를 받지 아니한 것과 동일하게 된다. 따라서 사도 바울은 전심을 다하여 진리를 순종하려고 하였다(고전 9:27).

11) 예수 그리스도께서 할례를 폐하시고 믿는 자들에게 세례를 받으라고 명령하신 이유는 율법의 특성과 관련된다. 율법은 사람의 생각을 정죄하므로 사람은 육신이 연약하여 율법을 온전히 순종할 수 없다. 따라서 믿는 자들에게 할례를 받으라고 하는 것은 율법 아래서 심판을 받아 저주를 받으라고 하는 것이다. 이제 예수 그리스도께서 할례를 폐하시고 세례를 받으라고 명령하셨다(마 28:19). 이것을 알지 못하고 믿는 자들이 율법을 순종하겠다는 맹세로 할례를 받으려는 것은 예수 그리스도와 끊어지는 것이다. **"보라 나 바울은 너희에게 말하노니 너희가 만일 할례를 받으면 그리스도께서 너희에게 아무 유익이 없으리라"** (갈 5:2). 할례를 받는 것이 중요한 것이 아니라 진리를 순종하는 것이 중요하다고 바울은 선언하였다. **"할례자로 부르심을 받은 자가 있느냐 무할례자가 되지 말며 무할례자로 부르심을 받은 자가 있느냐 할례를 받지 말라 할례 받는 것도 아무 것도 아니요 할례 받지 아니하는 것도 아무 것도 아니로되 오직 하나님의 계명을 지킬 따름이니라"** (고전 7:18,19).

(5) 이해를 위한 질문

 1) **세례의 모형과 육신의 정욕**

   a. 애굽에서 광야로 나온 이스라엘의 회중을 광야 교회라고 한다(행 7:38). 광야 교회의 특징은 무엇인가.

   b. 이스라엘이 홍해를 통과한 것은 세례의 모형이다(고전 10:2). 홍해에서 죽은 애굽의 군대는 무엇을 예표로 하는가.

   c. 노아시대에 홍수로 인하여 노아의 가족만이 구원을 얻고 나머지 사람들이 죽은 것은 세(침)례의 모형이다(벧전 3:20,21). 죽은 자들은 무엇을 상징하는가.

   d. 사도 바울은 세례를 옛 사람이 죽고 새 사람이 살아나는 것으로 해석하였다(롬 6:6). 옛사람이란 무엇을 의미하는가(갈 5:24).

   e. 율법을 폐하신 예수 그리스도께서 믿는 자들에게 세례를 받으라고 명령하신 이유는 무엇인가(마 28:19).

 2) **불 세례와 육체의 정욕**

   a. 성부와 성자와 성령의 이름으로 세례를 주는 것은 예수 이름으로 세례를 주는 것과 같은 이유는 무엇인가(행 2:38).

   b. 율법을 불로 표현한 이유는 무엇인가(렘 5:14).

   c. 하나님께서 율법으로 세상 죄를 심판하시는 이유는 무엇인가(사 4:4).

   d. 예수 그리스도께서 그의 피로써 인류의 죄를 담당하셨지만, 율법이 믿는 자들의 육체의 정욕을 심판하여 십자가의 형벌을 선고하는 이유는 무엇인가(갈 2:19,20).

   e. 불과 성령과 구별하는 이유는 무엇인가(히 1:7).

 3) **성령 세례와 육체의 정욕**

   a. 성령의 세례를 받는 것은 무엇을 의미하는가(행 2:1~3).

   b. 왜 세상은 성령을 받지 못하는가(요 14:17).

   c. 성령을 받으면 성도가 자유의지를 상실하는 이유는 무엇인가(행 20:22).

   d. 성령을 받으면 성령의 인격이 어떻게 나타나는가(요 14:26;16:13).

e. 어떻게 믿는 자들이 육신의 정욕을 절제하는가(갈 5:16,17).

4) 할례와 세례를 통하여 계시된 하나님의 뜻

a. 하나님과 아브라함 사이에 맺어진 언약을 보증하는 의식은 무엇인가(창 15:9).

b. 아브라함이 받은 할례는 하나님의 언약을 순종한다는 맹세이다. 그 이유는 무엇인가(창 17:9,19).

c. 애굽에서 나온 이스라엘은 할례를 받았다. 그 할례는 율법을 순종하겠다는 맹세의 증표다. 이스라엘이 할례를 받은 뒤에 율법을 순종하지 아니하면 어떻게 되는가(롬 2:26).

d. 이스라엘이 받은 할례가 세례와 관련되는 이유는 무엇인가(골 2:11,12).

e. 세례를 받은 자들이 진리를 순종하여야 할 의무를 짊어지는 이유는 무엇인가.

2. 성령의 은사

(1) 예수 그리스도와 성령의 은사

1) 불 세례와 성령 세례를 받으면 그 증거로서 성령의 은사가 나타난다. 성령께서 예수 그리스도를 증거하기 위하여 임하셨으므로(요 14:26; 행 2:8), 성령의 은사는 예수 그리스도의 복음과 관련된다. 예수 그리스도께서 그의 피로써 인류의 죄를 대속하시고 세상임금인 마귀를 심판하셨지만, 복음의 증거가 없으면 그리스도의 속죄사역은 사람에게 아무런 유익이 되지 못한다. 예수 그리스도의 피에 의한 속죄의 효과는 믿는 자들에게 구원으로 나타나기 때문이다. 예수 그리스도의 피에 의한 속죄와 마귀의 심판사역의 효과가 예수 이름을 믿는 자에게 구원으로 구체화되어 나타난다. 믿음으로 구원을 받은 자 안에 그리스도의 피에 의한 속죄의 증거가 있다. 믿음으로 자유의지를 회복한 자 안에 마귀가 심판을 받았다는 증거가 있다.

2) 성령의 은사는 복음의 증거와 관련된다. 첫째, 예수 그리스도에 대한 성령의 증거는 그의 죽음과 부활에 초점이 맞추어진다. 예수 그리스도께서 십자가에서 흘리신 피는 인류의 모든 죄가 대속되었고 마귀가 심판을 받았다는 증거이다. 예수 그리스도의 부활

은 그가 의로우신 하나님의 아들이란 증거이다. 따라서 예수 그리스도를 믿으면 모든 죄를 용서받고 하나님의 아들이 된다는 것이 복음의 핵심내용이다. 사도들은 그리스도의 부활을 중심으로 하여 구원에 이르는 믿음을 선포하였다. 사도들이 복음을 증거할 때 성령께서 그들에게 선포할 말씀을 주셨다. **"너희를 넘겨줄 때에 어떻게 또는 무엇을 말할까 염려치 말라 그 때에 무슨 말할 것을 주시리니 말하는 이는 너희가 아니라 너희 속에서 말씀하시는 자 곧 너희 아버지의 성령이시니라"**(마 10:19,20). 따라서 사도들이 선포한 복음은 성령의 은사로 주신 말씀이다.

3) 둘째, 성령의 은사는 예수 그리스도께서 부활하여 하늘보좌에 앉으시고 의와 공의로 만물을 통치하시는 것과 관련된다. 예수 그리스도께서 아버지께로 가시면 믿는 자들이 자기의 일을 하실 것이라고 말씀하셨다. **"내가 진실로 진실로 너희에게 이르노니 나를 믿는 자는 나의 하는 일을 저도 할 것이요 또한 이보다 큰 것도 하리니 이는 내가 아버지께로 감이니라"**(요 14:12). "나의 하는 일을 저도 할 것이요 또한 이보다 큰 것도 하리니"란 예수 그리스도의 말씀이 그대로 이루어지는 것을 말한다. 예수 그리스도께서 말씀으로 일하셨기 때문이다. 따라서 믿는 자들이 그리스도의 일을 하는 것은 그리스도의 말씀을 순종하는 것이다. 예수 그리스도의 말씀이 믿는 자들을 통하여 그대로 이루어지고 있다. 이것은 하늘보좌에 앉아 말씀으로 만물을 통치하시는 그리스도를 증거한다. 그리스도의 말씀이 믿는 자들을 통하여 이 땅에서 선포되고 성령의 은사로 성취되고 있다.

4) 셋째, 성령은 예수 그리스도의 부활을 증거한다. 유대인들과 이방인들은 율법과 양심으로 예수 그리스도를 정죄하여 십자가에 못을 박았다. 예수 그리스도의 죄명은 사람의 육신을 입은 자가 자칭 하나님의 아들이라고 함으로 자신을 하나님과 동등한 반열까지 끌어올렸다는 것이다. **"유대인들이 대답하되 선한 일을 인하여 우리가 너를 돌로 치려는 것이 아니라 참람함을 인함이니 네가 사람이 되어 자칭 하나님이라 함이로라"**(요 10:33). 하나님의 아들이란 만물을 창조하신 하나님께서 육신으로 임하셨다는 것을 의미한다. 세상은 예수 그리스도를 정죄하여 죽였지만, 그는 죄가 없는 하나님의 아들이시므로 하나님께서 그를 살리셨다. 예수 그리스도께서 부활하셨다는 증거가 성령

의 은사를 통하여 나타나고 있다. 사도들은 성령의 은사로 이적과 기사를 행함으로 그리스도의 부활을 증거하였다. **"제자들이 나가 두루 전파할쌔 주께서 함께 역사하사 그 따르는 표적으로 말씀을 확실히 증거하시니라"** (막 16:20). 성령은 예수 그리스도의 부활을 증거한다.

  5) 넷째, 믿는 자들은 세상으로부터 핍박과 고난을 받을 때 성령의 은사로 위로를 받는다. 세상은 믿는 자들을 핍박하고 박해하고 있다. 믿는 자들이 복음으로 증거하려면 목숨의 위험을 감수하여야 한다. 세상이 교회를 박해하는 것은 창세전에 작정된 하나님의 뜻이다. **"과연 헤롯과 본디오 빌라도는 이방인과 이스라엘 백성과 합동하여 하나님의 기름 부으신 거룩한 종 예수를 거스려 하나님의 권능과 뜻대로 이루려고 예정하신 그것을 행하려고 이 성에 모였나이다"** (행 4:27,28). "하나님의 권능과 뜻대로 이루려고 예정하신 그것"이란 믿는 자들이 박해를 당하는 것이 하나님의 뜻이며 그 뜻대로 세상의 권세자들이 이것을 행하려고 모였다는 것이다. 세상으로부터 오는 박해와 죽음의 공포 앞에서 사도들은 성령의 은사를 간구하였다. **"주여 이제도 저희의 위협함을 하감하옵시고 또 종들로 하여금 담대히 하나님의 말씀을 전하게 하여 주옵시며 손을 내밀어 병을 낫게 하옵시고 표적과 기사가 거룩한 종 예수의 이름으로 이루어지게 하옵소서 하더라"** (행 4:29,30).

  6) 세상은 사도들의 복음증거를 방해하고 그들을 핍박하였다. 세상으로부터 오는 박해를 이기고 복음을 증거하려면 성령의 은사가 나타나야 한다. 복음이 세상으로부터 오는 박해를 감수하고 증거할 만한 가치가 있는가 하는 것이다. 사도들은 그 가치를 성령의 은사에서 찾았다. 성령으로 나타나는 이적과 기사는 죽음을 두려워하지 아니하고 복음을 증거하여야 하는 이유를 말하여 주고 있다. 따라서 사도들은 성령으로 병자를 고치며 이적과 기사를 행하는 권능을 구한 뒤에 성령으로 복음을 증거하였다. **"빌기를 다하매 모인 곳이 진동하더니 무리가 다 성령이 충만하여 담대히 하나님의 말씀을 전하니라"** (행 4:31). 이와 동시에 사도들은 예수 그리스도의 복음을 위하여 당하는 박해를 당연한 것으로 받아드렸다. **"사도들은 그 이름을 위하여 능욕 받는 일에 합당한 자로 여기심을 기뻐하면서 공회 앞을 떠나니라"** (행 5:41).

7) 다섯째, 성령의 은사로 나타나는 이적과 기사는 복음의 말씀이 거짓이 아니라 사실이라는 것을 증거한다. 복음을 듣는 자는 두 가지의 상반된 현실에 직면한다. 첫째, 십자가에 못 박힌 예수가 죄인이라는 세상의 주장이다. 둘째, 예수 그리스도는 세상을 구원하는 하나님의 아들이라는 교회의 증거이다. 복음을 듣는 자는 양자 가운데 하나를 선택하여야 한다. 그들로 하여금 세상을 버리고 예수 그리스도를 선택하게 하는 이유는 성령의 은사로 나타나는 이적과 기사이다. 사도들은 성령의 권능으로 복음을 증거하였다. **"내 말과 내 전도함이 지혜의 권하는 말로 하지 아니하고 다만 성령의 나타남과 능력으로 하여 너희 믿음이 사람의 지혜에 있지 아니하고 다만 하나님의 능력에 있게 하려 하였노라"** (고전 2:4,5).

8) 여섯째, 성령께서는 복음을 증거하는 자들을 위로하신다. 복음을 증거하는 자들은 세상으로부터 많은 핍박을 받고 고난을 당한다. **"저희가 그리스도의 일군이냐 정신없는 말을 하거니와 나도 더욱 그러하도다 내가 수고를 넘치도록 하고 옥에 갇히기도 더 많이 하고 매도 수없이 맞고 여러 번 죽을뻔 하였으니 유대인들에게 사십에 하나 감한 매를 다섯 번 맞았으며"** (고후 11:23,24). 사도 바울은 장차 받을 영광을 바라보고 사형선고를 받는 것과 같은 극심한 환난을 가벼운 것으로 여겼다. **"자녀이면 또한 후사 곧 하나님의 후사요 그리스도와 함께한 후사니 우리가 그와 함께 영광을 받기 위하여 고난도 함께 받아야 될 것이니라 생각건대 현재의 고난은 장차 우리에게 나타날 영광과 족히 비교할 수 없도다"** (롬 8:17,18). 바울이 장차 받을 영광에 대한 증거가 성령의 은사로 나타났다. 따라서 바울은 성령의 은사로 나타나는 이적과 표적을 통하여 위로를 받았다. **"우리의 모든 환난 중에서 우리를 위로하사 우리로 하여금 하나님께 받는 위로로써 모든 환난 중에 있는 자들을 능히 위로하게 하시는 이시로다"** (고후 1:4).

9) 믿는 자들은 그리스도의 피에 의하여 구원을 얻었다는 증거를 가지고 있어야 세상으로부터 오는 핍박을 무릅쓰고 복음을 증거할 수 있다. 따라서 성령께서는 믿음으로 하나님의 자녀 된 자들의 신분을 증거하신다. **"성령이 친히 우리 영으로 더불어 우리가 하나님의 자녀인 것을 증거하시나니"** (롬 8:16). 성령의 증거가 방언으로 나타나고 있다. 오순절 날 믿는 자들이 성령으로 방언을 말하기 시작하였다. **"저희가 다 성령의 충만함을**

받고 성령이 말하게 하심을 따라 다른 방언으로 말하기를 시작하니라"(행 2:4). 방언이란 믿는 자의 영이 그리스도의 피로써 모든 죄를 벗고 성령으로 하나님께 기도하는 것을 말한다.

10) 성령의 은사는 교회의 복음증거와 관련된다. 성령의 권능이 없으면 복음은 증거되지 아니한다. 따라서 예수 그리스도께서 제자들에게 성령을 받기 전에는 예루살렘을 떠나서 복음을 전파하지 말라고 명령하셨다. "사도와 같이 모이사 저희에게 분부하여 가라사대 예루살렘을 떠나지 말고 내게 들은바 아버지의 약속하신 것을 기다리라"(행 1:4). 성령이 임하신 이후부터 그의 권능으로 복음이 증거되고 있다. "오직 성령이 너희에게 임하시면 너희가 권능을 받고 예루살렘과 온 유대와 사마리아와 땅 끝까지 이르러 내 증인이 되리라 하시니라"(행 1:8).

11) 복음이 성령으로 증거된다고 전제하면, 구원을 얻는 믿음은 성령의 사역이다. 성도들은 성령으로 복음을 증거하고, 말씀을 듣는 자들은 성령의 감동으로 예수 이름을 믿음으로 구원을 얻는다. 복음의 말씀을 듣는 자들이 성령으로 나타나는 기사와 이적을 보고 예수 그리스도께서 하나님의 아들이심을 믿는다. 곧 구원을 얻는 믿음의 고백은 성령의 감동으로 하는 것이다. "그러므로 내가 너희에게 알게 하노니 하나님의 영으로 말하는 자는 누구든지 예수를 저주할 자라 하지 않고 또 성령으로 아니하고는 누구든지 예수를 주시라 할 수 없느니라"(고전 12:3).

(2) 지혜의 말씀과 지식의 말씀

1) 구원사역은 예수 그리스도의 심판과 속죄사역을 전제로 한다. 따라서 성령으로 예수 그리스도의 심판사역과 속죄사역을 증거할 때, 구원을 얻는 생명의 말씀이 증거된다. 그리스도의 죽음으로 세상 임금이 심판을 받았고 그의 피로 인류의 죄가 대속되었으므로 믿는 자들이 생명의 말씀을 전파하며 성령으로 이에 대한 객관적인 증거를 제시할 때 복음은 증거된다. 사도 바울은 복음 증거를 위하여 믿는 자에게 나타나는 성령의 사역을 아홉 가지로 설명하였다. "어떤 이에게는 성령으로 말미암아 지혜의 말씀을, 어떤 이에게는 같은 성령을 따라 지식의 말씀을, 다른 이에게는 같은 성령으로 믿음을,

어떤 이에게는 한 성령으로 병 고치는 은사를, 어떤 이에게는 능력 행함을, 어떤 이에게는 예언함을, 어떤 이에게는 영들 분별함을, 다른 이에게는 각종 방언 말함을, 어떤 이에게는 방언들 통역함을 주시나니"(고전 12:8~10).

2) 성령의 은사로 나타나는 지혜의 말씀과 지식의 말씀은 복음증거와 관련된다. 복음은 말씀으로 증거되기 때문이다. 하나님의 말씀과 성령의 나타나심이 아닌 문화행사, 구제, 예술, 봉사, 찬양 및 기타의 다른 방법으로 복음은 증거되지 아니한다. 복음을 증거하는 말씀을 들을 때 성령으로 믿음이 생기기 때문이다. **"그러므로 믿음은 들음에서 나며 들음은 그리스도의 말씀으로 말미암았느니라"**(롬 10:17). 복음의 증거는 하나님의 아들이신 예수 그리스도, 인류의 죄를 대속하신 예수 그리스도, 세상임금을 심판하신 예수 그리스도, 장차 산 자와 죽은 자를 심판하기 위하여 오실 예수 그리스도를 전하는 것이다. 예수께서 하나님의 아들이심을 아는 것이 지혜이며 그리스도의 사역과 하나님의 뜻을 아는 것이 지식이다. 이러한 지혜와 지식은 성령의 은사로 얻는 것이다.

3) 지혜의 말씀과 지식의 말씀은 예수의 신성과 직분을 계시하는 말씀을 의미한다. 예수의 신분은 하나님의 아들이고 그의 직분은 그리스도이다. 예수께서 하나님의 아들이심을 아는 것이 하나님의 지혜이다. 예수 그리스도는 창세전에 작정된 하나님의 뜻이며 그 뜻은 하나님의 비밀이다. 그 비밀을 아는 것이 하나님의 지혜이다. **"오직 비밀한 가운데 있는 하나님의 지혜를 말하는 것이니 곧 감취었던 것인데 하나님이 우리의 영광을 위하사 만세 전에 미리 정하신 것이라"**(고전 2:7). 믿는 자들은 성령의 은사로 하나님의 비밀을 알 수 있다. 그러나 사두개인, 바리새인 및 서기관들은 성령의 감동을 받지 못하였으므로 하나님의 비밀인 하나님의 아들이신 예수를 알지 못하였다. **"이 지혜는 이 세대의 관원이 하나도 알지 못하였나니 만일 알았다면 영광의 주를 십자가에 못 박지 아니하였으리라"**(고전 2:8). 따라서 지혜란 세상의 지혜가 아니라 하나님의 아들이신 예수 그리스도의 신성을 아는 하나님의 지혜를 의미한다고 말할 수 있다.

4) 아브라함과 다윗의 후손으로 여자의 몸에서 태어난 예수께서 하나님의 아들이심을 아는 것이 지혜이다. 태초에 아들은 아버지의 품 속에 말씀으로 계셨다. 아버지와 아들은 공간과 장소를 초월하여 영광 가운데 계셨다. **"아버지여 창세전에 내가 아버지와 함께

가졌던 영화로써 지금도 아버지와 함께 나를 영화롭게 하옵소서"(요 17:5). 태초에 아버지와 함께 계신 아들이 육신으로 임하셨다. **"말씀이 육신이 되어 우리 가운데 거하시매 우리가 그 영광을 보니 아버지의 독생자의 영광이요 은혜와 진리가 충만하더라"(요 1:14).** 하나님의 아들이 아브라함과 다윗의 후손인 마리아의 몸을 통하여 육신으로 임하셨다(마1:1). 예수 그리스도는 성경의 예언을 성취하기 위하여 죽으시고 부활하셨다. 예수 그리스도께서 하늘보좌에 앉아 의와 공의로 만물을 통치하신다. 그는 산 자와 죽은 자를 심판하기 위하여 다시 오실 것이다. 사람은 자기의 지혜로 이 모든 것을 알지 못한다. 오직 성령의 감동으로 예수께서 하나님의 아들이심을 안다.

5) 성령의 감동이 없으면 하나님의 아들이신 예수 그리스도를 알지 못한다. 사도 바울은 부활하신 그리스도를 만나기 전에 율법의 행위로 의롭다하심을 받으려고 노력하였다. 그는 사도들이 전하는 복음의 말씀을 듣고 그들이 행하는 이적과 기사를 보았을 것이다. 그러나 그는 하나님의 아들이신 예수 그리스도를 믿지 아니하고 도리어 믿는 자들을 핍박하였다. 그는 스데반이 죽는 것을 당연한 것으로 여기고 교회를 잔해하려고 하였다. 그러나 그는 영광 가운데서 말씀하시는 부활하신 예수를 만난 뒤에 성령의 감동하심으로 하나님의 아들이신 예수를 알았다. 그는 세례를 받고 성령의 은사로 예수가 하나님의 아들이심을 증거하였다. **"즉시 사울의 눈에서 비늘 같은 것이 벗어져 다시 보게 된지라 일어나 세례를 받고"(행 9:18), "즉시로 각 회당에서 예수의 하나님의 아들이심을 전파하니"(행 9:20).** 바울은 성령의 감동으로 예수께서 하나님의 아들이심을 알았다. 그는 성령의 은사로 나타나는 지혜의 말씀으로 하나님의 아들이신 예수 그리스도를 증거하였다. 예수께서 하나님의 아들이심을 알고 증거하는 말씀이 성령의 은사로 오는 지혜의 말씀이다.

6) 베드로는 하나님의 아들이신 예수 그리스도를 아는 지혜를 받았다. **"시몬 베드로가 대답하여 가로되 주는 그리스도시요 살아계신 하나님의 아들이시니이다"(마 16:16).** 성령의 은사를 받기 전에 베드로는 하나님의 아들이신 예수 그리스도를 알고 있었지만 이것을 증거하지 못하였다. 그러나 성령을 받은 뒤에 베드로는 선지자 요엘과 다윗의 예언의 말씀을 통하여 하나님의 아들이신 예수 그리스도를 증거하였다(행 2:16~31).

베드로는 지혜의 말씀으로 하나님의 아들이신 예수 그리스도의 부활을 증거하였다(행 2:32,33). 스데반은 성령의 은사로 아브라함으로부터 이스라엘의 종말까지 계시된 말씀을 통하여 예수 그리스도께서 하나님의 아들이심을 증거하였다(행 7:1~52). 예수 그리스도께서 하나님의 아들이심을 증거하는 말씀이 지혜의 말씀이다.

7) 하나님 아들의 직분은 그리스도이다. 예수 그리스도의 직분을 아는 것이 지식의 말씀이다. 그리스도의 직분은 자기를 보내신 하나님 아버지의 뜻을 성취하는 것이다. **"내가 하늘로서 내려온 것은 내 뜻을 행하려 함이 아니요 나를 보내신 이의 뜻을 행하려 함이니라 나를 보내신 이의 뜻은 내게 주신 자 중에 내가 하나도 잃어버리지 아니하고 마지막 날에 다시 살리는 이것이니라"** (요 6:38,39). 아버지의 뜻은 율법과 선지자의 예언을 통하여 모형과 그림자로 계시되었다. 그 예언은 그리스도의 피에 의한 심판과 속죄와 구원에 대한 말씀이다. 예수 그리스도께서 마귀의 권세 아래서 율법과 양심에 의하여 정죄 받아 십자가에 못 박혀 죽으심으로 인류의 죄를 대속하시고 세상 임금을 심판하셨다. 이로써 율법과 선지자의 예언이 성취되었다(눅 24:44). 예수 그리스도의 사역을 통하여 구약성경의 모든 예언이 성취되었음과 그 결과 예수 이름을 믿는 자들이 의롭다하심을 얻는 것을 아는 것이 지식의 말씀의 핵심이다. 이 지식은 성령의 은사로 얻는다.

8) 예수 그리스도의 탄생과 사역, 고난과 죽음, 부활과 승천 등을 통하여 하나님의 뜻을 아는 것이 성령의 은사로 나타나는 지식이다. 예수 그리스도께서 처녀의 몸에서 태어나셔야 하는 이유는 무엇인가. 예수 그리스도께서 세례 요한에게 세례를 받으셔야 하는 이유는 무엇인가. 예수 그리스도께서 마귀에게 시험을 받으시고 유대인들로부터 핍박과 시험을 받으신 이유는 무엇인가. 예수 그리스도께서 믿는 자들의 병을 고치시고 귀신을 쫓아내신 이유는 무엇인가. 하나님의 아들이 연약한 모습으로 십자가에 못 박히신 이유는 무엇인가. 예수 그리스도의 죽음과 인류의 죄의 관계는 무엇인가. 왜 예수 이름을 믿으면 구원을 얻는가. 하나님께서 예수 그리스도를 살리신 이유는 무엇인가. 예수 그리스도의 생애를 통하여 나타난 사건들 속에 감추어진 하나님의 뜻 곧, 영적인 의미를 아는 것이 하나님의 지식이다. 이것을 증거하는 지식의 말씀은 성령의 은사로

오는 것이다.

9) 사도 바울은 사람이 율법의 행위로 의롭다하심을 얻지 못하였다는 것을 알았다. **"그러므로 율법의 행위로 그의 앞에 의롭다 하심을 얻을 육체가 없나니 율법으로는 죄를 깨달음이니라"(롬 3:20)**. 바울은 율법을 통하여 계시된 하나님의 뜻을 알았다. 그 뜻은 율법이 사람을 정죄하여 그리스도께로 인도하고 예수 이름을 믿음으로 의롭다하심을 받게 하는 것이다. **"이같이 율법이 우리를 그리스도에게로 인도하는 몽학선생이 되어 우리로 하여금 믿음으로 말미암아 의롭다 함을 얻게 하려 함이니라"(갈 3:24)**. 바울은 율법의 행위로 의롭다하심을 얻는 것이 아니라 예수 이름을 믿음으로 구원을 얻는 것을 알았다. **"사람이 의롭게 되는 것은 율법의 행위에서 난 것이 아니요 오직 예수 그리스도를 믿음으로 말미암는줄 아는고로 우리도 그리스도 예수를 믿나니 이는 우리가 율법의 행위에서 아니고 그리스도를 믿음으로서 의롭다 함을 얻으려 함이라 율법의 행위로서는 의롭다 함을 얻을 육체가 없느니라"(갈 2:16)**. 율법의 행위로 의롭다하심을 받기 위하여 바리새인으로 살아온 바울이 자신의 과거를 버리고 믿음으로 의롭다하심을 받는다는 것은 안 것은 성령의 은사이다. **"이는 내가 사람에게서 받은 것도 아니요 배운 것도 아니요 오직 예수 그리스도의 계시로 말미암은 것이라"(갈 1:12)**.

10) 사도 바울은 예수 그리스도의 속죄사역과 하나님의 사랑, 예수 그리스도의 피에 의한 속죄와 예수 이름을 믿음으로 의롭다하심을 얻는 진리의 말씀을 증거하였다. **"우리가 아직 죄인 되었을 때에 그리스도께서 우리를 위하여 죽으심으로 하나님께서 우리에게 대한 자기의 사랑을 확증하셨느니라 그러면 이제 우리가 그 피를 인하여 의롭다하심을 얻었은즉 더욱 그로 말미암아 진노하심에서 구원을 얻을 것이니"(롬 5:8,9)**. 바울은 예수 이름을 믿음으로 구원을 얻는 복음을 증거하였다. **"가로되 주 예수를 믿으라 그리하면 너와 네 집이 구원을 얻으리라 하고"(행 16:31)**. 바울은 성령의 감동으로 예수 그리스도를 통하여 계시된 하나님의 뜻을 알고 성령의 은사로 그 지식을 증거하였다.

11) 베드로는 예수 그리스도를 믿음으로 얻는 구원의 복음을 증거하였다. **"베드로가 가로되 너희가 회개하여 각각 예수 그리스도의 이름으로 세례를 받고 죄 사함을 얻으라 그리하면 성령을 선물로 받으리니 이 약속은 너희와 너희 자녀와 모든 먼데 사람 곧**

주 우리 하나님이 얼마든지 부르시는 자들에게 하신 것이라 하고"(행 2:38,39). 베드로는 예수 그리스도의 사역을 속죄사역과 치유사역으로 구분하여 증거하였다. **"친히 나무에 달려 그 몸으로 우리 죄를 담당하셨으니 이는 우리로 죄에 대하여 죽고 의에 대하여 살게 하려 하심이라 저가 채찍에 맞음으로 너희는 나음을 얻었나니"(벧전 2:24).** 예수 그리스도의 사역을 통하여 계시된 하나님의 뜻을 증거하는 말씀이 지식의 말씀이다.

12) 성령의 가르침으로 예수께서 하나님의 아들이심을 아는 것이 지혜이다. 성령으로 예수 그리스도의 사역과 하나님의 뜻을 아는 것이 지식이다. 육신으로 임하신 하나님의 아들을 증거하는 말씀이 지혜의 말씀이다. 예수 그리스도를 통하여 계시된 심판과 속죄, 부활과 승천, 의와 공의에 의한 만물의 통치, 믿음과 의롭다하심, 교회와 복음의 전파, 재림과 마지막 심판 등을 증거하는 말씀이 지식의 말씀이다.

(3) 믿음과 능력과 병 고치는 은사

1) 믿음이란 구원을 얻는 믿음과 이적과 기사를 행하는 믿음으로 구분할 수 있다. 전자는 후자와 다르다. 십자가에 못 박힌 강도가 예수 그리스도를 믿고 구원에 이르는 믿음을 고백한 것은 성령의 감동으로부터 온 것이다. 베드로는 성령의 감동으로 구원에 이르는 믿음을 이렇게 고백하였다. **"시몬 베드로가 대답하여 가로되 주는 그리스도시요 살아계신 하나님의 아들이시니 이다"(마 16:16).** 성령을 받기 전에 사도들과 병 고침을 받은 자들은 성령의 감동으로 예수 그리스도를 주님이라고 고백하였다. 이것은 구원에 이르는 믿음이라고 해석할 수 있다. 이에 반하여 구원을 받은 뒤에 성령의 은사로 주시는 믿음은 이적과 기사를 행하는 믿음이라고 말할 수 있을 것이다.

2) 성령의 감동으로 예수 그리스도를 주님이라고 시인하는 믿음은 의롭다하심을 얻는 믿음이다. 이 믿음은 성령의 은사와 무관한 믿음이라고 말할 수 있다. 성령의 은사로 받는 믿음이 구원에 이르는 믿음이라고 해석하면 십자가에서 의롭다하심을 받는 믿음을 고백한 강도는 성령의 은사를 받았다고 해석하여야 한다. 그러나 그는 성령이 임하시기 전에 죽어서 낙원으로 들어갔다. **"예수께서 이르시되 내가 진실로 네게 이르노니 오늘 네가 나와 함께 낙원에 있으리라 하시니라"(눅 23:43).** 따라서 (고전 12:9)의 말씀에서

성령의 은사로 나타나는 믿음이란 구원에 이르는 믿음이 아니라 이적을 행하는 믿음이라고 해석할 수 있다. 믿음으로 거듭나는 것은 성령의 임재와 무관하기 때문이다. 성령의 은사로 오는 믿음은 병을 고치고 귀신을 쫓아내며 방언을 말하는 믿음과 관련된다. **"믿는 자들에게는 이런 표적이 따르리니 곧 저희가 내 이름으로 귀신을 쫓아내며 새 방언을 말하며 뱀을 집으며 무슨 독을 마실 찌라도 해를 받지 아니하며 병든 사람에게 손을 얹은즉 나으리라 하시더라"** (막 16:17,18).

3) 성령으로 병을 고치는 은사가 나타난다. 질병이 죄의 저주와 악한 영들로부터 온다고 전제할 경우에, 병을 고치는 은사는 예수 그리스도의 피에 의한 죄 사함과 마귀의 심판사역을 확증하는 것이라고 말할 수 있다. 율법은 사람의 육체를 정죄하며 죄인의 육체를 질병으로 저주한다(신 28:61). 따라서 예수 그리스도께서 병을 고치시기 전에 먼저 율법에 의하여 정죄 받은 죄를 사하셨다. **"예수께서 저희의 믿음을 보시고 중풍병자에게 이르시되 소자야 네 죄 사함을 받았느니라 하시니"** (막 2:5). 귀신은 육체의 질병을 가져온다. **"십팔 년 동안을 귀신들려 앓으며 꼬부라져 조금도 펴지 못하는 한 여자가 있더라 예수께서 보시고 불러 이르시되 여자여 네가 네 병에서 놓였다 하시고"** (눅 13:11,12). 뿐만 아니라 귀신은 육체의 장애를 가지고 온다. **"그 때에 귀신들려 눈멀고 벙어리 된 자를 데리고 왔거늘 예수께서 고쳐 주시매 그 벙어리가 말하며 보게 된지라"** (마 12:22). 예수 이름으로 귀신이 나가고 질병이 치료되는 것은 마귀가 심판을 받았고 그의 권세가 박탈되었음을 확증하는 것이다.

4) 성령이 임하기 전에도 선지자들과 믿는 자들이 하나님의 권능으로 병자를 고쳤다. 엘리사는 성령을 받지 못하였으나 하나님의 권능으로 나아만의 문둥병을 고쳤다(왕하 5:14). 그러나 모든 선지자들이 하나님의 권능으로 병자를 고친 것은 아니다. 아브라함(창 20:7), 다윗(행 2:30) 및 세례 요한은 선지자이었으나 이적을 행하지 못하였다. **"많은 사람이 왔다가 말하되 요한은 아무 표적도 행치 아니하였으나 요한이 이 사람을 가리켜 말한 것은 다 참이라 하더라"** (요 10:41). 모든 선지자들이 이적과 기사를 행하지 못한 것은 성령의 은사를 받지 못하였기 때문이다. 선지자들 가운데 특별히 병을 고치는 권능을 받은 자만이 이적을 행하였다.

5) 제자들과 믿는 자들은 성령을 받기 전에 예수 이름으로 귀신을 쫓아내고 병자를 고쳤다. 예수 그리스도께서 제자들에게 병을 고치며 귀신을 쫓아내는 능력을 주셨기 때문이다. **"예수께서 그 열 두 제자를 부르사 더러운 귀신을 쫓아내며 모든 병과 모든 약한 것을 고치는 권능을 주시니라"** (마 10:1). 예수 그리스도께서 70인에게 병을 고치는 능력을 주셨으므로 그들은 귀신을 쫓아냈다. **"칠십 인이 기뻐 돌아와 가로되 주여 주의 이름으로 귀신들도 우리에게 항복하더이다"** (눅 10:17). 예수 그리스도께로부터 직접 병을 고치고 귀신을 쫓아내는 권능을 받은 자는 성령을 받지 못하였더라도 병자를 고치고 귀신을 쫓아냈다.16) 믿는 자들이 모두 병자를 고치고 귀신을 쫓아낸 것이 아니라 권능을 받은 자들만이 이적과 기사를 행하였다.

4) 성령이 임하신 뒤에 은사를 받은 모든 자들이 이적과 기사를 행하고 있다. 사도 베드로는 성령으로 병자를 고치고 많은 이적을 행하였다. 그는 예수 이름으로 앉은뱅이로 태어난 자를 걷게 하였고 죽은 자를 살렸다. 그가 지나갈 때 그의 그림자가 덮이면 병자가 치료받는 이적과 기사가 성령의 은사로 나타났다. **"심지어 병든 사람을 메고 거리에 나가 침대와 요 위에 뉘이고 베드로가 지날 때에 혹 그 그림자라도 뉘게 덮일까 바라고 예루살렘 근읍 허다한 사람들도 모여 병든 사람과 더러운 귀신에게 괴로움 받는 사람을 데리고 와서 다 나음을 얻으니라"** (행 5:15,16). 사도 바울은 성령의 은사로 병자를 고치고 귀신을 쫓아내며 죽은 자를 살렸다. 성령의 은사가 그의 손수건을 통하여 나타나기도 하였다. **"심지어 사람들이 바울의 몸에서 손수건이나 앞치마를 가져다가 병든 사람에게 얹으면 그 병이 떠나고 악귀도 나가더라"** (행 19:12). 예수 이름으로 귀신을 쫓아내고 병자를 고치는 이적은 성령의 은사로 나타난다.

5) 성령의 은사로서 믿음은 예수 그리스도의 피에 의하여 구원을 받은 자들에게 새 언약이 성취된다는 것을 증거한다. 예수 이름으로 이적을 행하는 것은 새 언약이다(**막 16:17,18**). 이 말씀이 성령으로 성취된다. 모든 믿는 자들이 자신에게 이적을 행하는 성령의 권능이 임하였다고 인정하는 것은 아니다. 성령의 은사를 받은 자만이 자신에게

---

16) 엘리야는 병자를 고치고 죽은 자를 살렸다. 그는 성령을 받지 못하였지만 하나님께로부터 병을 고치는 은사를 받고 하나님의 이름으로 병자를 고쳤다.

권능이 임하였다고 믿는다. '나에게 병을 고치고 귀신을 쫓아내는 권능이 임하였다'라는 믿음은 성령의 은사로부터 오는 것이다. 성령의 은사로 나타나는 믿음이 있는 자만이 반드시 병이 낫는다는 믿음으로 병자를 위하여 기도하고 예수 이름으로 귀신을 쫓아낸다. 성령의 은사로 오는 믿음이 없는 자들은 (막 16:17,18)의 말씀을 의심을 하면서 병자를 위하여 기도하지 아니한다.

6) 예수 그리스도께서 그의 피로써 인류의 죄를 대속하고 마귀를 심판하셨다는 사실의 믿음 위에, 자신에게 성령의 은사가 임하였다는 것을 인정하는 믿음으로 이적과 기사를 행한다. 사도 베드로는 자신에게 병자를 고치는 능력이 임하였다는 것을 믿음으로 많은 사람이 운집한 장소에서 담대하게 예수 이름으로 병자에게 걸으라고 명령하였다. **"베드로가 가로되 은과 금은 내게 없거니와 내게 있는 것으로 네게 주노니 곧 나사렛 예수 그리스도의 이름으로 걸으라 하고"** (행 3:6). 베드로의 담력은 성령의 은사로부터 온 믿음이다. 베드로는 혹시라도 앉은뱅이가 걷지 못하면 어떻게 할까 하는 의심을 품지 아니하였다. 병자를 고치는 권능은 성령의 은사로 임하는 믿음으로부터 나온다.

7) 귀신을 쫓아내는 권능 역시 성령의 은사로 임하는 믿음으로부터 나온다. 사도 바울은 사람의 시선을 개의치 아니하고 공개된 장소에서 믿음으로 귀신에게 나가라고 명령하였다. **"이같이 여러 날을 하는지라 바울이 심히 괴로와하여 돌이켜 그 귀신에게 이르되 예수 그리스도의 이름으로 내가 네게 명하노니 그에게서 나오라 하니 귀신이 즉시 나오니라"** (행 16:18). 사도 바울은 믿음으로 앉은뱅이에게 일어나라고 명령하였다. **"큰 소리로 가로되 네 발로 바로 일어서라 하니 그 사람이 뛰어 걷는지라"** (행 14:10). 사도 바울의 행동은 자신에게 병을 고치는 성령의 은사가 임하였다는 것을 믿는 믿음으로부터 왔다.

8) 성령의 은사로부터 오는 믿음으로 병을 고친다. 제자들은 성령을 받기 전에 귀신을 쫓아내는 믿음을 갖지 못하였다. 예수 그리스도께서 제자들에게 믿음이 없다고 말씀하셨다. **"대답하여 가라사대 믿음이 없는 세대여 내가 얼마나 너희와 함께 있으며 얼마나 너희를 참으리요 그를 내게로 데려오라 하시매"** (막 9:19). 성령의 은사로 주시는 믿음으로 병자를 위하여 구하는 기도는 병을 고친다. "너희 중에 병든 자가 있느냐 저는 교회의

장로들을 청할 것이요 그들은 주의 이름으로 기름을 바르며 위하여 기도할찌니라 믿음의 기도는 병든 자를 구원하리니 주께서 저를 일으키시리라 혹시 죄를 범하였을찌라도 사하심을 얻으리라" (약 5:14,15).

9) 성령으로 병자를 고치는 은사는 세 가지를 전제로 한다. 첫째, 병자의 모든 죄가 예수 그리스도의 피로써 정결하게 되어야 한다. 죄로 인하여 그 육체가 더러워졌으면 시간 속에 감추어진 죄를 형상화하여 보여주는 질병은 치료되지 아니한다. 예수 그리스도께서 중풍병자의 죄를 사하시고 그 병을 치료하신 것과 같이, 병자를 위하여 기도하기 전에 그리스도의 피로 그의 죄를 없이함을 받게 하여야 한다. 따라서 병자가 예수 이름으로 치료 받은 것은 그의 죄가 사하여졌다는 것을 인치는 것이다. 둘째, 병자를 위하여 기도하는 자에게 병을 고치는 은사가 임한다. 예수 그리스도의 병 고치는 능력이 믿는 자들에게 성령의 은사로 임한다(눅 5:17). 성령의 은사로 병을 고치므로 믿는 자들은 병자를 위하여 기도한 뒤에 대가를 받을 수 없다. **"병든 자를 고치며 죽은 자를 살리며 문둥이를 깨끗하게 하며 귀신을 쫓아내되 너희가 거저 받았으니 거저 주어라"** (마 10:8). 셋째, 귀신으로 인하여 온 병은 귀신이 나감으로 치료된다. **"예수께서 보시고 불러 이르시되 여자여 네가 네 병에서 놓였다 하시고 안수하시매 여자가 곧 펴고 하나님께 영광을 돌리는지라"** (눅 13:12,13). 따라서 병을 고치는 성령의 은사는 귀신을 쫓아내는 은사와 관련된다.

10) 성령의 은사로부터 오는 믿음이란 이적과 기사를 행하는 믿음이다. 이 믿음은 예수 그리스도를 주님이라고 고백하여 구원을 얻는 믿음과 구별한다(고전 12:3). 죄인은 복음의 말씀을 들을 때 성령의 감동으로 예수 이름을 믿음으로 구원을 얻는다. 믿음으로 구원을 얻은 자들이 모두 예수 이름으로 이적과 기사를 행하는 것은 아니다. 성령을 받고 그 은사로 나타나는 믿음만이 병자를 고치고 귀신을 쫓아낸다. 예수 그리스도께서 믿고 구한 것은 받은 것으로 알라고 말씀하셨다. **"너희가 기도할 때에 무엇이든지 믿고 구하는 것은 다 받으리라 하시니라"** (마 21:22). 성령의 은사로 병자가 치료될 것을 믿고 기도하면 이적이 나타난다. 따라서 믿지 아니하고 구하는 기도는 응답을 받지 못한다.

(4) 예언의 은사와 영 분별의 은사

1) 성령으로 예언하는 은사가 믿는 자에게 임한다. 성령으로 나타나는 예언의 은사는 다른 사람의 마음속에 품은 생각을 드러내고 그 사람을 향한 하나님의 뜻을 계시하는 것이다. 예수 그리스도께서 사람의 마음을 아시는 것과 같이 예언의 은사를 받은 자는 다른 사람의 마음속에 있는 생각을 드러낸다. **"그러나 다 예언을 하면 믿지 아니하는 자들이나 무식한 자들이 들어와서 모든 사람에게 책망을 들으며 모든 사람에게 판단을 받고 그 마음의 숨은 일이 드러나게 되므로 엎드리어 하나님께 경배하며 하나님이 참으로 너희 가운데 계시다 전파하리라"** (고전 14:24,25). 베드로는 아나니아의 마음속에 있는 악한 생각을 드러내고 그들에게 하나님의 뜻을 예언하였다. **"베드로가 가로되 아나니아야 어찌하여 사단이 네 마음에 가득하여 네가 성령을 속이고 땅값 얼마를 감추었느냐"** (행 5:3).

2) 예언의 은사는 두 단계를 통하여 나타난다. 첫째, 사람의 마음속에 있는 생각을 아는 것이다. 예수 그리스도께서 사람의 마음을 아셨다. **"예수께서 그 생각을 아시고 가라사대 너희가 어찌하여 마음에 악한 생각을 하느냐"** (마 9:4). **"예수께서 저희 생각을 아시고 가라사대 스스로 분쟁하는 나라마다 황폐하여질 것이요 스스로 분쟁하는 동네나 집마다 서지 못하리라"** (마 12:25). 예수 그리스도는 전지하신 분이므로 사람의 생각을 아신다. 전지하신 하나님의 능력이 성령으로 임하면 믿는 자들은 다른 사람의 생각을 알 수 있다. 성령으로 예언하는 자들은 사람의 마음속에 있는 생각을 알고 이것을 밖으로 드러내므로 사람으로 하여금 하나님께서 믿는 자들 가운데 계신 것을 알게 한다.

3) 둘째, 예언하는 자들은 장차 일어날 하나님의 뜻을 밝힌다. 성령으로 예언하는 자는 개인의 길흉화복을 예언하지 아니한다. 구약시대에 거짓 선지자들은 하나님의 말씀을 받지 못하였지만 심령에서 우러나는 생각을 하나님의 말씀이라 예언함으로 저주를 받았다. **"그러므로 나 주 여호와가 또 말하노라 너희가 허탄한 것을 말하며 거짓된 것을 보았은즉 내가 너희를 치리라 나 주 여호와의 말이니라"** (겔 13:8). 성령으로 예언하는 은사는 하나님의 뜻인 예수 그리스도를 증거하지만 개인의 길흉화복에 대하여 예언하는 것은 아니다. **"네가 쫓아낼 이 민족들은 길흉을 말하는 자나 복술자의 말을 듣거니와**

너게는 네 하나님 여호와께서 이런 일을 용납지 아니하시느니라"(신 18:14). 구약시대에 거짓 선지자들은 하나님의 말씀을 선포하지 아니하고 헛된 것을 예언함으로 저주를 받았다. "그 선지자들이 허탄한 묵시를 보며 거짓 것을 점쳤으니 내 손이 그들을 쳐서 내 백성의 공회에 들어오지 못하게 하며 이스라엘 족속의 호적에도 기록되지 못하게 하며 이스라엘 땅에도 들어가지 못하게 하리니 너희가 나를 여호와인줄 알리라"(겔 13:9).

4) 마음속에 있는 생각을 분별하는 영 분별의 능력은 진리를 순종함에 있어서 매우 중요한 역할을 한다. 마귀는 육신의 생각을 통하여 믿는 자들을 미혹하므로 성도들은 마음속에 있는 생각이 육신의 생각이냐 아니면 영의 생각이냐 하는 것을 분별하여야 한다. 믿는 자가 자기의 지성으로 이것을 분별하는 것은 불가능하다. 왜냐하면 육신의 생각이 성령으로부터 나오는 생각으로 착각할 수 있기 때문이다. 육신의 생각이 하나님의 말씀으로 포장하고 있으므로 믿는 자들은 이를 성령으로부터 나오는 생각으로 착각할 수 있다. 마귀가 하나님의 말씀으로 예수 그리스도를 미혹한 것과 같이 성도들을 유혹한다. 따라서 사도 바울은 사단이 광명한 천사로 가장하여 성도를 미혹한다고 기록하였다. "이것이 이상한 일이 아니라 사단도 자기를 광명의 천사로 가장하나니"(고후 11:14).

5) 성도가 자기의 마음속에 있는 생각이 진리냐 거짓이냐, 영의 생각이냐 육신의 생각이냐 하는 것을 구분하지 못하면 부지중에 범죄하고도 이를 알지 못한다. 이 은사는 두 가지로 구분할 수 있다. 첫째, 믿는 자가 자기의 마음속에 있는 생각이 하나님의 말씀을 순종하려는 영의 생각이냐 아니면 하나님을 대적하는 육신의 생각이냐를 분별하는 것이다. 둘째, 타인의 행위가 세상에 속하였느냐 아니면 하나님께 속하였느냐 하는 것을 분별하는 것이다.

6) 성도들은 자신의 생각이 성령의 인격이냐 아니면 마귀의 인격이냐의 여부를 분별하여야 한다. 아나니아와 삽비라의 마음속에 땅을 매각한 대금의 일부를 생활비로 남겨놓으려는 생각과 이를 전부 하나님께 바쳐야 한다는 생각이 공존하였다. 전자는 육신의 생각이고 후자는 영의 생각이다. 전자는 사단으로부터 왔지만 그들은 성령으로 영을 분별하는 은사를 받지 못하였으므로 그 생각을 하나님의 뜻으로 판단하였다. 따라서

그들은 사단의 미혹에 따라 행동함으로 저주를 받아 죽임을 당하였다(행 5:3). 마귀는 가룟 유다에게 예수 그리스도를 팔려는 생각을 넣어주었다. **"마귀가 벌써 시몬의 아들 가룟 유다의 마음에 예수를 팔려는 생각을 넣었더니"** (요 13:2). 가룟 유다는 그의 마음 속에 있는 마귀의 생각을 분별하지 못하였으므로 예수 그리스도를 대제사장에게 넘겨주었다. 이와 같이 성도들이 본의 아니게 범죄하는 것은 육신의 생각을 하나님의 뜻으로 오해하기 때문이다.

7) 사단은 그의 사역자들을 통하여 성도를 미혹한다. **"저런 사람들은 거짓 사도요 궤휼의 역군이니 자기를 그리스도의 사도로 가장하는 자들이니라"** (고후 11:13). **"그러므로 사단의 일군들도 자기를 의의 일군으로 가장하는 것이 또한 큰 일이 아니라 저희의 결국은 그 행위대로 되리라"** (고후 11:15). 세상에는 사단의 일꾼으로서 기독교를 빙자하는 이방종교가 있다. 로마 가톨릭, 동방정교, 여호와 증인, 몰몬교, 통일교 등이 여기에 속한다. 이들 이방종교에 속한 자들의 행위가 하나님께로부터 온 것인가 아니면 마귀로부터 온 것인가 하는 것을 분별하여야 한다. 이들 이방종교는 적그리스도의 영, 거짓말하는 영, 미혹케 하는 영이라고 말할 수 있다. 마지막 때에 적그리스도들이 나타날 것이다. **"아이들아 이것이 마지막 때라 적그리스도가 이르겠다 함을 너희가 들은 것과 같이 지금도 많은 적그리스도가 일어났으니 이러므로 우리가 마지막 때인줄 아노라"** (요일 2:18). 적그리스도는 예수 이름을 믿고 구원을 얻은 자들이 타락하여 세상으로 나간 자들을 말한다. **"저희가 우리에게서 나갔으나 우리에게 속하지 아니하였나니 만일 우리에게 속하였더면 우리와 함께 거하였으려니와 저희가 나간 것은 다 우리에게 속하지 아니함을 나타내려 함이니라"** (요일 2:19).

8) 적그리스도, 거짓말하는 자 및 미혹케 하는 영은 동일하다(요일 2:22). **"미혹하는 자가 많이 세상에 나왔나니 이는 예수 그리스도께서 육체로 임하심을 부인하는 자라 이것이 미혹하는 자요 적그리스도니"** (요이 1:7). 적그리스도의 영에 속한 자들은 진리의 말씀을 듣지 아니한다. **"우리는 하나님께 속하였으니 하나님을 아는 자는 우리의 말을 듣고 하나님께 속하지 아니한 자는 우리의 말을 듣지 아니하나니 진리의 영과 미혹의 영을 이로써 아느니라"** (요일 4:6).

9) 구약시대에 사단은 이방여자와 거짓 선지자들을 통하여 이스라엘을 미혹하였다. 신약시대에 사단은 적그리스도를 통하여 믿는 자들을 미혹하고 있다. 솔로몬은 하나님께로부터 지혜를 받았지만 영을 분별하는 은사를 받지 못하였으므로 노년에 이방여자들에게 미혹을 받아 우상을 섬기는 죄를 범하였다. **"솔로몬의 나이 늙을 때에 왕비들이 그 마음을 돌이켜 다른 신들을 좇게 하였으므로 왕의 마음이 그 부친 다윗의 마음과 같지 아니하여 그 하나님 여호와 앞에 온전치 못하였으니 이는 시돈 사람의 여신 아스다롯을 좇고 암몬 사람의 가증한 밀곰을 좇음이라"** (왕상 11:5). 시드기야는 선지자 예레미야의 말을 듣지 아니하고 거짓 선지자에게 미혹을 받음으로 남 왕국을 멸망의 구덩이로 몰아넣었다. **"시드기야왕이 예레미야에게 이르되 나는 갈대아인에게 항복한 유다인을 두려워하노라 염려컨대 갈대아인이 나를 그들의 손에 붙이면 그들이 나를 조롱할까 하노라"** (렘 38:19).

10) 예언의 은사는 사람의 마음속에 있는 생각을 알고 그를 향한 하나님의 뜻을 예언하는 것이다. 예언의 은사는 하나님께서 믿는 자들 가운데 계신다는 사실을 드러낸다. 영 분별의 은사는 믿는 자의 마음속에 있는 생각이 육신의 생각이냐 아니면 영의 생각이냐를, 다른 사람의 말과 행위가 교회를 미혹하는 것이냐 아니면 성령께로부터 나온 것이냐를 분별하는 것이다. 성도가 영 분별의 은사를 받지 아니하면 마귀의 미혹에 빠져서 범죄할 수 있다. 사단은 광명의 천사로 가장하여 믿는 자들을 미혹하므로 영 분별의 은사는 신앙생활에 있어서 중요한 역할을 한다고 말할 수 있다.

(5) 방언과 방언의 통역 은사

1) 방언이란 성도의 영이 성령으로 하나님께 기도하는 것이다. 사람의 영이 기도할 수 있을까. 사람의 영이 그 육체를 지배할 수 있을까. 만약 이것이 가능하다면 사람의 영은 인격을 가지고 있어야 한다. 육체가 없는 천사가 인격을 가지고 있는 것처럼 사람의 영도 인격을 가지고 있다면, 사람은 두 개의 인격을 가지고 있는 셈이다. 곧 육체와 결합된 인격과 영과 결합된 인격이다. 그러나 사람의 인격은 둘이 아니고 하나이다. 사람의 영이 인격을 가지고 있다면 사람은 자신이 말하는 방언의 내용을 알 수 있어야

한다. 그러나 사람은 자신이 말하는 방언의 내용을 알지 못한다. 따라서 방언을 말하게 하는 인격은 그 사람의 인격이 아니다. 곧 사람의 영에는 인격이 없다.

  2) 사람의 육체가 인격이 아닌 것과 같이 사람의 영도 인격이 아니다. 사람의 육체는 인격과 결합되어 있으므로 육체가 원하는 것을 알고 이것을 위하여 직접 기도할 수 있다. 그러나 사람의 영은 인격과 분리되어있으므로 그 영이 원하는 것을 위하여 직접 기도할 수 없다. 사람의 영이 원하는 것을 위하여 기도하려면 인격의 도움을 받아야 한다. 사람의 영이 육체와 결합된 인격의 도움을 받으면 원하는 것을 위하여 기도할 수 있다. 그러나 이것은 불가능하다. 육체와 결합된 인격은 영과 분리되어있으므로 사람은 영의 사정을 알지 못하며 영이 원하는 것을 위하여 기도할 수 없다. 믿는 자의 영 안에 임하신 성령께서 사람의 영의 사정을 알고 있으므로 사람의 영은 성령으로 기도할 수 있다. 곧 사람의 영은 성령의 인격을 통하여 하나님께 원하는 것을 기도한다. 이것이 방언기도이다. 사람의 인격이 영과 분리되어있으므로 성도는 자신이 말하는 방언의 내용을 알지 못한다. 오직 성령의 은사로 이것을 알 수 있다.

  3) 성령으로 방언을 말하고 이를 통역하는 은사가 나타난다. 방언이란 예언이 아니라 믿는 자의 영이 성령으로 하나님께 기도하는 것이다. **"방언을 말하는 자는 사람에게 하지 아니하고 하나님께 하나니 이는 알아듣는 자가 없고 그 영으로 비밀을 말함이니라"** (고전 14:2). 믿는 자들은 마음으로 기도하고 영으로 기도한다. 믿는 자들은 원하는 것을 마음으로 기도한다. 사람은 지성으로 자신의 육체와 영혼의 모든 사정을 알지 못하므로 하나님께 구하여야 할 것을 구하지 못할 경우가 있다.17) 영은 사람의 모든 사정을 알고 있으므로 마음이 구하지 못하는 것을 하나님께 구할 수 있다(고전 2:11). 따라서 믿는 자는 마음으로 기도하고 영으로 기도하여야 한다. **"내가 만일 방언으로 기도하면 나의 영이 기도하거니와 나의 마음은 열매를 맺히지 못하리라 그러면 어떻게 할꼬 내가 영으로 기도하고 또 마음으로 기도하며 내가 영으로 찬미하고 또 마음으로 찬미하리라"** (고전 14:14,15).

---

17) 사람은 초기 암의 발병 여부를 알지 못한다. 믿는 자가 암이 걸렸지만 그 병을 위하여 기도하지 못할 수 있다. 그러나 사람의 영은 육체의 사정을 알므로 육체의 감각으로 알지 못하는 암을 위하여 기도할 수 있다.

4) 방언으로 기도하는 자는 그 내용을 알지 못한다. 방언을 통역하는 은사를 받은 자가 방언을 통역함으로 방언을 말하는 자의 사정을 알 수 있다. 방언은 믿지 아니하는 자들에게 하나님의 살아계심을 알리는 증거이므로 교회에서 여러 사람이 방언을 말할 경우에 순서대로 하고 통역하는 자가 그 방언을 순서대로 통역하여야 한다. **"만일 누가 방언으로 말하거든 두 사람이나 다불과 세 사람이 차서를 따라 하고 한 사람이 통역할 것이요 만일 통역하는 자가 없거든 교회에서는 잠잠하고 자기와 및 하나님께 말할 것이요"**(고전 14:27,28). 만약 방언을 통역하는 자가 없으면 방언을 말하지 말아야 한다. 방언을 듣는 자들이 교회를 향하여 미쳤다고 말할 것이기 때문이다. **"그러므로 온 교회가 함께 모여 다 방언으로 말하면 무식한 자들이나 믿지 아니하는 자들이 들어와서 너희를 미쳤다 하지 아니하겠느냐"**(고전 14:23).

5) 오순절 날 성령께서 믿는 자들에게 임하셨다. 그들은 성령으로 방언을 말하기 시작하였다. **"저희가 다 성령의 충만함을 받고 성령이 말하게 하심을 따라 다른 방언으로 말하기를 시작하니라"**(행 2:4). 믿는 자들이 성령으로 방언을 말하는 것을 들은 사람들은 크게 놀랐다. **"이 소리가 나매 큰 무리가 모여 각각 자기의 방언으로 제자들의 말하는 것을 듣고 소동하여 다 놀라 기이히 여겨 이르되 보라 이 말하는 사람이 다 갈릴리 사람이 아니냐"**(행 2:6,7). 갈릴리 사람들은 각 지역의 말을 배우지 아니하였지만 자신이 알지 못하는 말을 하기 때문이었다. **"우리가 우리 각 사람의 난 곳 방언으로 듣게 되는 것이 어찜이뇨"**(행 2:8). 믿지 아니하는 자들은 방언을 말하는 자들을 통하여 하나님께서 그들 안에 계시다는 것을 알았다.

6) 방언이란 성령께서 사람의 혀를 주장하시는 것을 말한다. 사람은 자기의 혀를 길들일 수 없다고 성경은 말씀한다. **"혀는 능히 길들일 사람이 없나니 쉬지 아니하는 악이요 죽이는 독이 가득한 것이라"**(약 3:8). 따라서 사람은 말로 실수한다. 만약 말의 실수가 없으면 그 사람은 온전한 사람이다. **"우리가 다 실수가 많으니 만일 말에 실수가 없는 자면 곧 온전한 사람이라 능히 온 몸도 굴레 씌우리라"**(약 3:2). 따라서 사람은 많은 교육과 훈련을 통하여 말을 조심하려고 한다. **"우리가 말을 순종케 하려고 그 입에 재갈 먹여 온 몸을 어거하며"**(약 3:3).

7) 사람은 자기의 혀를 통제하지 못하지만 성령께서는 그의 뜻대로 사람의 혀를 통제하신다. 성령께서는 사람의 혀를 통하여 영이 원하는 것을 하나님께 구하게 하신다. 방언은 성령의 인도하심으로 영이 하나님께 기도하는 것이다. 성령께서는 사람의 사정을 알고 사람이 육신이 연약하여 구하지 못하는 것을 영을 통하여 기도하게 하신다. **"이와 같이 성령도 우리 연약함을 도우시나니 우리가 마땅히 빌바를 알지 못하나 오직 성령이 말할 수 없는 탄식으로 우리를 위하여 친히 간구하시느니라 마음을 감찰하시는 이가 성령의 생각을 아시나니 이는 성령이 하나님의 뜻대로 성도를 위하여 간구하심이니라"** (롬 8:26,27). 성령의 간구가 방언으로 나타난다.

8) 성경은 믿는 자들에게 성령으로 기도하라고 권고한다. **"모든 기도와 간구로 하되 무시로 성령 안에서 기도하고 이를 위하여 깨어 구하기를 항상 힘쓰며 여러 성도를 위하여 구하고"** (엡 6:18). **"사랑하는 자들아 너희는 너희의 지극히 거룩한 믿음 위에 자기를 건축하며 성령으로 기도하며"** (유 1:20). "성령 안에서 기도하는 것," "성령으로 기도하는 것"이란 두 가지로 구분할 수 있다. 첫째, 믿는 자의 인격이 성령의 감동으로 기도하는 것이다. 둘째, 믿는 자의 영이 성령으로 기도하는 것이다. 후자는 방언기도이다.

9) 믿는 자들의 영 안에 임하신 성령께서 사람의 혀를 주장하여 방언을 말하게 할 수 있을까 하는 문제를 살펴보자. 이것은 사람의 혀를 주장하는 귀신의 활동에서 찾을 수 있다. 귀신은 악한 영으로 인격을 가지고 있다. 귀신이 사람의 육체 안에 들어오면 그 사람의 혀를 통하여 자신의 인격을 드러낸다. 예수 그리스도께서 회당에서 복음을 증거하실 때 그 말씀을 들은 귀신이 사람의 혀를 통하여 자신의 인격을 드러냈다. **"마침 저희 회당에 더러운 귀신 들린 사람이 있어 소리질러 가로되 나사렛 예수여 우리가 당신과 무슨 상관이 있나이까 우리를 멸하러 왔나이까 나는 당신이 누구인줄 아노니 하나님의 거룩한 자니이다"** (막 1:23,24). 이와 같이 믿는 자들의 영이 성령의 인격으로 육체의 혀를 통하여 자신의 원하는 것을 하나님께 구한다. 이것이 방언이다.

10) 방언을 통역하지 아니하면 방언을 말하는 자와 듣는 자들은 방언의 내용을 알지 못한다. 방언은 성령의 감동으로 영이 하나님께 기도하는 것이다. 만약 영과 혼이 하나라면 믿는 자들은 당연히 자신이 말하는 방언의 내용을 알아야 한다. 자신이 말하는 방언의

내용을 알지 못한다면 영과 혼을 구별하여야 한다. 영이 성령의 감동으로 말하는 방언의 내용을 혼이 모른다면 영과 혼은 하나가 아니며 별개이다. 육체와 영은 실체이다.18) 영은 사람의 실체이며 육체는 영의 그림자이다. 육체는 살아있는 동안 영을 담고 있는 그릇이다. 육체가 깨지면 육체와 영은 분리된다. 따라서 영과 혼을 하나라고 전제한다면, 반대 해석으로 혼과 육체를 하나로 볼 수 있다. 육체와 혼이 하나가 아닌 것과 같이 영과 혼도 하나가 아니다.

(5) 이해를 위한 질문

1) 예수 그리스도와 성령의 은사

a. 성령께서 임하신 이유는 무엇인가(요 15:26).

b. 성령의 은사가 복음증거와 관련되는 이유는 무엇인가(행 1:8).

c. 예수 그리스도의 부활이 역사적인 사실임을 증거하는 분은 누구인가(행 2:33).

d. 하나님께서 무엇으로 환난을 당하는 사도들을 위로하셨는가(고후 4:1).

e. 믿는 자들이 하나님의 자녀가 되었다는 것을 성령께서 어떻게 증거하시는가(롬 8:16).

2) 지혜의 말씀과 지식의 말씀

a. 성령께서 임하신 목적은 무엇인가(행 1:8; 요 14:26).

b. 예수의 신분은 하나님의 아들이다(마 16:16). 태초부터 아버지의 품 속에 말씀으로 계신 하나님의 아들이 육신으로 임하셨다(요 1:1). 이것을 아는 말씀이 무엇인가.

c. 바리새인들과 서기관들이 예수의 신성을 알지 못한 이유는 무엇인가(고전 2:7,8).

d. 하나님의 아들의 직분은 그리스도이다. 그리스도께서 율법과 선지자의 예언을 성취하셨다(눅 24:44). 그리스도의 사역을 통하여 하나님의 뜻을 깨달아 아는 말씀을 무엇이라고 하는가(요 4:34).

---

18) 천사는 육체가 없는 영적인 존재이지만 사람처럼 육체를 입고 나타났다. 이것은 영이 실체라는 것을 의미한다.

e. 하나님께서 성령으로 예수 그리스도를 알게 하시는 이유는 무엇인가(고전 2:10).

3) 믿음과 능력과 병 고치는 은사
a. 성령의 은사로 나타난 믿음과 구원에 이르는 믿음은 구별한다(눅 23:42,43). 그 이유는 무엇인가.

b. 성령의 은사로 나타나는 믿음이란 무엇인가(막 9:23).

c. 성령의 은사로 행하는 이적과 기사는 무엇을 증거하는가(행 3:15).

d. 믿는 자들에게 병을 고치는 은사가 임한 것은 그리스도의 피로 인한 속죄와 믿음으로 구원을 받았다는 증거이다. 그 이유는 무엇인가(벧전 2:24).

4) 예언과 영 분별의 은사
a. 예언이란 예수 그리스도를 통하여 나타난 하나님의 뜻을 드러내는 것이다(엡 3;3). 그 이유는 무엇인가.

b. 사람의 길흉을 말하는 것은 예언의 은사가 아니다(신 18:14). 그 이유는 무엇인가.

c. 예언의 은사를 받은 자는 다른 사람의 생각을 밖으로 드러낸다(고전 14:25). 그 이유는 무엇인가.

d. 영 분별이란 무엇을 구별하는 것인가(행 5:3).

e. 세상에 속한 영과 하나님께 속한 영을 분별하여야 하는 이유는 무엇인가(요일 4:1).

f. 예언의 은사가 교회의 덕을 세우는 이유는 무엇인가(고전 14:4)

5) 방언과 방언의 통역
a. 방언이란 영이 자신의 비밀을 하나님께 기도하는 것이다(고전 14:2,14). 육체와 영은 그 자체로서 인격이 아니다. 인격이 아닌 영이 어떻게 기도할 수 있는가.

b. 방언을 말하는 자가 그 내용을 알지 못하는 이유는 무엇인가.

c. 성령은 믿는 자들을 위하여 기도하신다(롬 8:26). 그 기도가 어떻게 나타나는가.

d. 방언과 예언이 다른 이유는 무엇인가.

e. 성령으로 방언을 통역하는 이유는 무엇인가(고전 14:13).

6.2 그리스도의 지체로서의 교회와 그리스도의 형상

1. 성령의 은사와 그리스도의 지체

(1) 예수 그리스도와 성령의 사역

1) 예수 그리스도의 사역은 천국복음의 전파, 복음의 말씀을 증거하는 이적과 기사, 죽으심과 부활로 요약할 수 있다. 예수 그리스도께서 성령으로 천국복음을 전파하시고 이적과 기사를 행하셨다. 예수 그리스도께서 성령으로 마귀를 심판하시고 마귀의 권세를 박탈하셨다. 예수 그리스도께서 성령으로 인류의 죄를 대속하셨다. 예수 그리스도의 모든 사역은 성령과 관련된다. 예수 그리스도께서 성령으로 하나님의 뜻을 성취하심으로 하나님 형상을 보이셨다.

2) 예수 그리스도의 사역은 성령의 사역과 일치한다. 예수 그리스도의 모든 말씀은 하나님 아버지의 말씀이고 그 말씀은 성령으로 역사하기 때문이다. 하나님 아버지께서 그의 뜻을 작정하시고 그 뜻을 계시하는 말씀을 아들에게 주셨다. 아들은 아버지께 들은 말씀을 말씀하셨다. **"내가 내 자의로 말한 것이 아니요 나를 보내신 아버지께서 나의 말할 것과 이를 것을 친히 명령하여 주셨으니"** (요 12:49). 아버지께서 아들을 통하여 말씀하셨고, 아들의 말씀은 성령으로 역사하신다. 하나님의 모든 말씀은 태초부터 계셨다. **"태초에 말씀이 계시니라 이 말씀이 하나님과 함께 계셨으니 이 말씀은 곧 하나님이시니라"** (요 1:1). 이 말씀은 아버지의 말씀인 동시에 아들의 말씀이다. 그 말씀으로 만물이 창조되었다. **"만물이 그로 말미암아 지은바 되었으니 지은 것이 하나도 그가 없이는 된 것이 없느니라"** (요 1:3).

3) 4.1.1에서 논의한 바와 같이 성령께서 아버지의 뜻대로 역사하신다. 아들의 말씀은 아버지의 뜻을 계시하므로 성령께서는 그 말씀을 따라서 역사하신다. 태초에 하나님과 함께 계신 말씀에 의하여 만물이 창조되었다(요 1:3). (요 1:3)의 말씀은 만물이 아버지의 뜻과 아들의 말씀으로 창조되었으며 성령께서 그 말씀을 따라서 역사하셨다는 것을 의미한다. 하나님의 말씀이 전능하신 하나님의 말씀으로서 능력을 나타내려면 그 말씀을 따라서 성령께서 역사하셔야 한다. 따라서 성경은 창조의 사역을 아들과 성령의 사역이

라고 말씀한다. "이 모든 날 마지막에 아들로 우리에게 말씀하셨으니 이 아들을 만유의 후사로 세우시고 또 저로 말미암아 모든 세계를 지으셨느니라"(히 1:2). "하나님의 신이 나를 지으셨고 전능자의 기운이 나를 살리시느니라"(욥 33:4).

4) 만물을 창조하신 아들은 아버지의 뜻대로 만물을 통치하신다. 아버지께서 만물의 통치를 아들에게 맡기셨다. **"이는 하나님의 영광의 광채시요 그 본체의 형상이시라 그의 능력의 말씀으로 만물을 붙드시며 죄를 정결케 하는 일을 하시고 높은 곳에 계신 위엄의 우편에 앉으셨느니라"**(히 1:3). "그의 능력의 말씀으로 만물을 붙드시다"란 아들은 말씀으로 만물을 통치하고 보존하는 것을 의미한다. 마지막 날에 아들은 만물을 불살라 없애실 것이다. **"이제 하늘과 땅은 그 동일한 말씀으로 불사르기 위하여 간수하신바 되어 경건치 아니한 사람들의 심판과 멸망의 날까지 보존하여 두신 것이니라"**(벧후 3:7). 곧 아들은 말씀으로 만물을 창조하시고 말씀으로 만물을 통치하시며 말씀으로 만물을 불살라 없애실 것이다. **"이는 만물이 주에게서 나오고 주로 말미암고 주에게로 돌아감이라 영광이 그에게 세세에 있으리로다 아멘"**(롬 11:36).

5) 하나님의 아들이 말씀으로 만물을 통치하려면 그 말씀이 하나님의 말씀으로서 권위를 가져야 한다. 아들의 말씀의 권위는 성령으로 나타난다. 성령은 아들의 말씀을 따라서 역사하신다. 아들의 말씀은 성령으로 만물을 통치하는 권세와 능력을 나타낸다. 아들은 아버지의 뜻과 성령 안에서 말씀으로 만물을 통치하신다. 하나님 아버지는 아들을 통하여 말씀하시고, 아들은 성령으로 말씀하신다. 예수께서 성령을 받으시기 전에 하신 말씀이 전능한 능력을 나타내지 아니한 이유는 성령의 역사가 없었기 때문이다. 예수 그리스도께서 성령을 받으신 뒤에 비로소 그의 말씀은 하나님의 말씀으로서 권위를 나타내기 시작하였다.

6) 예수 그리스도의 잉태를 비롯하여 그의 모든 생애는 성령의 사역과 관련된다. 예수께서 성령으로 잉태하셨다. **"천사가 대답하여 가로되 성령이 네게 임하시고 지극히 높으신 이의 능력이 너를 덮으시리니 이러므로 나실바 거룩한 자는 하나님의 아들이라 일컬으리라"**(눅 1:35). 예수 그리스도께서 성령으로 마귀를 결박하시고 마귀의 지배 아래 있는 자들을 자유하게 하셨다. **"하나님이 나사렛 예수에게 성령과 능력을 기름붓듯 하셨**

으매 저가 두루 다니시며 착한 일을 행하시고 마귀에게 눌린 모든 자를 고치셨으니 이는 하나님이 함께 하셨음이라" (행 10:38). 예수 그리스도께서 성령으로 천국복음을 전파하고 성령으로 병자를 고치셨다. "주의 성령이 내게 임하셨으니 이는 가난한 자에게 복음을 전하게 하시려고 내게 기름을 부으시고 나를 보내사 포로 된 자에게 자유를, 눈먼 자에게 다시 보게 함을 전파하며 눌린 자를 자유케 하고" (눅 4:18). 예수 그리스도께서 성령으로 귀신을 쫓아내셨다. "그러나 내가 하나님의 성령을 힘입어 귀신을 쫓아내는 것이면 하나님의 나라가 이미 너희에게 임하였느니라" (마 12:28). 예수 그리스도께서 성령으로 제자들에게 천국복음을 가르치셨다. "그의 택하신 사도들에게 성령으로 명하시고 승천하신 날까지의 일을 기록하였노라" (행 1:2). 예수 그리스도께서 성령으로 인류의 죄를 속하는 피를 흘리셨다. "하물며 영원하신 성령으로 말미암아 흠 없는 자기를 하나님께 드린 그리스도의 피가 어찌 너희 양심으로 죽은 행실에서 깨끗하게 하고 살아 계신 하나님을 섬기게 못하겠느뇨" (히 9:14). 예수 그리스도께서 성령으로 부활하셨다. "예수를 죽은 자 가운데서 살리신 이의 영이 너희 안에 거하시면 그리스도 예수를 죽은 자 가운데서 살리신 이가 너희 안에 거하시는 그의 영으로 말미암아 너희 죽을 몸도 살리시리라" (롬 8:11).

7) 하나님 아버지께서 그의 뜻을 계시하는 말씀을 아들에게 주셨고, 아들은 그 말씀대로 일하시고, 그의 말씀은 성령으로 역사한다. 아버지의 뜻은 아들의 말씀과 성령의 역사를 통하여 성취되었다. 곧 아들은 성령으로 아버지의 말씀을 순종하심으로 하나님의 형상을 나타내셨다고 말할 수 있다. 보이지 아니하는 하나님의 형상이 아들의 말씀과 성령의 사역으로 나타나고 있다. 태초에 작정된 아버지의 뜻을 계시하는 말씀이 예수 그리스도의 말씀과 성령을 통하여 우주와 인류의 역사로 형상화되었다. "**말씀이 육신이 되어 우리 가운데 거하시매 우리가 그 영광을 보니 아버지의 독생자의 영광이요 은혜와 진리가 충만하더라**" (요 1:14). 태초에 하나님과 함께 계신 말씀이 예수 그리스도의 육신을 통하여 하나님으로 모습의 형상화되었다. "**본래 하나님을 본 사람이 없으되 아버지 품속에 있는 독생하신 하나님이 나타내셨느니라**" (요 1:18). 육신의 눈으로 볼 수 없는 하나님의 형상이 예수 그리스도를 통하여 나타났다.

8) 하나님 아버지를 본 사람은 아무도 없다. 예수 그리스도의 사역과 말씀을 통하여 하나님 아버지를 보고 그의 말씀을 듣는다. 예수 그리스도의 사역을 통하여 하나님 아버지의 일을 본다. 곧 예수 그리스도를 통하여 하나님 아버지의 형상이 나타났다. 따라서 성경은 예수 그리스도를 보는 것은 하나님 아버지를 보는 것이라고 말씀한다. **"예수께서 가라사대 빌립아 내가 이렇게 오래 너희와 함께 있으되 네가 나를 알지 못하느냐 나를 본 자는 아버지를 보았거늘 어찌하여 아버지를 보이라 하느냐"** (요 14:9). **"나를 보는 자는 나를 보내신 이를 보는 것이니라"** (요 12:45). 예수 그리스도의 말씀은 성령으로 역사하시기 때문에, 아들은 성령으로 아버지의 말씀을 순종하심으로 하나님의 형상을 나타내셨다.

9) 예수 그리스도께서 성령으로 아버지의 모든 말씀을 순종하시고 창세전에 작정된 하나님의 뜻을 성취하셨다. 예수 그리스도의 사역을 통하여 하나님의 뜻이 행위로 형상화되었다. 따라서 예수 그리스도는 하나님의 형상이다(고후 4:4). **"그는 보이지 아니하시는 하나님의 형상이요 모든 창조물보다 먼저 나신 자니"** (골 1:15). 만물을 창조하신 하나님의 형상이 예수 그리스도를 통하여 나타났다. 예수 그리스도께서 말씀으로 창조질서를 바꾸심으로 만물을 창조하신 하나님의 형상을 보이셨다. 만물이 그의 말씀을 순종하고 무화과나무가 그의 말씀대로 저주를 받았다(마 21:20). 예수 그리스도께서 만물의 통치하시는 하나님의 형상을 보이셨다. 예수 그리스도께서 사망의 권세를 잡은 자 마귀를 심판하시고 귀신을 쫓아내심으로 만물을 의와 공의로 심판하는 하나님의 형상을 보이셨다(막 1:25,26). 예수 그리스도께서 간음한 여자의 죄를 용서하심으로 택함을 받은 자들의 죄를 사하시는 하나님의 형상을 보이셨다(요 8:11).

10) 태초에 하나님 아버지께서 그의 뜻을 작정하시고 아들을 통하여 이를 성취하셨다. 아버지께서 그의 뜻을 계시하는 말씀을 아들에게 주셨고 아들은 성령으로 아버지의 말씀을 순종함으로 그 뜻을 이루셨다. 보이지 아니하는 하나님의 뜻이 예수 그리스도를 통하여 보이는 형상으로 나타났다. 예수 그리스도의 모든 말씀은 성령으로 그 권위를 나타낸다. 성령의 역사가 없으면 예수 그리스도의 말씀은 하나님의 말씀으로서 권위를 나타내지 못한다. 성령께서 예수 그리스도의 말씀을 통하여 전능하신 하나님의 형상을

나타내신다.

(2) 성령의 은사와 그리스도의 지체

1) 예수 그리스도께서 성령으로 아버지의 말씀을 순종하신 것과 같이, 교회도 성령으로 진리의 말씀을 순종한다. 예수 그리스도께서 제자들에게 자기의 말씀을 지켜 행하라고 명령하셨다. 예수 그리스도께서 성령으로 아버지의 말씀을 순종함으로 하나님의 형상을 나타내신 것과 같이, 성도들은 성령으로 예수 그리스도의 말씀을 순종함으로 그리스도의 형상을 나타낸다. 성도들을 통하여 예수 그리스도의 형상이 나타나므로 성도들은 그리스도의 지체이다. 성도들은 예수 그리스도의 말씀을 순종하므로 그리스도는 성도들의 머리이다.

2) 예수 그리스도께서 믿는 자들에게 자기의 말씀을 순종하라고 명령하셨다. **"내가 너희에게 분부한 모든 것을 가르쳐 지키게 하라 볼찌어다 내가 세상 끝날까지 너희와 항상 함께 있으리라 하시니라"(마 28:20).** "너희가 나를 사랑하면 나의 계명을 지키리라"(요 14:15). 예수 그리스도의 말씀을 지키는 자가 그의 제자이다. **"그러므로 예수께서 자기를 믿은 유대인들에게 이르시되 너희가 내 말에 거하면 참 내 제자가 되고"(요 8:31).** "너희가 내 말에 거하다"란 믿는 자들이 예수 그리스도의 말씀 안에서 살아가는 것을 의미한다. 그 결과는 말씀의 순종으로 나타난다.

3) 성도들은 성령으로 예수 그리스도의 말씀을 순종할 수 있다. 예수 그리스도께서 승천하셨지만 믿는 자들이 그의 말씀을 순종하면 성도들을 통하여 그리스도의 형상이 나타난다. 곧 믿는 자들이 성령으로 그리스도의 지체로서의 역할을 한다. 따라서 믿는 자들은 그리스도의 지체라고 사도 바울은 기록하였다. **"몸은 하나인데 많은 지체가 있고 몸의 지체가 많으나 한 몸임과 같이 그리스도도 그러하니라"(고전 12:12). "너희는 그리스도의 몸이요 지체의 각 부분이라"(고전 12:27).** 교회는 머리이신 그리스도의 생각대로 말하고 행동한다. 그리스도의 생각은 그의 말씀으로 계시된다. 교회가 그리스도의 말씀을 순종하면 그의 지체로서 그 역할을 하는 것이다. 교회의 직분은 성령으로 그리스도의 말씀을 순종함으로 그리스도의 형상을 나타내는 것이다.

4) 예수 그리스도께서 공생애를 통하여 교회의 사명을 보여주셨다. 예수 그리스도께서 성령으로 아버지의 말씀을 순종하심으로 하나님 아버지의 뜻을 성취하셨다. 이제 교회는 성령으로 예수 그리스도의 말씀을 순종함으로 그리스도의 형상을 나타내고 있다. 하늘에서 하나님 아버지의 뜻을 성취하신 그리스도의 형상이 성령으로 교회를 통하여 나타나는 이유는, 두 가지로 구분하여 고찰할 수 있다. 첫째, 예수 그리스도께서 피를 흘려서 인류의 죄를 대속하신 하나님의 사랑은 복음전도를 통하여 그 효력이 나타난다. 복음전도와 믿는 자가 없다면 예수 그리스도의 피에 의한 속죄의 효과는 나타나지 아니한다. 둘째, 복음전도는 하나님의 아들이신 예수 그리스도를 증거하는 것이다. 예수 그리스도께서 부활하셔서 하늘보좌에 앉아 만물을 통치하신다는 증거가 그리스도의 말씀과 성령의 은사를 통하여 이적과 기사로 나타나고 있다.

5) 예수 그리스도께서 자신의 사역과 죽음과 부활을 증거하는 말씀을 전도의 말씀으로 주셨다. **"자기 때에 자기의 말씀을 전도로 나타내셨으니 이 전도는 우리 구주 하나님의 명대로 내게 맡기신 것이라"** (딛 1:3). 복음전도는 예수 그리스도의 말씀을 전하는 것이다. 그 말씀의 핵심은 예수 이름을 믿음으로 영생을 얻는 것이다. **"이는 저를 믿는 자마다 영생을 얻게 하려 하심이니라"** (요 3:15). "저를 믿는 것"이란 예수 그리스도께서 하나님의 아들이심을 믿는 것이다. **"오직 이것을 기록함은 너희로 예수께서 하나님의 아들 그리스도이심을 믿게 하려 함이요 또 너희로 믿고 그 이름을 힘입어 생명을 얻게 하려 함이니라"** (요 20:31).

6) 복음을 전파하는 자는 예수 그리스도께서 하나님의 아들이란 객관적인 증거를 제시하여야 한다. 그 증거는 성령의 은사로 나타난다. 예수 그리스도께서 성령으로 행하신 이적과 기사가 복음을 전파하는 자들을 통하여 나타나야 한다. 따라서 예수 그리스도께서 복음을 증거하는 자에게 이적과 기사를 행하는 권능을 주셨다. **"예수께서 그 열두 제자를 부르사 더러운 귀신을 쫓아내며 모든 병과 모든 약한 것을 고치는 권능을 주시니라"** (마 10:1). 복음을 전파하는 자들이 성령으로 예수 그리스도의 일을 그대로 함으로 예수께서 하나님의 아들이신 증거를 제시한다.

7) 믿는 자들은 성령으로 예수 그리스도의 일을 그대로 한다고 성경은 말씀한다. **"내가**

진실로 진실로 너희에게 이르노니 나를 믿는 자는 나의 하는 일을 저도 할 것이요 또한 이보다 큰 것도 하리니 이는 내가 아버지께로 감이니라" (요 14:12). "내가 아버지께로 감이다"란 예수 그리스도께서 세상을 떠나 아버지께로 가신 뒤에 성령을 보내주시는 것을 의미한다. "**그러하나 내가 너희에게 실상을 말하노니 내가 떠나가는 것이 너희에게 유익이라 내가 떠나가지 아니하면 보혜사가 너희에게로 오시지 아니할 것이요 가면 내가 그를 너희에게로 보내리니**" (요16:7). 믿는 자들이 성령을 받으면 성령으로 예수 그리스도의 일을 할 수 있다.

8) 사도들은 성령으로 예수 그리스도와 동일한 이적과 기사를 행하였다. 베드로는 예수 이름으로 앉은뱅이로 태어난 자를 걷게 하였다(행 3:6,7). 베드로는 예수 이름으로 죽은 다비다를 살렸다(행 9:40). 사도 바울은 예수 이름으로 귀신을 쫓아내었다. "**이같이 여러 날을 하는지라 바울이 심히 괴로워하여 돌이켜 그 귀신에게 이르되 예수 그리스도의 이름으로 내가 네게 명하노니 그에게서 나오라 하니 귀신이 즉시 나오니라**" (행 16:18). 사도 바울은 예수 이름으로 병자를 고쳤다(행 28:8). 사도들이 행한 이적과 기사는 하나님의 아들이신 예수 그리스도의 부활에 대한 객관적인 증거이다.

9) 성령의 은사는 교회의 직분과 관련된다. 지혜의 말씀과 지식의 말씀은 복음 증거와 관련된다. 그 말씀은 예수께서 하나님의 아들이며 그리스도이심을 증거하는 말씀이다. 만물을 창조하신 자, 마귀를 심판하시고 그의 권세를 박탈하신 자, 인류의 죄를 대속하신 자, 믿는 자를 구원하시는 자, 하늘보좌에 앉아 만물을 통치하시는 자, 마지막 때에 다시 오셔서 만물을 심판하실 자, 곧, 하나님의 아들이신 예수 그리스도를 선포하는 말씀이 지혜의 말씀과 지식의 말씀이다. 이 말씀으로 하나님의 아들이신 예수 그리스도를 증거하였다고 하더라도, 말씀을 듣는 자가 모두 믿음을 가지는 것이 아니다. 이 말씀이 하나님의 말씀이라는 객관적인 증거가 제시되어야 한다.

10) 지혜의 말씀과 지식의 말씀에 대한 객관적인 증거가 성령의 은사로 나타난다. 성령으로 능력을 행하고 병자를 고치고 귀신을 쫓아내고 영을 분별하고 방언을 말하는 것은 부활하신 하나님의 아들에 대한 객관적인 증거이다. 이러한 성령의 은사는 교회의 직분과 관련된다. "**하나님이 교회 중에 몇을 세우셨으니 첫째는 사도요 둘째는 선지자요**

세째는 교사요 그 다음은 능력이요 그 다음은 병 고치는 은사와 서로 돕는 것과 다스리는 것과 각종 방언을 하는 것이라 다 사도겠느냐 다 선지자겠느냐 다 교사겠느냐 다 능력을 행하는 자겠느냐 다 병 고치는 은사를 가진 자겠느냐 다 방언을 말하는 자겠느냐 다 통역하는 자겠느냐" (고전 12:28~30). 사도, 선지자, 교사, 능력을 행하는 자, 병을 고치는 자 등은 교회의 직분이다.

11) 예수 그리스도는 교회의 머리이시며 성도는 그리스도의 지체이다. 성령께서는 교회의 머리이신 그리스도와 그의 지체인 성도를 연결하신다. 이것을 모형으로 보여주는 것이 사람의 몸이다. 머리에서 하달된 명령이 신경조직을 통하여 각 기관에 전달되고 각 기관은 그 명령대로 움직인다. 이와 같이 예수 그리스도의 말씀이 성령으로 그의 지체인 성도에게 하달되고 성도는 그 말씀에 따라서 행동한다. 곧 성령은 인체에 있어서 신경조직과 같다고 말할 수 있다. 신경조직이 마비되면 지체가 움직이지 아니하는 것과 같이, 성령의 역사가 없으면 성도는 그리스도의 지체로서의 직분을 감당할 수 없다.

12) 교회의 직분과 관련된 성령의 은사는 믿음의 분량에 따라서 결정된다고 사도 바울은 가르쳤다. **"내게 주신 은혜로 말미암아 너희 중 각 사람에게 말하노니 마땅히 생각할 그 이상의 생각을 품지 말고 오직 하나님께서 각 사람에게 나눠주신 믿음의 분량대로 지혜롭게 생각하라 우리가 한 몸에 많은 지체를 가졌으나 모든 지체가 같은 직분을 가진 것이 아니니 이와 같이 우리 많은 사람이 그리스도 안에서 한 몸이 되어 서로 지체가 되었느니라"** (롬 12:3~5). 믿음의 분량에 따라서 성령의 은사와 교회의 직분이 결정된다. 곧 성령은 믿음의 분량에 따라서 역사하신다.

13) 그리스도는 온전한 육체를 가지고 계신다. 이것은 그리스도의 지체로서 교회는 온전한 그리스도의 형상을 나타내는 것을 의미한다. 하나님은 성도가 그리스도의 지체로서 온전히 그 직분을 다함으로 그리스도의 형상을 나타내기를 원하신다. **"우리가 다 하나님의 아들을 믿는 것과 아는 일에 하나가 되어 온전한 사람을 이루어 그리스도의 장성한 분량이 충만한데까지 이르리니"** (엡 4:13). "그리스도의 장성한 분량"이란 공생애 기간 동안 나타난 그리스도의 사역을 말한다. 교회가 그리스도께서 선포하신 천국복음을 전파하며 그가 행하신 이적을 그대로 행하는 것이 그리스도의 장성한 분량이다.

따라서 하나님은 성도들에게 은혜를 한량없이 부어주신다. **"자기 아들을 아끼지 아니하시고 우리 모든 사람을 위하여 내어주신 이가 어찌 그 아들과 함께 모든 것을 우리에게 은사로 주지 아니하시겠느뇨"** (롬 8:14).

14) 그리스도의 지체가 그리스도의 장성한 분량에 이르기까지 모두 온전한 것은 아니다. 강한 지체가 있는 반면 약한 지체가 있을 수 있다. 하나님은 약한 지체를 강한 지체보다 귀하게 여기시고 돌보신다. 하나님은 약한 지체를 강하게 하시고 덜 귀한 지체를 더욱 귀하게 하셔서 모든 지체를 고르게 하신다.19) **"이뿐 아니라 몸의 더 약하게 보이는 지체가 도리어 요긴하고 우리가 몸의 덜 귀히 여기는 그것들을 더욱 귀한 것들로 입혀 주며 우리의 아름답지 못한 지체는 더욱 아름다운 것을 얻고 우리의 아름다운 지체는 요구할 것이 없으니 오직 하나님이 몸을 고르게 하여 부족한 지체에게 존귀를 더하사 몸 가운데서 분쟁이 없고 오직 여러 지체가 서로 같이하여 돌아보게 하셨으니"** (고전 12:22~25).

15) 교회는 성도의 모임이다. 교회의 사명이 성령으로 그리스도의 말씀을 순종함으로 그리스도의 형상을 나타내는 것이라고 정의할 때, 성도들은 그리스도의 지체이며 그리스도는 교회의 머리이다. 성도의 믿음의 분량에 따라서 성령의 은사가 나타난다. 성령의 은사는 교회의 직분과 관련된다. 교회는 예수 그리스도의 말씀과 성령으로 그리스도의 공생애를 재현하고 있다. 세상은 교회를 통하여 그리스도의 형상을 본다.

(3) 성령의 은사와 그리스도와의 연합

1) 믿는 자들이 성령을 받으면 성령의 인도하심으로 예수 그리스도와 연합한다. 예수 그리스도의 말씀이 성도의 영 안에 들어와서 성도의 생각과 마음을 완전히 다스릴 때, 비로소 성도는 그리스도의 지체로서 그 직분을 잘 감당할 수 있다. 성도가 예수 그리스도의 말씀을 만물의 통치자의 명령으로 받아드릴 때 비로소 그 말씀을 순종할 수 있다.

---

19) 하나님은 지체가 약하다는 이유로 그 지체를 잘라버리지 아니 하신다. 하나님은 약한 지체가 강하게 되도록 돌보시고 보호하신다. 사람의 지체 가운데 한 지체에 질병이 발생하면 다른 지체가 그 지체를 위하여 고통을 당하고 그 지체를 위하여 봉사한다. **"만일 한 지체가 고통을 받으면 모든 지체도 함께 고통을 받고 한 지체가 영광을 얻으면 모든 지체도 함께 즐거워하나니"** (고전 12:26).

진리의 말씀을 통하여 계시되는 예수 그리스도의 인격과 성도의 인격이 조화를 이룰 때, 성도는 예수 그리스도와 연합한다. 하나님 아버지와 예수 그리스도께서 하나가 된 것과 같이, 성령의 인도하심으로 예수 그리스도와 성도가 하나가 되는 것이 하나님의 뜻이다.

2) 그리스도 이전 율법 아래서 이스라엘 백성은 하나님과 연합하지 못하였다. 이스라엘은 육신이 연약하여 율법을 온전히 순종할 수 없기 때문이다. 이스라엘 백성이 율법을 들을 때, 그 말씀이 그들의 인격 안에 들어왔다. 그들이 율법을 순종하였을 때, 율법은 그들의 육체 안에 머물러 있었다.[20] 그러나 그들이 율법을 대적하였을 때, 율법은 그들에게서 떠났다. 율법은 탐심을 품지 말라고 말씀한다(출 20:17). 그들이 율법을 대적하여 탐심을 품고 이를 행동으로 옮기려고 하였을 때, 율법은 그들에게서 떠났다. 율법은 하나님의 인격이다. 이스라엘 백성이 율법을 불순종함으로 하나님의 인격을 대적하였을 때, 율법이 그들의 마음에서 떠났다. 율법이 이스라엘 백성의 마음에서 떠난 것은 하나님께서 그들을 버린 것을 의미한다.[21]

3) 이스라엘 백성이 율법을 영접하는 것은 하나님을 영접하는 것이고, 율법을 떠나는 것은 하나님을 떠나는 것이다. 하나님은 말씀으로 자신의 인격을 나타내시기 때문이다. 이스라엘 백성이 율법을 순종하려고 노력하였을 때, 하나님은 그들에게 가까이 다가가셨다. 그러나 그들이 율법을 멀리하였을 때, 하나님은 그들을 멀리하셨다. **"저가 나가서 아사를 맞아 이르되 아사와 및 유다와 베냐민의 무리들아 내 말을 들으라 너희가 여호와와 함께하면 여호와께서 너희와 함께하실찌라 너희가 만일 저를 찾으면 저가 너희의 만난바 되시려니와 너희가 만일 저를 버리면 저도 너희를 버리시리라"** (대하 15:2). 이스라엘 백성이 율법을 버리고 우상을 숭배하였을 때, 하나님은 그들을 버리셨다. 그들

---

[20] 하나님의 말씀은 장소와 공간에 임한다. 사람의 육체와 영은 장소와 공간이다. 따라서 하나님의 말씀은 육체 또는 영에 임한다. 사람의 살아있는 동안 육체와 마음과 인격이 결합되어 있으므로 말씀이 육체 안에 임한 것은 인격과 마음에 임한 것이다.

[21] 육체가 살아있을 때 인격은 육체와 결합되어 있다. 따라서 하나님의 말씀이 인격에서 떠난 것은 육체에서 떠난 것이다. 할례는 하나님의 언약을 육체에 가지고 있다는 증거로 받는 것이며 율법을 순종한다는 맹세이다. 이스라엘이 율법을 불순종하였을 때, 율법은 그들의 육체에서 떠났다. 따라서 그들은 무할례자와 같이 되었다

이 우상을 버리지 아니한 채 이방인의 학정 아래서 하나님께 부르짖었지만, 그들을 버리신 하나님께서는 그들의 기도를 듣지 아니하셨다. **"여호와의 손이 짧아 구원치 못하심도 아니요 귀가 둔하여 듣지 못하심도 아니라 오직 너희 죄악이 너희와 너희 하나님 사이를 내었고 너희 죄가 그 얼굴을 가리워서 너희를 듣지 않으시게 함이니 이는 너희 손이 피에, 너희 손가락이 죄악에 더러웠으며 너희 입술은 거짓을 말하며 너희 혀는 악독을 발함이라"** (사 59:1~3).

4) 이스라엘 백성은 육신이 연약하여 율법을 온전히 순종하지 못하였으므로 율법이 그들의 마음 속에 계속하여 머무르지 못하였다. 성경은 이렇게 말씀한다. **"또 주께서 가라사대 내가 저희 열조들의 손을 잡고 애굽 땅에서 인도하여 내던 날에 저희와 세운 언약과 같지 아니하도다 저희는 내 언약 안에 머물러 있지 아니하므로 내가 저희를 돌아보지 아니하였노라"** (히 8:9). "저희는 내 언약 안에 머물러 있지 아니하다"란 이스라엘 백성이 율법을 순종하지 아니한 것을 의미한다. 이스라엘 백성이 율법을 온전히 순종할 때 하나님의 언약 안에 머물러 있었다. 그들이 율법을 순종하지 아니하였으므로 하나님의 언약 안에 머무르지 못하였다. 그들이 율법을 버렸을 때, 그들과 하나님의 관계는 끊어졌고 하나님은 그들을 돌아보지 아니하셨다.

5) 율법이 이스라엘 백성의 마음 안에 계속하여 머무르지 못한 것은 율법의 특성에서 찾아야 한다. 율법의 특성은 사람의 생각을 정죄함으로 모든 사람을 죄 아래 가두는 것이다. 율법은 탐심을 정죄한다(출 20:17). 탐심은 육체의 정욕으로부터 나오는 생각이므로 사람은 자기의 의지로 탐심을 극복할 수 없다. 이스라엘 백성의 마음속에 탐심이 항상 도사리고 있었다. 따라서 성경은 사람의 마음이 가장 부패하였다고 말씀한다. **"만물보다 거짓되고 심히 부패한 것은 마음이라 누가 능히 이를 알리요마는"** (렘 17:9). 이스라엘 백성의 마음 속에 항상 탐심이 가득하였으므로 율법이 그들 안에 머무를 수 없었다. 율법은 거룩하고 의로운 계명이므로 탐욕으로 인하여 더러워진 마음에 머무를 수 없다. 따라서 하나님은 이스라엘 백성과 함께하지 아니하셨다. 이스라엘 백성이 율법을 순종하려고 노력하였을 때 하나님은 그들 밖에서 그들과 동행하셨다.22) 이스라엘

---

22) 동행으로 번역된 히브리어 할라크(הָלַךְ)는 걸어가고 걸어오는 동작을 의미한다. 이스라엘이

백성과 성막은 이 관계를 잘 보여준다. 광야에서 하나님은 성막에 계셨으며 이스라엘 백성의 마음속에 들어오지 아니하셨다. 따라서 레위인은 언약궤를 어깨로 메고 행진하였다. 곧 이스라엘 백성은 하나님과 연합하지 못하고 하나님 밖에서 하나님과 동행하였다.

6) 예수 그리스도께서 사람을 의롭게 하지 못하는 율법을 폐하시고 생명을 주는 새 언약을 세우셨다. 새 언약은 믿는 자들의 영에 들어와서 영원토록 함께 하는 말씀이다. 예수 그리스도께서 그의 피로써 믿는 자들의 육체와 혼과 영을 거룩하게 하셨다. 예수 그리스도의 말씀은 영의 생명이므로 믿는 자들의 영 안에 들어온다. **"살리는 것은 영이니 육은 무익하니라 내가 너희에게 이른 말이 영이요 생명이라" (요 6:63).** 믿는 자들이 성령으로 예수 그리스도의 말씀을 순종하면 그 말씀이 그들의 영 안에 들어온다. 예수 그리스도의 말씀이 들어온 것은 성령께서 임하신 것이다. **"그의 계명들을 지키는 자는 주 안에 거하고 주는 저 안에 거하시나니 우리에게 주신 성령으로 말미암아 그가 우리 안에 거하시는 줄을 우리가 아느니라" (요일 3:24).** "주는 저 안에 거하시나니"란 주의 말씀이 성도 안에 거한다는 것을 의미한다.

7) 예수 그리스도께서 성도들 안에 들어오신다는 것은 그의 말씀이 들어오는 것이다. **"너희가 내 안에 거하고 내 말이 너희 안에 거하면 무엇이든지 원하는 대로 구하라 그리하면 이루리라" (요 15:7).** "너희가 내 안에 거하고 내 말이 너희 안에 거하다"란 성도가 예수 그리스도의 말씀 안에 거하고, 그 말씀이 성도 안에 거하는 것을 의미한다. "거하다"란 예수 그리스도의 말씀이 성도의 몸을 집으로 인정하고 그 안에서 자기의 인격을 나타내는 것이다. 예수 그리스도의 말씀은 그의 인격이다. 예수 그리스도의 말씀이 성도 안에 들어오면 그의 인격을 나타내신다. 이 때에 성도 안에는 성도 자신의 인격과 예수 그리스도의 인격이 공존한다. 두 인격이 서로 조화를 이룰 때 예수 그리스도의 말씀은 성도 안에 거할 수 있다.

8) 예수 그리스도의 말씀이 성도 안에 들어오면 그의 마음 속에는 두 개의 생각이 공존한다. 하나는 진리를 순종하려는 영의 생각이고, 다른 하나는 육신의 정욕에서 나오

하나님 안에 들어가지 못하고 하나님 밖에서 하나님과 같이 걸었다. 이것은 마치 두 사람이 함께 걸어가고 걸어오는 의미한다.

는 육신의 생각이다. 예컨대, **"쉬지 말고 기도하라"** (살전 5:17)라고 하는 말씀이 성도의 영에 들어왔다고 전제하자. 성도의 마음속에 그 말씀을 순종하려는 영의 생각과 지금은 피곤하니 쉬자는 생각이 공존한다. 성도가 그 말씀을 순종하여 피곤한 몸을 이끌고 기도하면, 그 말씀과 성도의 인격이 하나가 된다. 진리는 예수 그리스도의 인격이다. 진리의 말씀이 성도의 인격을 통치할 때, 비로소 그리스도와 성도는 하나가 된다. 그러나 성도가 몸이 피곤하다는 이유로 그 말씀을 순종하지 아니한다면, 그 말씀과 성도의 인격은 하나가 되지 아니한다. 성도가 진리의 말씀을 거절하면, 그리스도의 인격은 성도의 인격에 의하여 멸시를 당한다. 성도의 인격이 육신의 생각에 예속되어 그리스도의 인격을 멸시하면, 그리스도께서 그에게서 떠나실 것이다.

9) 성도가 말씀을 순종하려면 성령의 인도를 받아야 한다. 성도는 스스로의 의지로 육신의 생각을 극복할 수 없다. 육신의 생각은 악한 영의 인격이기 때문이다. 성령의 인도하심으로만 성도는 악한 영의 미혹을 이길 수 있다(갈 5:16,17). 성도가 성령의 인도로 진리를 순종하면 그리스도의 말씀은 성도 안에 머무른다. 곧 그리스도의 말씀이 성도 안에 거하신다. 그리스도의 말씀이 성도 안에 거하시면, 그는 참으로 그리스도의 제자가 된다고 성경은 말씀한다(요 8:31). 예수 그리스도의 말씀이 온전히 성도의 인격을 통치하면, 그는 참된 그리스도의 제자이다.

10) 그리스도 말씀이 성도 안에 거하면 성도와 그리스도는 하나가 된다. **"그 날에는 내가 아버지 안에, 너희가 내 안에, 내가 너희 안에 있는 것을 너희가 알리라" (요 14:20). "아버지께서 내 안에, 내가 아버지 안에 있는 것 같이 저희도 다 하나가 되어 우리 안에 있게 하사 세상으로 아버지께서 나를 보내신 것을 믿게 하옵소서" (요 17:21).** 예수 그리스도께서 아버지의 말씀을 순종하심으로 아버지와 하나가 되었다. 이와 같이 성도가 그리스도의 말씀을 순종하면 그리스도와 하나가 된다. 그리스도의 말씀이 성도 안에 들어오지 아니하면 성도와 그리스도는 하나가 될 수 없다. 그리스도와 성도가 하나가 되면 성도의 몸은 하나님의 성전이며 그리스도의 지체이다.

11) 사도 바울은 성도의 몸은 성령께서 거하시는 하나님의 성전이라고 기록하였다(고전 3:16). 하나님은 성도의 몸의 주인이다. 성전 자체에는 인격은 없다. 오직 제사장이

성전의 모든 것들을 주관한다. 예수 그리스도는 성막을 주관하시는 대제사장이라고 성경은 말씀한다. "그리로 앞서 가신 예수께서 멜기세덱의 반차를 좇아 영원히 대제사장이 되어 우리를 위하여 들어 가셨느니라" (히 6:20). "성소와 참 장막에 부리는 자라 이 장막은 주께서 베푸신 것이요 사람이 한 것이 아니니" (히 8:2). 예수 그리스도는 대제자장으로서 성전인 성도의 몸을 주관하신다. 성도는 예수 그리스도의 말씀 앞에서 인격이 없다. 성도는 예수 그리스도의 말씀을 순종할 의무만 있으며 이를 거절할 권리가 없다. 성경은 성도에게 절대적인 순종을 요구한다. "이와 같이 너희도 명령 받은 것을 다 행한 후에 이르기를 우리는 무익한 종이라 우리의 하여야 할 일을 한 것뿐이라 할찌니라" (눅 17:10). 성도는 예수 그리스도를 주님이라고 부른다. 이것은 예수 그리스도의 말씀 앞에서 우리는 인격이 없다는 고백이다. 성도는 그리스도의 지체라고 성경은 말씀한다. 지체는 머리에서 전달되는 말씀을 순종할 의무만 있다. 지체가 머리로부터 전달되는 생각대로 움직이지 아니하는 것은 마비된 지체이다.

12) 그리스도께서 성령으로 성도 안에 오시면 성도를 떠나지 아니하신다. "내가 아버지께 구하겠으니 그가 또 다른 보혜사를 너희에게 주사 영원토록 너희와 함께 있게 하시리니" (요 14:16). 곧 그리스도와 성도는 하나가 되어 하나와 같이 먹고 마시고 행동한다. "볼찌어다 내가 문밖에 서서 두드리노니 누구든지 내 음성을 듣고 문을 열면 내가 그에게로 들어가 그로 더불어 먹고 그는 나로 더불어 먹으리라" (계 3:20). 이러한 조건이 만족되면 성도는 그리스도와 동행하지 아니하고 함께 한다. "동행"이란 두 사람이 같이 걸어가는 것(walk with)이다. "함께"란 두 사람이 하나가 되어 한 사람이 걷는 것처럼 가는 것이다. 임산부는 태아와 분리하지 아니하고 한 사람으로 취급된다. 그러나 출산하면 산모와 신생아는 두 사람이다. 이와 같이 그리스도께서 믿는 자의 안에 들어오시면 둘이 아니고 하나이다. 율법 아래서 하나님은 이스라엘 안에 들어오시지 아니하셨다. 따라서 이스라엘은 하나님과 함께 하지 못하고 동행하였다. 그들이 하나님을 멀리하면 하나님은 그들을 버리셨다. 그러나 그리스도 이후 성도들은 그리스도 안에서 그리스도와 함께 한다. 비록 성도가 범죄할지라도 그리스도의 피가 그들의 죄를 깨끗하게 하기 때문이다. "만일 우리가 우리 죄를 자백하면 저는 미쁘시고 의로우사 우리 죄를 사하시며

모든 불의에서 우리를 깨끗케 하실 것이요" (요일 1:9). 그리스도는 그의 피로써 거룩하게 된 성도 안에 영원히 계신다.

(4) 이해를 위한 질문

1) 예수 그리스도와 성령의 사역
a. 예수 그리스도의 사역과 성령의 사역이 일치하는 이유는 무엇인가(요 16:13,14).
b. 하나님 아버지께서 아들에게 만물의 창조와 통치를 맡기신 이유는 무엇인가(골 1:16: 요 17:2).
c. 예수 그리스도께서 성령으로 행하신 일은 무엇인가(요 4:34;6:38).

2) 성령의 은사와 그리스도의 지체
a. 예수 그리스도께서 믿는 자들에게 자기의 말씀을 순종하라고 명령하신 이유는 무엇인가(마 28:20).
b. 예수 그리스도는 교회의 머리이며 성도들을 그리스도의 지체이다(고전 12:27). 그리스도의 지체로서 성도들의 역할은 무엇인가(갈 4:19).
c. 그리스도의 지체로서 성도들은 성령으로 그 역할을 감당한다. 그 이유는 무엇인가.
d. 그리스도의 장성한 분량이란 무엇인가(엡 4:13).
e. 하나님께서 그리스도의 약한 지체를 귀하게 여기시는 이유는 무엇인가(고전 12:24).
f. 성령의 은사와 그리스도의 지체의 관계는 무엇인가(고전 12:28).

3) 성령의 은사와 그리스도와의 연합
a. 율법이 이스라엘의 영 안에 들어오지 못하는 이유는 무엇인가(히 8:9).
b. 이스라엘이 하나님을 멀리하였을 때, 하나님께서 그들을 버리신 이유는 무엇인가(대하 15:2).
c. 성도가 그리스도의 말씀 안에 거한다는 것은 무엇인가(요 8:31).
d. 그리스도께서 성도와 하나가 된다는 것은 무엇인가(요 17:22).

2. 교회와 그리스도의 형상

(1) 광야 교회와 그리스도의 형상

1) 광야 교회는 그리스도의 지체인 하나님의 교회를 그림자와 모형으로 보여준다. 광야 교회는 바로의 지배, 애굽의 문화 및 종교와 완전히 분리되었다. 이스라엘 백성은 바로의 법에서 벗어나서 하나님의 율법에 의하여 통치를 받게 되었다. 그들은 애굽의 음식문화를 버리고 하늘에서 내리는 만나로 살아가게 되었다. 그들은 애굽의 주거문화를 버리고 가나안 땅을 향하여 이동하는 유목민의 생활을 하게 되었다. 이스라엘 백성이 애굽에서 나옴으로 바로의 법에서 벗어났다는 것을 인치는 언약이 율법이다. 광야 교회는 예수 그리스도를 믿는 믿음의 반석위에 세워진 하나님의 교회를 모형과 그림자로 보여준다.

2) 홍해를 통과함으로 애굽과 완전히 분리된 이스라엘의 회중을 광야 교회라고 한다. 광야 교회는 율법을 순종함으로 하나님을 섬기며 하나님의 인도를 받아 가나안 땅을 향하여 나아갔다. 광야 교회는 하나님의 백성으로서 율법을 순종하여야 한다. 이스라엘 백성은 애굽에서 나와 하나님께 속하였다는 증거로 율법을 받았다. 하나님은 율법을 주시기 전에 그들을 애굽에서 인도하여 내신 자신의 정체를 밝히셨다. **"나는 너를 애굽 땅, 종 되었던 집에서 인도하여 낸 너의 하나님 여호와로라"** (출 20:2). 이 말씀은 유월절 어린 양의 피로써 속죄 받고 애굽에서 나와 홍해를 건넌 자만이 율법을 받을 수 있다는 것을 의미한다. 율법은 이스라엘이 애굽에서 광야로 나온 것을 증거하는 언약이다.

3) 율법을 통하여 광야 교회의 본질이 계시되었다. 시내산에서 이스라엘 백성은 율법을 순종하겠다고 맹세하였다. **"모세가 와서 여호와의 모든 말씀과 그 모든 율례를 백성에게 고하매 그들이 한 소리로 응답하여 가로되 여호와의 명하신 모든 말씀을 우리가 준행하리이다"** (출 24:3). 그러나 하나님은 그들이 율법을 온전히 순종할 수 없다는 것을 아셨다. 따라서 하나님은 그들에게 성막과 제사법을 주셨다. 성막과 제사장은 예물의 피를 뿌리는 제사를 전제로 한다. 그리고 제사는 율법에 의하여 정죄 받는 죄를 전제로 한다. 따라서 율법이 없으면 죄가 없으며, 죄가 없으면 성막과 제사장도 필요 없다. 하나님께서 레위 자손 가운데 아론과 그의 후손을 택하여 제사장으로 세우시고 성막을

세우게 하신 것은 사람이 율법을 순종할 수 없다는 것을 전제로 한다(롬 3:20).

4) 이스라엘 백성이 육신의 연약함으로 율법을 순종할 수 없지만, 하나님께서 그들에게 율법의 순종을 명령하셨다. 그 이유는 그들로 하여금 죄를 깨닫게 하기 위함이다. 이스라엘은 하나님의 명령대로 율법을 순종하려고 노력하였다. 그러나 그들은 끝내 율법을 순종하지 못하고 하나님의 심판 아래서 절망하였다. 모세도 율법을 순종하려고 하였지만 끝내 이를 불순종하는 죄를 범하였다. **"여호와께서 모세와 아론에게 이르시되 너희가 나를 믿지 아니하고 이스라엘 자손의 목전에 나의 거룩함을 나타내지 아니한고로 너희는 이 총회를 내가 그들에게 준 땅으로 인도하여 들이지 못하리라 하시니라"** (민 20:12). 하나님께서 율법을 통하여 이스라엘 백성에게 요구하신 것은 그들로 하여금 죄를 깨닫게 하는 것이다. 육신이 연약하여 율법을 온전히 순종할 수 없다는 것을 알고 자기의 죄를 용서하실 하나님의 은혜를 사모하는 것이 율법을 통하여 계시된 하나님의 뜻이다.

5) 율법은 이스라엘 백성의 모든 행위를 정죄하여 성막의 제사로 인도하였다. 성막에서 제사장은 율법에 의하여 정죄 받는 이스라엘 백성의 죄를 위하여 소와 염소와 양의 피를 뿌렸다. 이스라엘 백성은 제물의 피로써 그들의 죄가 용서받았다는 증거를 받았다. 그렇지만 그들은 죄의식으로부터 완전히 자유한 것은 아니다. 그 죄의식이 그들의 마음 속에 항상 자리를 잡고 있었다. 성막에서 제사장이 드리는 소와 염소와 양의 피가 온전히 죄를 없이하지 못하였기 때문이다. **"그러나 이 제사들은 해마다 죄를 생각하게 하는 것이 있나니 이는 황소와 염소의 피가 능히 죄를 없이 하지 못함이라"** (히 10:3,4).

6) 성막에서 제사장이 드리는 제사가 이스라엘 백성의 죄를 온전히 없이하지 못한 것은 율법에 의한 모든 것이 비유와 모형이기 때문이다. **"이 장막은 현재까지의 비유니 이에 의지하여 드리는 예물과 제사가 섬기는 자로 그 양심상으로 온전케 할 수 없나니"** (히 9:9). 이스라엘 백성은 성막의 제사가 장차 인류의 죄를 대속하실 하나님의 은혜를 모형으로 보여주는 것임을 알았다. 모형과 비유는 영원히 존재하지 아니한다. 실상이 오면 모형과 비유의 역할은 끝날 것이다. 곧 소와 염소와 양의 피를 드리는 제사는 비유이므로 정하여진 때가 오면 끝날 것이다. 다윗은 하나님께서 예물의 피를 뿌리는 제사를

원하지 아니하시고 더 좋은 제사를 원하신다는 것을 알고 이렇게 기록하였다. **"주께서 나의 귀를 통하여 들리시기를 제사와 예물을 기뻐 아니하시며 번제와 속죄제를 요구치 아니하신다 하신지라"** (시 40:6). 이어서 다윗은 소와 염소와 양의 피를 드리는 제사를 폐하실 분이 올 것을 예언하였다. **"그 때에 내가 말하기를 내가 왔나이다 나를 가리켜 기록한 것이 두루마리 책에 있나이다 나의 하나님이여 내가 주의 뜻 행하기를 즐기오니 주의 법이 나의 심중에 있나이다 하였나이다"** (시 40:7,8). "내가 주의 뜻 행하다"란 그리스도께서 인류의 죄를 대속하는 제사를 드린다는 것을 의미한다.

7) 다윗은 율법 아래서 자신의 죄가 넘치는 것을 알았다. 그는 죄로 인하여 모든 소망이 끊어진 것을 알고 절망하였다. **"무수한 재앙이 나를 둘러싸고 나의 죄악이 내게 미치므로 우러러 볼 수도 없으며 죄가 나의 머리털보다 많으므로 내 마음이 사라졌음이니이다"** (시 40:12). 이제 다윗은 그의 죄를 용서하실 그리스도의 은혜를 사모하였다. **"여호와여 은총을 베푸사 나를 구원하소서 여호와여 속히 나를 도우소서"** (시 40:13). 다윗의 고백을 통하여 율법에 의하여 계시된 하나님의 뜻이 드러났다. 그것은 율법을 통하여 자신의 죄를 깨닫고 장차 오실 그리스도를 믿는 것이다. 따라서 다윗은 성령의 감동으로 장차 오실 그리스도를 주님이라고 고백하였다고 성경은 말씀한다. **"가라사대 그러면 다윗이 성령에 감동하여 어찌 그리스도를 주라 칭하여 말하되 주께서 내 주께 이르시되 내가 네 원수를 네 발 아래 둘 때까지 내 우편에 앉았으라 하셨도다 하였느냐"** (마 22:43,44).

8) 율법을 통하여 계시된 하나님의 뜻은 이스라엘 백성으로 하여금 죄를 깨닫고 장차 오실 그리스도를 믿게 하는 것이다. 이스라엘 백성은 그들을 애굽에서 인도하여 내신 하나님을 믿었으므로 출애굽을 통하여 계시된 하나님은 장차 오실 그리스도의 모형이라고 말할 수 있다. 광야 교회란 애굽에서 광야로 나온 이스라엘 회중을 의미한다. 그들은 장차 오실 그리스도를 믿었으므로 광야 교회는 장차 오실 그리스도의 모형을 믿는 믿음 위에 세워졌고 이를 통하여 그리스도의 형상이 모형으로 나타났다. 광야 교회를 통하여 세상 임금을 심판하고 택함을 받은 자들을 구원하여 내시는 그리스도의 형상, 성도에게 생명의 양식과 생수를 주시는 그리스도의 형상, 성도들을 천국으로 인도하시는 그리스도

의 형상이 모형으로 나타났다.

9) 유월절 양의 피로써 이스라엘 백성의 죄를 대속하고 애굽의 모든 초태생을 치신 하나님은 마귀를 심판하고 인류의 죄를 대속하신 그리스도의 형상을 모형으로 보여준다. 이스라엘 백성이 애굽에서 나온 뒤에 구름 아래를 지나고 홍해바다를 통과한 것은 믿는 자들이 예수 이름으로 세례를 받는 것을 모형으로 보여준다(고전 10:1,2). 하늘에서 이스라엘 백성에게 내린 만나는 성도들의 생명의 양식인 그리스도의 말씀을 모형으로 보여준다. "**나는 하늘로서 내려온 산 떡이니 사람이 이 떡을 먹으면 영생하리라 나의 줄 떡은 곧 세상의 생명을 위한 내 살이로라 하시니라**" (요 6:51). 반석에서 나온 샘물은 그리스도께서 주시는 생수를 모형으로 보여준다. "**다 같은 신령한 음료를 마셨으니 이는 저희를 따르는 신령한 반석으로부터 마셨으매 그 반석은 곧 그리스도시라**" (고전 10:4). 광야에서 이스라엘 백성을 가나안 땅으로 인도한 구름과 불기둥은 그리스도 예수 안에서 성도를 인도하시는 성령의 사역을 모형으로 보여준다. 성막에서 제사장이 이스라엘 백성의 죄를 위하여 드린 소와 염소와 양의 피는 믿는 자의 죄를 속하는 그리스도의 피를 모형으로 보여준다. 하나님의 영광이 구름으로 임한 성막은 하늘성전인 그리스도의 몸을 모형으로 보여준다(요 2:21).

10) 유월절 어린 양의 피로써 애굽에서 나온 자들을 광야 교회라고 한다. 광야 교회는 율법으로 자신의 죄를 깨닫고 장차 오실 그리스도를 믿는 자들의 모임이다. 광야 교회를 통하여 장차 오실 그리스도의 형상이 모형과 그림자로 나타났다. 광야 교회를 모형으로 하여 하나님의 교회가 반석 위에 세워졌다. 교회는 그리스도의 지체로서 그리스도의 형상을 나타내고 있다. 그리스도께서 승천하셨으나 교회를 통하여 그리스도의 공생애가 재현되고 있다. 세상은 교회를 통하여 그리스도의 형상을 본다.

(2) 교회와 그리스도의 형상

1) 그리스도의 지체로서 교회는 성령으로 진리를 순종함으로 그리스도의 형상을 나타내고 있다. 2,000년 전에 갈릴리에서 처음으로 하나님의 형상이 예수 그리스도를 통하여 실상으로 나타났고, 그리스도의 부활 이후 성령께서 교회를 통하여 그리스도의 형상

을 나타내신다. 예루살렘에서 사도들을 통하여 나타나기 시작한 그리스도의 형상이 성령의 사역으로 점차 전 세계로 확대되고 있다. 그리스도의 형상이 확대됨에 따라서 하나님의 영광이 온 세계에 충만히 임하고 있다.

2) 하나님 아버지께서 그의 뜻을 성취하기 위하여 아들을 육신으로 보내셨다. 하나님 아버지께서 그의 말씀을 아들에게 주셨고 아들은 그 말씀을 순종함으로 아버지의 뜻을 성취하셨다. 보이지 아니하는 하나님의 뜻이 아들의 사역을 통하여 보이는 모습으로 형상화되었다. 아들은 창조주 하나님과 심판주 하나님과 구세주 하나님의 형상을 보여주셨다. 곧 만물을 창조하시고 이를 통치하시는 하나님의 형상이 예수 그리스도를 통하여 그대로 나타났다. 따라서 예수 그리스도는 하나님의 형상이라고 성경은 말씀한다. **"그는 보이지 아니하시는 하나님의 형상이요 모든 창조물보다 먼저 나신 자니"** (골 1:15).

3) 예수 그리스도께서 세례를 받으신 뒤에 갈릴리 지역에서 천국복음을 전파하시고 이적과 기사를 행하기 시작하시자, 하나님의 형상이 나타나기 시작하였다. 유대인들은 예수 그리스도의 말씀과 사역을 통하여 하나님의 형상을 보았다. 사도들은 예수 그리스도의 가르침과 그의 사역을 통하여 하나님의 형상을 보고 믿음을 고백하였다. **"시몬 베드로가 대답하여 가로되 주는 그리스도시요 살아계신 하나님의 아들이시니이다"** (마 16:16). 사도들뿐만 아니라 믿는 자들은 예수 그리스도를 통하여 나타나는 하나님의 형상을 보고 그를 보내신 하나님을 찬양하였다. 예수 그리스도께서 나귀를 타고 예루살렘 성으로 들어가실 때, 그를 따르는 자들이 하나님의 구원을 사모하며 예수 그리스도를 찬양하였다. **"앞에서 가고 뒤에서 따르는 무리가 소리질러 가로되 호산나 다윗의 자손이여 찬송하리로다 주의 이름으로 오시는 이여 가장 높은 곳에서 호산나 하더라"** (마 21:9).

4) 예수 그리스도께서 승천하신 뒤에 믿는 자들에게 성령을 보내주신다(행 2:33). 교회는 성령으로 예수 그리스도의 말씀을 순종함으로 그리스도의 형상을 나타내고 있다. 예수 그리스도께서 천국복음을 증거하며 이적과 기사를 행하셨을 때 하나님의 영광이 나타난 것과 같이, 성도들도 그리스도의 지체로서 성령으로 진리를 순종할 때 그리스도의 형상이 나타난다. 성도가 그리스도의 지체라고 하지만 항상 하나님의 영광을 나타내

는 것은 아니다. 성도들이 복음을 증거하고 진리를 순종할 때 그리스도의 형상이 나타난다. 스데반이 죽은 뒤에 믿는 자들은 예루살렘을 떠나 사마리아로 들어갔다. 빌립이 그곳에서 복음을 증거하며 예수 이름으로 이적을 행하였을 때 그를 통하여 그리스도의 형상이 나타났다. "그 흩어진 사람들이 두루 다니며 복음의 말씀을 전할째 빌립이 사마리아 성에 내려가 그리스도를 백성에게 전파하니 무리가 빌립의 말도 듣고 행하는 표적도 보고 일심으로 그의 말하는 것을 좇더라 많은 사람에게 붙었던 더러운 귀신들이 크게 소리를 지르며 나가고 또 많은 중풍병자와 앉은뱅이가 나으니"(행 8:4~7).

5) 교회가 성령으로 복음을 증거하고 이적과 기사를 행할 때 그리스도의 형상이 나타난다. 성령은 예수 그리스도의 말씀을 통하여 그리스도의 형상을 나타내신다. "그러하나 진리의 성령이 오시면 그가 너희를 모든 진리 가운데로 인도하시리니 그가 자의로 말하지 않고 오직 듣는 것을 말하시며 장래 일을 너희에게 알리시리라 그가 내 영광을 나타내리니 내 것을 가지고 너희에게 알리겠음이니라"(요 16:13,14). "그가 내 영광을 나타내다"란 성령께서 교회를 통하여 그리스도의 영광을 나타내는 것을 의미한다. 성도들이 성령으로 복음을 증거할 때 그리스도의 형상과 영광이 나타난다. 복음의 말씀을 듣는 자들이 성령의 감동을 받으면 복음을 증거하는 자들을 통하여 나타나는 그리스도의 형상을 볼 수 있다. 베드로의 설교를 들은 유대인들이 성령의 감동하심으로 베드로를 통하여 그리스도의 형상을 보고 구원을 사모하였다. "저희가 이 말을 듣고 마음에 찔려 베드로와 다른 사도들에게 물어 가로되 형제들아 우리가 어찌할꼬 하거늘"(행 2:37).

6) 교회는 예수 그리스도의 피에 의한 마귀의 심판을 증거함으로 그리스도의 형상을 나타낸다. 마귀는 구원받지 못한 죄인만을 지배하기 때문에, 죄인이란 마귀에게 속하여 범죄하는 자들을 말한다. 죄인이 예수 그리스도의 이름을 믿음으로 구원을 받으려면 마귀의 지배에서 벗어나야 한다. 하나님께서 바로의 장자를 심판하시고 이스라엘 백성을 애굽에서 인도하여 내신 것과 같이, 성령께서 마귀를 결박하시고 믿는 자들을 마귀의 지배에서 인도하여 내신다. 예수 그리스도께서 그의 피로써 마귀를 심판하시고 마귀의 권세를 박탈하셨으므로 성령께서 마귀를 결박하신다. 성령께서 마귀를 결박하는 것은 예수 그리스도의 피에 의한 마귀의 심판을 인치는 것이다. 성령께서 마귀를 결박하실

때 세상 임금을 심판하신 그리스도의 형상이 나타난다. 곧 교회가 천국복음을 증거할 때, 성령께서 마귀의 권세가 박탈되었음을 증거하심으로 교회를 통하여 예수 그리스도의 형상을 나타내신다. 교회가 성령으로 복음을 증거할 때 마귀를 심판하신 그리스도의 영광이 나타난다.

7) 교회는 예수 그리스도의 피에 의한 속죄를 증거함으로 그리스도의 형상을 나타낸다. 마귀의 지배 아래 있는 자들이 성령의 감동하심으로 자신의 모든 죄가 그리스도의 피로써 도말되었음을 주장하면, 마귀는 그들을 더 이상 지배할 수 없다. 마귀는 죄인만을 지배할 수 있기 때문이다(요일 3:8). 그리스도께서 그의 피로써 인류의 모든 죄를 대속하셨으므로 교회는 마귀의 지배 아래 있는 자들에게 마귀의 지배에서 나오라고 권고한다. 이 때 인류의 죄를 대속하신 그리스도의 형상이 나타나고, 믿는 자들은 그것을 보고 마귀의 지배로부터 벗어날 수 있다. 교회가 예수 그리스도의 피에 의한 속죄와 죄 사함을 증거할 때 십자가에 못 박히신 그리스도의 형상이 나타난다.

8) 교회는 하나님의 아들이신 예수 그리스도를 증거한다. 예수 그리스도께서 하나님의 아들이란 증거는 그의 부활이다(롬 1:4). 예수 그리스도께서 부활하여 승천하셨다는 증거는 성령의 임재이다(행 2:33). 예수 그리스도께서 하나님의 아들이신 증거가 성령의 권능으로 나타난다. 사도들은 성령으로 이적과 기사를 행함으로 예수 그리스도가 하나님의 아들이심을 증거하였다. 베드로는 예수 이름으로 성전 미문에서 구걸하는 앉은뱅이를 걷게 한 뒤에, 이것이 예수 그리스도의 부활을 증거한다고 선언하였다. **"베드로가 가로되 은과 금은 내게 없거니와 내게 있는 것으로 네게 주노니 곧 나사렛 예수 그리스도의 이름으로 걸으라 하고"** (행 3:6). **"생명의 주를 죽였도다 그러나 하나님이 죽은 자 가운데서 살리셨으니 우리가 이 일에 증인이로라"** (행 3:15).

9) 사도들은 예수 그리스도의 부활을 증거하기 위하여 많은 이적과 기사를 행하였다. 베드로는 성령의 권능으로 병자를 고치고 죽은 자를 살렸다. 사도 바울도 동일하게 이적과 기사를 행함으로 예수 그리스도의 부활을 증거하였다. 바울은 부활하신 예수 그리스도께로부터 사도로 부르심을 받았다. 따라서 그는 이적과 기사를 행하는 것이 사도의 증표라고 고백하였다. **"사도의 표된 것은 내가 너희 가운데서 모든 참음과 표적과 기사와

능력을 행한 것이라"(고후 12:12). 교회가 성령으로 그리스도의 부활을 증거할 때 이적과 기사를 통하여 그리스도의 영광이 나타난다.

10) 교회를 통하여 성령으로 그리스도의 형상이 나타나는 이유는 그리스도의 말씀이 성령으로 형상화되기 때문이다. 하나님의 모든 말씀은 성령으로 형상화된다.23) 하나님의 아들의 수태를 선포한 말씀이 성령으로 마리아의 태속에서 배아로 형상화된 것 같이, 그리스도의 말씀이 성령으로 교회를 통하여 형상화된다. 교회를 통하여 나타나는 그리스도의 형상은 그리스도의 공생애를 재현하는 것이다. 사도 바울은 이것을 위하여 고난을 당하였다. **"나의 자녀들아 너희 속에 그리스도의 형상이 이루기까지 다시 너희를 위하여 해산하는 수고를 하노니"(갈 4:19).** 교회는 성령으로 그리스도의 복음을 증거함으로 그리스도의 형상으로 온 세상을 덮게 한다.

11) 교회는 성령으로 복음을 순종함으로 만물을 창조하신 하나님의 아들, 말씀으로 만물을 통치하시는 그리스도, 세상 임금을 심판하신 그리스도, 인류의 죄를 대속하신 그리스도, 믿는 자들의 죄를 용서하시는 그리스도, 믿는 자들에게 성령을 보내주시는 그리스도, 믿는 자들을 천국으로 인도하시는 그리스도, 산 자와 죽은 자를 심판하기 위하여 다시 오실 그리스도의 형상을 나타내고 있다. 이제 교회를 통하여 나타나는 그리스도의 형상이 온 세상을 덮고 있다. 그리스도의 형상은 하나님의 영광이므로 세상은 교회를 통하여 나타나는 그리스도의 형상으로 하나님의 영광을 본다. **"여호와의 영광이 나타나고 모든 육체가 그것을 함께 보리라 대저 여호와의 입이 말씀하셨느니라"(사 40:5).**

12) 교회가 진리를 순종함으로 그리스도의 형상을 나타낼 때, 그 교회는 세마포를 입은 그리스도의 신부의 모습이다. 성경은 성도와 그리스도의 관계를 신랑과 신부의 관계로 설명하고 있다. **"이는 남편이 아내의 머리 됨이 그리스도께서 교회의 머리 됨과 같음이니 그가 친히 몸의 구주시니라"(엡 5:23).** 성도는 그리스도의 신부로서 신랑을 맞이할 준비를 하고 있다. **"우리가 즐거워하고 크게 기뻐하여 그에게 영광을 돌리세 어린 양의 혼인 기약이 이르렀고 그 아내가 예비하였으니"(계 19:7).** 그리스도의 신부는

---

23) 본서 4.1.1. (1) 참조.

깨끗한 세마포를 입고 신랑을 맞이하여야 한다. **"그에게 허락하사 빛나고 깨끗한 세마포를 입게 하셨은즉 이 세마포는 성도들의 옳은 행실이로다 하더라" (계 19:8).** 성도가 성령의 인도하심으로 그리스도의 형상을 나타낸다는 것은 깨끗한 세마포를 입고 있다는 것이다. "성도의 옳은 행실"이란 예수 그리스도의 말씀을 순종하는 것을 말한다.

13) 거룩하고 더러움의 기준은 그리스도 예수의 피에 의하여 죄를 용서받았느냐 아니냐의 여부에 의하여 결정된다. 성도가 깨끗한 세마포를 입고 있다는 것은 예수 그리스도의 피로 거룩하게 된 옷을 입고 있다는 것을 말한다. 깨끗한 세마포는 그리스도의 피 뿌린 옷이라고 성경은 말씀하고 있다. **"또 그가 피 뿌린 옷을 입었는데 그 이름은 하나님의 말씀이라 칭하더라" (계 19:13).** 곧 그리스도의 형상을 나타내는 성도는 하나님 앞에서 깨끗한 세마포를 입은 자이다.

14) 예수 그리스도께서 새 언약의 성취를 그의 피로써 보증하셨다(눅 22:20). (요 3:16)의 말씀은 그리스도의 피 흘림을 전제로 한 언약이다. 하나님의 아들을 믿으면 영생을 얻는다는 언약은 그리스도의 피에 의한 속죄를 전제로 한 약속이다. 따라서 새 언약은 그리스도의 피 뿌린 말씀이다. 새 언약을 순종하는 것은 그리스도의 피 뿌린 옷을 입은 것이다. 그리스도 예수의 피로써 죄를 용서받지 못한 자들은 더러운 옷을 입고 있다고 성경은 말씀하고 있다. **"여호수아가 더러운 옷을 입고 천사 앞에 섰는지라" (슥 3:3).** 더러운 옷을 입은 자들이 예수 그리스도의 피로써 죄를 용서받는 것은 더러운 옷을 벗고 깨끗한 옷을 입는 것이다. **"여호와께서 자기 앞에 선 자들에게 명하사 그 더러운 옷을 벗기라 하시고 또 여호수아에게 이르시되 내가 네 죄과를 제하여 버렸으니 네게 아름다운 옷을 입히리라 하시기로 내가 말하되 정한 관을 그 머리에 씌우소서 하매 곧 정한 관을 그 머리에 씌우며 옷을 입히고 여호와의 사자는 곁에 섰더라" (슥 3:4,5).** 그리스도로 옷 입은 자, 그리스도의 피를 뿌린 옷을 입은 자를 통하여 그리스도의 형상이 나타난다.

15) 교회는 그리스도의 지체로서 복음 증거와 이적과 기사를 통하여 그리스도의 형상과 그의 영광을 나타내고 있다. 예수 그리스도께서 죽고 부활하신 뒤에 하늘로 올라가셨지만, 그의 형상과 영광이 성령으로 교회를 통하여 나타나고 있다. 2,000년 전에 예루살

렘에서 그리스도의 형상과 그의 영광이 작게 나타났다. 그러나 복음 증거를 통하여 그리스도의 형상과 그의 영광이 점차 확대되고 있다. 이제는 교회를 통하여 그리스도의 형상과 그의 영광이 온 땅을 덮고 있다.

(3) 하나님의 창조질서와 교회를 통한 하나님의 영광

1) 하나님은 자기의 영광을 나타내기 위하여 만물을 창조하셨다. 만물은 그 자체로서 완전하게 창조되었으므로 하나님의 전능하심을 나타내고 있다. 하나님의 영광을 위하여 창조된 아담은 타락함으로 하나님의 형상을 상실하였고 동시에 하나님의 영광을 훼손하였다. 따라서 하나님은 자기의 영광을 위하여 믿는 자들을 의롭다하신다. 아브라함은 믿음으로 의롭다하심을 얻고 하나님의 말씀을 순종함으로 하나님의 전능하심을 나타냈다. 애굽에서 나온 이스라엘 백성은 율법을 통하여 자신의 죄를 깨닫고 장차 오실 그리스도를 믿음으로 하나님의 의로우심과 거룩하심을 나타냈다. 광야 교회를 통하여 나타난 그리스도의 형상은 하나님의 영광의 모형과 그림자이다. 그리스도의 피로 구원받은 교회를 통하여 하나님의 형상이 실상으로 나타나고 있다. 교회가 성령으로 진리를 순종함으로 나타나는 그리스도의 형상은 하나님의 영광의 실상이다. 교회를 통하여 만물을 창조하신 하나님의 뜻이 땅에서 성취되고 있다. 하나님은 그의 영광을 위하여 만물을 창조하셨고, 교회는 하나님의 창조질서에 따라서 성령으로 진리를 순종함으로 하나님의 영광을 나타내고 있다.

2) 하나님은 그의 영광을 나타내기 위하여 만물을 창조하셨다. **"무릇 내 이름으로 일컫는 자 곧 내가 내 영광을 위하여 창조한 자를 오게 하라 그들을 내가 지었고 만들었느니라"** (사 43:7). 만물이 하나님의 영광을 나타내는 피조물로 완전하게 창조되었으므로 하나님께서 이것들을 좋게 보셨다. **"하나님이 그 지으신 모든 것을 보시니 보시기에 심히 좋았더라 저녁이 되며 아침이 되니 이는 여섯째 날이니라"** (창 1:31). 만물 가운데 사람은 하나님의 형상으로 창조되었다(창 1:26). 사람은 동물과 달리 영혼이 있으므로 하나님의 말씀을 순종하여 하나님의 영광을 나타낼 수 있다.

3) 하나님의 형상으로 창조된 사람은 하나님의 전지전능하심을 보여주며 동시에 하나

님의 의로우심과 거룩하심을 나타낸다. 사람은 의로움과 거룩함을 통하여 하나님의 영광을 나타낸다. 하나님은 사람을 의와 공의로 통치하기로 작정하시고(시 89:14) 사람을 의롭고 거룩하게 창조하셨다. 아담은 의롭고 거룩하게 창조되었으므로 하나님의 영광을 나타내고 있었다. 그러나 아담은 사단에게 미혹을 받아 선악과 계명을 대적함으로 의로움과 거룩함을 상실하였다. 아담은 타락하여 불의하고 더럽게 됨으로 하나님의 영광을 상실하였다.[24] 아담이 범죄함으로 하나님의 영광을 상실하였으나, 하나님은 믿는 자들을 의롭다고 선언하심으로 그들로 하여금 자기의 영광을 나타내게 하신다.

4) 아담 안에서 모든 사람은 죄로 인하여 하나님의 영광을 상실하였지만 믿음으로 의롭다하심을 받으면 하나님의 영광을 나타낸다. 노아는 믿음으로 의롭다하심을 받고 방주를 건축함으로 자기와 가족의 목숨을 구원하였다. 노아는 믿음으로 하나님의 의로우심과 거룩하심이 나타냈고, 하나님은 그를 통하여 영광을 나타내셨다. 하나님은 약속하신대로 방주를 건축한 노와와 그의 가족을 살리시고 코로 호흡하는 모든 것들을 심판하심으로 자신의 의로우심을 나타내셨다. 언약을 성취하시는 하나님의 의로우심이 노아를 통하여 계시되었다. 하나님은 모든 죄를 심판하심으로 자신의 거룩하심을 나타내신다. 노아 당시에 세상의 모든 것들이 악하였다. **"여호와께서 사람의 죄악이 세상에 관영함과 그 마음의 생각의 모든 계획이 항상 악할 뿐임을 보시고"** (창 6:5). 하나님은 거룩하시므로 더러운 것을 용납하지 아니하고 이것들을 심판하셨다. 노아는 믿음으로 의롭다하심을 받고 모든 자범죄를 용서받았으므로 하나님의 영광을 나타낼 수 있었다.

5) 아브라함은 믿음으로 의롭다하심을 얻는 언약을 받았다(창 15:6). 그는 하나님의 언약을 믿고 고향을 떠나서 지시함을 받은 땅으로 나아갔다. 하나님은 아브라함의 믿음과 순종을 보시고 그의 믿음을 의롭다고 선언하셨다(약 2:21~23). 믿음으로 의롭다하심을 받으면 그 동안 범한 모든 자범죄를 용서받음으로 거룩하게 된다. 하나님은 믿음으로 의롭다하심을 받은 자들을 통하여 자신의 영광을 나타내신다. 하나님은 아브라함에게 아들을 약속하셨고, 아브라함은 하나님의 전능하심을 믿음으로 100세에 이삭을 낳았다. 아브라함과 사라는 생리적으로 잉태할 수 없었으나 믿음으로 아들을 낳았다. **"그가 백**

---

[24] 2.2.2. (2) 참조

세나 되어 자기 몸의 죽은 것 같음과 사라의 태의 죽은 것 같음을 알고도 믿음이 약하여지지 아니하고 믿음이 없어 하나님의 약속을 의심치 않고 믿음에 견고하여져서 하나님께 영광을 돌리며"(롬 4:20). 하나님의 전능하심이 아브라함의 믿음을 통하여 계시되었다.

6) 믿음으로 의롭다하심을 얻는 언약이 아브라함으로부터 이삭과 야곱과 열두 형제에게 이어졌다. 이스라엘 백성은 믿음으로 유월절 양의 피를 문설주와 인방에 바름으로 의롭다하심을 얻고 죽음의 사자로부터 목숨을 구원하였다. 애굽에서 광야로 나온 이스라엘 백성은 율법으로 자신의 죄를 깨닫고 그들의 죄를 용서하실 하나님을 믿음으로 가나안 땅으로 들어갔다. 하나님은 믿음으로 의롭다하심을 받은 이스라엘 백성을 통하여 자신의 영광을 나타내셨다. 하나님은 자기의 영광을 위하여 홍해를 가르시고 애굽의 군대를 물로 장사(葬事)하셨다. 하나님은 자기의 영광을 위하여 이스라엘 백성에게 율법을, 하늘에서 내리는 만나를, 반석에서 나오는 물을 주셨다. 하나님은 믿음으로 의롭다하심을 받은 이스라엘 백성을 통하여 자신의 영광을 나타내셨다.

7) 광야 교회를 통하여 계시된 하나님은 장차 오실 그리스도의 모형이다. 광야 교회는 율법으로 자신의 죄를 깨닫고 장차 오실 그리스도를 믿음으로 광야를 통과하여 가나안 땅을 들어갔다. 믿음으로 의롭다하심을 받은 광야 교회는 그리스도의 모형을 통하여 하나님의 영광을 나타냈다. 세상은 광야 교회를 통하여 나타난 그리스도의 모형을 보았다. 의롭다하심을 받은 자들을 지키며 인도하시는 하나님의 영광이 세상에 나타났다. 따라서 모압은 하나님의 영광을 두려워하였다. **"십볼의 아들 발락이 이스라엘이 아모리인에게 행한 모든 일을 보았으므로 모압이 심히 두려워하였으니 이스라엘 백성의 많음을 인함이라 모압이 이스라엘 자손의 연고로 번민하여"** (민 22:3). 가나안 거민들은 광야 교회를 통하여 나타난 하나님의 영광을 보았으므로 그 영광 앞에 무릎을 꿇었다. **"말하되 여호와께서 이 땅을 너희에게 주신 줄을 내가 아노라 우리가 너희를 심히 두려워하고 이 땅 백성이 다 너희 앞에 간담이 녹나니 이는 너희가 애굽에서 나올 때에 여호와께서 너희 앞에서 홍해 물을 마르게 하신 일과 너희가 요단 저편에 있는 아모리 사람의 두 왕 시혼과 옥에게 행한 일 곧 그들을 전멸시킨 일을 우리가 들었음이라"** (수 2:9,10).

8) 이스라엘이 하나님의 이름을 위하여 성막과 성전을 건축하였을 때 하나님은 그

곳을 거룩하게 구별하시고 자기의 이름을 두셨다(왕성 9:3). 광야 교회 가운데 있는 성막은 하나님께서 그들 가운데 계시다는 것을 상징적으로 보여주었다. 또한 성막에 계신 하나님은 장차 오실 그리스도를 모형으로 보여주었다. 성막에 하나님의 영광의 구름으로 임하였다. **"모세가 회막에 들어갈 수 없었으니 이는 구름이 회막 위에 덮이고 여호와의 영광이 성막에 충만함이었으며"** (출 40:35). 솔로몬이 건축한 예루살렘 성전에도 하나님의 영광이 구름으로 임하였다(왕상8:11). 모세의 성막과 솔로몬의 성전은 하늘 성전의 모형과 그림이므로 그 곳에 구름으로 임한 하나님의 영광을 모형과 그림자이다(히 8:5). 모세의 성막과 솔로몬의 성전은 그리스도의 모형이므로 장차 오실 그리스도의 모형을 통하여 하나님의 영광이 구름으로 임하였다고 말할 수 있다.[25]

9) 모세의 성막과 솔로몬의 성전에 구름으로 임하였던 하나님의 영광이 예수 그리스도를 통하여 실상으로 나타났다. 예수 그리스도께서 십자가에 못 박히셨을 때 하나님의 영광이 세상에 임하였다. 따라서 성경은 예수 그리스도는 하나님의 영광이라고 말씀한다. **"말씀이 육신이 되어 우리 가운데 거하시매 우리가 그 영광을 보니 아버지의 독생자의 영광이요 은혜와 진리가 충만하더라"** (요 1:14). "아버지의 독생자의 영광이요"란 하나님 아버지께로부터 보냄을 받은 유일한 자로서의 영광을 의미한다. 그 영광은 만물을 창조하신 하나님의 영광, 만물의 통치하시는 하나님의 영광, 세상 임금을 심판하시는 하나님의 영광, 인류의 죄를 대속하시는 하나님의 영광이다. 장차 오실 그리스도의 모형을 통하여 광야 교회에 임한 하나님의 영광이 하나님의 아들을 통하여 실상으로 나타났다.

10) 그리스도를 통하여 나타났던 하나님의 영광이 교회를 통하여 성령으로 나타나고 있다. 교회는 성령으로 예수 그리스도의 말씀을 순종함으로 그리스도의 형상을 나타내고 있다. 교회를 통하여 나타나는 그리스도의 형상은 하나님의 영광이다. 그리스도 예수를 통하여 가나안 지역에서 나타났던 하나님의 영광이 이제 교회를 통하여 온 세상에서

---

[25] 이스라엘이 율법으로 자신의 죄를 깨닫고 장차 오실 그리스도를 믿음으로 의롭다하심을 받았을 때, 하나님의 영광이 성막과 성전에 구름으로 임하였다. 그러나 그들이 율법을 버리고 우상을 숭배하고 제사장이 제사를 폐하였을 때, 성막과 성전이 죄로 인하여 더러워졌으므로 하나님의 영광이 임하지 아니하였다.

나타나고 있다. 교회는 창조주 하나님의 영광, 심판주 하나님의 영광, 구세주 하나님의 영광을 나타내고 있다. 따라서 세상은 교회를 통하여 나타나는 하나님의 영광을 본다. 이것은 선지자의 예언의 성취이다. **"열방이 네 공의를, 열왕이 다 네 영광을 볼 것이요 너는 여호와의 입으로 정하실 새 이름으로 일컬음이 될 것이며"** (사 62:2).

11) 성도의 모임인 교회는 그리스도의 지체이다. 성도의 몸은 성령께서 거하시는 하나님의 성전이다. **"너희가 하나님의 성전인 것과 하나님의 성령이 너희 안에 거하시는 것을 알지 못하느뇨"** (고전 3:16). 모세의 성막과 솔로몬의 성전에 모형과 그림자로 임하였던 하나님의 영광이 그리스도에게 실상으로 임하였고 이제는 성도의 몸을 통하여 나타나고 있다. 예수 이름을 믿음으로 의롭다하심을 받고 거룩하여진 성도의 몸을 통하여 그리스도의 형상과 하나님의 영광이 나타나는 것이 창조질서이다. 자기의 영광을 위하여 사람을 자기의 형상으로 창조하신 하나님의 뜻이 교회를 통하여 이루어지고 있다. 하나님은 자기의 영광을 나타내기 위하여 만물을 창조하셨다. 이제 교회가 성령으로 진리를 순종함으로 그리스도의 형상과 하나님의 영광을 나타내고 있다.

(4) 이해를 위한 질문

1) 광야 교회와 그리스도의 형상

   a. 유월절 어린 양의 피로 속죄 받고 애굽에서 나온 뒤에 홍해를 건너서 광야로 나온 이스라엘의 회중을 광야 교회라고 한다(행 7:38). 광야 교회는 애굽의 종교, 문화 및 바로의 권세와 단절되었다. 그 이유는 무엇인가(고전 10:2).

   b. 하나님께서 이스라엘을 애굽에서 인도하여 내신 뒤에 광야에서 그들에게 율법과 제사법을 동시에 주신 이유는 무엇인가(출 20:17; 롬 3:20).

   c. 율법을 통하여 계시된 하나님의 뜻은 무엇인가(시 40:12,13; 갈 3:24).

   d. 광야 교회는 장차 오실 그리스도를 믿는 믿음 위에 세우어진 교회이다. 그 이유는 무엇인가(요 5:39).

2) 교회와 그리스도의 형상

   a. 예수 그리스도께서 아버지의 말씀을 순종함으로 하나님의 형상과 영광을 그대로

나타내셨다(골 1:15). 따라서 예수 그리스도는 하나님의 형상이며 동시에 하나님의 영광이라고 한다(요 1:14). 하나님의 말씀을 순종할 때 하나님의 형상이 나타나는 이유는 무엇인가.

b. 교회는 그리스도의 지체이며 그리스도는 교회의 머리이다. 교회가 어떻게 그리스도의 형상을 나타낼 수 있는가(갈 4:19).

c. 예수 그리스도의 생애는 복음의 전파, 이적과 기사, 죽음과 부활로 요약할 수 있다. 교회가 그리스도의 형상을 나타내기 위하여 어떻게 하여야 하는가(딛 1:3).

d. 이적과 기사를 행하신 예수 그리스도의 형상을 나타내기 위하여 순종하여야 할 말씀은 무엇인가(막 16:17,18).

e. 예수 그리스도의 죽음과 부활을 형상화하기 위하여 순종하여야 할 말씀은 무엇인가(행 3:15).

f. 교회는 성령으로 말씀을 순종함으로 그리스도의 형상을 나타내고 있다. 2,000년 전에 갈릴리에서 예수 그리스도를 통하여 나타난 하나님의 형상이 교회를 통하여 온 세상에서 나타나고 있으며 하나님의 영광이 온 세상을 덮고 있다(사 40:5). 그리스도의 형상과 그리스도의 지체는 어떤 관계가 있는가.

g. 그리스도의 지체와 교회의 직분의 관계는 무엇인가(엡 4:11,12).

h. 그리스도의 옷을 입는다는 것은 무엇을 의미하는가(갈 3:27).

i. 교회와 창조질서의 관계는 무엇인가(사 43:7).

3) 하나님의 창조질서와 교회를 통한 하나님의 영광

a. 하나님께서 사람을 자기의 형상으로 창조하신 이유는 무엇인가(사 43:7).

b. 만물이 하나님의 전지전능하심을 통하여 하나님의 영광을 나타내는 이유는 무엇인가(시 19:1; 롬 1:20).

c. 믿음으로 의롭다하심을 받은 자가 하나님의 영광을 나타내는 이유는 무엇인가(창 15:6).

d. 광야 교회는 어떻게 하나님의 영광을 나타냈는가(출 15:1).

e. 모세의 성막과 솔로몬의 성전에 임한 하나님의 영광이 모형과 그림자인 이유는

무엇인가(히 8:5).

f. 예수 그리스도를 하나님의 영광이라고 하는 이유는 무엇인가(요 1:14).

g. 교회는 어떻게 하나님의 영광을 나타내는가(행 3:9).

3. 그리스도의 형상과 마귀의 형상

(1) 세상과 마귀의 형상

(가) 마귀의 형상

1) 교회가 성령으로 그리스도의 형상을 나타내는데 반하여, 세상은 하나님의 말씀을 대적함으로 마귀의 형상을 나타내고 있다. 아담이 사단에게 미혹을 받아 범죄한 이후 마귀는 사람의 인격을 지배하는 권세자가 되었다.26) 마귀는 사람의 생각과 마음과 언행을 지배하여 사람으로 하여금 하나님을 대적하게 하고 있다. 사람의 모든 죄는 마귀로부터 오는 것이다(요일 3:8). 마귀의 속성이 사람의 언행을 통하여 나타나므로 성경은 사람을 마귀의 자녀 또는 독사의 자식이라고 말씀하고 있다. **"너희는 너희 아비 마귀에게서 났으니 너희 아비의 욕심을 너희도 행하고자 하느니라 저는 처음부터 살인한 자요 진리가 그 속에 없으므로 진리에 서지 못하고 거짓을 말할 때마다 제 것으로 말하나니 이는 저가 거짓말장이요 거짓의 아비가 되었음이니라"** (요 8:44). **"뱀들아 독사의 새끼들아 너희가 어떻게 지옥의 판결을 피하겠느냐"** (마 23:33). "마귀의 자식"이란 마귀의 속성을 닮은 것을 말한다. "뱀과 독사"란 마귀를 의미한다(계 12:9).

2) 예수 그리스도께서 오시기 전에 세상은 마귀의 형상으로 가득 찼었다.27) 세상이 하나님의 형상을 잃어버리고 마귀의 형상을 나타내고 있다는 것을 보여주는 것이 율법과 양심이다. 율법과 양심에 의하여 정죄 받는 모든 사람은 마귀에게 속하였으므로 마귀의 형상을 나타낸다고 말할 수 있다. 율법과 양심은 사람을 통하여 나타나는 마귀의 속성을 분류하여 죄의 명칭을 부여하고 있다. 마귀의 지배 아래 있는 자들을 정죄하는 법이 율법과 양심이기 때문이다. 율법은 이스라엘을, 양심은 이방인을 정죄한다. 율법의 중심

---

26) 마귀의 권세에 대하여 본서 2.4.2 참조.
27) 타락한 천사의 속성에 대하여 본서 2.1.1. (3) 참조

은 십계명이다. 십계명은 하나님에 대한 계명과 사람에 대한 계명으로 구분한다. 양심은 선악에 대한 행위의 기준이며 윤리도덕과 성문화된 국법으로 구분한다. 율법과 양심은 마귀의 지배 아래 있는 모든 죄를 드러낸다.

3) 사도 바울은 양심에 의하여 정죄 받는 이방인들의 죄가 우상숭배로부터 시작한다고 가르쳤다. **"이는 저희가 하나님의 진리를 거짓 것으로 바꾸어 피조물을 조물주보다 더 경배하고 섬김이라 주는 곧 영원히 찬송할 이시로다 아멘"** (롬 1:25). 우상을 섬기는 것은 귀신을 통하여 마귀를 섬기는 것이다(고전 10:20). 곧 우상숭배는 마귀의 생각 앞에 무릎을 꿇고 그의 법을 섬기겠다고 맹세하는 것이다. 우상숭배를 이어서 나타나는 죄가 음행이다. 이성간의 음행뿐만 아니라 동성간의 음행이 저질러진다. **"이를 인하여 하나님께서 저희를 부끄러운 욕심에 내어 버려두셨으니 곧 저희 여인들도 순리대로 쓸 것을 바꾸어 역리로 쓰며 이와 같이 남자들도 순리대로 여인 쓰기를 버리고 서로 향하여 음욕이 불 일듯 하매 남자가 남자로 더불어 부끄러운 일을 행하여 저희의 그릇됨에 상당한 보응을 그 자신에 받았느니라"** (롬 1:26,27).

4) 우상숭배와 음행은 세상양심에 저촉 받는 각종 죄를 불러온다. 윤리도덕과 국법을 위반하는 모든 죄가 우상숭배와 음행으로부터 시작하고 있다. **"또한 저희가 마음에 하나님 두기를 싫어하매 하나님께서 저희를 그 상실한 마음대로 내어 버려두사 합당치 못한 일을 하게 하셨으니 곧 모든 불의, 추악, 탐욕, 악의가 가득한 자요 시기, 살인, 분쟁, 사기, 악독이 가득한 자요 수군수군하는 자요 비방하는 자요 하나님의 미워하시는 자요 능욕하는 자요 교만한 자요 자랑하는 자요 악을 도모하는 자요 부모를 거역하는 자요 비방하는 자요 하나님의 미워하시는 자요 능욕하는 자요 교만한 자요 자랑하는 자요 악을 도모하는 자요 부모를 거역하는 자요 우매한 자요 배약하는 자요 무정한 자요 무자비한 자라"** (롬 1:28~31).

5) 율법은 마귀에게 속하여 범하는 사람의 죄를 체계화하여 보여주고 있다. 율법은 마귀에게 속한 모든 것을 정죄한다. 율법은 육체의 정욕과 육신의 생각을 정죄한다. **"육신의 생각은 하나님과 원수가 되나니 이는 하나님의 법에 굴복치 아니할뿐 아니라 할 수도 없음이라"** (롬 8:7). 죄는 인격이므로 육신의 생각은 마귀의 인격을 반영한다.

사람의 의지가 육신의 생각을 수용하여 하나님을 대적하기로 마음으로 작정하였을 때 율법은 그 마음을 정죄한다. **"만물보다 거짓되고 심히 부패한 것은 마음이라 누가 능히 이를 알리요마는"** (렘 17:9). 악한 마음이 말과 행위로 표출되면 율법은 언행을 정죄한다. 뿐만 아니라 육신의 생각 자체를 정죄한다. **"그런즉 우리가 무슨 말 하리요 율법이 죄냐 그럴 수 없느니라 율법으로 말미암지 않고는 내가 죄를 알지 못하였으니 곧 율법이 탐내지 말라 하지 아니하였더면 내가 탐심을 알지 못하였으리라"** (롬 7:7).

6) 율법은 육체의 일을 정죄한다. **"육체의 일은 현저하니 곧 음행과 더러운 것과 호색과 우상 숭배와 술수와 원수를 맺는 것과 분쟁과 시기와 분냄과 당 짓는 것과 분리함과 이단과 투기와 술 취함과 방탕함과 또 그와 같은 것들이라 전에 너희에게 경계한 것 같이 경계하노니 이런 일을 하는 자들은 하나님의 나라를 유업으로 받지 못할 것이요"** (갈 5:19~21). 육체의 정욕을 따라서 행하는 모든 것이 죄이기 때문에, 믿지 아니하는 자들의 모든 말과 행위뿐만 아니라 생각과 마음까지도 죄이다. 아나니아가 육체의 정욕에 따라서 토지 대금의 일부를 감추었을 때, 율법은 사단에 속한 그의 마음을 정죄하였다. **"베드로가 가로되 아나니아야 어찌하여 사단이 네 마음에 가득하여 네가 성령을 속이고 땅값 얼마를 감추었느냐"** (행 5:3). 아나니아를 통하여 사단의 형상이 나타났다.

7) 사람은 스스로 범죄하지 못하고 마귀에 속하여 죄를 짓고 있다. 따라서 율법과 세상 양심에 의하여 정죄를 받는 모든 사람은 마귀에게 속한 자이다(요일 3:8). 마귀에게 속한 자는 마귀의 생각에 따라서 범죄함으로 마귀의 형상을 나타내고 있다. 사람이 범죄함으로 마귀의 형상을 나타내고 있지만 그 외모는 하나님의 형상이다. 따라서 마귀는 전쟁이란 명분으로 하나님의 외모까지 집단으로 파괴하고 있다. 마귀는 최초로 살인한 자이며 할 수만 있으면 하나님의 외모까지 파괴하려고 한다(요 8:44). **"도적이 오는 것은 도적질하고 죽이고 멸망시키려는 것뿐이요 내가 온 것은 양으로 생명을 얻게 하고 더 풍성히 얻게 하려는 것이라"** (요 10:10). 가인은 마귀에게 속하여 아벨을 죽임으로 하나님의 외모를 파괴하였다.

8) 세상은 마귀에게 속하여 범죄하는 자들의 회중이라고 정의할 경우에, 세상은 마귀의 형상을 나타낸다고 말할 수 있을 것이다. 세상에서 하나님의 형상은 완전히 파괴되었

으며 우상숭배와 음행과 살인으로 특징지어지는 마귀의 형상만이 나타나고 있다. 우상숭배는 하나님의 속성을 통하여 나타나는 하나님의 형상을 파괴하는 죄를 대표한다. 살인은 하나님의 외모를 파괴하는 죄를 대표한다. 하늘보좌에 앉아 모든 피조물로부터 섬김을 받으려고 한 타락한 천사는 우상을 숭배하는 사람을 통하여 섬김을 받고 있다(고전 10:20). 하늘보좌에 오르기 위하여 하나님의 아들을 대적하려고 한 타락한 천사는 살인을 함으로 하나님의 외모를 파괴하고 있다. 세상에 속한 모든 사람은 자신의 의지와 무관하게 마귀의 형상을 나타내고 있다.

9) 하나님께서 사람을 그의 형상으로 창조하시고 아들을 통하여 그의 형상을 보여주셨다. 예수 그리스도는 하나님의 본체의 형상이며(히 1:3), 사람은 그리스도의 모형으로 창조되었다. 예수 그리스도는 사람의 원형(the original form)이며 사람은 그의 모형이다.28) 예수 그리스도는 하나님의 형상이므로 사람이 하나님의 형상을 나타낼 때 비로소 사람이라고 부를 수 있다. 하나님의 형상을 상실한 사람은 그리스도의 형상과 무관하므로 하나님은 그 사람을 동물로 보실 것이다. 따라서 율법을 버리고 우상을 숭배하는 이스라엘을 향하여 성경은 지렁이라고 말씀한다. **"지렁이 같은 너 야곱아, 너희 이스라엘 사람들아 두려워 말라 나 여호와가 말하노니 내가 너를 도울 것이라 네 구속자는 이스라엘의 거룩한 자니라"** (사 41:14). 사람이 말씀을 순종함으로 하나님의 형상을 유지하고 있을 때, 하나님은 그 사람을 사람으로 보신다.

10) 하나님은 예수 그리스도의 피로써 구원을 받지 못한 자들을 사람으로 보지 아니하고 각종 동물로 보신다. **"그 안에는 땅에 있는 각색 네 발 가진 짐승과 기는 것과 공중에 나는 것들이 있는데"** (행 10:12). 보자기 속에 있는 짐승과 새들은 세상 양심에 의하여 정죄 받는 이방인들을 의미한다. 죄인은 세상 양심과 아담 안에서 하나님의 형상을 상실하였기 때문이다. 각종 짐승, 각종 새 및 땅에 기는 모든 생물은 각각 다른 속성을 가지고 있다. 사자의 속성과 소의 속성, 늑대의 속성과 여우의 속성, 독수리의 속성과 까치의 속성, 코브라의 속성과 도마뱀의 속성은 각각 다르다. 이것은 사람이 범한 죄의 성격이 각각 다른 것을 보여준다.

---

28) Louis Berkhof, 상, op. cit., p. 414.

11) 율법과 양심에 의하여 정죄 받는 죄는 육체에 흔적을 남긴다.[29] 아담은 선악과 계명을 대적한 죄의 흔적, 가인은 아벨을 죽인 죄의 흔적, 소돔과 고모라 사람들은 동성애와 음행의 흔적, 애굽의 바로는 태양신을 숭배하고 하나님의 백성을 핍박한 흔적, 아말렉은 가나안 땅을 향하여 나아가는 하나님의 백성을 대적한 죄의 흔적(출 17:10), 이스라엘은 우상을 숭배한 죄의 흔적, 바리새인들과 서기관들은 외식한 죄의 흔적을 가지고 있었다. 이러한 모든 죄의 성격이 각종 동물의 속성으로 나타나고 있다. 사람을 죽이고 그 재산을 빼앗는 사람은 하나님 앞에서 고양잇과 동물의 형상으로 보일 것이다. 사기하여 타인의 재산을 취하는 사람은 하나님 앞에서 여우의 형상으로 나타날 것이다. 수단과 방법을 가리지 아니하고 재물을 모으며 타인에게 베풀지 아니하는 사람은 하나님 앞에서 돼지의 형상으로 나타날 것이다. 사람이 범하는 죄의 성격은 동물의 속성을 나타낸다고 말할 수 있다.

12) 그리스도의 지체로서 그리스도의 형상을 나타내는 교회는 하나님 앞에서 사람으로 나타날 것이다. 그러나 마귀에 속한 죄인은 하나님 앞에서 각종 동물의 형상으로 나타날 것이다. 하나님 앞에서 지구상의 모든 사람은 그리스도의 형상과 동물의 형상으로 구분될 것이다. 예수 이름을 믿고 구원을 얻은 자들은 그리스도의 형상으로, 마귀에 속한 자들은 각종 동물의 형상으로 나타날 것이다. 하나님 앞에서 모든 사람은 하나님의 형상을 나타내는 자들과 마귀의 형상을 나타내는 자들로 구분될 것이다. **"이러므로 하나님의 자녀들과 마귀의 자녀들이 나타나나니 무릇 의를 행치 아니하는 자나 또는 그 형제를 사랑치 아니하는 자는 하나님께 속하지 아니하니라" (요일 3:10).**

(나) 교회를 핍박하고 미혹하는 마귀의 형상

1) 교회는 성령의 권능으로 예수가 하나님의 아들이며 그리스도이심을 증거한다. 교회의 증거는 그리스도의 피에 의한 속죄와 그 이름을 믿음으로 얻는 구원, 그의 부활과 성령의 은사에 초점이 맞추어지고 있다. 교회의 증거는 하나님의 아들을 정죄하여 죽인 세상을 악하다고 정죄한다. 따라서 세상은 교회를 핍박하고 멸하려고 한다. 사람을 통하

---

29) 육체와 죄의 흔적에 대하여 본서 2.3.2 참조

여 예수 그리스도를 십자가에 못 박은 마귀는 세상을 통하여 교회를 핍박하고 위해를 가한다. 세상은 교회를 핍박함으로 예수 그리스도를 핍박하고 있다. 교회를 핍박하는 세상은 그리스도를 십자가에 못 박은 마귀의 형상을 보여준다.

2) 이스라엘과 이방인의 관계는 마귀와 교회의 관계를 모형으로 보여준다. 이방인들은 하나님의 백성인 이스라엘을 미혹하여 우상을 숭배하게 한 뒤에 그들을 칼로 사로잡아 종으로 삼았다.30) 이방 여자들은 이스라엘을 미혹하여 우상을 섬기게 하였다. 하나님은 이방인의 미혹에 빠져서 하나님을 버린 이스라엘을 이방인의 종이 되게 하셨다. 이방인들은 칼과 채찍으로 이스라엘을 박해하였다. 이방인들은 이스라엘의 노동력을 착취하고 재산을 약탈하였으며 한 걸음 나아가 그들을 죽이고 종으로 타국에 팔기도 하였다(암 1:9). 하나님의 백성을 박해하는 이방인은 교회를 핍박하는 마귀의 형상을 모형으로 보여준다.

3) 마귀가 세상을 통하여 교회를 대적하는 방법은 크게 두 가지로 나타나고 있다. 첫째, 국가 권력을 이용하여 교회의 복음증거사역을 근본적으로 차단하는 것이다. 둘째, 적그리스도, 이단 및 거짓 선지자를 통하여 교회를 파괴하는 것이다. 마귀는 국가 권력을 통하여 복음을 증거하는 자들을 핍박하고 죽이므로 교회의 복음증거를 차단하려고 한다. 마귀는 유대인과 이방인을 통하여 그리스도의 부활을 증거하는 사도들을 핍박하고 죽였다. 유대인들은 스데반과 사도 야고보를 죽였으며 사도 바울을 죽이려고 하였다. 유대인들은 제3차 전도여행을 마치고 예루살렘으로 돌아온 바울을 사로잡아 재판에 회부하였다. 바울은 자신을 죽이려는 유대인들의 의도를 알고 로마황제에게 재판 받기를 원하였다. 바울은 죄수의 신분으로 로마에 도착한 뒤에 순교당한 것으로 알려지고 있다.

4) 예루살렘 교회는 유대인으로부터 핍박을 당하였으며 타 지역의 교회는 로마제국으로부터 조직적인 박해를 받았다.31) 네로 황제 때에 로마의 화재 사건으로 인하여 베드로와 바울이 순교한 것으로 알려지고 있다.32) 도미티안 황제는 주피터 신전을 건축하기

---

30) 이스라엘과 이방인의 관계는 본서 3.2.2 참조.
31) Earle E. Cairns, Christianity Through The Centuries, 엄성옥 옮김, 세계교회사, 상권, (은성출판사, 2010), p. 133.
32) Ibid., p. 133.

위하여 인두세를 부과하였으나, 유대인들은 이를 거부하였다. 도미티안은 유대인들과 기독교인을 동일하게 취급하고 교회를 박해하였다. 이 때에 사도 요한이 밧모 섬으로 유배되었다고 한다.[33] 주후 313년 콘스탄틴 대제는 기독교를 비롯한 모든 종교에게 예배의 자유를 허락하였다. 주후 380년에 데오도시우스 황제가 기독교를 국교화한 이후부터 기독교는 유럽, 북 아프리카 및 서 아시아로 급속하게 전파하였다.

5) 이슬람을 비롯한 이방종교는 교회의 복음증거를 원천적으로 차단하고 있다. 이슬람이나 불교를 국교로 하는 나라에서 복음증거는 차단되고 있다. 이슬람을 국교로 하는 중동지역, 불교를 국교로 하는 동남아 지역, 볼세비키 혁명 이후 등장한 공산국가는 국가 권력으로 복음전파를 금지하였다. 공산정권이 들어서기 전에 일제 강점기하에서도 평양은 동양의 예루살렘이라고 불릴 만큼 교회가 부흥한 것으로 알려지고 있다. 그러나 공산정권이 들어선 이후 북한은 기독교 자체를 금지하고 있다.[34] 이와 같이 마귀는 국가 권력을 통하여 교회의 복음증거를 원천적으로 차단하고 교회를 박해하고 있다.

6) 사도들에 의하여 복음이 전파되고 있을 때, 교회의 내부에서 마귀의 미혹이 나타나기 시작하였다. 하나는 유대 율법주의에 의하여 율법의 행위에 의한 구원을 주장하는 것이다. 다른 하나는 헬라철학에 바탕을 둔 영지주의의 출현이다. 예수 그리스도의 피에 의한 속죄를 믿고 구원을 얻은 뒤에 율법에 따라서 할례를 받고 율법을 순종하여야 구원을 유지할 수 있다는 미혹이 일어났다. 사도 바울은 믿음으로 구원을 얻은 뒤에 율법의 행위로 돌아가려는 것을 경고하였다. **"내가 너희에게 다만 이것을 알려 하노니 너희가 성령을 받은 것은 율법의 행위로냐 듣고 믿음으로냐" (갈 3:2).** 니골라처럼 율법의 행위로 돌아가는 것은 다른 복음이다.[35] **"다른 복음은 없나니 다만 어떤 사람들이 너희를 요란케 하여 그리스도의 복음을 변하려 함이라" (갈1:7).**

---

33) Ibid., p. 134.
34) 북한에 예배당이 있으나, 이것은 외부세계에 북한에도 종교의 자유가 있다는 것을 보여주기 위한 것이다.
35) 니골라는 성령과 믿음이 충만하여 사도들에 의하여 집사로 안수 받았으나 유대교로 돌아갔다(행 6:5). 히브리서는 믿음으로 구원을 받은 자들이 율법의 행위로 돌아가는 자들을 위하여 기록되었다.

7) 영지주의는 헬라철학에 기초한 것으로 예수 그리스도의 인성을 부인한다.36) 예수 그리스도께서 육체로 임하신 것을 부인하는 것 곧, 그의 인성을 부인하는 것을 가현설(假現說)이라고 한다. 가현설은 예수 그리스도가 세상에 살아계셨을 때 그의 육체는 진짜 육체가 아니고 육체처럼 보였다고 주장한다.37) 가현설에 의하면 그리스도는 십자가에서 이미 몸을 떠났으며 하나님 아들 그리스도가 죽은 것이 아니고 인간 예수가 죽었다고 한다. 가현설이라는 단어는 헬라어 '도케오($\delta o \kappa \acute{\epsilon} \omega$)'에서 파생한 것이다. '도케오'란 'xx인 것처럼 보인다'란 뜻이다. 예수 그리스도께서 육체를 입으신 것처럼 보인다는 것이다. 가현설(Docetism)은 그리스도의 신성을 강조하지만 그의 인성을 부인하고 있다. 그리스도의 인성을 부인하는 것은 그의 피에 의한 속죄를 부정하는 것이다. 사도 요한이 경고한 적그리스도는 가현설을 의미한다. **"미혹하는 자가 많이 세상에 나왔나니 이는 예수 그리스도께서 육체로 임하심을 부인하는 자라 이것이 미혹하는 자요 적그리스도니"(요이 1:7).**

8) 로마제국이 기독교를 국교화한 이후 기독교는 그리스도 예수의 피에 의한 속죄와 예수 이름을 믿음으로 얻는 구원을 부인하고 우상숭배와 율법의 행위를 강조하는 마귀의 미혹에 빠지기 시작하였다. 이것이 로마 가톨릭이다. 로마 가톨릭의 특징은 크게 두 가지로 요약할 수 있다. 첫째, 로마 가톨릭은 그리스도 예수의 피에 의한 속죄를 부인한다. 둘째, 로마 가톨릭은 피조물을 신격화함으로 우상을 섬기고 있다. 첫째 문제를 살펴보자. 로마 가톨릭은 사람의 죄를 소죄와 대죄로 구분한다.38) 전자는 고해성사를 통하여 사함을 받을 수 있으며 그렇지 못한 죄는 죽은 뒤에 연옥에서 그 영혼이 형벌을 받음으로 정화된다.39) 연옥은 시험하는 장소가 아니라 소죄로 인하여 더러워진 영혼을 정화하는 곳이다. 소죄를 가진 영혼은 연옥에서 감각적인 고통을 겪음으로 정화된 뒤에 천국으로

---

36) Earle E. Cairns, op. cit., pp. 145~148.
37) 도케티즘을 제일 먼저 말한 바실리데스(120년경)는 "그리스도는 고난받지 않고 구레네 시몬이 그리스도를 위해 십자가를 짊어지고 가도록 강요받았다. 그 순간 시몬은 그리스도의 모습을 가진 자가 되었고 나머지, 다른 사람이 그를 그리스도로 알고 십자가에 못박았다. 그러나 예수 자신은 구레네 시몬의 모습을 취하시고 거기 계시며 그 사실을 알지 못하는 그 사람들을 비웃었다."고 말했다.
38) Wayne Grudem, op. cit., pp. 760, 761.
39) Louis Berkhof, op. cit., p. 956.

들어간다. 후자는 용서받을 수 없는 영적인 죄로서 천국에 들어갈 수 없게 하는 죄이다.

9) 둘째, 로마 가톨릭은 마리아를 신격화하여 그녀의 형상을 만들어 섬길 뿐만 아니라 성찬에 이용되는 떡과 포도주가 그리스도의 살과 피가 되었다고 함으로 피조물을 신격화하고 있다. 로마 가톨릭은 우상숭배를 정당화하기 위하여 십계명에서 제2계명을 삭제하고 제10계명을 두 계명으로 분리하였다.40) 로마 가톨릭은 마리아를 우상화하기 위하여 주후 1854년 그녀는 원죄가 없이 잉태되었다는 교리를 확정하였다.41) 이것은 아담 안에서 모든 사람이 죄인이라는 성경의 말씀과 배치된다. **"이러므로 한 사람으로 말미암아 죄가 세상에 들어오고 죄로 말미암아 사망이 왔나니 이와 같이 모든 사람이 죄를 지었으므로 사망이 모든 사람에게 이르렀느니라"(롬 5:12)**. 주후 1917년 로마 가톨릭은 마리아를 은총의 중보자로 규정하였다. 이것은 성경의 말씀을 정면으로 대적하는 것이다. 하나님과 사람 사이에 중보자는 오직 예수 그리스도 한 분이다. **"하나님은 한 분이시요 또 하나님과 사람 사이에 중보도 한 분이시니 곧 사람이신 그리스도 예수라"(딤전 2:5)**.

10) 18세기 들어와서 독일에서 시작된 비평학을 기초로 하여 교회 안에 성경의 권위, 하나님의 창조사역, 예수 그리스도의 동정녀 탄생과 부활을 부인하는 마귀의 미혹이 교회를 뒤흔들고 있다. 슐라이에르마허로부터 시작하는 자유주의 신학은 예수 그리스도의 동정녀 탄생과 부활을 부인한다.42) 그는 종교의 대상을 하나님으로 보지 아니하고 우주로 보았다. 이것으로 인하여 그는 범신론의 논쟁에 휩싸이게 되었다.43) 그는 속죄에 있어서 그리스도의 피에 의한 대속을 부인하고 인간의 주관적인 정신상태의 변화에서 속죄의 의미를 인정하였다.44) 그에 의하면 하나님의 의식이 자기의 의식 안에 출현하여 지배하는 것이며, 그리스도의 구속활동은 완전한 하나님의 의식을 가진 그리스도가 신자에게 자신 안에 있는 하나님의 의식을 나누어 주는 것이다. 그는 그리스도의 피에 의한 속죄와 구원을 부인한다. 그는 그리스도의 말씀을 순종함으로 구원을 받을 수 있다고

---

40) 김태웅, 성인 예비자 교리(로마 가톨릭출판사, 1997), p. 437.
41) 상게서, p. 309.
42) 목창균, op. cit., pp. 48, 49.
43) 상게서. pp. 66, 67.
44) 상게서, pp. 51~53.

주장하였다. 그리스도의 인격이 사람의 인격을 지배하며, 사람이 그리스도의 말씀을 순종함으로 구원을 얻을 수 있다. 예수 그리스도의 동정녀 탄생과 부활을 부인하고 범신론적인 사고를 가진 슐라이에르마허의 신학사상은 종교다원주의의 길을 열어놓았다.

11) 교회를 박해하고 미혹하는 마귀의 형상은 국가권력을 통하여, 적그리스도를 통하여 나타나고 있다. 최근 대한민국에서 자유주의 신학에 영향을 받은 교단을 중심으로 구원에 있어서 로마 가톨릭과 일치를 주장하고 있다. 마귀는 합리주의에 기초한 학문을 명분으로 하여 속죄에 있어서 그리스도 예수의 피에 의한 속죄를 부인하고 선행과 구제, 율법의 행위와 사회정의 실현에 의한 구원을 교회내부에 심으려고 한다. 교회는 학문을 통하여 들어오는 마귀의 미혹에 직면하고 있다. 따라서 성경은 이것을 경고하고 있다. **"우리의 싸우는 병기는 육체에 속한 것이 아니요 오직 하나님 앞에서 견고한 진을 파하는 강력이라 모든 이론을 파하며 하나님 아는 것을 대적하여 높아진 것을 다 파하고 모든 생각을 사로잡아 그리스도에게 복종케 하니"** (고후 10:4,5).

(2) 만물 위에 있는 교회와 그리스도의 형상

(가) 세상으로부터 핍박을 받는 교회와 그리스도의 형상

1) 교회가 세상으로부터 박해를 받는 것은 십자가에 못 박히신 예수 그리스도의 영광을 나타낸다. 예수 그리스도께서 인류의 죄를 대속하기 위하여 십자가에 못 박혀 피를 흘리신 것과 같이, 교회는 복음전도를 위하여 세상으로부터 핍박을 받는다. 복음은 세상으로부터 오는 핍박 가운데 성령의 나타나심을 통하여 전파된다. 교회가 복음전도를 위하여 세상으로부터 핍박을 받을수록 성령은 강력하게 역사하신다. 교회가 세상과 결탁하여 핍박을 받지 아니할 때 성령은 역사하지 아니하신다. 로마제국에 의하여 기독교가 국교로 된 이후부터 성령의 역사는 끝났고 로마 가톨릭이란 이방종교가 태어났다.

2) 교회가 세상으로부터 박해를 받는 것은 십자가에 못 박힌 그리스도의 형상을 보여준다. 세상이 그리스도의 지체인 교회를 핍박하는 것은 예수 그리스도를 박해하는 것이기 때문이다.[45] **"대답하되 주여 뉘시오니이까 가라사대 나는 네가 핍박하는 예수라"**

---

[45] 예수 그리스도께서 보내신 자를 영접하는 것은 그리스도를 영접하는 것이다. **"너희를 영접**

(행 9:5). 교회가 세상으로부터 핍박을 받는 것은 두 가지로 구분할 수 있다. 첫째, 광야 교회인 이스라엘과 이방인의 관계이다. 둘째, 예수 그리스도를 믿음으로 구원받은 자들과 세상의 관계이다.

3) 첫째, 과제를 살펴보자. 광야 교회란 유월절 어린 양의 피로써 애굽에서 광야로 나온 이스라엘의 회중이다. 광야 교회의 하나님은 아브라함의 하나님이시다. 하나님은 모세에게 자신을 가리켜 아브라함과 이삭과 야곱의 하나님이라고 말씀하셨다. **"또 이르시되 나는 네 조상의 하나님이니 아브라함의 하나님, 이삭의 하나님, 야곱의 하나님이니라 모세가 하나님 뵈옵기를 두려워하여 얼굴을 가리우매"** (출 3:6). 이 말씀은 이스라엘이 아브라함의 언약 아래 있다는 것을 의미한다. 하나님께서 아브라함을 택하여 부르시고 그에게 그리스도의 언약을 주셨다(창 22:18). 아브라함의 씨로 말미암아 천하 만민이 복을 얻는다는 언약은 장차 오실 그리스도의 피에 의한 속죄와 구원에 관한 약속이다. **"이 약속들은 아브라함과 그 자손에게 말씀하신 것인데 여럿을 가리켜 그 자손들이라 하지 아니하시고 오직 하나를 가리켜 네 자손이라 하셨으니 곧 그리스도라"** (갈 3:16).

4) 그리스도의 언약을 받은 것은 그를 잉태한 것을 의미한다.46) 장차 그리스도께서 아브라함과 이삭과 야곱의 후손을 통하여 오실 것이기 때문이다. 광야 교회는 아브라함의 언약 안에서 그리스도를 잉태한 자들의 모임이다. 그리스도는 의롭고 거룩한 분이므로 의로운 육체를 통하여 오실 수 있다. 그들이 그리스도를 잉태하였으므로 마귀가 끊임없이 그들을 미혹하였다. 그들이 마귀에게 미혹을 받아 우상을 숭배하면 그리스도를 유산할 것이기 때문이다. 이스라엘이 가나안 땅에 정착한 뒤에 마귀는 이방여자를 통하여 끊임없이 그들을 미혹하였다.

5) 이스라엘이 애굽에 있을 때 마귀는 바로를 통하여 그리스도의 길을 차단하려고 하였다. 바로는 이스라엘에게 애굽의 신을 섬기게 하였다(겔 20:8). 바로는 이스라엘의 사내아이를 죽였다. 바로는 이스라엘을 학대하여 그들을 약하게 하려고 하였으나, 이스

하는 자는 나를 영접하는 것이요 나를 영접하는 자는 나 보내신 이를 영접하는 것이니라" (마 10:40). 반대해석으로 교회를 영접하지 아니하는 것은 그리스도를 영접하지 아니하는 것이다.

46) 본서 3.3.1. (2) 참조.

라엘은 박해를 받을수록 강하고 왕성하였다(출 1:12). 이스라엘이 애굽에 들어왔을 때 마귀는 바로를 이용하여 그들을 멸하려고 하였다. 그러나 하나님은 그리스도를 위하여 그들을 애굽에서 광야로 인도하여 내셨다. 이스라엘이 바로의 손을 벗어나자 마귀는 이방여자를 통하여 그들을 미혹하기 시작하였다. 그들이 싯딤에 이르렀을 때 마귀는 모압 여자들을 통하여 이스라엘을 미혹하여 우상에게 절하게 하였다(민 25:1).

6) 이스라엘이 가나안 땅에 정착한 이후에 이방여자들에게 미혹을 받아 우상을 섬김으로 저주에 빠지게 되었다. 하나님은 우상을 섬기는 자들을 칼로 멸하고 남은 자들을 이방인의 손에 붙이셨다. 우상으로 인하여 이스라엘은 이방인의 학정 아래서 고통을 당하였다. 이스라엘은 이방인의 학정 아래서 고통하며 그들의 죄를 깨닫고 하나님께로 돌아오기도 하였다. 그러나 여로보암 이후 북 왕국은 우상숭배에서 떠나지 아니하다가 마침내 앗수르에게 멸망당하였다. 이스라엘의 열 지파는 강제로 가나안 땅에서 앗수르로 이주됨으로 이방인과 혼혈되었다. 이로써 유다와 베냐민 지파를 제외한 이스라엘의 열 지파는 아브라함의 언약에서 떠남으로 그리스도의 족보에서 제외되었다. 한편 남 왕국도 우상을 버리지 못하다가 바벨론에게 멸망당하였다. 이스라엘에 우상숭배의 광풍이 휘몰아칠 때 하나님은 그리스도의 길을 위하여 우상에게 무릎을 꿇지 아니한 자들을 남겨놓으셨다. **"저에게 하신 대답이 무엇이뇨 내가 나를 위하여 바알에게 무릎을 꿇지 아니한 사람 칠천을 남겨 두었다 하셨으니"(롬 11:4).** "내가 나를 위하여"란 그리스도의 길을 위하여 택하심을 받은 자들이 있다는 것을 의미한다.

7) 이스라엘이 우상숭배로 인하여 기근과 온역과 이방인의 칼 아래서 괴로워하는 것은 인류의 죄를 대속하기 위하여 십자가에 못 박힌 그리스도를 모형으로 보여준다. 이스라엘 백성은 그리스도를 잉태하였으므로 그들을 핍박하는 것은 그리스도에게 하는 것이기 때문이다. 광야 교회인 이스라엘 회중은 그리스도의 지체인 교회의 모형이다. 이스라엘 백성이 마귀의 미혹에 빠져 율법의 저주 아래서 고통을 당하는 것은 장차 그리스도께서 당하실 고통을 모형으로 보여준다. 예루살렘 성전의 파괴는 그리스도의 육체가 찢어질 것을 모형으로 보여준다. 이스라엘 백성이 이방인의 칼에 찔린 것과 같이 그리스도께서 못과 창에 찔리실 것이다. 이스라엘 백성이 온역으로 고통을 당한 것과

같이 그리스도께서 채찍에 맞아 피부가 상하는 고통을 당하실 것이다. 이스라엘 백성이 기근으로 배 고픔과 목마름을 당한 것과 같이 그리스도께서 십자가에서 피를 흘리심으로 갈증을 체험하실 것이다.

8) 마귀는 이방여자를 통하여 이스라엘 백성을 미혹하고 그들로 하여금 우상을 섬기게 함으로 그리스도의 길을 차단하려고 하였으나 실패하였다. 예수 그리스도께서 다윗의 후손 마리아의 몸에서 태어나셨기 때문이다. 그러나 마귀는 포기하지 아니하고 헤롯을 통하여 예수를 죽이려고 하였다. 그러나 요셉과 마리아는 하나님의 인도하심으로 예수를 데리고 애굽으로 피신하였다(마 2:12). 마귀는 그의 계획이 빗나가자 예수 그리스도를 시험하여 그로 하여금 범죄하게 함으로 하늘나라의 왕권을 포기하게 하려고 하였다.[47] 그러나 마귀는 이 일로 인하여 심판을 받고 세상을 지배하는 권세를 박탈당하였다.

9) 마귀는 예수 이름으로 귀신이 쫓겨 나가는 것을 보고 자신의 나라가 무너지는 것을 알았다. 마귀가 자기의 나라를 보호하기 위하여 할 수 있는 것은 예수 그리스도를 죽이는 것이다. 예수 그리스도께서 사람의 육신으로 임하셨으므로 마귀는 유대인과 로마 제국의 권력을 이용하여 그리스도를 정죄하여 십자가에 못 박았다. 당시에 흉악한 죄인 만이 십자가에 못 박혔으므로 마귀는 그리스도를 십자가형에 처하면 자신의 나라가 굳건히 설 것으로 믿었다. 그러나 이것은 오판이었다. 예수 그리스도께서 부활하셨기 때문이다.

10) 예수 그리스도께서 승천하신 뒤에 믿는 자들에게 성령께서 임하셨다. 사도들은 성령을 받은 뒤에 예수 그리스도의 부활을 증거하기 시작하였다. 사도들은 성령의 권능으로 귀신을 쫓아내며 병자를 고치고 천국복음을 증거함으로 그리스도의 형상을 나타냈다. 사도들뿐만 아니라 믿는 자들도 성령의 권능으로 이적을 행하고 천국복음을 증거하기 시작하였다. 예수 그리스도 한 명이 죽으면 모든 상황이 종료될 것으로 알고 있던 마귀는 크게 당황하였다. 이제는 한 사람이 아니라 수많은 사람을 상대하여야 하기 때문이다. 따라서 마귀는 유대인들과 이방인을 통하여 사도들과 믿는 자들을 박해하기 시작하였다. 바로가 이스라엘을 박해하여도 그들의 수가 증거하고 강성하였듯이, 교회가

---

[47] 본서 4.2.2(2) 참조.

세상으로부터 박해를 받을수록 성령의 역사로 인하여 믿는 자의 수가 증가하였다.[48] 주후 300년경에 기독교인의 수자가 로마제국의 주민들 가운데 약 10~15%인 것으로 알려지고 있다.

11) 세상으로부터 교회가 핍박을 받는 것이 하나님의 뜻이다. 하나님은 이것을 통하여 세 가지 증거를 보이신다. 첫째, 믿는 자들은 구원을 얻었지만, 세상은 심판을 받았다는 증거이다. "아무 일에든지 대적하는 자를 인하여 두려워하지 아니하는 이 일을 듣고자 함이라 이것이 저희에게는 멸망의 빙거요 너희에게는 구원의 빙거니 이는 하나님께로부터 난 것이니라"(빌 1:28). 따라서 사도들은 세상으로부터 받는 핍박을 기쁨으로 받아드렸다. "사도들은 그 이름을 위하여 능욕 받는 일에 합당한 자로 여기심을 기뻐하면서 공회 앞을 떠나니라"(행 5:41). 둘째, 교회가 세상으로부터 핍박을 받는 것은 장차 성도들이 받을 상급을 증거한다. "자녀이면 또한 후사 곧 하나님의 후사요 그리스도와 함께한 후사니 우리가 그와 함께 영광을 받기 위하여 고난도 함께 받아야 될 것이니라 생각건대 현재의 고난은 장차 우리에게 나타날 영광과 족히 비교할 수 없도다"(롬 8:17,18). 셋째, 세상으로부터 받는 핍박은 교회가 하나님의 뜻을 순종하고 있다는 증거이다. "과연 헤롯과 본디오 빌라도는 이방인과 이스라엘 백성과 합동하여 하나님의 기름 부으신 거룩한 종 예수를 거스려 하나님의 권능과 뜻대로 이루려고 예정하신 그것을 행하려고 이 성에 모였나이다"(행 4:27,28). "선을 행함으로 고난 받는 것이 하나님의 뜻일찐대 악을 행함으로 고난 받는 것보다 나으니라"(벧전 3:17). "하나님의 권능과 뜻대로 이루려고 예정하신 그것"이란 교회가 핍박을 받는 것이 하나님의 뜻이라는 것이다.

12) 교회는 마귀의 지배 아래 있는 세상으로부터 박해를 받고 있다. 교회가 약하여 세상으로부터 박해를 받는 것은 아니다. 교회는 세상으로부터 받는 박해를 통하여 십자가에 못 박히신 그리스도의 형상을 보여주고 있다. 동시에 교회는 하나님의 아들을 십자가에 못 박은 세상을 정죄하고 있다. 교회는 그리스도의 지체로서 그리스도와 함께 하늘 보좌에 앉아 만물을 통치하는 권세를 가지고 있다. 교회는 왕 같은 권세를 가지고 세상으로부터 박해를 받음으로 그리스도의 공생애를 재현하고 있다.

---

[48] Earle E. Cairns, op. cit., pp. 138, 139.

(나) 만물 위에 있는 교회의 권세

1) 지구상의 사람은 그리스도의 형상을 나타내는 자들과 마귀의 형상을 나타내는 자들로 구분할 수 있다. 땅 위에 있는 것들도 그리스도의 지체인 교회에 속한 것들과 마귀의 지배 아래서 세상에 속한 것들로 구분할 수 있다. 지상에 있는 모든 것들은 성도들에 의하여 하나님의 영광을 위하여 사용되는 것과 불신자들에 의하여 마귀의 사역을 위하여 사용되는 것들로 구분된다. 예배당과 그 안에 있는 모든 것은 전자에 속하는 대표적인 것이다. 이방종교의 사원과 그 안에 있는 것들과 공산주의 국가의 권력을 위하여 사용되는 것들은 후자에 속하는 대표적인 것들이다.[49]

2) 지구상에 있는 모든 것들이 그리스도의 형상과 마귀의 형상으로 구분되는 것은 교회가 만물 위에 있다는 것을 의미한다. 그리스도는 만물의 창조자이며 만물 위에 계시기 때문이다. 그리스도께서 승천하신 뒤에 하늘보좌에 앉아 의와 공의로 만물을 통치하신다. 따라서 그리스도의 지체인 성도들도 만물 위에 있으며 그리스도와 함께 보좌에 앉아 왕노릇한다. 그리스도는 교회의 머리시며 성도는 그리스도의 지체이기 때문이다. 교회는 만물 위에 있으며 만물을 통치한다.

3) 예수 그리스도는 만물의 창조자이며 만물을 통치하는 분이므로 성경은 그리스도께서 만물 위에 계신다고 말씀하고 있다. **"조상들도 저희 것이요 육신으로 하면 그리스도가 저희에게서 나셨으니 저는 만물 위에 계셔 세세에 찬양을 받으실 하나님이시니라 아멘"** (롬 9:5). 예수 그리스도께서 만물 위에 계시므로 교회도 역시 만물 위에 있다. **"또 만물을 그 발 아래 복종하게 하시고 그를 만물 위에 교회의 머리로 주셨느니라"** (엡 1:22). 만물을 발 아래 복종하게 하시는 분은 만물의 통치자인 그리스도이다. **"예수께서 나아와 일러 가라사대 하늘과 땅의 모든 권세를 내게 주셨으니"** (마 28:18).

4) 예수 그리스도께서 승천하여 하늘보좌에 앉아계심으로, 그의 지체인 성도는 그리스도와 함께 하늘보좌에 앉아있다. **"허물로 죽은 우리를 그리스도와 함께 살리셨고 또

---

[49] 마귀의 지배 아래 있는 자들에게 속한 모든 것들이 창조질서를 벗어났으므로 탄식하고 있다고 성경은 말씀하고 있다. "피조물이 허무한데 굴복하는 것은 자기 뜻이 아니요 오직 굴복케 하시는 이로 말미암음이라 그 바라는 것은 피조물도 썩어짐의 종노릇 한데서 해방되어 하나님의 자녀들의 영광의 자유에 이르는 것이니라 피조물이 다 이제까지 함께 탄식하며 함께 고통하는 것을 우리가 아나니" (롬 8:20~22).

함께 일으키사 그리스도 예수 안에서 함께 하늘에 앉히시니"(엡 2:5,6). 그리스도께서 만물 위에 계시고 만물을 통치하시는 것과 같이, 교회는 만물 위에서 만물을 통치한다. **"교회는 그의 몸이니 만물 안에서 만물을 충만케 하시는 자의 충만이니라"(엡 1:23).** "만물을 충만케 하다"란 만물을 완전히 통치하는 것을 의미한다.50) 만물의 질서가 무너지면 이것들은 서로 충돌하여 파괴됨으로 존재하지 못한다. 예수 그리스도께서 만물의 질서를 정하셨고 만물은 그의 뜻을 순종함으로 존재한다. **"천지가 주의 규례대로 오늘까지 있음은 만물이 주의 종이 된 연고니이다"(시 119:91).** 따라서 예수 그리스도는 만물을 충만하게 하시는 분이다.

5) 하늘보좌는 만물을 의와 공의로 통치하는 하나님의 아들을 위하여 예비되었다. 예수 그리스도는 하늘보좌의 주인이다. **"아들에 관하여는 하나님이여 주의 보좌가 영영하며 주의 나라의 홀은 공평한 홀이니이다"(히 1:8).** 예수 그리스도께서 그의 왕권을 부인하는 사단을 그의 피로써 심판하신 뒤에 하늘보좌에 오르셨다. 그리스도의 지체인 교회도 역시 그리스도와 함께 하늘보좌에 앉아 있으므로 그리스도와 동일한 권세를 가지고 있다. 예수 그리스도께서 교회에게 만물을 통치하는 하늘나라의 권세를 주셨다. **"내 아버지께서 나라를 내게 맡기신 것 같이 나도 너희에게 맡겨 너희로 내 나라에 있어 내 상에서 먹고 마시며 또는 보좌에 앉아 이스라엘 열 두 지파를 다스리게 하려 하노라"(눅 22:29,30).**

6) 하늘을 기준으로 하면 우주는 깊은 구덩이다. 하나님의 이름을 찬양하는 천사가 타락하였을 때 하나님께서 그와 그를 따르는 자들을 깊은 구덩이인 음부에 가두셨다. **"그러나 이제 네가 음부 곧 구덩이의 맨 밑에 빠치우리로다"(사 14:15).** 따라서 우주는 하늘 아래 있다고 말할 수 있을 것이다. 하늘에 오르신 예수 그리스도는 우주를 밟고 계심으로, 우주는 그리스도의 발등상이다. **"주께서 가라사대 하늘은 나의 보좌요 땅은 나의 발등상이니 너희가 나를 위하여 무슨 집을 짓겠으며 나의 안식할 처소가 어디뇨"(행 7:49).**

---

50) Joachim Gnilka, International Biblical Commentary, Der Epheserbrief, 강원돈 역, 국제성서주석, 에베소서, (한국신학연구소, 1985), pp. 170, 171.

7) 마귀가 활동하는 땅이 예수 그리스도의 발등상이라면, 그의 몸인 교회도 역시 우주를 발 아래 두고 있다고 말할 수 있다. 예수 그리스도께서 마귀의 머리를 밟고 계신 것과 같이 교회 역시 그의 머리를 밟고 있다. **"예수께서 이르시되 사단이 하늘로서 번개 같이 떨어지는 것을 내가 보았노라 내가 너희에게 뱀과 전갈을 밟으며 원수의 모든 능력을 제어할 권세를 주었으니 너희를 해할 자가 결단코 없으리라"** (눅 10:18,19). 마귀의 머리를 밟고 있는 교회의 권세가 성령의 은사를 통하여 나타나고 있다.

8) 마귀를 심판하고 하늘에 오르신 예수 그리스도의 권세가 교회를 통하여 나타나고 있다. 예수 그리스도께서 마귀에게 눌린 모든 자를 고치신 것과 같이, 교회도 동일한 일을 한다. **"하나님이 나사렛 예수에게 성령과 능력을 기름붓듯 하셨으매 저가 두루 다니시며 착한 일을 행하시고 마귀에게 눌린 모든 자를 고치셨으니 이는 하나님이 함께 하셨음이라"** (행 10:38). 교회는 믿는 자들이 마귀의 지배에서 벗어나 죄 사함 받았음을 선포한다. **"너희가 뉘 죄든지 사하면 사하여질 것이요 뉘 죄든지 그대로 두면 그대로 있으리라 하시니라"** (요 20:23). 예수 그리스도께서 마귀의 권세를 결박하고 귀신을 쫓아내신 것과 같이, 교회도 역시 귀신을 쫓아낸다(행 16:18).

9) 이 땅에서 교회는 하늘나라의 권세를 가지고 그리스도의 남은 사역을 담당하고 있다. 교회가 병자를 위하여 기도하면, 하늘에 계신 그리스도께서 병자를 치료하신다. **"믿음의 기도는 병든 자를 구원하리니 주께서 저를 일으키시리라 혹시 죄를 범하였을찌라도 사하심을 얻으리라 이러므로 너희 죄를 서로 고하며 병 낫기를 위하여 서로 기도하라 의인의 간구는 역사하는 힘이 많으니라"** (약 5:15,16). 교회가 마귀를 대적하면, 하늘에 계신 그리스도께서 마귀의 권세를 결박하신다. **"그런즉 너희는 하나님께 순복할찌어다 마귀를 대적하라 그리하면 너희를 피하리라"** (약 4:7). 교회가 땅에서 매면, 하늘에 계신 그리스도께서 매신다. 교회가 땅에서 풀면, 하늘에 계신 그리스도께서 푸신다. **"내가 천국 열쇠를 네게 주리니 네가 땅에서 무엇이든지 매면 하늘에서도 매일 것이요 네가 땅에서 무엇이든지 풀면 하늘에서도 풀리라 하시고"** (마 16:19).

10) 심판과 구원은 교회의 사역으로부터 시작한다. 교회가 땅에서 마귀의 심판을 선포하면 그리스도께서 마귀와 귀신을 결박하신다. 교회가 땅에서 귀신을 쫓으면, 그리

스도께서 마귀를 결박하시고 귀신을 쫓아내신다. 교회가 땅에서 믿는 자들에게 구원을 선포하면 그리스도께서 믿는 자들의 죄를 사하신다. 교회가 땅에서 죄인에게 저주를 선포하면 그리스도께서 그들을 저주하신다. 교회가 믿는 자들을 축복하면 그리스도께서 그들을 축복하신다. 하늘보좌에 앉아계신 예수 그리스도께서 세상을 통치하는 권세를 교회에게 주셨기 때문이다.

11) 교회는 만물 위에 있으므로 성도는 왕 같은 제사장이라고 성경은 말씀하고 있다. **"오직 너희는 택하신 족속이요 왕 같은 제사장들이요 거룩한 나라요 그의 소유된 백성이니 이는 너희를 어두운데서 불러내어 그의 기이한 빛에 들어가게 하신 자의 아름다운 덕을 선전하게 하려 하심이라"** (벧전 2:9). 교회는 왕으로서의 권세와 제사장으로서의 권세를 가지고 있다. 교회는 왕으로서 율법과 양심에 의하여 정죄 받지 아니한다. 교회는 율법 아래 있지 아니하고 법 위에 있기 때문이다. 바로의 법이 광야 교회를 정죄하지 못한 것과 같이 율법과 세상 양심이 교회를 정죄하지 못한다. 율법과 양심은 세상에 속한 법이므로 교회를 정죄하지 못한다. **"그러므로 이제 그리스도 예수 안에 있는 자에게는 결코 정죄함이 없나니"** (롬 8:1). 교회는 거룩한 제사장이므로 예수 그리스도의 피로써 하나님 앞에 나아간다. **"그러므로 형제들아 우리가 예수의 피를 힘입어 성소에 들어갈 담력을 얻었나니 그 길은 우리를 위하여 휘장 가운데로 열어 놓으신 새롭고 산 길이요 휘장은 곧 저의 육체니라"** (히 10:19,20).

12) 교회는 세상 위에 있으므로 율법 아래 있지 아니하고 은혜 아래 있다. **"죄가 너희를 주관치 못하리니 이는 너희가 법 아래 있지 아니하고 은혜 아래 있음이니라"** (롬 6:14). 하나님은 은혜를 받은 자들의 죄를 죄로 여기지 아니하신다. **"불법을 사하심을 받고 그 죄를 가리우심을 받는 자는 복이 있고 주께서 그 죄를 인정치 아니하실 사람은 복이 있도다 함과 같으니라"** (롬 4:7,8). 하나님의 은혜가 죄의 용서로 나타난다. **"그리스도 예수 안에 있는 구속으로 말미암아 하나님의 은혜로 값 없이 의롭다하심을 얻은 자 되었느니라"** (롬 3:24). **"이는 죄가 사망 안에서 왕노릇 한 것 같이 은혜도 또한 의로 말미암아 왕노릇 하여 우리 주 예수 그리스도로 말미암아 영생에 이르게 하려 함이니라"** (롬 5:21).

13) 전제군주 시대에 국법이 왕을 정죄하지 못하였다. 애굽의 바로는 하나님의 말씀을 대적한 죄로 애굽의 모든 초태생을 죽음으로 몰아넣었다. 그러나 바로는 애굽의 모든 장자를 죽게 한 죄에 대한 책임을 지지 아니하였다. 진시황제는 자기의 실정을 지적하는 선비들을 구덩이에 생매장하고 모든 학문서적을 불태워 없앴다.51) 그러나 그는 재위에 있을 동안 그의 실정에 대하여 법적인 책임을 지지 아니하였다. 히틀러도 마찬가지이다. 그는 많은 유대인을 학살하였으며 유럽을 전쟁의 공포 속으로 몰아넣었으나, 살아생전에 이에 대하여 법적인 책임을 지지 아니하였다. 이것은 하늘나라의 권세를 가지고 만물 위에 있는 교회가 세상 법에 의하여 정죄 받지 아니하는 것을 모형으로 보여준다. 교회는 세상을 통치하는 왕으로서 권세를 가지고 있다.

14) 교회는 만물 위에 있으며 만물을 통치한다. 성도는 그리스도의 지체로서 그리스도와 함께 하늘보좌에 앉아 왕노릇하고 있다. 교회는 예수 이름으로 세상의 권세를 결박하고 세상에 속한 자들을 하나님께로 인도하여 낸다. 교회는 예수 이름으로 마귀를 대적하고 귀신을 쫓아낸다. 교회는 믿는 자들에게 죄 사함을 선포한다. 교회는 세상을 초월하고 있으므로 세상법이 교회를 정죄하지 못한다.

(3) 이해를 위한 질문

1) 마귀의 형상

a. 타락한 천사가 하늘보좌에 올라 불의와 불법으로 만물을 지배하려고 한 이유는 무엇인가(겔 28:17).
b. 타락한 천사가 자신을 신격화함으로 하나님의 이름을 더럽히고 하나님의 영광을 훼손하였다(겔 28:16). 그가 자신을 신격화한 증거는 무엇인가(고전 10:20).
c. 타락한 천사의 속성은 무엇인가.
d. 타락한 천사의 속성이 아담을 통하여 어떻게 나타났는가(창 3:6).
e. 타락한 천사의 속성이 인류를 통하여 어떻게 나타나고 있는가(요일 3:12).

2) 세상과 마귀의 형상

---

51) 진시황제의 압제를 분서갱유(焚書坑儒)로 표현하고 있다.

a. 마귀의 형상이 하나님의 형상을 파괴하는 살인으로 나타나고 있다(창 4:8; 요 8:44). 마귀가 하나님의 형상을 파괴하는 이유는 무엇인가.

b. 마귀의 형상이 인류를 통하여 어떻게 나타나고 있는가(요일 3:8;).

c. 하나님의 백성을 핍박하는 마귀의 형상이 애굽의 바로를 통하여 모형으로 계시되었다(출 1:14,16). 마귀가 하나님의 백성을 핍박하는 이유는 무엇인가.

d. 율법이 마귀의 형상을 체계화하여 보여주는 이유는 무엇인가.

e. 마귀의 형상이 뱀으로 나타나는 이유는 무엇인가(계 12:9; 마 23:33).

3) 교회를 핍박하고 미혹하는 마귀의 형상

a. 이스라엘과 이방인의 관계가 교회와 마귀의 관계를 모형으로 보여주는 이유는 무엇인가.

b. 마귀는 세상의 권력을 이용하여 어떻게 교회를 박해하는가.

c. 교회를 파괴하려고 한 적그리스도(영지주의)란 무엇인가(요일 2:22).

d. 로마 가톨릭은 어떻게 교회를 대적하고 있는가.

e. 세상학문과 자유주의 신학은 어떻게 교회를 미혹하고 있는가(고후 10:4,5).

4) 세상으로부터 핍박을 받는 그리스도의 형상

a. 이방인들이 아브라함과 이스라엘을 핍박한 이유는 무엇인가.

b. 이스라엘이 이방인들의 지배 아래서 당하는 고통은 잉태한 여인이 해산하는 고통과 같다(렘 4:31). 이스라엘이 당한 고통은 무엇을 예표로 하는가.

c. 유대인들이 예수 그리스도를 핍박한 이유는 무엇인가(마 12:14).

d. 유대인과 이방인들은 복음을 전파하는 사도들과 믿는 자들을 핍박하고 죽였다(행 5:18). 교회를 핍박하는 것은 그리스도를 박해하는 것이다(행 9:4). 그 이유는 무엇인가.

e. 교회가 세상으로부터 존경을 받는 것이 하나님의 뜻과 일치하는가.

5) 만물 위에 있는 교회의 권세

a. 교회는 만물 위에 있다(엡 1:22). 그 이유는 무엇인가.

b. 교회가 예수 그리스도와 동일한 권세를 가지고 있는 이유는 무엇인가(엡 2:6).

　　c. 교회는 그리스도의 남은 사역을 담당한다(골 1:24). 그 사역은 무엇인가.

　　d. 교회가 가진 왕 같은 권세란 무엇인가(딤후 2:12).

　　e. 교회의 권세는 무엇으로부터 나오는가(요 3:27).

6.3 교회와 복음전도

1. 복음전도의 내용

(1) 율법의 정죄와 회개의 선포

1) 신약성경에서 계시된 복음 전도의 내용은 크게 세 가지로 구분할 수 있다. 첫째, 사람은 육신이 연약하여 율법의 행위로 구원을 얻을 수 없다는 것이다. 이것은 세례 요한을 통하여 계시되었다. 예수 그리스도께서 공생애를 시작하기 전에 세례 요한은 회개의 세례를 선포함으로 복음이 회개로부터 시작한다는 것을 보여주었다. 둘째, 예수 그리스도께서 마귀를 심판하시고 그의 모든 권세를 박탈하셨다. 이것은 마귀의 시험을 통하여 계시되었다. 예수 그리스도께서 복음을 전파하기 전에 먼저 마귀를 심판하셨다. 셋째, 예수 그리스도께서 그의 피로써 인류의 죄를 대속하셨다. 이것은 예수 그리스도의 복음전파를 통하여 계시되었다. 예수 그리스도께서 믿는 자들의 죄를 사하시고 그들의 질병을 치료하셨다.

2) 구약시대에 선지자들이 우상을 숭배하는 이스라엘 백성에게 회개하고 돌아오라고 선포한 것처럼, 마지막 선지자인 세례 요한은 율법을 통하여 계시된 하나님의 뜻을 알고 회개를 선포하였다. 예수 그리스도께서 공생애를 시작하기 전에, 세례 요한은 회개의 세례를 선포하였다. 세례 요한은 모든 사람에게 회개하라고 선포하였다. **"요한이 요단강 부근 각처에 와서 죄 사함을 얻게 하는 회개의 세례를 전파하니"** (눅 3:3). 바리새인들과 사두개인들이 세례 요한에게 나왔을 때 그는 회개를 선포하였다. **"요한이 많은 바리새인과 사두개인이 세례 베푸는데 오는 것을 보고 이르되 독사의 자식들아 누가 너희를 가르쳐 임박한 진노를 피하라 하더냐"** (마 3:7). 율법의 행위로 자신을 의롭다고 생각하

는 바리새인들과 사두개인들을 향하여 세례 요한은 회개를 선포함으로 율법 아래서 모든 사람이 죄인임을 선언하였다.

3) 복음전도는 모든 사람이 아담 안에서 율법과 양심에 의하여 정죄 받는 죄인임을 전제로 한다. 율법과 양심에 의하여 자기의 죄를 깨닫는 자만이 하나님의 영원한 심판과 형벌의 무서움을 알고 죄로부터 구원을 얻으려고 한다. 죄와 심판을 알지 못하는 자들은 구원을 사모하지 아니할 뿐만 아니라 복음의 말씀을 들으려고 하지 아니한다. 따라서 복음 전도는 율법의 정죄와 회개로부터 시작한다. 율법이 사람을 정죄하지만 사람은 자신의 죄를 알지 못한다. 육신이 연약하여 사람은 부지중에 범죄하기 때문이다. 따라서 하나님은 죄인의 육체를 저주하신다. 율법의 저주는 칼과 기근과 온역으로 임한다(겔 7:15). 국가간의 전쟁과 분쟁, 자연재해와 기상이변으로 인한 흉작과 기근, 인류가 앓고 있는 모든 질병은 인류가 율법과 양심 아래서 죄인이라는 것을 증거한다.

4) 구원은 죄인을 대상으로 하는 것이며 의인을 대상으로 하는 것이 아니다. 율법과 양심에 의하여 죄인임을 아는 자만이 믿음으로 구원을 얻으려고 하기 때문이다. 다윗은 율법으로 자신의 많은 죄를 깨닫고 그리스도의 구원을 사모하였다. **"무수한 재앙이 나를 둘러 싸고 나의 죄악이 내게 미치므로 우러러 볼 수도 없으며 죄가 나의 머리털보다 많으므로 내 마음이 사라졌음이니이다 여호와여 은총을 베푸사 나를 구원하소서 여호와여 속히 나를 도우소서"** (시 40:12,13). 이와 같이 자신이 죄임을 아는 자만이 구원을 받으려고 한다. 자신이 죄인임을 알지 못하는 사람은 구원의 필요성을 느끼지 못한다. 따라서 예수 그리스도는 자신을 의롭다고 생각하는 자들을 부르려고 오신 것이 아니라 죄인을 부르려고 오셨다. **"예수께서 들으시고 저희에게 이르시되 건강한 자에게는 의원이 쓸데없고 병든 자에게라야 쓸데 있느니라 내가 의인을 부르러 온 것이 아니요 죄인을 부르러 왔노라 하시니라"** (막 2:17).

5) 복음의 전파는 죄를 깨닫게 하는 것으로부터 시작한다. 죄를 깨닫는 것은 하나님을 아는 지식으로부터 시작한다. 이방인들은 하나님을 알지 못함으로 범죄하고 있으나 자기의 죄를 깨닫지 못하고 있다. 하나님께서 만물을 통하여 이방인들에게 하나님의 신성과 능력을 알게 하셨으나 그들은 하나님을 알지 못하고 있다. **"창세로부터 그의 보이지**

아니하는 것들 곧 그의 영원하신 능력과 신성이 그 만드신 만물에 분명히 보여 알게 되나니 그러므로 저희가 핑계치 못할찌니라"(롬 1:20). 하나님은 사람에게 만물을 통하여 자신의 존재를 알게 하셨지만, 사람은 하나님의 존재를 알지 못한다. 사람은 하나님을 관념적인 존재로 치부하며 사람의 이성으로 만들어낸 존재라고 인정한다. 따라서 이방인들은 하나님을 영화롭게 하지 아니하고 우상을 숭배한다. "**하나님을 알되 하나님으로 영화롭게도 아니하며 감사치도 아니하고 오히려 그 생각이 허망하여지며 미련한 마음이 어두워졌나니**"(롬 1:21).

6) 사도 바울은 모든 죄가 우상숭배로부터 시작한다고 가르쳤다. 사도 바울은 제1차 전도여행 도중 루스드라에서 이방인들에게 창조주 하나님을 버린 것이 죄라고 선포하였다. "**가로되 여러분이여 어찌하여 이러한 일을 하느냐 우리도 너희와 같은 성정을 가진 사람이라 너희에게 복음을 전하는 것은 이 헛된 일을 버리고 천지와 바다와 그 가운데 만유를 지으시고 살아 계신 하나님께로 돌아오라 함이라**"(행 14:15). 사도 바울은 제2차 전도여행 도중 아덴에서 이방인들에게 천지를 지으신 하나님을 버리고 우상을 섬기는 것이 죄라고 전파하였다. "**내가 두루 다니며 너희의 위하는 것들을 보다가 알지 못하는 신에게 라고 새긴 단도 보았으니 그런즉 너희가 알지 못하고 위하는 그것을 내가 너희에게 알게 하리라 우주와 그 가운데 있는 만유를 지으신 신께서는 천지의 주재시니 손으로 지은 전에 계시지 아니하시고**"(행 17:23,24). 사람들이 창조주 하나님을 알지 못하면 하나님은 그들을 버리신다. 따라서 그들은 우상숭배, 간음, 살인 및 사기 등의 죄를 범한다(롬 1:28~31).

7) 유대인들은 하나님을 아는 율법을 받았지만 율법의 행위로 의롭다하심을 받은 것으로 착각하고 있었다. 바리새인들과 서기관들은 자신을 의롭다고 여기고 있었다. "**또 자기를 의롭다고 믿고 다른 사람을 멸시하는 자들에게 이 비유로 말씀하시되**"(눅 18:9). 따라서 사도 바울은 자신을 의롭다고 믿고 있는 유대인들에게 죄를 선포하였다. 유대인들은 이방인들의 죄를 비방하고 있지만 그들도 역시 동일한 죄를 범하고 있었다. "**그러므로 남을 판단하는 사람아 무론 누구든지 네가 핑계치 못할 것은 남을 판단하는 것으로 네가 너를 정죄함이니 판단하는 네가 같은 일을 행함이니라**"(롬 2:1). 유대인들

은 율법의 행위로 스스로 의롭다고 믿고 죄를 회개하지 아니함으로 하나님의 진노 아래 놓여있었다. "혹 네가 하나님의 인자하심이 너를 인도하여 회개케 하심을 알지 못하여 그의 인자하심과 용납하심과 길이 참으심의 풍성함을 멸시하느뇨 다만 네 고집과 회개치 아니한 마음을 따라 진노의 날 곧 하나님의 의로우신 판단이 나타나는 그 날에 임할 진노를 네게 쌓는도다"(롬 2:4,5). 스데반은 유대인을 향하여 율법을 지키지 아니한다고 책망하였다. "너희가 천사의 전한 율법을 받고도 지키지 아니하였도다 하니라"(행 7:53).

8) 자신을 의롭다고 믿고 있는 유대인들을 향하여 베드로는 살인한 자라고 선포하였다. "그런즉 이스라엘 온 집이 정녕 알찌니 너희가 십자가에 못 박은 이 예수를 하나님이 주와 그리스도가 되게 하셨느니라 하니라"(행 2:36). 예수 그리스도께서 부활하셨다면 그를 죽인 것은 의롭고 무죄한 하나님의 아들을 죽인 것이다. 유대인들은 하나님의 아들을 십자가에 못 박아 죽인 죄인들이다. 베드로의 말씀을 들은 유대인들은 율법으로 양심에 가책을 받아 그에게 구원의 길을 물었다. "저희가 이 말을 듣고 마음에 찔려 베드로와 다른 사도들에게 물어 가로되 형제들아 우리가 어찌할꼬 하거늘"(행 2:37).

9) 유대인들이 율법에 의하여 그들의 죄를 알고 구원을 사모하였을 때, 베드로는 믿음으로 얻는 구원을 선포하였다. "베드로가 가로되 너희가 회개하여 각각 예수 그리스도의 이름으로 세례를 받고 죄 사함을 얻으라 그리하면 성령을 선물로 받으리니"(행 2:38). 사도 바울도 역시 자신의 죄를 깨닫고 구원을 사모하는 이방인을 향하여 예수 그리스도를 믿음으로 얻는 구원을 선포하였다. "저희를 데리고 나가 가로되 선생들아 내가 어떻게 하여야 구원을 얻으리이까 하거늘 가로되 주 예수를 믿으라 그리하면 너와 네 집이 구원을 얻으리라 하고"(행16:30,31).

10) 하나님은 죄인들이 자기의 죄를 깨닫고 회개하며 돌아오기를 기다리신다. 하나님께서 모든 죄인을 형벌하신다면 살아남을 사람은 한 사람도 없을 것이다. 사람은 육신이 연약하여 율법을 순종할 수 없으며 죄의 형벌은 사망이기 때문이다. 따라서 하나님은 죄인들이 회개하고 돌아오기까지 오래 참으신다. "주의 약속은 어떤 이의 더디다고 생각하는 것 같이 더딘 것이 아니라 오직 너희를 대하여 오래 참으사 아무도 멸망치 않고

다 회개하기에 이르기를 원하시느니라"(벧후 3:9). "만일 하나님이 그 진노를 보이시고 그 능력을 알게 하고자 하사 멸하기로 준비된 진노의 그릇을 오래 참으심으로 관용하시고"(롬 9:22).

11) 율법에 의하여 정죄 받은 죄를 깨닫는 자만이 구원을 사모하므로 하나님은 율법으로 모든 사람을 죄 아래 가두셨다. 죄인만이 구원을 사모하여 그리스도께로 나오므로 율법은 모든 사람을 정죄하여 하나님의 심판 아래 가둔다고 성경은 말씀한다. **"그러나 성경이 모든 것을 죄 아래 가두었으니 이는 예수 그리스도를 믿음으로 말미암은 약속을 믿는 자들에게 주려 함이니라 믿음이 오기 전에 우리가 율법 아래 매인바 되고 계시될 믿음의 때까지 갇혔느니라"(갈 3:22,23).** 따라서 율법은 이스라엘을 그리스도께로 인도하는 언약이다. "이같이 율법이 우리를 그리스도에게로 인도하는 몽학선생이 되어 우리로 하여금 믿음으로 말미암아 의롭다하심을 얻게 하려 함이니라"(갈 3:24).

12) 하나님께서 아들을 육신으로 보내시기 전에 이스라엘에게 율법을 주신 것은 죄를 깨닫게 하기 위함이다. 율법은 아담 안에서 모든 사람이 마귀의 지배 아래서 하나님을 대적하고 있다는 것을 알게 하고 모든 저주가 죄로부터 왔음을 알게 한다. 사람이 죄와 저주로부터 벗어나려면 하나님의 아들이신 예수 그리스도를 믿어야 하는 것을 알게 하는 것이 율법의 역할이다. 따라서 교회는 율법으로 죄와 하나님의 심판을 선포함으로 복음을 듣는 자들을 구원을 얻는 회개로 인도한다. 복음전도의 결과로 얻는 구원은 회개로부터 시작한다.

(2) 마귀의 심판과 그리스도의 왕권의 선포

1) 복음의 전도는 마귀의 심판과 속죄를 전제로 한다. 따라서 예수 그리스도께서 복음을 전파하시기 전에 먼저 마귀를 심판하시고 그의 권세를 박탈하셨다. 예수 그리스도께서 마귀에게 시험을 받으신 뒤에 비로소 천국 복음을 전파하셨다. 예수 그리스도께서 마귀를 심판하심으로 자신의 왕권을 공포하시고 승천하여 하늘보좌에 앉으셨다. 예수 그리스도께서 만물을 통치하는 권세를 보이기 위하여 믿는 자들에게 성령을 보내주신다. 믿는 자들은 성령으로 마귀를 결박하고 복음을 증거한다.

2) 예수 그리스도께서 그의 피로써 마귀를 심판하고 그의 권세를 박탈하셨다. 그러나 마귀는 여전히 율법과 양심에 의하여 정죄 받은 죄인 곧, 믿지 아니하는 자들을 지배하고 있다. 마귀가 심판을 받은 사실을 알지 못하는 사람들은 마귀의 지배 아래서 하나님을 대적하고 저주 아래서 고통을 당하고 있다. 복음 전파는 마귀의 지배 아래 있는 자들에게 예수 이름을 믿음으로 마귀의 지배로부터 벗어나 죄 사함을 받으라고 권고하는 것이다. 교회는 예수 그리스도의 부활을 증거하며 성령으로 귀신을 쫓아냄으로 마귀가 심판을 받았음을 선포한다.

3) 첫째, 예수 그리스도의 피를 증거하는 것은 마귀의 심판과 그리스도의 왕권을 선포하는 것이다. 마귀는 하나님의 아들을 결박하여 십자가에 못 박음으로 자신의 죄를 만천하에 공개하였다. 하늘에서 하나님의 이름을 찬양하는 직분을 맡은 천사가 교만하여 하나님의 아들을 결박하고 보좌에 오르려고 작정하였다. 타락한 천사의 악한 마음이 예수 그리스도를 십자가에 못 박는 행위로 표출되었다. 곧 예수 그리스도의 피는 마귀에게 심판을 선고한 판결문이다. 따라서 마귀는 예수 그리스도의 피 앞에서 무릎을 꿇는다.

4) 예수 그리스도께서 교회를 향하여 자기의 피를 마시라고 명령하신다. **"내 살을 먹고 내 피를 마시는 자는 내 안에 거하고 나도 그 안에 거하나니"** (요 6:56). 예수 그리스도의 살은 만물을 통치하는 하나님 아들의 계명이고, 그의 피는 마귀를 심판한 판결문이다. 그리스도의 살을 먹고 그 피를 마시는 것은 만물을 통치하는 말씀과 마귀를 결박하는 권세를 소유하는 것이다. 믿는 자들 안에 있는 그리스도의 말씀과 그의 피가 성령으로 역사한다. 따라서 성경은 말씀과 피와 성령으로 세상을 이긴다고 말씀한다. **"예수께서 하나님의 아들이심을 믿는 자가 아니면 세상을 이기는 자가 누구뇨 이는 물과 피로 임하신 자니 곧 예수 그리스도시라 물로만 아니요 물과 피로 임하셨고 증거하는 이는 성령이시니 성령은 진리니라 증거하는 이가 셋이니 성령과 물과 피라 또한 이 셋이 합하여 하나이니라"** (요일 5:5~8). "물"이란 창으로 찔린 예수 그리스도의 옆구리에서 나온 물이다. **"그 중 한 군병이 창으로 옆구리를 찌르니 곧 피와 물이 나오더라"** (요 19:34). 따라서 물은 그리스도의 말씀을 의미하는 것으로 해석할 수 있다.[52]

---

52) 5.4.1. (3) 참조

5) 둘째, 그리스도의 부활을 증거하는 것은 마귀의 심판과 예수 그리스도의 왕권을 선포하는 것이다. 부활은 하나님의 아들이신 예수 그리스도를 증거하는 것이다. 예수 그리스도께서 하나님의 아들이시기 때문에, 사람을 통하여 그리스도를 십자가에 못 막은 마귀는 심판을 받았다. 하늘에서 하나님의 뜻을 대적하고 하늘보좌에 오르려고 마음으로 작정한 사단의 악한 생각이 하나님의 아들을 정죄하여 십자가에 못 박은 죄로 나타났다. 예수 그리스도께서 부활하심으로 하나님의 아들로서의 증거를 보이셨다. 따라서 예수 그리스도의 피와 부활은 마귀의 심판을 증거한다. 교회는 예수 그리스도의 피와 부활을 증거함으로 마귀의 권세가 박탈되었음으로 선포한다.

6) 셋째, 예수 그리스도의 승천을 증거하는 것은 그리스도의 왕권을 선포하는 것이다. 예수 그리스도께서 부활하셨다면 하늘보좌에 오르셔야 한다. 하늘보좌는 아들을 위하여 예비되었기 때문이다. 예수 그리스도께서 승천하여 보좌에 앉아 그의 왕권을 선포하신다. 예수 그리스도의 왕권은 그의 말씀과 성령을 통하여 나타난다. 예수 그리스도께서 만물을 통치하는 법을 공포하셨고 그의 피로써 그 법을 인치셨다. **"저녁 먹은 후에 잔도 이와 같이 하여 가라사대 이 잔은 내 피로 세우는 새 언약이니 곧 너희를 위하여 붓는 것이라"** (눅 22:20). "내 피로 세우는 언약"이란 예수 그리스도의 피가 새 언약의 성취를 보증한다는 것이다. 새 언약에 의하여 예수 이름을 믿으면 마귀의 권세와 죄에서 벗어나 자유를 얻는다는 것을 그리스도의 피가 보증한다.

7) 성령께서 예수 그리스도의 말씀을 따라서 역사하신다. 예수 그리스도께서 육신으로 계실 때 하신 모든 말씀이 만물을 통치하는 법이다. **"나를 저버리고 내 말을 받지 아니하는 자를 심판할 이가 있으니 곧 나의 한 그 말이 마지막 날에 저를 심판하리라"** (요 12:48). 성령께서 그리스도의 말씀이 만물을 통치하는 하나님의 법임을 증거하신다. **"내가 아버지께로서 너희에게 보낼 보혜사 곧 아버지께로서 나오시는 진리의 성령이 오실 때에 그가 나를 증거하실 것이요"** (요 15:26). 예수 그리스도께서 승천하신 뒤에 성령을 보내주시면, 믿는 자들은 그리스도와 동일한 권세를 가지고 그리스도의 일을 할 것이다. 예수 그리스도의 말씀은 성령으로 역사하며 만물이 그 말씀을 순종하고 있다. **"예수께서 나아와 일러 가라사대 하늘과 땅의 모든 권세를 내게 주셨으니"** (마 28:18).

8) 예수 그리스도께서 믿는 자들에게 악한 영들을 제어하는 권세를 주셨다. "**내가 너희에게 뱀과 전갈을 밟으며 원수의 모든 능력을 제어할 권세를 주었으니 너희를 해할 자가 결단코 없으리라**" (눅 10:19). 이 말씀은 예수 그리스도의 승천과 성령의 임재를 전제로 한 말씀이다. 이 말씀이 성령으로 역사하여 예수 그리스도의 왕권을 나타낸다. 이 말씀에 의하여 교회는 예수 이름으로 마귀를 대적하고 귀신을 쫓아낸다. "**무리가 빌립의 말도 듣고 행하는 표적도 보고 일심으로 그의 말하는 것을 좇더라 많은 사람에게 붙었던 더러운 귀신들이 크게 소리를 지르며 나가고 또 많은 중풍병자와 앉은뱅이가 나으니**" (행 8:6,7). 곧 교회는 그리스도의 말씀에 의하여 성령으로 악한 영들의 능력을 제어할 수 있다.

9) 넷째, 교회는 믿는 자들에게 성령을 받으라고 권고함으로 예수 그리스도의 왕권을 선포한다. 믿는 자들이 모두 성령을 받는 것은 아니다. 예수 그리스도께서 사도들에게 성령을 받으라고 명령하신 것은 성령을 받지 못할 자가 있다는 것을 의미한다(요 20:22). 하나님께서 성령을 주실 수도 있고 안 주실 수도 있다. 성령은 하나님 아버지의 뜻대로 주어지는 선물이다(행 2:38). 따라서 성령을 받는 것은 하나님의 주권에 속한 것이다.

10) 성령을 받는 것은 예수 그리스도의 왕권을 소유하는 것이다. 믿는 자가 하나님의 자녀이면 자녀로서의 증거가 나타나야 한다. 그 증거는 예수 그리스도의 말씀과 성령으로 나타난다. 믿는 자는 누구나 예수 그리스도의 말씀을 가지고 있다. 그러나 그 말씀이 하나님의 아들의 말씀으로서 권위가 없다면 믿는 자들은 하나님의 자녀로서 증거를 나타낼 수 없다.53) 성령께서 예수 그리스도의 말씀을 통하여 믿는 자들이 하나님의 자녀임을 증거하신다. "**성령이 친히 우리 영으로 더불어 우리가 하나님의 자녀인 것을 증거하시나니**" (롬8:16). 교회가 세상을 향하여 예수 이름을 믿고 죄 사함을 받은 뒤에 성령을 받으라고 권고하는 것은 예수 그리스도의 왕권을 선포하는 것이다.

11) 다섯째, 교회는 예수 이름으로 귀신을 쫓아냄으로 예수 그리스도의 왕권을 선포한

---

53) 거의 모든 가전제품은 전기로 작동된다. 전기가 없으면 가전제품은 쓸모가 없다. 이와 같이 예수 그리스도께서 믿는 자들에게 자기의 이름으로 귀신을 쫓아내라고 명령하셨지만, 믿는 자가 그 말씀에 의지하여 귀신에게 명령하였을 때 귀신이 나가지 아니한다면 그 말씀은 하나님의 말씀으로서 권위가 없다.

다. 마귀는 무소부재하지 아니하므로 혼자 모든 죄인의 인격을 지배할 수 없다. 따라서 마귀는 그의 지배 아래 있는 많은 귀신을 통하여 죄인의 생각을 지배한다. 마귀는 귀신의 왕이다. "**바리새인들은 듣고 가로되 이가 귀신의 왕 바알세불을 힘입지 않고는 귀신을 쫓아내지 못하느니라 하거늘**"(마 12:24). "바알세불"이란 사단을 가리킨다. "**사단이 만일 사단을 쫓아내면 스스로 분쟁하는 것이니 그리하고야 저의 나라가 어떻게 서겠느냐**"(마 12:26). 예수 이름으로 귀신을 쫓아내는 것은 마귀의 권세가 박탈되었음을 증거하는 것이다. 교회는 예수 이름으로 마귀의 권세를 결박한 뒤에 그의 지배 아래 있는 귀신을 쫓아낸다. "**사람이 먼저 강한 자를 결박하지 않고야 어떻게 그 강한 자의 집에 들어가 그 세간을 늑탈하겠느냐 결박한 후에야 그 집을 늑탈하리라**"(마 12:29).

12) 복음의 증거는 예수 그리스도의 왕권으로 마귀를 결박하는 것을 내용으로 한다. 성령께서 마귀를 결박하지 아니하시면 복음을 듣더라도 그 말씀을 통하여 예수 그리스도를 알지 못하기 때문이다. 마귀는 세상에 속한 자들의 마음을 혼미하게 함으로 복음의 말씀을 듣지 못하게 한다(고후 4:4). 모든 사람은 원죄를 가지고 태어나므로 적그리스도의 흔적을 가지고 있다. 적그리스도의 흔적과 마귀의 생각을 양심으로 가지고 있는 자들은 하나님과 아들의 존재를 부인한다.54) 성경은 이러한 자의 심령을 길가와 같다고 말씀한다. "**뿌릴째 더러는 길 가에 떨어지매 새들이 와서 먹어버렸고**"(마 13:4). "**아무나 천국 말씀을 듣고 깨닫지 못할 때는 악한 자가 와서 그 마음에 뿌리운 것을 빼앗나니 이는 곧 길 가에 뿌리운 자요**"(마 13:19).

13) 성령께서 마귀를 결박하고 사람의 지성을 감동하시면 그 사람은 복음을 통하여 하나님과 예수 그리스도를 알 수 있다. "**이에 저희 마음을 열어 성경을 깨닫게 하시고**"(눅 24:45). "**두아디라성의 자주 장사로서 하나님을 공경하는 루디아라 하는 한 여자가 들었는데 주께서 그 마음을 열어 바울의 말을 청종하게 하신지라**"(행 16:14). 그러나 사람의 지성이 마귀에게 예속되면 그 사람은 복음을 듣더라도 예수 그리스도를 알지 못한다. "**그 중에 이 세상 신이 믿지 아니하는 자들의 마음을 혼미케 하여 그리스도의**

---

54) 믿는 자들은 하나님의 말씀을 신앙양심으로 가지고 있다. 그러나 믿지 아니하는 자들은 마귀의 생각을 양심으로 가지고 있다.

영광의 복음의 광채가 비취지 못하게 함이니 그리스도는 하나님의 형상이니라" (고후 4:4). 서기관들과 바리새인들은 성령의 감동을 받지 못하였으므로 예수 그리스도의 말씀을 들었으나 그리스도를 알지 못하였다. 따라서 예수 그리스도께서 그들을 향하여 마귀의 지배 아래 있는 독사의 자식들이라고 말씀하셨다. **"뱀들아 독사의 새끼들아 너희가 어떻게 지옥의 판결을 피하겠느냐" (마 23:33).** "독사의 자식"이란 마귀의 생각을 양심으로 가짐으로 하나님을 대적하는 자들을 말한다.

14) 마귀가 복음을 듣는 자들에 대하여 지배권을 포기하면 그들은 비로소 지성으로 예수 그리스도를 알고 믿음으로 구원을 받으려고 한다. 교회는 마귀의 권세가 박탈되었음을 증거한다. 이 때 성령께서 마귀를 결박하시고 마귀의 지배 아래 있는 자들의 인격을 감동하신다. 따라서 사도들은 예수 그리스도의 부활을 증거함으로 마귀의 권세가 박탈되었음을 선언하였다. 마귀의 지배 아래 있는 유대인들이 예수 그리스도를 죽였으나 하나님께서 그를 살리셨다고 베드로는 증거하였다. **"그가 하나님의 정하신 뜻과 미리 아신 대로 내어 준바 되었거늘 너희가 법 없는 자들의 손을 빌어 못 박아 죽였으나 하나님께서 사망의 고통을 풀어 살리셨으니 이는 그가 사망에게 매여 있을 수 없었음이라" (행 2:23,24).**

15) 이스라엘이 바로의 지배 아래 있을 때 모든 자유를 상실하고 종노릇한 것과 같이, 사람이 마귀의 지배 아래 있으면 자유의지를 상실하고 마귀의 뜻대로 하나님을 대적한다. 구원이란 마귀를 심판하신 예수 그리스도의 피의 공로에 의지하여 마귀의 지배로부터 벗어나는 것이다. 사람은 자기의 의지로 마귀의 지배에서 벗어날 수 없으며 성령의 감동하심과 인도를 받아야 한다. 사람이 복음의 말씀을 들을 때 성령께서는 마귀를 결박하고 믿는 자들을 마귀의 지배로부터 이끌어내신다. 마귀를 심판한 예수 그리스도의 권세가 성령으로 복음의 말씀을 듣는 자에게 임하므로 우리는 마귀의 지배로부터 벗어날 수 있다.

(3) 그리스도의 피에 의한 속죄와 교회의 복음 증거

1) 사도들은 율법에 의하여 죄를 깨닫고 구원을 사모하는 자들에게 예수 이름을 믿고

구원을 얻으라고 선포하였다. 율법을 통하여 계시된 구원의 모형은 이스라엘의 죄를 짊어진 제물이 심판을 받아 죽음으로 흘리는 피에 의한 속죄이다. 속죄는 거룩한 피 흘림을 전제로 한다(히 9:22). 예수 그리스도께서 율법의 예언대로 인류의 죄를 위하여 자기의 피를 흘리셨다. 따라서 예수 그리스도를 믿음으로 구원을 얻는 새 언약은 그의 피에 의한 속죄를 전제로 한다. 예수 그리스도의 피에 의한 속죄를 선포하는 것은 마귀에게 속죄 받은 자를 지배하는 권세가 없기 때문이다. 마귀의 권세가 박탈되고 인류의 죄가 그리스도의 피로써 대속되었으므로 예수 이름을 믿음으로 마귀의 지배에서 벗어나는 것이 복음의 핵심이다.

2) 아담이 타락한 뒤에 마귀는 인류를 지배하는 권세를 받았으므로 사람이 마귀의 권세에서 벗어나려면 인류의 죄가 도말되어야 한다. 예수 그리스도께서 그의 피로써 인류의 죄를 대속하고 마귀의 권세를 박탈하셨으므로 마귀는 지배할 대상을 상실하였다. 복음의 말씀을 듣는 자들이 예수 이름을 믿고 마귀의 지배로부터 벗어나려고 하면, 권세를 박탈당한 마귀는 이를 막을 방법이 없다. 마귀의 지배 아래 있는 자들이 예수 이름으로 마귀로부터 자유하는 것은 하나님께로부터 받은 권리이다. 마귀의 지배 아래 있는 자가 그 권리를 주장하면 마귀는 그를 놓아주어야 한다. 이것을 모형으로 보여주는 것이 출애굽이다.

3) 하나님께서 바로에게 이스라엘 백성을 자기의 백성이라고 선포하셨다. **"여호와께서 모세에게 이르시되 바로에게 들어가서 그에게 이르라 히브리 사람의 하나님 여호와께서 말씀하시기를 내 백성을 보내라 그들이 나를 섬길 것이니라"** (출 9:1). 바로는 하나님의 백성을 지배할 권세가 없다. 바로가 하나님의 백성을 지배하는 것은 불법이다. 따라서 그들이 애굽에서 나간다고 하면 바로는 당연히 보내주어야 한다. 그러나 바로는 마음이 강퍅하여 이스라엘 백성을 보내지 아니하였다. 이에 대한 하나님의 심판이 임하여 유월절 날 애굽의 모든 초태생의 죽임을 당하였다. 바로는 하나님의 심판이 임한 것을 알고 이스라엘 백성을 보냈다.

4) 교회는 예수 그리스도의 피에 의한 심판과 속죄를 증거함으로 마귀가 불법으로 사람을 지배하고 있다고 선포한다. 교회는 예수 그리스도의 피로 마귀의 권세가 박탈되

었음을 선포한다. 교회는 예수 그리스도의 피로 인류의 죄가 대속되었음을 선포한다. 교회는 마귀의 지배에서 벗어날 권리가 죄인에게 있다고 선포한다. 사람이 마귀의 지배 아래서 하나님을 대적하고 저주에서 고통을 당하는 것은 자기에게 주어진 권리를 행사하지 못하기 때문이다. 모든 사람은 마귀의 지배에서 벗어날 권리가 있다. 사람은 죄와 저주에서, 사망의 권세와 사망의 법에서 벗어날 권리가 있다. 그리스도 예수 안에서 믿는 자들이 가진 권리를 알게 하는 것이 교회의 사명이다.

5) 교회는 믿는 자에게 예수 그리스도의 이름으로 구원 받았음을 선포한다. **"베드로가 가로되 너희가 회개하여 각각 예수 그리스도의 이름으로 세례를 받고 죄 사함을 얻으라 그리하면 성령을 선물로 받으리니"** (행 2:38). **"가로되 주 예수를 믿으라 그리하면 너와 네 집이 구원을 얻으리라 하고"** (행 16:31). 믿음으로 얻는 구원을 선포하는 것은 예수 그리스도의 피에 의한 속죄를 전파하는 것이다. 믿는 자는 예수 그리스도의 피에 의하여 의롭다하심을 얻을 수 있다. **"그러면 이제 우리가 그 피를 인하여 의롭다 하심을 얻었은즉 더욱 그로 말미암아 진노하심에서 구원을 얻을 것이니"** (롬 5:9). 의롭다하심을 얻는 다른 길은 없다. **"다른 이로서는 구원을 얻을 수 없나니 천하 인간에 구원을 얻을만한 다른 이름을 우리에게 주신 일이 없음이니라 하였더라"** (행 4:12). 오직 그리스도의 피에 의하여 구원을 받을 수 있다고 선포하는 것이 복음이며 다른 것을 전하는 것은 복음이 아니다. 다른 복음을 전하면 저주를 받을 것이다. **"우리가 전에 말하였거니와 내가 지금 다시 말하노니 만일 누구든지 너희의 받은 것 외에 다른 복음을 전하면 저주를 받을찌어다"** (갈 1:9).

6) 예수 이름을 믿으면 의롭다하심을 얻는다. 이에 대한 증거가 나타나야 한다. 믿는 자들이 구원을 얻었다는 증거는 무엇일까. 성경은 두 가지를 말씀한다. 하나는 주관적인 증거이며 다른 하나는 객관적인 증거이다. 주관적인 증거는 믿는 자들이 예수 그리스도의 이름을 부르는 것이다. 예수 그리스도를 믿는 자들은 예수 이름을 부른다. 따라서 예수 이름을 부르는 자는 구원을 얻는다. **"누구든지 주의 이름을 부르는 자는 구원을 얻으리라 그런즉 저희가 믿지 아니하는 이를 어찌 부르리요 듣지도 못한 이를 어찌 믿으리요 전파하는 자가 없이 어찌 들으리요"** (롬 10:13,14). 예수 이름을 믿고 그 이름

을 부르는 것은 예수 그리스도를 주님이라고 시인하는 것이다. **"네가 만일 네 입으로 예수를 주로 시인하며 또 하나님께서 그를 죽은 자 가운데서 살리신 것을 네 마음에 믿으면 구원을 얻으리니 사람이 마음으로 믿어 의에 이르고 입으로 시인하여 구원에 이르느니라"** (롬 10:9,10). 예수 그리스도를 주님이라고 시인하는 것은 믿는 자들이 예수 그리스도의 종(소유)이 되었음을 의미한다.

7) 믿는 자들이 예수 이름을 부르는 것은 주관적인 증거이다. 자기 스스로 구원을 받았다고 믿고 예수 이름을 부르기 때문이다.[55] 이에 반하여 객관적인 증거는 성령의 은사로 예수 이름으로 병 고침을 받는 것이다. 사도들은 믿음으로 얻는 구원을 전파하며 동시에 병자를 고침으로 그리스도의 피에 의한 속죄를 증명하였다. 예수 이름을 믿음으로 질병이 치료받았다는 것은 그 이름으로 죄 사함을 받았다는 객관적인 증거이다. 따라서 예수 그리스도께서 믿는 자들의 죄를 사하시고 그들의 병을 고치셨다. **"예수께서 저희의 믿음을 보시고 중풍병자에게 이르시되 소자야 네 죄 사함을 받았느니라 하시니"** (막2:5). 예수 그리스도께서 베데스다 연못가에 앉아있는 병자를 고치시고 그에게 다시는 죄를 범하지 말라고 말씀하셨다. **"그 후에 예수께서 성전에서 그 사람을 만나 이르시되 보라 네가 나았으니 더 심한 것이 생기지 않게 다시는 죄를 범치 말라 하시니"** (요 5:14).

8) 베드로는 예수 이름으로 믿는 자의 질병을 고침으로 그의 죄가 사하여졌음을 증명하였다. **"베드로가 가로되 은과 금은 내게 없거니와 내게 있는 것으로 네게 주노니 곧 나사렛 예수 그리스도의 이름으로 걸으라 하고 오른손을 잡아 일으키니 발과 발목이 곧 힘을 얻고"** (행 3:6,7). 베드로는 그 병자가 예수 이름으로 구원을 얻었으므로 그의 질병이 치료 받았다고 선언하였다. **"그 이름을 믿으므로 그 이름이 너희 보고 아는 이 사람을 성하게 하였나니 예수로 말미암아 난 믿음이 너희 모든 사람 앞에서 이같이 완전히 낫게 하였느니라"** (행 3:16). 앉은뱅이로 태어난 자가 예수 이름을 믿음으로 그의

---

[55] 믿고 예수 이름을 부르지만 진리를 순종하지 아니하면 구원을 얻지 못한다. **"저희가 하나님을 시인하나 행위로는 부인하니 가증한 자요 복종치 아니하는 자요 모든 선한 일을 버리는 자니라"** (딛 1:16). 따라서 예수 이름을 부르는 것은 구원에 대한 주관적인 증거라고 말할 수 있을 것이다.

죄가 사하여졌고 그의 죄로 왔던 질병이 치료되었다.

9) 예수 이름을 믿음으로 구원을 얻는다는 것은 관념적인 것이 아니라 실제 사건이다. 예수 그리스도께서 믿는 자들에게 믿음이 너를 구원하였다고 말씀하셨다. **"예수께서 돌이켜 그를 보시며 가라사대 딸아 안심하라 네 믿음이 너를 구원하였다 하시니 여자가 그 시로 구원을 받으니라"** (마 9:22). 믿음을 고백한 여자가 의롭다하심을 얻었다는 증거로 혈루증이 치료되었다.56) 예수 그리스도께서 사람이 믿음으로 의롭다하심을 얻으면 그에게 증거가 나타난다고 말씀하셨다. **"믿는 자들에게는 이런 표적이 따르리니 곧 저희가 내 이름으로 귀신을 쫓아내며 새 방언을 말하며 뱀을 집으며 무슨 독을 마실찌라도 해를 받지 아니하며 병든 사람에게 손을 얹은즉 나으리라 하시더라"** (막 16:18). 교회를 통하여 이 말씀이 성령으로 성취되고 있다. 사도 바울은 사도로서 부르심을 받았다는 증거가 나타난다고 고백하였다. **"사도의 표 된 것은 내가 너희 가운데서 모든 참음과 표적과 기사와 능력을 행한 것이라"** (고후 12:12).

10) 예수 이름을 믿음으로 그리스도의 피에 의하여 죄 사함을 받으면 하나님의 자녀가 된다. **"영접하는 자 곧 그 이름을 믿는 자들에게는 하나님의 자녀가 되는 권세를 주셨으니"** (요 1:12). 믿는 자들이 하나님의 자녀가 되었다는 것을 성령께서 증거하신다 (롬 8:16). 첫째, 그 증거는 믿는 자들이 세상으로부터 환난을 당하는 것이다. **"자녀이면 또한 후사 곧 하나님의 후사요 그리스도와 함께한 후사니 우리가 그와 함께 영광을 받기 위하여 고난도 함께 받아야 될 것이니라"** (롬 8:17). 사도들은 자신들이 당하는 고난을 구원의 증거로 알고 기뻐하였다. **"사도들은 그 이름을 위하여 능욕 받는 일에 합당한 자로 여기심을 기뻐하면서 공회 앞을 떠나니라"** (행 5:41). 둘째, 성령의 증거는 성령의 은사로 나타난다. 믿음으로 하나님의 자녀가 되었다는 증거가 성령으로 귀신을 쫓아내고 병자를 고치는 것이다. 바울은 그리스도 예수의 사도로 부르심을 받았다는 증거가 성령의 은사로 나타난다고 기록하였다 (고후 12:12).

11) 교회는 예수 이름을 믿음으로 구원을 얻는 복음을 전파함으로 그리스도의 피에

---

56) 예수 그리스도께서 피를 흘리시기 전에 믿은 자들은 그들의 자범죄만을 용서받았다. 율법의 정죄와 저주로부터 온 질병은 자범죄를 용서받으면 치료된다. 4.4.2. (1) 참조

의한 속죄를 증거한다. 예수 그리스도께서 그의 피로써 인류의 죄를 대속하셨으므로 그 사실을 믿는 자는 구원을 얻는다. 믿음으로 구원을 얻었다는 증거가 예수 이름을 부르며 이적과 기사를 행하는 것으로, 세상으로부터 받는 박해로 나타난다. 사도들은 예수 그리스도의 피에 의한 구원을 선포하며 병자를 고쳤다. 뿐만 아니라 사도들은 예수 그리스도의 이름으로 많은 이적과 기사를 행하며 많은 고난을 당하였다. 이와 같이 교회도 성령으로 예수 그리스도의 피에 의한 속죄를 선포하며 이적과 기사를 행하며 세상으로부터 박해를 받는다.

(4) 이해를 위한 질문

1) 율법의 정죄와 회개의 선포

a. 사람이 율법과 양심의 행위로 의롭다하심을 받지 못하는 이유는 무엇인가(롬 3:20; 4:2).

b. 왜 세례 요한 바리새인들과 사두개인들을 향하여 독사의 자식이라고 선언하였나(마 3:7).

c. 왜 바리새인들과 서기관들은 복음을 받아드리지 아니하였나(눅 18:19).

d. 사람은 율법과 양심으로 자신의 죄를 깨닫지 못한다(고전 1:20,21). 그 이유는 무엇인가.

e. 사도들이 회개를 촉구한 이유는 무엇인가(행 2:38)

2) 마귀의 심판과 그리스도의 왕권의 선포

a. 복음전도가 마귀의 권세를 결박하는 것으로부터 시작하는 이유는 무엇인가(요일 3:8).

b. 예수 그리스도께서 복음을 증거하시며 귀신을 쫓아내신 이유는 무엇인가(막 1:25).

c. 예수 이름을 믿으면 구원을 얻는다는 것은 예수 그리스도의 왕권을 전제로 하는 것이다(요 5:22). 그 이유는 무엇인가.

d. 예수 그리스도는 하늘보좌에 앉아 만물을 통치하신다. 그 증거는 무엇인가(막

16:19).

 e. 예수 그리스도의 피와 그의 왕권과 어떠한 관계가 있는가.

 f. 교회는 어떻게 마귀의 권세를 결박하는가(마 12:28,29).

3) 그리스도의 피에 의한 속죄와 교회의 복음증거

 a. 예수 그리스도의 피만이 인류의 죄를 대속한 이유는 무엇인가(히 9:22; 마 20:28).

 b. 사랑은 허다한 죄를 덮는 것이다(벧전 4:8). 하나님의 사랑과 그리스도의 피는 어떤 관계가 있는가(롬 5:8).

 c. 교회는 예수 그리스도의 피에 의한 속죄를 증거하기 위하여 성령으로 병자를 고친다. 그리스도의 피에 의한 속죄와 병자를 고치는 사역은 어떤 관계가 있는가(행 3:6,7).

 d. 예수 그리스도의 피로써 구원을 받았다는 증거는 무엇인가(막 16:17,18; 롬 8:17).

2. 성령의 권능과 예수 그리스도 부활의 증거

(1) 예수 그리스도의 부활과 사도들의 증거

1) 복음의 핵심은 예수께서 하나님의 아들이심을 믿고 구원을 받으라는 것이다. 이것이 성경을 기록한 목적이다. **"오직 이것을 기록함은 너희로 예수께서 하나님의 아들 그리스도이심을 믿게 하려 함이요 또 너희로 믿고 그 이름을 힘입어 생명을 얻게 하려 함이니라"(요 20:31).** 예수 그리스도는 죄 없는 하나님의 아들이시므로 인류의 죄를 위하여 죽으실 수 있다. 만약 예수 그리스도께서 하나님의 아들이 아니라면 그의 피는 소와 염소와 양의 피와 다르지 아니함으로 인류의 죄를 대속할 수 없다. 따라서 복음전도의 핵심은 하나님의 아들이신 예수 그리스도를 증거하는 것이다.

2) 하나님은 예수 그리스도께서 하나님의 아들이심을 증거하신다. **"만일 우리가 사람들의 증거를 받을찐대 하나님의 증거는 더욱 크도다 하나님의 증거는 이것이니 그 아들**

에 관하여 증거하신 것이니라"(요일 5:9). 하나님의 말씀을 기록한 성경도 하나님의 아들이신 예수 그리스도를 증거한다. **"너희가 성경에서 영생을 얻는줄 생각하고 성경을 상고하거니와 이 성경이 곧 내게 대하여 증거하는 것이로다"**(요 5:39). 하나님 아버지께서 아들을 증거하신다. **"또한 나를 보내신 아버지께서 친히 나를 위하여 증거하셨느니라 너희는 아무 때에도 그 음성을 듣지 못하였고 그 형용을 보지 못하였으며"**(요 5:37). 성령께서도 하나님의 아들이신 예수 그리스도를 증거한다. **"내가 아버지께로서 너희에게 보낼 보혜사 곧 아버지께로서 나오시는 진리의 성령이 오실 때에 그가 나를 증거하실 것이요"**(요 15:26).

3) 하나님은 부활을 통하여 하나님의 아들이신 예수 그리스도를 증거하신다. 예수 그리스도께서 하나님의 아들이란 증거는 그의 부활이다. **"성결의 영으로는 죽은 가운데서 부활하여 능력으로 하나님의 아들로 인정되셨으니 곧 우리 주 예수 그리스도시니라"**(롬 1:4). 만약 그리스도의 부활이 없다면 예수는 하나님의 아들이 아니다. 아울러 그리스도의 피에 의한 속죄도 없고 믿음으로 얻는 구원도 없다. **"만일 죽은 자가 다시 사는 것이 없으면 그리스도도 다시 사신 것이 없었을 터이요 그리스도께서 다시 사신 것이 없으면 너희의 믿음도 헛되고 너희가 여전히 죄 가운데 있을 것이요"**(고전 15:16,17). 따라서 그리스도의 부활이 없으면 세상에 속한 모든 것을 포기하고 생명을 얻기 위하여 예수 이름을 믿는 자들은 이 세상에서 가장 불쌍한 자이다. **"또한 그리스도 안에서 잠자는 자도 망하였으리니 만일 그리스도 안에서 우리의 바라는 것이 다만 이생뿐이면 모든 사람 가운데 우리가 더욱 불쌍한 자리라"**(고전 15:18,19).

4) 예수 그리스도의 부활은 선지자들을 통하여 예언되었다. 베드로는 예수 그리스도의 부활이 선지자의 예언의 성취라고 증거하였다. **"다윗이 저를 가리켜 가로되 내가 항상 내 앞에 계신 주를 뵈웠음이여 나로 요동치 않게 하기 위하여 그가 내 우편에 계시도다 이러므로 내 마음이 기뻐하였고 내 입술도 즐거워하였으며 육체는 희망에 거하리니 이는 내 영혼을 음부에 버리지 아니하시며 주의 거룩한 자로 썩음을 당치 않게 하실 것임이로다 주께서 생명의 길로 내게 보이셨으니 주의 앞에서 나로 기쁨이 충만하게 하시리로다 하였으니"**(행 2:25~28). 이 말씀은 다윗의 시로서 그리스도의 부활을 예언

한 말씀이다(시 16:8~11). "주의 거룩한 자로 썩음을 당치 않게 하실 것임이로다"란 그리스도는 부활하실 것이므로 그의 육체는 썩지 아니할 것을 가리킨다. "주께서 생명의 길로 내게 보이셨으니"란 믿는 자는 생명의 부활을 얻게 될 것임을 의미한다. 그리스도의 부활을 알고 있던 다윗은 기쁨으로 충만하였다.

5) 예수 그리스도는 하나님의 아들이시므로 부활하셨다고 성경은 말씀한다. 유대인들과 빌라도는 예수 그리스도를 죄인으로 심판하여 십자가에 못을 박아 죽였다. 그러나 예수 그리스도는 죄가 없는 하나님의 아들이시므로 하나님께서 그를 살리셨다. 죄의 삯은 사망이므로 죄가 없는 예수 그리스도는 율법에 의하여 정죄 받아 죽으실 수 없기 때문이다. 세상은 예수 그리스도를 정죄하여 죽였지만 하나님께서 그를 살리셨다. **"그가 하나님의 정하신 뜻과 미리 아신대로 내어 준바 되었거늘 너희가 법 없는 자들의 손을 빌어 못 박아 죽였으나 하나님께서 사망의 고통을 풀어 살리셨으니 이는 그가 사망에게 매여 있을 수 없었음이라"** (행 2:23,24). "그가 사망에게 매여 있을 수 없었음이라"란 그리스도는 죄가 없는 하나님의 아들임을 의미한다.

6) 예수 그리스도께서 하나님의 아들이라면 그를 죄인으로 심판한 대제사장과 빌라도의 판결이 잘못되었다는 것을 의미한다. 대제사장은 율법으로, 빌라도는 로마제국의 국법으로 예수 그리스도를 정죄하였기 때문이다. 예수 그리스도의 죄명은 자신을 가리켜 하나님의 아들이며 유대인의 왕이라고 말씀하심으로 신성을 모독하였다는 것이다(막 14:61~64).[57] 베드로는 유대인의 사도로서 유대인들 앞에서 예수 그리스도의 부활을 증거하였다. **"이 예수를 하나님이 살리신지라 우리가 다 이 일에 증인이로다"** (행 2:32). **"아브라함과 이삭과 야곱의 하나님 곧 우리 조상의 하나님이 그 종 예수를 영화롭게 하셨느니라 너희가 저를 넘겨주고 빌라도가 놓아 주기로 결안한 것을 너희가 그 앞에서 부인하였으니 너희가 거룩하고 의로운 자를 부인하고 도리어 살인한 사람을 놓아 주기를 구하여 생명의 주를 죽였도다 그러나 하나님이 죽은 자 가운데서 살리셨으니 우리가 이 일에 증인이로라"** (행 3:13~15). 예수 그리스도께서 하나님의 아들이라면 그를 죄인으로 심판하여 빌라도에게 넘겨준 대제사장은 하나님의 아들을 죽인 살인자이다. 따라서

---

57) 4.5.1. (1) 참조

유대인들은 그리스도의 부활을 증거하는 말씀이 자기를 살인자로 몰아붙이는 말로 듣고 사도들을 때리고 옥에 가두었다. **"가로되 우리가 이 이름으로 사람을 가르치지 말라고 엄금하였으되 너희가 너희 교를 예루살렘에 가득하게 하니 이 사람의 피를 우리에게로 돌리고자 함이로다"** (행 5:28).

7) 빌라도는 예수 그리스도를 정죄하여 십자가에 못 박았다. 그리스도의 죄명은 자칭 유대인의 왕이라고 하여 로마제국을 대적하였다는 것이다(요 19:12). **"빌라도가 패를 써서 십자가 위에 붙이니 나사렛 예수 유대인의 왕이라 기록되었더라"** (요 19:19). 사도 바울은 이방인의 사도로서 이방인과 로마법정에서 그리스도의 부활을 증거함으로 빌라도의 판결이 잘못되었음을 증거하였다. 곧 예수 그리스도는 유대인의 왕이라고 바울은 증거하였다. 바울은 이방인들에게 그리스도의 부활을 증거하다가 로마의 법정에서 재판을 받게 되었다. **"저희의 기다리는바 하나님께 향한 소망을 나도 가졌으니 곧 의인과 악인의 부활이 있으리라 함이라"** (행 24:15). **"오직 내가 저희 가운데 서서 외치기를 내가 죽은 자의 부활에 대하여 오늘 너희 앞에 심문을 받는다고 한 이 한 소리가 있을 따름이니이다 하니"** (행 24:21). 그리스도께서 부활하셨다는 것은 그가 유대인의 왕이란 증거이다.

8) 바울은 이방인의 사도로서 그들에게 구약성경의 말씀을 통하여 예수 그리스도께서 부활하셔야 하는 이유를 증명하였다. **"바울이 자기의 규례대로 저희에게로 들어가서 세 안식일에 성경을 가지고 강론하며 뜻을 풀어 그리스도가 해를 받고 죽은 자 가운데서 다시 살아야 할 것을 증명하고 이르되 내가 너희에게 전하는 이 예수가 곧 그리스도라 하니"** (행 17:2,3). 바울은 로마법정에서 그리스도의 무죄와 그의 부활을 증거함으로 빌라도의 판결을 뒤집어 놓았다(행 24:21). 그러나 로마 법정은 바울을 거짓 증언하는 자로 정죄하지 못하였다. 재판장은 바울에게 무죄를 선언함으로 스스로 빌라도의 판결을 뒤집었다. **"물러가 서로 말하되 이 사람은 사형이나 결박을 당할만한 행사가 없다 하더라 이에 아그립바가 베스도더러 일러 가로되 이 사람이 만일 가이사에게 호소하지 아니하였더면 놓을 수 있을 뻔하였다 하니라"** (행 26:31~32).

9) 사도들은 예수 그리스도의 부활을 통하여 세상을 정죄하였다. 예수 그리스도께서

율법 아래 있는 유대인들과 양심 아래 있는 이방인들에 의하여 죽임을 당하셨다. 그들은 모두 하나님의 아들을 죽인 죄인이다. 따라서 예수 그리스도의 부활을 증거하는 것은 세상이 악하다고 선언하는 것이다. 세상이 악하다는 것은 세상을 지배하는 마귀가 악하다는 것을 의미한다. **"죄를 짓는 자는 마귀에게 속하나니 마귀는 처음부터 범죄함이니라 하나님의 아들이 나타나신 것은 마귀의 일을 멸하려 하심이니라"** (요일 3:8). 성경은 세상에 속한 모든 것이 악하다고 말씀한다. **"이는 세상에 있는 모든 것이 육신의 정욕과 안목의 정욕과 이생의 자랑이니 다 아버지께로 좇아 온 것이 아니요 세상으로 좇아 온 것이라"** (요일 2:16).

10) 사도시대에 교회는 그리스도의 부활을 직접 보았고 부활하신 그리스도의 말씀을 직접 들었다. 사도들은 그리스도의 빈 무덤을 보았고 부활하신 그리스도의 손에 있는 못 자국을 보았다(요 20:27). 사도들은 부활하신 그리스도와 함께 아침을 먹었다(요 21:13). 부활하신 그리스도를 눈으로 본 사도들은 목숨을 아끼지 아니하고 복음을 증거하였다.[58] **"나의 달려갈 길과 주 예수께 받은 사명 곧 하나님의 은혜의 복음 증거하는 일을 마치려 함에는 나의 생명을 조금도 귀한 것으로 여기지 아니하노라"** (행 20:24). **"바울이 대답하되 너희가 어찌하여 울어 내 마음을 상하게 하느냐 나는 주 예수의 이름을 위하여 결박 받을 뿐 아니라 예루살렘에서 죽을 것도 각오하였노라 하니"** (행 21:13).

(2) 예수 그리스도의 부활과 교회의 증거

1) 예수 그리스도께서 부활하셨다면 그는 죄가 없는 하나님의 아들이고, 그의 죽음은 인류의 죄를 대속한 것이다. 역으로 그리스도의 부활이 없다면 그는 하나님의 아들이 아니고 그의 피에 의한 인류의 죄의 대속도 없다. 따라서 예수 그리스도의 부활은 믿는 자의 구원과 직결되는 중요한 것이다. 사도들이 그리스도의 부활을 증거한 것은 이러한 이유에 기인한다. 사도 바울은 부활하신 그리스도를 만난 뒤에 율법의 행위에 의하여

---

58) 로마의 카타콤베, 터키 카파도기아의 지하도시는 당시에 성도들의 신앙의 크기를 웅변적으로 증명하고 있다. 그들은 그리스도의 부활을 믿었으므로 세상의 모든 것을 포기하고 예수 그리스도를 믿었다. 이것들은 그리스도의 부활이 역사적인 사실임을 보여주는 증거라고 말할 수 있다.

자신을 의롭다고 여기는 것과 세상 학문의 지식을 모두 버리고 그리스도의 부활을 증거하였다. **"또한 모든 것을 해로 여김은 내 주 그리스도 예수를 아는 지식이 가장 고상함을 인함이라 내가 그를 위하여 모든 것을 잃어버리고 배설물로 여김은 그리스도를 얻고"** (빌 3:8).

2) 21세기 들어와서 인류는 최첨단 과학과 기술의 혜택을 누리며 살아가고 있다. 예수 그리스도께서 죽으신 이후 약 2,000년이 훌쩍 지나갔다. 성경에서 말씀하는 부활하신 예수 그리스도는 과학적인 방법으로 확인할 도리가 없다. 그러나 지금도 교회는 예수 그리스도의 부활을 증거하고 있다. 과연 사람들은 부활하신 예수 그리스도를 증거하는 교회의 말씀을 믿을 수 있을까. 여자들이 예수 그리스도의 부활을 전하였을 때, 그 말씀을 들은 사도들은 부활을 허탄한 소리로 여겼다. 이와 같이 믿는다고 하는 자들도 역시 그리스도의 부활을 헛된 말로 인정할 수 있을 것이다. **"사도들은 저희 말이 허탄한 듯이 뵈어 믿지 아니하나 베드로는 일어나 무덤에 달려가서 구푸려 들여다보니 세마포만 보이는지라 그 된 일을 기이히 여기며 집으로 돌아가니라"** (눅 24:11,12). 교회가 증거하는 그리스도의 부활의 소식을 누가 믿을 수 있을까. 성경은 이에 대한 해답으로 성령의 권능을 제시하고 있다. **"오직 성령이 너희에게 임하시면 너희가 권능을 받고 예루살렘과 온 유대와 사마리아와 땅 끝까지 이르러 내 증인이 되리라 하시니라"** (행 1:8).

3) 예수 그리스도께서 부활하여 승천하신 뒤에 성령을 보내심으로 자신의 부활을 증거하신다(행 2:32,33). 오순절 날 믿는 자들이 성령을 받았다는 증거가 권능으로 나타났다. **"홀연히 하늘로부터 급하고 강한 바람 같은 소리가 있어 저희 앉은 온 집에 가득하며 불의 혀 같이 갈라지는 것이 저희에게 보여 각 사람 위에 임하여 있더니 저희가 다 성령의 충만함을 받고 성령이 말하게 하심을 따라 다른 방언으로 말하기를 시작하니라"** (행 2:2~4). 성령은 하나님의 영이시므로 사람의 눈으로 볼 수 없지만 성령이 임하실 때 나타나는 권능은 육체의 눈으로 볼 수 있다. **"또 저희에게 이르시되 내가 진실로 너희에게 이르노니 여기 섰는 사람 중에 죽기 전에 하나님의 나라가 권능으로 임하는 것을 볼 자들도 있느니라 하시니라"** (막 9:1). "하나님의 나라가 임하다"란 성령의 임재를 말한다.

4) 예수 그리스도께서 육신으로 이 땅에 계실 때 권능으로 표적과 기사를 행하심으로 자신이 하나님의 아들이심을 증거하셨다고 성경은 말씀하고 있다. "이스라엘 사람들아 이 말을 들으라 너희도 아는바에 하나님께서 나사렛 예수로 큰 권능과 기사와 표적을 너희 가운데서 베푸사 너희 앞에서 그를 증거하셨느니라"(행 2:22). "내게는 요한의 증거보다 더 큰 증거가 있으니 아버지께서 내게 주사 이루게 하시는 역사 곧 나의 하는 그 역사가 아버지께서 나를 보내신 것을 나를 위하여 증거하는 것이요"(요 5:36). 사도들은 성령의 권능으로 이적과 기사를 행함으로 그리스도의 부활을 증거하였다.[59] 오순절 날 믿는 자들이 성령으로 방언을 말하기 시작하였다. 베드로는 방언을 말하는 것이 선지자의 예언의 성취이며 성령의 사역임을 밝혔다. "이는 곧 선지자 요엘로 말씀하신 것이니 일렀으되 하나님이 가라사대 말세에 내가 내 영으로 모든 육체에게 부어 주리니 너희의 자녀들은 예언할 것이요 너희의 젊은이들은 환상을 보고 너희의 늙은이들은 꿈을 꾸리라"(행 2:16,17).

5) 성령은 예수 그리스도의 말씀을 따라서 역사하시기 때문에, 교회를 통하여 성령의 권능으로 나타나는 이적과 기사는 그리스도의 사역과 동일하다. 따라서 교회는 성령으로 예수 그리스도의 형상을 나타내고 있다. 성령은 교회를 통하여 예수 그리스도께서 하나님의 아들이심을 증거한다. 하나님의 아들은 말씀으로 만물의 통치하시므로 성령은 교회를 통하여 이 땅에서 예수 그리스도의 말씀이 이루어지게 하신다. 예수 그리스도께서 생존하실 때 제자들에게 병자를 고치라고 명령하셨다. "가면서 전파하여 말하되 천국이 가까왔다 하고 병든 자를 고치며 죽은 자를 살리며 문둥이를 깨끗하게 하며 귀신을 쫓아내되 너희가 거저 받았으니 거저 주어라"(마 10:8). 예수 그리스도께서 부활하신 뒤에 제자들에게 병자를 고치고 귀신을 쫓아내라고 명령하셨다. "믿는 자들에게는 이런 표적이 따르리니 곧 저희가 내 이름으로 귀신을 쫓아내며 새 방언을 말하며 뱀을 집으며 무슨 독을 마실찌라도 해를 받지 아니하며 병든 사람에게 손을 얹은즉 나으리라 하시더

---

[59] 현대 과학은 제시된 이론을 검증하여 그 이론이 현실을 설명할 수 있느냐의 여부를 판단한다. 사회과학은 통계자료를 이용하여 제시된 이론을 통계적인 방법에 의하여 실증 분석한다. 이와 같이 교회는 예수 그리스도가 하나님의 아들이냐의 여부를 성령의 권능에 의하여 실증적인 증거를 제시한다. 성령의 은사로 나타는 모든 것은 예수 그리스도의 부활을 증거한다.

라"(막 16:17,18). 이 명령이 성령으로 교회를 통하여 그대로 성취되고 있다.

6) 교회가 성령으로 예수 그리스도의 형상을 나타냄으로 그리스도의 부활을 증거하고 있다. 교회가 성령으로 병자를 고치고 죽은 자를 살릴 때, 이러한 이적을 통하여 나타나는 그리스도의 형상을 본 자들이 하나님께 영광을 돌리며 예수 그리스도를 믿고 구원을 받는다. 베드로가 성령의 권능으로 복음을 증거하였을 때, 그 말씀을 듣는 자들이 성령의 권능으로 나타나는 그리스도의 형상을 보고 예수 이름을 영접하였고 그 이름으로 세례를 받았다. **"또 여러 말로 확증하며 권하여 가로되 너희가 이 패역한 세대에서 구원을 받으라 하니 그 말을 받는 사람들은 세례를 받으매 이 날에 제자의 수가 삼천이나 더하더라"** (행 2:40,41).

7) 복음은 성령의 권능으로 전파된다. 복음은 웅변술이나 사람의 지혜로 전파되지 아니하고 선포되는 말씀과 성령의 은사로 나타나는 이적과 기사로 증거된다. 사도 바울은 사람의 지혜로 복음을 증거하지 아니하고 성령의 나타나심으로 하였다. **"형제들아 내가 너희에게 나아가 하나님의 증거를 전할 때에 말과 지혜의 아름다운 것으로 아니하였나니 내가 너희 중에서 예수 그리스도와 그의 십자가에 못 박히신 것 외에는 아무 것도 알지 아니하기로 작정하였음이라 내가 너희 가운데 거할 때에 약하며 두려워하며 심히 떨었노라 내 말과 내 전도함이 지혜의 권하는 말로 하지 아니하고 다만 성령의 나타남과 능력으로 하여 너희 믿음이 사람의 지혜에 있지 아니하고 다만 하나님의 능력에 있게 하려 하였노라"** (고전 2:1~5). "말과 지혜의 아름다운 것"이란 유창한 말과 아름다운 문장을 의미한다. 곧 웅변술이다. "성령의 나타남과 능력"이란 성령의 권능을 통하여 예수 그리스도의 부활을 증거하는 이적과 기사를 말한다.

8) 사도 바울이 고린도 교인들 앞에 섰을 때 두려워하고 심히 떨었다고 고백하였다. 자신이 복음을 증거할 때 성령께서 역사하지 아니한다면 자신이 전하는 복음이 허공을 치는 헛된 말이 될 것이기 때문이었다. **"그러므로 내가 달음질하기를 향방 없는 것 같이 아니하고 싸우기를 허공을 치는 것 같이 아니하여"** (고전 9:26). 교회가 복음을 전파할 때 하나님께서 그 말씀이 하나님의 뜻과 일치한다는 것을 보증하셔야 한다. 성령께서 이것을 보증하신다. 하나님께서 보증하지 아니하신다면 그 말씀은 허공을 치는 말이다.

복음의 전도는 하나님 앞에서 예수 그리스도를 증거하는 말씀이기 때문이다. 사도 바울은 자기 안에서 예수 그리스도가 자기의 입을 통하여 말씀하신다고 믿고 있었다. **"이는 그리스도께서 내 안에서 말씀하시는 증거를 너희가 구함이니 저가 너희를 향하여 약하지 않고 도리어 너희 안에서 강하시니라"** (고후 13:3).

9) 하나님의 나라는 말씀으로 임한다. 예수 그리스도의 말씀은 만물을 붙드는 전능한 말씀이다(히 1:2). 하나님께서 그리스도의 말씀을 전도의 말씀으로 주셨으므로(딛 1:3), 교회가 그의 말씀을 증거하면 만물이 그 말씀을 순종한다는 증거가 나타난다. 그 증거가 성령으로 나타나는 이적과 기사이다. **"제자들이 나가 두루 전파할쌔 주께서 함께 역사하사 그 따르는 표적으로 말씀을 확실히 증거하시니라"** (막 16:20). 예수 그리스도의 말씀이 만물을 통치한다는 증거가 성령으로 나타난다. 따라서 그 증거가 나타나지 아니하는 말씀은 전도의 말씀이 아니라고 말할 수 있다. 따라서 하나님의 나라는 말에 있지 아니하고 능력에 있다고 성경은 말씀한다. **"그러나 주께서 허락하시면 내가 너희에게 속히 나아가서 교만한 자의 말을 알아 볼 것이 아니라 오직 그 능력을 알아 보겠노니 하나님의 나라는 말에 있지 아니하고 오직 능력에 있음이라"** (고전 4:19,20). 사도 바울은 성령의 나타남이 없고 말만하는 자들을 향하여 교만하다고 책망하였다.

10) 그리스도의 부활은 성령의 권능을 통하여 증거된다. 성령의 권능으로 나타나는 이적과 표적은 그리스도의 사역을 재현하는 것이다. 예수 그리스도께서 지혜의 말씀과 지식의 말씀으로 천국복음을 증거하신 것과 같이 교회도 이것들을 통하여 복음을 증거한다. 예수 그리스도께서 성령으로 귀신을 쫓아내고 병자를 고치치신 것과 같이 교회도 성령으로 이적과 기사를 행한다. 예수 그리스도께서 죄인을 사랑하신 것과 같이 교회도 이웃을 내 몸과 같이 사랑한다. 따라서 교회는 성령으로 그리스도의 형상을 나타낸다고 말할 수 있다. 광야 교회가 장차 오실 그리스도를 증거함으로 하나님의 영광을 나타낸 것과 같이, 예수 그리스도의 교회는 성령으로 그리스도의 형상을 닮음으로 하나님의 영광을 나타내고 있다.

(3) 국가 권력에 의한 복음의 증거와 교회의 타락

1) 교회가 세상을 향하여 예수 이름을 믿고 구원을 받으라고 선포하는 것은 예수 그리스도께서 그의 피로 인류의 죄를 대속하고 부활하여 하늘보좌에 앉아 만물을 통치하신다는 것을 전제로 한 것이다. 예수 그리스도께서 살아계심으로 그의 모든 말씀은 영원토록 세상을 통치하는 법이다. 예수 그리스도께서 의와 공의로 세상을 통치하신다. 의란 예수 이름을 믿는 것이며 죄란 예수 그리스도를 믿지 아니하는 것이다(요 16:9). 예수 그리스도께서 믿지 아니하는 자들을 죄인으로 심판하시고 믿는 자들을 의롭다고 선언하신다. 이 모든 것이 변하지 아니하는 진리라는 것을 성령께서 증거하신다. 따라서 복음은 성령으로 증거된다. 성령의 나타나심 이외의 방법으로 복음은 증거되지 아니한다.

2) 교회가 성령의 권능으로 그리스도의 부활을 증거할 때 복음의 말씀을 듣는 자들은 성령의 감동하심으로 예수 그리스도를 믿고 주님으로 시인한다(고전 12:3). 성령으로 예수 그리스도를 주님으로 시인하는 것은 구원이 하나님의 은혜에 속한 것임을 의미한다. **"너희가 그 은혜를 인하여 믿음으로 말미암아 구원을 얻었나니 이것이 너희에게서 난 것이 아니요 하나님의 선물이라"** (엡 2:8). "하나님의 선물"이란 구원을 얻는 믿음은 하나님께로부터 온다는 것을 의미한다. 곧 성령의 감동으로 예수 그리스도를 주님이라고 시인한다. 따라서 성령에 의하지 아니하고 교리나 웅변술에 의하여 예수 그리스도를 주님이라고 시인하는 것은 구원에 이르는 믿음이 아니다. 하나님께서 애굽에서 이스라엘 백성을 인도하여 내신 것과 같이 성령으로 믿는 자들을 마귀의 지배에서 인도하여 내신다.

3) 사도들과 믿는 자들은 유대인들과 로마제국의 박해를 무릅쓰고 성령의 권능으로 복음을 전파하였다. 예루살렘에서부터 성령으로 복음의 말씀이 왕성하게 펴져나갔다. **"하나님의 말씀이 점점 왕성하여 예루살렘에 있는 제자의 수가 더 심히 많아지고 허다한 제사장의 무리도 이 도에 복종하니라"** (행 6:7). 사도 바울이 에베소에서 복음을 전파할 때 성령의 역사로 많은 사람들이 예수 이름을 믿었다. **"믿은 사람들이 많이 와서 자복하여 행한 일을 고하며 또 마술을 행하던 많은 사람이 그 책을 모아 가지고 와서 모든 사람 앞에서 불사르니 그 책값을 계산한즉 은 오만이나 되더라 이와 같이 주의 말씀이 힘이 있어 흥왕하여 세력을 얻으니라"** (행 19:18~20). 성령의 은사로 나타나는 이적과

기사를 통하여 복음은 지중해의 연안국으로 전파되었다.60) 사도 바울은 3차에 걸쳐서 소아시아와 그리스 지역에 복음을 증거하였고 노년에 로마에서 복음을 증거하였다.

4) 세상이 교회를 핍박할수록 복음은 성령의 권능으로 전파된다. 세상이 교회를 핍박할 때, 교회는 간절히 하나님의 말씀을 사모하며 성령의 은사를 구한다. 세상으로부터 오는 핍박을 이기려면 그리스도의 부활에 대한 증거를 제시하여야 한다. 세상의 박해 속에서 복음의 말씀을 듣는 자들이 예수 이름을 믿는 것은 성령의 은사로 나타나는 표적과 기사를 보았기 때문이다. 성령으로 복음이 증거되므로 믿는 자의 수가 증가한다. 사도 바울이 고린도에서 복음을 증거할 때 그곳에 믿는 자들이 많이 있다고 성경은 말씀하고 있다. **"내가 너와 함께 있으매 아무 사람도 너를 대적하여 해롭게 할 자가 없을 것이니 이는 이 성중에 내 백성이 많음이라 하시더라"** (행 18:10). 그러나 로마제국이 기독교를 용인한 이후부터 성령의 역사는 끝나게 되었다. 마침내 로마제국은 주후 380년 테오도시우스 황제 때에 이를 국교화하였다. 당시에 로마제국은 지중해 연안의 모든 지역을 지배하고 있으므로 기독교는 국법에 의하여 전파되기 시작하였다. 이에 따라서 성령의 권능으로 복음을 증거하는 교회의 사역은 자취를 감추고 국가의 권력으로 복음은 전파되었다. 따라서 로마제국이 기독교를 국교화한 이후부터 복음 증거를 위한 성령의 사역은 중단되었다. 이것이 기독교 타락의 원인이 되었다.

5) 교회가 성령의 권능으로 복음을 전파할 때에 말씀을 듣는 자들이 이적과 기사를 통하여 예수 그리스도의 부활의 증거를 눈으로 확인할 수 있었다. 그러나 국법으로 기독교가 전파되기 시작하면서부터 말씀의 능력이 사라졌으며, 교회는 사람의 방법으로 예수 그리스도를 증거하기 시작하였다. 이에 따라서 등장한 것이 성상(聖像)과 성화(聖畵)이다. 성령의 감동으로 하나님과 예수 그리스도를 알 수 있으나, 로마 가톨릭은 성령에 의하지 아니하고 성상과 성화로 하나님을 알게 하려고 하였다. 로마 가톨릭 신자들은 성당에 세워진 우상과 그 벽에 그려진 성화를 통하여 예수께서 하나님의 아들이심을 알고 믿으려고 한다.61) 그러나 하나님은 성령으로 예수 그리스도를 믿고 그를 주님이라

---

60) 사도 바울의 제1차 전도여행은 지금의 터키와 사이프러스 섬을 중심으로, 제2차 및 제3차 전도여행은 터키와 그리스도의 지중해 연안을 중심으로 이루어졌다.
61) 로마 가톨릭은 성상과 성화에게, 동방정교는 성화에게 머리를 숙인다. 이것은 우상을 숭배

고 시인하는 것만을 구원에 이르는 믿음으로 인정하신다.

6) 로마제국이 기독교를 국교화한 이후부터 현재까지, 로마 가톨릭은 성령의 역사가 없는 이방종교로 전락하여 왔다. 그들은 마리아를 신격화하여 우상으로 섬기며 사람의 행위에 의한 구원을 강조함으로 그리스도의 피에 의한 속죄를 부인하고 있다. 이제 그들은 예수 그리스도의 피에 의한 구원을 빙자하는 이방종교로서 교리와 사람의 이성을 통하여 전파되고 있다. 로마 가톨릭을 비롯하여 이슬람, 힌두교 및 불교와 같은 이방종교는 사람의 이성에 의하여 전파되고 있다. 이들 이방종교는 성령의 역사가 없이 사람의 이성으로 전파되고 있으므로 이들의 교리는 사람의 이성을 감동시킨다. 불교도들이 설법을 듣고 그 말씀이 은혜롭다고 말하는 것은 그들의 인격이 감동을 받았기 때문이다.

7) 종교개혁 이후부터 기독교는 성령의 권능에 의하여 전파되고 있다. 성령은 믿는 자들의 인격을 감동하며 성도의 영 안에 들어오신다.62) 믿는 자들이 복음의 말씀을 들을 때 성령으로 그들의 인격이 감동을 받아 예수 그리스도를 주님이라고 시인하며 예수 이름을 부른다. 따라서 로마 가톨릭과 같이 국법으로 예수 그리스도를 주님이라고 고백하는 것은 구원에 이르는 믿음이 아니다. 오직 성령으로 사람의 인격이 감동을 받아 예수 그리스도를 주님이라고 고백하는 것이 구원에 이르는 믿음이다(고전 12:3).63) 선지자들은 성령의 감동으로 그들의 인격이 하나님의 말씀을 사모할 것이라고 예언하였다. **"내 영혼이 하나님 곧 생존하시는 하나님을 갈망하나니 내가 어느 때에 나아가서 하나님 앞에 뵈올꼬"(시 42:2).**64)

8) 복음은 성령으로 증거되기 때문에 성령의 사역이 없으면 구원의 문은 닫힌다. 예수 그리스도께서 재림하시면 구원의 문은 닫힐 것이다(마 25:10). 그 때에 지구상의 모든

는 것이다. 그들은 성화로 성경에 계시된 하나님의 사역을 표현하여 신자들로 하여금 그것들에게 절하게 하고 있다.
62) 율법은 육체에 관한 언약이므로 사람의 영안에 들어오지 못하고 다만 인격을 감동시킨다. 유대인들이 바벨론에서 예루살렘으로 귀환한 뒤에 학사 에스라는 유대인들에게 율법을 강론하였다. 에스라의 말씀을 들은 유대인들의 인격이 감동을 받았다. 그들은 울며 그들의 죄를 회개하였다(느 8:9).
63) 로마 가톨릭은 성령에 의하지 아니하고 교리에 의하여 예수 그리스도를 주님이라고 부른다. 그들은 예수 이름을 부르지만 그들에게 구원은 없다고 말할 수 있다.
64) "영혼"이란 혼(네페쉬)을 의미한다. 혼은 인격과 본능으로 구분한다.

사람은 그리스도의 재림을 눈으로 볼 것이며, 믿지 아니하는 자들은 구원을 받기 위하여 믿으려고 몸부림칠 것이다. 그러나 성령의 감동이 끝났으므로 그들은 구원에 이르는 믿음을 얻지 못할 것이다. 사도 바울이 전도하였던 지역이 지금은 이슬람과 동방정교회의 지역이 되었다. 그 이유는 그 지역에 성령의 사역이 끝났기 때문이다. 터키의 카파도기아 지역의 지하도시에서 세상의 박해를 무릅쓰고 예수 그리스도를 믿던 자들의 후손은 조상들이 목숨을 걸고 지켜온 복음을 버리고 이슬람교도가 되었다.

9) 20세기 이후 대한민국은 복음이 가장 빨리 전파된 나라이다. 그러나 21세기에 들어서면서 복음은 증거되지 아니하고 있으며 문을 닫는 교회가 늘어나고 있다. 대학에서 신학을 전공한 자들이 생계를 해결하기 교회개척을 버리고 대형교회의 부교역자가 되려고 한다. 대형교회의 교인 수까지도 감소하는 추세를 보이고 있다. 복음의 전도를 위한 부흥성회는 감소하고 있으며 정초(正初)에 하나님의 은혜를 사모하여 모여드는 성도들로 인하여 앉을 좌석이 없던 기도원은 텅텅 비어가고 있다. 교회는 성령으로 복음을 증거하지 아니하고 문화행사와 봉사들을 통하여 전도하고 있다. 교회는 예수 그리스도의 말씀을 증거하지만 성령의 권능으로 이적과 기사를 행하지 못하고 있다. 교회는 경건의 모양은 있으나 능력이 없다. **"경건의 모양은 있으나 경건의 능력은 부인하는 자니 이 같은 자들에게서 네가 돌아서라"** (딤후 3:5).

10) 마지막 때가 가까워 오면서 성령의 감동과 성령의 사역으로 나타나는 이적과 기사가 끝나고 있다. 독일의 마르틴 루터와 프랑스의 칼빈으로부터 시작한 종교개혁으로 복음이 스위스에서 영국으로, 영국에서 미국으로, 미국에서 대한민국으로 전파되었다. 대한민국 교회는 많은 선교사를 세계 각국에 파송하고 있다. 그러나 대한민국에서 조차 복음의 증거가 정체되어 가고 있다. 이것은 성경의 예언이 성취되고 있다는 것을 의미한다. 마지막 때가 가까워 오면 성령의 사역은 점차 감소할 것이며 이에 따라서 믿는 자의 수는 적어질 것이다. **"내가 너희에게 이르노니 속히 그 원한을 풀어 주시리라 그러나 인자가 올 때에 세상에서 믿음을 보겠느냐 하시니라"** (눅 18:8).

(4) 이해를 위한 질문

1) 예수 그리스도의 부활과 사도들의 증거

   a. 예수 그리스도는 자신이 하나님께로부터 오셨다는 것을 어떻게 증거하였는가(요 5:36).

   b. 예수 그리스도가 하나님의 아들이란 증거는 무엇인가(마 1:20; 롬 1:4).

   c. 교회가 예수 그리스도의 부활과 승천을 증거하는 이유는 무엇인가(행 2:33).

   d. 사도들은 성령으로 복음을 전파하며 이적과 기사를 행한 것은 무엇을 증거하기 위한 것인가(행 3:15).

   e. 사도들은 목숨을 두려워하지 아니하고 예수 그리스도의 부활을 증거하였다. 그 이유는 무엇인가(행 20:24).

   f. 예수 그리스도께서 부활하셨다면 그리스도를 정죄한 대제사장과 공회의 판결은 공정한 것인가(행 2:23).

2) 예수 그리스도의 부활과 교회의 증거

   a. 예수 그리스도의 부활이 없다면 믿는 자들이 구원을 받을 수 없는 이유는 무엇인가(고전 15:17).

   b. 교회는 어떻게 부활하신 예수 그리스도의 형상을 나타내는가(갈 4:19).

   c. 성령께서는 어떻게 예수 그리스도의 부활을 증거하는가(막 16:20).

   d. 교회가 예수 그리스도의 부활을 증거함으로 가지는 소망은 무엇인가(빌 3:10,11).

3) 국가 권력에 의한 복음의 증거와 교회의 타락

   a. 천국복음이 성령으로만 증거되는 이유는 무엇인가(행 1:8).

   b. 로마 가톨릭이 기독교를 국교화한 이후부터 하나님을 알리기 위하여 성상과 성화를 이용하는 이유는 무엇인가.

   d. 국법으로 예수 그리스도를 주님이라고 시인하는 것을 구원에 이르는 믿음으로 인정할 수 없는 이유는 무엇인가(고전 13:2).

e. 로마 가톨릭을 기독교라고 인정할 수 없는 이유는 무엇인가(요일 2:18,19).

3. 하나님의 사랑과 교회의 복음 증거

(1) 하나님의 사랑과 예수 그리스도의 피

1) 율법을 통하여 이스라엘로 하여금 죄를 깨닫게 하신 하나님의 사랑이 예수 그리스도의 피를 통한 인류의 죄의 대속으로 나타났다. 율법은 죄를 깨닫게 하여 모든 사람을 하나님의 심판 아래 가둔다. 이제 죄인들이 바라는 것은 하나님의 은혜로 죄를 용서받는 것이다. 거룩한 피만이 죄를 없이하므로 하나님께서 예수 그리스도의 피로써 인류의 죄를 대속하시고 믿는 자의 죄를 용서하신다. 믿음으로 얻는 의롭다하심이란 그리스도의 피에 의한 죄의 대속을 전제로 한다. 따라서 인류의 죄를 덮은 그리스도의 피가 하나님의 사랑이다.

2) 하나님께서 세상을 사랑하는 증거는 아들을 보내셔서 세상 죄를 담당케 하신 것이다. 하나님께서 아들을 세상으로 보내신 것이 세상을 향한 하나님의 사랑이다. 곧 하나님의 아들이 육신으로 임하신 것이 하나님의 사랑이다(요 3:16). 하나님의 아들이 육신으로 임하신 것은 피를 흘리기 위함이다. 살아있는 육체만이 피를 가지고 있기 때문이다. 예수 그리스도께서 자기를 인류의 죄를 위한 대속물로 주시기 위하여 임하셨다. **"인자가 온 것은 섬김을 받으려 함이 아니라 도리어 섬기려 하고 자기 목숨을 많은 사람의 대속물로 주려 함이니라"** (마 20:28). 복음서에서 예수 그리스도의 피가 인류의 죄를 대속한 하나님의 사랑이란 사실이 다섯 단계를 통하여 계시되었다. 첫째 단계는 율법으로 모든 사람을 죄 아래 가둔 것이다. 둘째 단계는 이적과 기사를 통하여 예수께서 하나님의 아들이며 그리스도이심을 증거한 것이다. 셋째 단계는 예수 그리스도의 피 흘림을 통한 속죄이다. 넷째 단계는 예수 그리스도의 부활이다. 다섯째 단계는 성령의 사역을 통한 복음의 증거이다.

3) 첫째, 예수 그리스도께서 임하시기 전에 하나님은 율법과 양심으로 온 인류를 죄 아래 가두셨다. 이스라엘은 율법에 의하여, 이방인은 양심에 의하여 정죄를 받았다. 율법은 모든 사람의 입을 막고 이스라엘을 하나님의 심판 아래 가둔다. **"우리가 알거니와**

무릇 율법이 말하는 바는 율법 아래 있는 자들에게 말하는 것이니 이는 모든 입을 막고 온 세상으로 하나님의 심판 아래 있게 하려 함이니라" (롬 3:19). 율법과 양심은 사람의 생각을 정죄한다. 생각이 움직이는 것이 죄이다. 사랑하는 사람이 갑자기 미워지는 것이 죄이다. 끝까지 변하지 아니하고 사랑하는 것이 선이다. 사랑하다가 미워지면 살인하는 것이며 율법에 의하여 정죄 받는 죄이다. 율법은 사람의 생각을 정죄함으로 모든 사람을 죄 아래 가둔다. 율법 아래서 의롭다하심을 받을 사람은 없지만, 바리새인과 서기관들은 율법의 행위로 자신을 의롭다고 여기고 있었다(눅 18:9). 그러나 세례 요한은 율법으로 그들을 정죄하였다(마 3:7). 예수 그리스도께서도 율법으로 그들을 정죄하셨다. "뱀들아 독사의 새끼들아 너희가 어떻게 지옥의 판결을 피하겠느냐" (마 23:33).

4) 양심에 따라서 살아가는 이방인들에게 그 양심은 그들을 정죄하는 율법이 되었다. "율법 없는 이방인이 본성으로 율법의 일을 행할 때는 이 사람은 율법이 없어도 자기가 자기에게 율법이 되나니 이런 이들은 그 양심이 증거가 되어 그 생각들이 서로 혹은 송사하며 혹은 변명하여 그 마음에 새긴 율법의 행위를 나타내느니라" (롬 2:14,15). 사람이 양심에 한번이라도 가책을 받으면 양심에 의하여 정죄를 받은 것이다. 일생동안 양심에 의하여 정죄 받지 아니하는 사람은 한 사람도 없다. 사람의 양심은 연령에 따라서 변화하기 때문에 모든 사람은 양심에 의하여 가책을 받는다. 20대에 최선으로 알고 행동한 일이 40대에는 양심이 변화하여 그 일을 후회할 수 있다. 노인들이 과거를 회상하면서 지난 일들을 후회하는 것은 그의 양심이 시간에 따라서 변화한다는 것을 의미한다. 율법을 받지 못한 이방인들은 양심에 의하여 정죄를 받는다. 하나님은 율법과 양심으로 모든 사람을 죄 아래 가두셨다. 율법과 양심에 의하여 사람으로 하여금 죄를 깨닫게 하는 것이 하나님의 사랑이다.

5) 질병으로 육체가 고통을 당하는 것이 복이다. 육체의 통증을 느끼면 질병에 걸린 것으로 알고 의사에게 진찰을 받는다. 질병이 걸렸을 때 초기에 통증을 느낀다면 수술하거나 의약으로 그 질병을 치료할 수 있다. 그러나 고통을 수반하지 아니하는 질병은 죽음에 이르는 병이다. 대부분의 암은 초기에 통증을 느끼지 못한다. 암환자가 통증을 느낄 때면 그 암은 말기로서 치료가 불가능한 상태이다. 운 좋게 암이 초기에 발견되면

완치될 수 있다. 이와 같이 율법과 양심에 의하여 정죄 받는 것이 하나님의 사랑이다. 사람은 스스로 자기의 죄를 깨달을 수 없고 성령의 감동을 받아야 한다. 구약시대에 성령의 감동을 받은 자만이 선지자의 말씀을 통하여 율법으로 자신의 죄를 깨달았다.

6) 둘째, 예수 그리스도는 이적과 기사를 통하여 자신이 하나님의 아들이심을 증거하셨다. 예수 그리스도께서 성령의 권능으로 병자를 고치고 귀신을 쫓아내며 죽은 자를 살리고 많은 이적과 기사를 행하셨다. 사람의 질병이 죄와 악한 영들로부터 왔다는 것을 전제로 하면, 죄를 사하며 만물을 통치하는 하나님의 권세로 질병은 치료될 수 있다. 만물을 창조하신 하나님의 능력으로 죽은 자를 다시 살릴 수 있다. 따라서 예수 그리스도께서 행하신 이적과 기사는 하나님의 능력을 보여준다. 하나님께서 아들에게 그의 모든 것을 주셨으므로 예수 그리스도의 사역은 하나님의 아들을 증거한다(요 5:36). **"예수께서 대답하시되 내가 너희에게 말하였으되 믿지 아니하는도다 내가 내 아버지의 이름으로 행하는 일들이 나를 증거하는 것이어늘"** (요 10:25). "나를 증거한다"란 예수 그리스도께서 행하시는 이적과 기사가 하나님의 아들임을 증거한다는 것이다. 따라서 예수 그리스도의 말씀을 듣고 그의 사역을 보는 것은 하나님을 보는 것이다. **"나를 보는 자는 나를 보내신 이를 보는 것이니라"** (요 12:45). 예수 그리스도께서 행하신 이적과 기사를 통하여 하나님의 아들을 아는 것이 하나님의 사랑이다. 바리새인들과 서기관들은 하나님의 사랑을 받지 못하였으므로 이적과 기사를 행하시는 예수 그리스도께서 하나님의 아들이심을 알지 못하였다.

7) 셋째, 예수 그리스도께서 율법과 양심에 의하여 정죄 받아 죽으심으로 인류의 죄를 대속하셨다. 대제사장은 율법으로 예수 그리스도를 사형에 해당하는 자로 정죄하여 빌라도에게 넘겼다(막 14:64). 빌라도는 로마제국의 국법으로 예수 그리스도를 심판하여 십자가형에 처하였다. 율법 아래서 사람이 자신을 하나님의 아들이라고 하여 자신을 하나님과 동일시하는 것은 우상숭배보다 더 무거운 죄이다. 이 죄는 율법 아래서 사람이 범할 수 있는 가장 악한 죄이다. 예수 그리스도께서 빌라도에게 "내가 유대인의 왕이다"라고 말씀하셨을 때, 빌라도는 그리스도에게 사형을 선고하였다. 국가를 전복하려는 죄는 국법 아래서 사람이 범할 수 있는 가장 악한 죄이다. 따라서 율법과 국법이 정죄한

그리스도의 죄는 인류가 범한 모든 죄보다 무겁다고 말할 수 있다. 예수 그리스도께서 그의 피로써 인류의 모든 죄를 대속하셨다. 율법과 양심이 인류의 죄를 대신하여 예수 그리스도를 정죄하여 십자가에 못 박았다. 이것이 하나님의 사랑이다. 하나님의 사랑이 그리스도의 피로 나타났다.

6) 넷째, 예수 그리스도의 피가 인류의 죄를 대속하려면 그가 하나님의 아들이라는 객관적인 증거가 제시되어야 한다. 예수 그리스도가 하나님의 아들이란 증거가 그의 부활이다. 예수 그리스도는 죄가 없는 하나님의 아들이므로 율법과 국법에 의하여 심판을 받아 죽으실 수 없다. 그러나 세상은 예수 그리스도를 율법과 국법으로 심판하여 죽였다. 이것은 잘못된 심판이므로 하나님께서 그리스도를 다시 살리셨다. 따라서 그리스도의 부활은 하나님의 아들이신 예수 그리스도를 증거한다(롬 1:4). 예수 그리스도께서 육신으로 이 땅에 계실 때 성령의 권능으로 많은 이적과 기사를 행하셨을지라도 부활하지 아니하셨으면 하나님의 아들이 아니다. 따라서 복음증거의 핵심은 그리스도의 부활을 증거하는 것이다. 사도들은 그리스도의 부활을 증거하였다. **"사도들이 큰 권능으로 주 예수의 부활을 증거하니 무리가 큰 은혜를 얻어"** (행 4:33).

7) 예수 그리스도가 죄가 없는 하나님의 아들이라면 그의 죽음은 죄로 인한 인류의 죽음을 대신한 것이다. 인류의 죽음을 대신한 그리스도의 피가 하나님의 사랑이다. **"우리가 아직 죄인 되었을 때에 그리스도께서 우리를 위하여 죽으심으로 하나님께서 우리에게 대한 자기의 사랑을 확증하셨느니라"** (롬 5:8). 따라서 성경은 예수 그리스도의 피가 인류의 죄를 없이하는 화목제물이라고 말씀한다. **"하나님의 사랑이 우리에게 이렇게 나타난바 되었으니 하나님이 자기의 독생자를 세상에 보내심은 저로 말미암아 우리를 살리려 하심이니라 사랑은 여기 있으니 우리가 하나님을 사랑한 것이 아니요 오직 하나님이 우리를 사랑하사 우리 죄를 위하여 화목제로 그 아들을 보내셨음이니라"** (요일 4:9,10). 곧 하나님의 사랑은 예수 그리스도의 피로써 죄와 허물을 덮는 것이다. **"무엇보다도 열심으로 서로 사랑할찌니 사랑은 허다한 죄를 덮느니라"** (벧전 4:8).

8) 다섯째, 예수 그리스도께서 그의 피로써 인류의 죄를 대속하신 효과는 믿음을 통하여 나타난다. 예수 그리스도께서 하나님의 아들이며 그의 피로써 인류의 죄를 대속하셨

다는 것을 믿는 자만이 죄를 용서받는다. 믿지 아니하면 죄를 용서받지 못한다. 곧 하나님의 사랑이 믿는 자에게 임한다. 택함을 받은 자들이 복음의 말씀을 들을 때 하나님은 성령으로 그들을 감동하셔서 그들로 하여금 예수 그리스도를 믿게 하신다. 구원을 얻는 믿음은 성령의 사역이다(고전 12:3). 성령으로 구원을 얻는 믿음을 가진다면 믿음은 사람의 의지에 속한 것이 아니라 하나님의 의지에 속한 것이다. 성령의 감동으로 구원에 이르는 믿음을 가진다면, 하나님의 사랑이 성령으로 임한다고 말할 수 있다. **"소망이 부끄럽게 아니함은 우리에게 주신 성령으로 말미암아 하나님의 사랑이 우리 마음에 부은바 됨이니"(롬 5:5).**

9) 하나님의 사랑이 아들의 피로 나타났다. 하나님은 아들을 보내기 전에 율법을 통하여 사람으로 하여금 자기의 죄를 깨닫게 하셨다. 율법으로 자신의 죄를 깨닫고 하나님의 구원을 사모하게 하신 하나님께서 아들을 보내셔서 그의 피로 인류의 죄를 대속하셨다. 하나님께서 아들의 피로써 인류의 죄를 덮은 것이 사랑이다. 죄를 덮는 하나님의 사랑이 믿는 자에게 나타나고 있다. 따라서 복음 전도는 하나님의 사랑을 실천하는 것이다.

(2) 사랑의 실천과 복음의 증거

1) 새 언약은 하나님의 사랑을 실천하는 것이다. 사랑을 실천하는 것은 두 가지로 구분할 수 있다. 하나는 그리스도 예수의 피에 의한 속죄를 증거함으로 죄인으로 하여금 예수 이름을 믿고 구원을 얻게 하는 것이다. 복음을 증거함으로 그리스도 예수의 피로 아담 안에서 죄로 인하여 사망에 이른 자를 살리는 것이 사랑이다. 다른 하나는 그리스도 예수 안에서 그리스도의 지체된 자들이 서로를 보살펴 주는 것이다. 손과 다리가 온 몸을 위하여 봉사하듯이 그리스도의 지체로서 이웃을 내 몸과 같이 보살피는 것이 사랑이다.

2) 새 언약은 예수 그리스도를 통하여 계시된 하나님의 사랑을 실천하는 것이다. 예수 그리스도께서 그의 피로써 첫 언약을 폐하고 새 언약을 세우셨다. **"새 계명을 너희에게 주노니 서로 사랑하라 내가 너희를 사랑한 것 같이 너희도 서로 사랑하라"(요 13:34).** 새 계명은 하나님의 사랑과 관련하여 해석하여야 한다. 하나님의 사랑은 예수 그리스도

의 피로써 허다한 죄를 덮는 것이므로 "서로 사랑하라"는 것은 그리스도 예수의 피에 의한 속죄를 증거함으로 죄로 인하여 사망에 이른 자를 구원하는 것이다. 그리스도 예수의 피로써 죄로 인하여 죽은 자들을 살리는 것이 사랑이다. 이것이 성경을 기록한 목적이다. **"오직 이것을 기록함은 너희로 예수께서 하나님의 아들 그리스도이심을 믿게 하려함이요 또 너희로 믿고 그 이름을 힘입어 생명을 얻게 하려 함이니라"(요 20:31).** 이 말씀은 복음의 증거를 통하여 성취된다.

3) 사도들은 복음을 전파함으로 그리스도 예수의 피에 의한 하나님의 사랑을 증거하였다. 하나님 아버지의 뜻은 아들을 믿고 구원을 얻는 것이다(요 6:40). 아버지의 뜻을 계시하는 예수 그리스도의 말씀을 순종하는 자는 아버지의 사랑을 받는다. **"나의 계명을 가지고 지키는 자라야 나를 사랑하는 자니 나를 사랑하는 자는 내 아버지께 사랑을 받을 것이요 나도 그를 사랑하여 그에게 나를 나타내리라"(요 14:21).** "내 아버지께 사랑을 받을 것이요"란 예수 그리스도의 피로써 죄 용서를 받는다는 것이다. 하나님의 사랑을 받으면 예수 그리스도께서 믿는 자 안에 들어오신다. **"예수께서 대답하여 가라사대 사람이 나를 사랑하면 내 말을 지키리니 내 아버지께서 저를 사랑하실 것이요 우리가 저에게 와서 거처를 저와 함께 하리라"(요 14:23).** 믿고 순종하는 자들에 대한 아버지의 사랑은 그리스도의 피에 의한 죄의 용서이다.

4) 하나님의 사랑이 아들의 고난과 죽음을 통한 피로 나타났으므로 사도들도 고난과 핍박을 통하여 하나님의 사랑을 증거하였다. 사도들은 그들의 목숨을 아끼지 아니하고 예수 그리스도의 복음을 증거하였다. **"나의 달려갈 길과 주 예수께 받은 사명 곧 하나님의 은혜의 복음 증거하는 일을 마치려 함에는 나의 생명을 조금도 귀한 것으로 여기지 아니하노"(행 20:24).** 사도들은 복음을 증거하다가 옥에 갇히고 채찍으로 맞고 돌로 침을 당하였다. 그러나 사도들은 당하는 고난이 십자가에 못 박힌 그리스도의 고통에 비하여 견디기 쉬운 것으로 여기고 그 고난을 기쁨으로 받아드렸다. **"사도들은 그 이름을 위하여 능욕 받는 일에 합당한 자로 여기심을 기뻐하면서 공회 앞을 떠나니라(행 5:41).**

5) 예수 그리스도께서 천국복음을 증거하다가 유대인들로부터 많은 핍박을 받았다. 유대인들은 안식일 날 병자를 고치시는 예수 그리스도를 죄인으로 정죄하고 죽이려고

하였다. **"이에 그 사람에게 이르시되 손을 내밀라 하시니 저가 내밀매 다른 손과 같이 회복되어 성하더라 바리새인들이 나가서 어떻게 하여 예수를 죽일꼬 의논하거늘"** (마 12:13,14). 예수 그리스도께서 고난을 받으신 것 같이, 사도들도 복음을 증거하다가 많은 핍박을 받고 고난을 당하였지만 그리스도의 고난이 그들에게 위로가 되었다. **"우리의 모든 환난 중에서 우리를 위로하사 우리로 하여금 하나님께 받는 위로로써 모든 환난 중에 있는 자들을 능히 위로하게 하시는 이시로다"** (고후 1:4). 사도들은 옥에 갇히고 매를 맞기도 하였으나 세상으로부터 받는 핍박을 기뻐하였다.

  6) 하나님의 사랑을 전하기 위하여 복음을 증거하는 것은 많은 핍박과 고난을 감수하여야 하는 좁은 길이다. 복음을 증거하는 자는 이리 가운데로 다니는 양과 같이 위험과 고난을 감수하여야 한다고 성경은 말씀하고 있다. **"보라 내가 너희를 보냄이 양을 이리 가운데 보냄과 같도다 그러므로 너희는 뱀 같이 지혜롭고 비둘기 같이 순결하라"** (마 10:16). 사도 바울은 복음을 증거하다가 많은 고난을 당하였다(고후 11:23~27). 사랑의 실천에는 많은 수고와 고난이 따른다. 따라서 시편기자는 복음을 증거하는 자들은 사망의 음침한 길을 다닌다고 노래하였을 것이다. **"내가 사망의 음침한 골짜기로 다닐찌라도 해를 두려워하지 않을 것은 주께서 나와 함께 하심이라 주의 지팡이와 막대기가 나를 안위하시나이다"** (시 23:4).

  7) 교회는 하나님의 사랑을 증거하고 있다. 교회는 하나님의 사랑을 전하기 위하여 많은 피를 흘리고 세상으로부터 많은 핍박과 고난을 당하고 있다. 유대인들과 로마제국은 복음을 증거하는 많은 성도들을 옥에 가두고 죽였다. 주후 313년 기독교를 용인하기까지 로마제국은 기독교를 박해하였다. 유대인들은 믿는 자들을 돌로 치고 칼로 죽였다. 로마제국과 유대인들로부터 박해를 당하는 사도들이 고난을 무릅쓰고 복음을 증거한 이유는 그리스도의 부활을 보았기 때문이다. 세상으로부터 박해를 당하는 이유는 믿음으로 하나님의 자녀가 되었다는 증거이다. 이 믿음을 가지고 있었기에 사도들은 고난 속에서 기뻐하였다. 곧 교회는 세상으로부터 오는 불과 같은 시험과 환난 속에서 하나님의 위로를 받고 기뻐한다. 성경은 교회를 향하여 항상 기뻐하라고 권고한다. **"항상 기뻐하라"** (살전 5:16).

8) 교회는 예수 그리스도의 죽음과 그의 피로써 태어났으므로 세상으로부터 핍박을 받는다. 교회는 핍박을 받을지언정 세상을 핍박하지 아니한다. 세상이 칼로 치면 교회는 죽임을 당한다. **"그 때에 헤롯왕이 손을 들어 교회 중 몇 사람을 해하려하여 요한의 형제 야고보를 칼로 죽이니"**(행 12:1,2). 세상이 돌로 치면 교회는 돌에 맞아 죽임을 당한다. **"저희가 돌로 스데반을 치니 스데반이 부르짖어 가로되 주 예수여 내 영혼을 받으시옵소서 하고"**(행 7:59). 세상이 교회를 핍박하면 교회는 환난을 당한다. **"형제들아 우리가 아시아에서 당한 환난을 너희가 알지 못하기를 원치 아니하노니 힘에 지나도록 심한 고생을 받아 살 소망까지 끊어지고"**(고후 1:8). 교회는 칼로 자신을 보호하지 아니하고 믿음으로 세상을 이긴다(마 26:52).65) **"대저 하나님께로서 난 자마다 세상을 이기느니라 세상을 이긴 이김은 이것이니 우리의 믿음이니라"**(요일 5:4).

9) 예수 그리스도께서 세상으로부터 죽임을 당하심으로 세상의 죄를 드러내신 것과 같이, 유대인들과 로마제국은 교회를 핍박함으로 스스로 그들의 죄를 드러내었다. 세상은 교회를 핍박함으로 스스로 자신의 죄를 드러낸다. 교회를 핍박하는 것은 예수 그리스도를 핍박하는 것이기 때문이다(행 9:5). 세상이 교회를 핍박하지만 교회는 세상을 대항하여 육체적으로 싸우지 아니한다. 세상이 교회를 향하여 칼을 들었을 때, 교회가 칼로 대항하는 것은 하나님의 뜻이 아니다. **"이에 예수께서 이르시되 네 검을 도로 집에 꽂으라 검을 가지는 자는 다 검으로 망하느니라"**(마 26:52). 세상은 교회를 핍박하지만, 도리어 교회는 세상을 전도의 대상으로 보고 사랑한다. **"나는 너희에게 이르노니 너희 원수를 사랑하며 너희를 핍박하는 자를 위하여 기도하라"**(마 5:44). 교회는 하나님의 사랑으로 세상의 핍박과 미혹을 이긴다. 교회는 핍박을 받음으로 십자가에서 고난을 당하신 그리스도의 형상을 나타낸다.66)

10) 복음전도를 통하여 하나님의 사랑을 실천하는 것이 하나님의 뜻이며 동시에 예수 그리스도의 명령이므로 사도들은 자기들을 핍박하는 자들을 미워하지 아니하고 그들을

---

65) 로마 가톨릭은 십자군 전쟁에서 많은 사람을 죽였다. 그들은 하나님의 교회가 아니므로 칼로 세상을 이기려고 하였다.
66) 청교도들이 아메리카 대륙에 도착한 뒤에 원주민의 도움을 받았지만 그들을 학살하고 대륙을 점령하였다. 이것은 사랑을 실천하는 하나님의 교회의 모습이 아니다.

위하여 기도하였다. 사도 바울은 자기를 죽이려고 한 유대인들의 구원을 위하여 기도하였다. "**내가 그리스도 안에서 참말을 하고 거짓말을 아니하노라 내게 큰 근심이 있는 것과 마음에 그치지 않는 고통이 있는 것을 내 양심이 성령 안에서 나로 더불어 증거하노니 나의 형제 곧 골육의 친척을 위하여 내 자신이 저주를 받아 그리스도에게서 끊어질찌라도 원하는 바로라**" (롬 9:1~3). 예수 그리스도께서 자기를 십자가에 못 박는 자들을 용서하신 것과 같이(눅 23:34), 스데반은 자기를 향하여 돌을 던지는 자들의 죄를 용서하였다 (행 7:59). 복음 증거를 통하여 죄로 인하여 죽은 영혼을 살리는 것이 예수 그리스도의 사랑을 실천하는 것이다.

(3) 사랑의 실천과 구제

1) 사랑은 그리스도의 지체 상호간에 구제와 봉사를 요구한다. 교회는 그리스도 예수 안에서 그의 지체이다. 손과 발은 그리스도 예수 안에서 한 몸이다.67) 손은 발을, 발은 손을 내 몸과 같이 서로 사랑하여야 한다. 사람이 자기의 육체를 사랑하여 음식을 섭취하고 운동을 하며 여행을 하는 것과 같이 그리스도 안에서 성도들은 서로 사랑하여야 한다. 사도시대에 그 사랑이 구제를 위한 연보와 봉사로 나타났다.

2) 교회는 이웃을 구제하기 전에 먼저 복음을 전하여야 한다. 아담 안에서 죄로 인하여 그 영혼이 죽은 자들에게 가장 필요한 것은 믿음으로 생명을 얻는 것이다. 사람의 육체가 죽으면 가족은 그를 위하여 할 수 있는 일은 그 시체를 장사하는 것뿐이다. 죽은 자에게 좋은 옷과 좋은 음식은 필요치 아니하다. 죄로 인하여 죽은 영혼을 살린 다음 음식과 의복을 주어야 한다. 이와 같이 교회가 행하는 구제와 봉사란 믿음으로 생명을 얻은 자를 대상으로 한다. 교회는 가난한 성도들을 섬기기 위하여 연보하여야 한다고 성경은 말씀한다. "**성도를 섬기는 일에 대하여 내가 너희에게 쓸 필요가 없나니**" (고후 9:1). "**이러므로 내가 이 형제들로 먼저 너희에게 가서 너희의 전에 약속한 연보를 미리 준비케**

---

67) 율법은 이스라엘에게 이웃을 사랑하라고 말씀한다. 이스라엘은 야곱 한 사람의 아들로서 형제이다. 율법은 형이 동생을 사랑하는 사랑을 이스라엘에게 요구하였다. 새 언약인 진리는 그리스도 예수 안에서 지체 사이에 사랑을 요구한다. 손은 한 몸으로서 발을 위하여 일한다. 이것이 사랑이다.

하도록 권면하는 것이 필요한 줄 생각하였노니 이렇게 준비하여야 참 연보답고 억지가 아니니라" (고후 9:5).

3) 사도 바울은 교회 안에서 구제와 봉사를 사랑이라고 가르쳤다. 그러나 사도 바울은 하나님의 사랑 곧, 그리스도의 피에 의한 구원이 없는 구제와 봉사는 헛되다고 기록하였다. **"내가 내게 있는 모든 것으로 구제하고 또 내 몸을 불사르게 내어 줄찌라도 사랑이 없으면 내게 아무 유익이 없느니라"** (고전 13:3). 복음의 전파가 전제되지 아니하면, 자기의 모든 재산을 팔아서 이웃을 구제하는 것은 헛된 것이다. 곧 아담 안에서 죄로 인하여 그 영혼이 죽은 자들에게 옷을 입히고 먹을 것을 주는 것은 그들의 영혼에게 아무런 유익이 되지 못하기 때문이다.68) 먼저 그들에게 복음을 전하여 구원을 받게 한 뒤에 그들을 구제하는 것이 하나님의 뜻이다.

4) 사도 바울은 그리스도의 피에 의한 속죄의 복음을 증거하지 아니하는 말은 헛되다고 기록하였다. **"내가 사람의 방언과 천사의 말을 할찌라도 사랑이 없으면 소리 나는 구리와 울리는 꽹과리가 되고"** (고전 13:1). 예수 그리스도의 피에 의한 복음을 증거하지 아니하고 세상 학문과 지혜를 전파하는 것은 울리는 꽹과리이다. 아무리 아름다운 말과 웅변술로 죄와 저주 아래서 신음하는 사람을 위로한다고 할지라도 그 말을 사랑이 아니다. 따라서 사도 바울은 세상학문과 철학을 전하지 아니하고 그리스도의 십자가에 의한 하나님의 사랑을 증거하였다. **"형제들아 내가 너희에게 나아가 하나님의 증거를 전할 때에 말과 지혜의 아름다운 것으로 아니하였나니 내가 너희 중에서 예수 그리스도와 그의 십자가에 못 박히신 것 외에는 아무 것도 알지 아니하기로 작정하였음이라"** (고전 2:1,2).

5) 예수 그리스도의 피에 의한 사랑에 기초하지 아니한 세상지식을 전하는 것과 예수 이름을 믿지 아니하는 믿음은 헛되다. **"내가 예언하는 능이 있어 모든 비밀과 모든 지식을 알고 또 산을 옮길만한 모든 믿음이 있을찌라도 사랑이 없으면 내가 아무 것도 아니요"** (고전13:2). 서기관들과 바리새인들은 구약성경에 대하여 많은 지식을 가지고 있었

---

68) 로마 가톨릭에서는 왼손이 한 것을 오른손이 모르게 많은 봉사와 구제를 한다. 그들은 자신이 구원을 받지 못하였지만 구원을 받은 것으로 알고 있으며 사랑의 실천으로 타인을 구제고 사회에 봉사한다. 이 모든 것은 하나님의 사랑이 없으므로 무익한 것이다.

지만 그 지식은 하나님의 사랑과 무관한 것이다. 그들은 하나님의 뜻인 그리스도를 알지 못하였으므로 하나님의 아들을 십자가에 못 박았다. **"이 지혜는 이 세대의 관원이 하나도 알지 못하였나니 만일 알았더면 영광의 주를 십자가에 못 박지 아니하였으리라"** (고전 2:8). 거짓 선지자들은 많은 이적과 기사를 행하지만 하나님의 사랑을 실천하지 아니하고 있다. **"거짓 그리스도들과 거짓 선지자들이 일어나 큰 표적과 기사를 보이어 할 수만 있으면 택하신 자들도 미혹하게 하리라"** (마 24:24).

6) 교회는 그리스도의 지체인 가난한 성도들을 위하여 연보한다. 고린도 교회와 갈라디아 교회는 예루살렘 교회를 위하여 연보하였다. **"성도를 위하는 연보에 대하여는 내가 갈라디아 교회들에게 명한 것 같이 너희도 그렇게 하라 매주일 첫 날에 너희 각 사람이 이를 얻은 대로 저축하여 두어서 내가 갈 때에 연보를 하지 않게 하라"** (고전 16:1,2). 마케도니아 교회는 가난하였지만 성도를 위하여 넘치는 연보를 하였다. **"형제들아 하나님께서 마게도냐 교회들에게 주신 은혜를 우리가 너희에게 알게 하노니 환난의 많은 시련 가운데서 저희 넘치는 기쁨과 극한 가난이 저희로 풍성한 연보를 넘치도록 하게 하였느니라"** (고후 8:1,2). 마게도냐와 아가야 교회는 예루살렘 교회의 성도들을 섬기기 위하여 연보를 하였다. 사도 바울은 그 연보를 전달하기 위하여 예루살렘으로 올라갔다. **"그러나 이제는 내가 성도를 섬기는 일로 예루살렘에 가노니 이는 마게도냐와 아가야 사람들이 예루살렘 성도 중 가난한 자들을 위하여 기쁘게 얼마를 동정하였음이라"** (롬 15:25,26).

7) 교회는 성도를 섬기는 연보를 미리 준비하여야 한다.[69] **"이는 내가 너희의 원함을 앎이라 내가 너희를 위하여 마게도냐인들에게 아가야에서는 일 년 전부터 예비하였다 자랑하였는데 과연 너희 열심이 퍽 많은 사람들을 격동시켰느니라 그런데 이 형제들을 보낸 것은 이 일에 너희를 위한 우리의 자랑이 헛되지 않고 내 말한 것 같이 준비하게 하려 함이라 혹 마게도냐인들이 나와 함께 가서 너희의 준비치 아니한 것을 보면 너희는 고사하고 우리가 이 믿던 것에 부끄러움을 당할까 두려워하노라"** (고후 9:2~4). 연보를

---

[69] 연보란 복, 축복이란 의미이다. 성도를 위하여 연보하는 것은 하나님께로부터 복을 받는 것이며 내가 나를 축복하는 것이다. H. W. Beyer, "$εὐλογία$," ed., Gerhard Kittel and Gerhard Friedrich, op. cit., p. 317, 318.

미리 준비한다는 것은 억지로 하는 것이 아님을 의미한다. **"각각 그 마음에 정한대로 할 것이요 인색함으로나 억지로 하지 말찌니 하나님은 즐겨 내는 자를 사랑하시느니라"** (고후 9:7).

8) 연보와 봉사로 성도를 섬기는 것은 그리스도를 섬기는 것이다. 성도는 그리스도의 지체이기 때문이다. **"이로써 그리스도를 섬기는 자는 하나님께 기뻐하심을 받으며 사람에게도 칭찬을 받느니라"** (롬 14:18). **"이는 유업의 상을 주께 받을줄 앎이니 너희는 주 그리스도를 섬기느니라"** (골 3:24). 성도를 섬기는 것은 교회의 머리되신 그리스도를 섬기는 것이다. 연보로 그리스도를 섬기는 것은 하나님께 영광이다. **"이 직무로 증거를 삼아 너희의 그리스도의 복음을 진실히 믿고 복종하는 것과 저희와 모든 사람을 섬기는 너희의 후한 연보를 인하여 하나님께 영광을 돌리고"** (고후 9:13). 예수 그리스도를 주님이라고 시인하는 것이 하나님께 영광을 돌리는 것인 것처럼, 연보로 그리스도를 섬기는 것은 하나님께 영광이다. **"모든 입으로 예수 그리스도를 주라 시인하여 하나님 아버지께 영광을 돌리게 하셨느니라"** (빌 2:11).

9) 성도를 위한 연보와 봉사는 그리스도의 지체로서 교회를 전제로 하는 것이다. 그리스도 예수의 피에 의한 구원을 전제로 하지 아니하는 구제와 봉사는 헛되다고 성경은 말씀한다. 아담 안에서 죄로 인하여 그 영혼이 사망에 이른 자들에게 복음을 증거함으로 생명을 얻게 한 뒤에, 그들을 위하여 연보하는 것과 봉사하는 것이 하나님의 사랑을 실천하는 것이다. 성도를 섬기는 연보는 그리스도를 섬기는 것이며 하나님께 영광을 돌리는 것이다.

(4) 하나님의 사랑과 교회의 복음 증거

1) 복음전도는 하나님의 사랑을 실천하는 것이다. 사도 바울은 자신의 체험을 기초로 하여 사랑을 실천하는 전도의 조건을 제시하였다. **"사랑은 오래 참고 사랑은 온유하며 투기하는 자가 되지 아니하며 사랑은 자랑하지 아니하며 교만하지 아니하며 무례히 행치 아니하며 자기의 유익을 구치 아니하며 성내지 아니하며 악한 것을 생각지 아니하며 불의를 기뻐하지 아니하며 진리와 함께 기뻐하고 모든 것을 참으며 모든 것을 믿으며**

모든 것을 바라며 모든 것을 견디느니라"(고전 13:4~7).

2) 복음을 전하는 자는 오래 참고 온유하여야 한다. 사도 바울 당시에 복음을 증거하는 것은 많은 핍박과 환난을 감수하여야 하는 힘든 사역이었다. 바울은 이방인들에게 복음을 증거하다가 유대인들과 이방인들로부터 많은 핍박을 받고 환난을 당하였다. **"유대인들에게 사십에 하나 감한 매를 다섯 번 맞았으며 세 번 태장으로 맞고 한번 돌로 맞고 세 번 파선하는데 일주야를 깊음에서 지냈으며 여러 번 여행에 강의 위험과 강도의 위험과 동족의 위험과 이방인의 위험과 시내의 위험과 광야의 위험과 바다의 위험과 거짓 형제 중의 위험을 당하고 또 수고하며 애쓰고 여러 번 자지 못하고 주리며 목마르고 여러 번 굶고 춥고 헐벗었노라"**(고후 11:24~27). 바울은 무서운 환난과 핍박을 참고 이겨냈으므로 이방인의 사도로서의 사명을 감당할 수 있었다. 복음을 전하는 과정에서 당하는 핍박과 고난을 참고 이겨내는 것이 오래 참는 것이다.

3) "온유"란 복음의 말씀을 들은 자를 회개하게 하시는 하나님의 자비하심을 의미한다. **"혹 네가 하나님의 인자하심이 너를 인도하여 회개케 하심을 알지 못하여 그의 인자하심과 용납하심과 길이 참으심의 풍성함을 멸시하느뇨"**(롬 2:4).70) (롬2:4)와 (고전 13:4)에 의하여 "온유"란 죄인이 회개하도록 인도하는 하나님의 자비하심을 말한다고 해석할 수 있을 것이다.71) 복음을 증거하는 자는 죄인이 회개할 때까지 참고 기다리는 자비의 심정을 가져야 한다. 눈물로 하나님의 말씀을 선포한 예레미야는 온유한 심령으로 죄인을 위하여 오래 참으시는 하나님의 은혜를 간구하였다. **"여호와여 주께서 아시오니 원컨대 주는 나를 기억하시며 권고하사 나를 박해하는 자에게 보복하시고 주의 오래 참으심을 인하여 나로 멸망치 말게 하옵시며 주를 위하여 내가 치욕 당하는 줄을 아시옵소서"**(렘 15:15).

4) "자랑하지 아니하며 교만하지 아니하다"란 자신을 낮추는 것을 말한다. 사도 바울은 항상 타인을 자신보다 높이므로 타인을 섬겼다. 바울은 사도로 부르심을 받았으며

---

70) (롬 2:4)에서 "인자하심"으로 번역된 크레스토테토스($\chi\rho\eta\sigma\tau\acute{o}\tau\eta\tau o\varsigma$)와 (고전 13:4)에서 "온유"로 번역된 헬라어 크레스튜에타이($\chi\rho\eta\sigma\tau\epsilon\acute{u}\epsilon\tau\alpha\iota$)는 크레스토스($\chi\rho\eta\sigma\tau\acute{o}\varsigma$)로부터 유래된 말이다. "인자하심"과 "온유"는 같은 의미이다.

71) K. Weiss, "$\chi\rho\eta\sigma\tau\acute{o}\varsigma$," ed., Gerhard Kittel and Gerhard Friedrich, op. cit., 1470.

하나님과 예수 그리스도에 대한 많은 지식을 가지고 있었다. "**내가 지극히 큰 사도들보다 부족한 것이 조금도 없는줄 생각하노라 내가 비록 말에는 졸하나 지식에는 그렇지 아니하니 이것을 우리가 모든 사람 가운데서 모든 일로 너희에게 나타내었노라**" (고후 11:5,6). 바울은 사도된 표로서 많은 이적과 기사를 행하였다. "**사도의 표 된 것은 내가 너희 가운데서 모든 참음과 표적과 기사와 능력을 행한 것이라**" (고후 12:12). 바울은 다른 사도들보다 더 많은 핍박과 고난을 당하였다. "**저희가 그리스도의 일군이냐 정신없는 말을 하거니와 나도 더욱 그러하도다 내가 수고를 넘치도록 하고 옥에 갇히기도 더 많이 하고 매도 수없이 맞고 여러 번 죽을뻔 하였으니**" (고후 11:23). 따라서 바울은 자신이 다른 사도들보다 부족한 것이 없다고 고백하였다. "**내가 어리석은 자가 되었으나 너희가 억지로 시킨 것이니 내가 너희에게 칭찬을 받아야 마땅하도다 내가 아무것도 아니나 지극히 큰 사도들보다 조금도 부족하지 아니하니라**" (고후 12:11). 그러나 바울은 자신을 낮추어 죄인의 괴수라고 고백하였다. "**미쁘다 모든 사람이 받을만한 이 말이여 그리스도 예수께서 죄인을 구원하시려고 세상에 임하셨다 하였도다 죄인 중에 내가 괴수니라**" (딤전 1:15).

5) 사도 바울은 하나님께로부터 지혜와 지식과 믿음과 능력과 사랑을 어느 누구보다 많이 받았지만 자신을 모든 사람들보다 낮추었다. "**아무 일에든지 다툼이나 허영으로 하지 말고 오직 겸손한 마음으로 각각 자기보다 남을 낫게 여기고**" (빌 2:3). 바울은 사도들 가운데 자신이 가장 작은 자로 여겼다. "**나는 사도 중에 지극히 작은 자라 내가 하나님의 교회를 핍박하였으므로 사도라 칭함을 받기에 감당치 못할 자로라**" (고전 15:9). 바울은 보다 많은 사람을 구원하기 위하여 자신을 낮추고 타인을 자신보다 높였다. "**내가 너희를 높이려고 나를 낮추어 하나님의 복음을 값없이 너희에게 전함으로 죄를 지었느냐**" (고후 11:7). 바울은 항상 낮아져서 타인을 섬기는 자세로 복음을 증거하였다.

6) 사도 바울은 자신을 낮추는 그리스도의 마음을 가지라고 권고하였다. "**너희 안에 이 마음을 품으라 곧 그리스도 예수의 마음이니**" (빌 2:5). 바울은 그리스도의 마음으로 복음을 증거하였다. 예수 그리스도께서 자신을 낮추어 종의 형상을 입으시고 죽음으로

아버지의 뜻을 순종하셨다. **"그는 근본 하나님의 본체시나 하나님과 동등됨을 취할 것으로 여기지 아니하시고 오히려 자기를 비어 종의 형체를 가져 사람들과 같이 되었고 사람의 모양으로 나타나셨으매 자기를 낮추시고 죽기까지 복종하셨으니 곧 십자가에 죽으심이라"** (빌 2:6~8). 예수 그리스도께서 섬기는 자세로서 자신을 인류의 죄를 속하는 대속물로 주셨다. **"인자가 온 것은 섬김을 받으려 함이 아니라 도리어 섬기려 하고 자기 목숨을 많은 사람의 대속물로 주려 함이니라"** (마 20:28).

7) 자신을 낮추는 것은 물과 같이 낮은 자리로 임하는 것이다. 물은 현재의 위치에서 가장 낮은 곳으로 임한다. 물과 같이 사도 바울은 모든 사람보다 자신을 낮추었다. 이것은 높은 사람의 구원을 위하여 자신의 목숨까지 내어놓을 수 있다는 것을 의미한다. 바울은 복음 증거를 위하여 자기의 목숨을 아끼지 아니하였다(행 20:24). 바울은 유대인들이 구원을 받을 수 있다면 자신이 저주를 받아도 좋다고 생각하였다. **"나의 형제 곧 골육의 친척을 위하여 내 자신이 저주를 받아 그리스도에게서 끊어질찌라도 원하는 바로라"** (롬 9:3). 자신을 낮추는 자세가 바울로 하여금 그리스도의 사랑을 증거하는 이방인의 사도가 되게 하였을 것이다. 바울이 모든 사람보다 자신을 낮추었으므로 하나님은 그를 충성된 종으로 인정하셨다. **"나를 능하게 하신 그리스도 예수 우리 주께 내가 감사함은 나를 충성되이 여겨 내게 직분을 맡기심이니"** (딤전 1:12).

8) "무례히 행치 아니하며 자기의 유익을 구치 아니하며 성내지 아니하며 악한 것을 생각지 아니하며 불의를 기뻐하지 아니하며 진리와 함께 기뻐하고 모든 것을 참으며"란 이스라엘의 죄를 자신의 죄로 여기는 예레미야의 심령을 가지는 것이다. 세상의 구원을 자신의 구원으로 여기는 마음을 가지면 무례히 행하지 아니하고 자기의 유익을 구하지 아니하고 악을 행하지 아니하고 불의를 기뻐하지 아니한다. 예수 그리스도는 세상 죄를 자기의 죄로 여기셨으므로 아버지의 뜻을 순종하여 아무 불평도 아니 하고 십자가를 지셨다. 사도 바울은 이스라엘 백성의 죄를 자신의 죄로 여겼으므로 그들을 구원하지 못한 것을 괴로워하였다(롬 9:1). 이것이 하나님의 사랑을 전하는 마음이라고 말할 수 있다.

8) 사도 바울은 고린도 교회가 거짓 선지자들에게 미혹을 받아 타락하는 것을 자신의 일과 같이 여기고 괴로워하였다. 고린도 교회 안에 여러 가지 문제가 발생하였다. 첫째,

교회내의 분파이다(고전 1:12). 둘째, 교회내의 음행이다((고전 5:1), 셋째, 우상의 제물을 먹는 문제이다(고전8:1). 넷째, 그리스도의 부활을 부정하는 것이다(고전 15:12). 바울은 고린도 교회의 타락을 자신의 일로 여기고 괴로워하였다. **"이 외의 일은 고사하고 오히려 날마다 내 속에 눌리는 일이 있으니 곧 모든 교회를 위하여 염려하는 것이라 누가 약하면 내가 약하지 아니하며 누가 실족하게 되면 내가 애타지 않더냐"** (고후 11:28,29).

(9) 사도 바울은 믿는 자들을 향하여 아버지의 심정을 가지라고 권고하였다. **"그리스도 안에서 일만 스승이 있으되 아비는 많지 아니하니 그리스도 예수 안에서 복음으로써 내가 너희를 낳았음이라"** (고전 4:15). 복음의 전도는 단순히 하나님의 말씀을 가르치는 스승의 자세를 넘어서 아버지의 사랑을 가져야 한다. 잘못된 길을 가고 있는 자녀를 안타까운 심정으로 바라보고 근심하듯이, 세상 죄를 자신의 죄로 여기는 사랑을 가져야 한다. 사도 바울은 고린도 교회를 향하여 "복음으로써 내가 너희를 낳았음이라"라고 고백하였다. 자녀를 구원하려는 아버지의 심정으로 복음을 증거할 때 성령은 역사하신다. 사랑이 없이 단순히 복음을 증거하는 스승의 마음을 가지면 복음은 증거되지 아니한다.

10) 복음증거는 하나님의 사랑을 실천하는 것이다. 예수 그리스도께서 인류의 죄를 덮기 위하여 십자가에 못 박혀 죽는 고통을 당하신 것과 같이, 교회는 세상으로부터 많은 핍박을 받고 고난을 당한다. 이것은 그리스도의 남은 고난을 육체에 채우는 것이다. **"내가 이제 너희를 위하여 받는 괴로움을 기뻐하고 그리스도의 남은 고난을 그의 몸된 교회를 위하여 내 육체에 채우노라"** (골 1:24). 교회는 세상으로부터 받는 고난 속에서 예수 그리스도의 기쁨으로 즐거워한다. (살전 5:16). 교회가 받는 고난은 장차 나타날 영광을 모형으로 보여주기 때문이다(롬 8:17).

11) 교회가 세상으로부터 받는 박해를 무릅쓰고 복음을 증거하는 것은 예수 그리스도의 사랑을 실천하는 것이다. 사랑은 성령의 가장 큰 은사이다. 사도 바울은 (고전 12:8~11)에서 성령의 은사를 열거하였다. 이어서 바울은 믿는 자들에게 더 큰 은사를 사모하라고 권고하였다. **"너희는 더욱 큰 은사를 사모하라 내가 또한 제일 좋은 길을 너희에게 보이리라"** (고전 12:31). 그 은사는 고린도전서 제12장에서 설명하고 있다.

고린도전서 제12장에서 말씀하는 성령의 은사는 마지막 때에 폐하여질 것이다. 그러나 성령의 은사로 나타나는 사랑은 영원히 있을 것이다. **"사랑은 언제까지든지 떨어지지 아니하나 예언도 폐하고 방언도 그치고 지식도 폐하리라"** (고전 13:8). 사도 바울은 그리스도의 복음을 증거하는 사랑이 가장 크다고 가르쳤다. **"그런즉 믿음, 소망, 사랑, 이 세 가지는 항상 있을 것인데 그 중에 제일은 사랑이라"** (고전 13:13).

(5) 이해를 위한 질문

1) 하나님의 사랑과 예수 그리스도의 피

   a. 하나님의 사랑은 죄를 덮는 것이다(벧전 4:8). 그 이유는 무엇인가.

   b. 율법에 의한 심판과 저주가 하나님의 사랑을 나타내는 이유는 무엇인가(마 22:37~39).

   c. 예수 그리스도의 피가 하나님의 사랑인 이유는 무엇인가(롬 5:8).

   d. 예수 그리스도의 피에 의한 하나님의 사랑이 믿는 자들에게만 나타나는 이유는 무엇인가(롬 5:5).

2) 사랑의 실천과 복음의 증거

   a. 새 언약이 말씀하는 사랑은 무엇을 의미하는가(요 13:34).

   b. 복음증거가 하나님의 사랑을 실천하는 이유는 무엇인가.

   c. 세상이 복음을 증거하는 자들을 핍박하는 이유는 무엇인가(고후 11:23).

   d. 사도들은 자신을 핍박하고 죽이는 자들을 용서한 이유는 무엇인가(행 7:60).

3) 사랑의 실천과 구제

   a. 사랑과 구제가 다른 것은 무슨 이유인가(고전 13:3).

   b. 구제를 위한 연보가 사랑과 연결되려면 어떻게 하여야 하는가(고후 9:1).

   c. 연보는 그리스도와 교회를 섬기는 것이다. 그 이유는 무엇인가(롬 14:18).

4) 하나님의 사랑과 교회의 복음증거

   a. 사랑을 실천하기 위하여 복음을 증거하려면 오래 참고 온유하여야 한다(고전

13:4). 그 이유는 무엇인가.

b. 사랑을 실천하는 자는 교만하지 아니하여야 한다. 그 이유는 무엇인가.

c. 사도 바울은 사랑을 실천하기 위하여 타인의 죄와 저주를 자신의 것으로 여기는 마음을 가졌다(고후 11:28,29). 이것은 세상 죄를 대속하기 위하여 십자가를 지신 예수 그리스도의 마음이다. 복음 전도를 위하여 이 마음 가져야 하는 이유는 무엇인가(빌 2:5).

6.4 교회와 예배와 성찬

1. 광야 교회와 예배의 모형

(1) 아브라함의 제사와 예배의 모형

1) 교회가 드리는 예배의 모형은 구약시대에 제사에서 찾을 수 있을 것이다. 아브라함이 이삭을 번제로 드린 것은 예배의 모형을 요약하여 보여준다. 하나님께서 그에게 모리아 산에서 이삭을 번제로 드리라고 말씀하셨다. 아브라함은 하나님의 명령에 따라서 이삭을 번제로 드림으로 하나님을 만났다. 이것이 광야 교회의 제사로 이어졌다. 아브라함이 드린 제사의 특징은 다섯 가지로 요약할 수 있을 것이다. 첫째, 아브라함은 자신을 위하여 이삭을 번제로 드렸다. 둘째, 아브라함은 믿음으로 번제를 드렸다. 셋째, 그는 독자를 번제로 드렸다. 넷째, 그는 제사를 통하여 인류의 죄를 대속하실 그리스도를 만났다. 다섯째, 아브라함은 지정된 곳에서 제사를 드렸다.

2) 첫째, 하나님께서 아브라함에게 너를 위하여 이삭을 번제로 드리라고 명령하셨다. **"여호와께서 가라사대 네 아들 네 사랑하는 독자 이삭을 데리고 모리아 땅으로 가서 내가 네게 지시하는 한 산 거기서 그를 번제로 드리라"** (창 22:2). 한글 개역성경은 "모리아 땅으로 가서"라고 번역하였지만, 히브리어 성경을 원문 그대로 번역하면 "너를 위하여 모리아 땅으로 가라" (לֶךְ־לְךָ)이다.72) 아브라함은 자신을 위하여 이삭을 번제로

---

72) 레크(לֶךְ)는 할라크(הָלַךְ)의 명령형이다. 할라크는 가다, 오다(go, come)로 번역된다. 레카(לְךָ)는 전치사 for(לְ)와 이인칭 단수 you(ךָ)로서 "너를 위하여"로 번역할 수 있다. 레크 레카(לֶךְ־לְךָ)는 "너를 위하여 가라"로 번역된다. 레크 레카는 (창12:1)에서 동일하게 사용되었다.

드리기 위하여 모리아 땅으로 갔다. 이 말씀은 하나님께 드리는 예배가 성도 자신을 위한 것임을 의미한다. 제사를 통하여 하나님을 만나는 것은 하나님을 위한 것이 아니라 아브라함을 위한 것이다. 사람이 하나님의 말씀을 순종하는 것은 하나님을 위한 것이 아니라 자신을 위한 것이다.73)

3) 둘째, 아브라함은 믿음으로 제사를 드렸다. 번제는 이삭을 죽여서 그 시체를 불태워 드리는 제사이다. 이삭은 약속의 아들이다. 하나님께서 이삭을 통하여 많은 자손이 태어난다고 약속하셨다. **"그를 이끌고 밖으로 나가 가라사대 하늘을 우러러 뭇별을 셀 수 있나 보라 또 그에게 이르시되 네 자손이 이와 같으리라"** (창 15:5). 이삭이 번제물로 드려진다면 하나님의 약속은 이루어지지 아니한다. 하나님의 약속이 이루어지려면 번제물로 드려진 이삭이 다시 살아나야 한다. 이삭이 죽었다가 다시 살아난다면 하나님의 약속은 이루어질 것이다. 이것이 아브라함의 믿음이었다. 이삭이 전능하신 하나님의 능력으로 태어났고 그를 통하여 많은 자손이 태어날 것이므로 하나님께서 이삭을 다시 살리실 것이다. 이것이 아브라함의 믿음이다.

4) 아브라함은 죽은 자를 다시 살리시는 하나님의 전능하신 능력을 믿었다고 성경은 말씀한다. **"기록된바 내가 너를 많은 민족의 조상으로 세웠다 하심과 같으니 그의 믿은바 하나님은 죽은 자를 살리시며 없는 것을 있는 것 같이 부르시는 이시니라"** (롬 4:17). 아브라함은 자신을 위하여 믿음으로 이삭을 번제로 드림으로 하나님을 기쁘시게 하였다. **"이에 경에 이른바 아브라함이 하나님을 믿으니 이것을 의로 여기셨다는 말씀이 응하였고 그는 하나님의 벗이라 칭함을 받았나니"** (약 2:23). 믿음으로 드리는 제사는 아벨로부터 시작되었다. **"믿음으로 아벨은 가인보다 더 나은 제사를 하나님께 드림으로 의로운 자라 하시는 증거를 얻었으니 하나님이 그 예물에 대하여 증거하심이라 저가 죽었으나 그 믿음으로써 오히려 말하느니라"** (히 11:4).

5) 아브라함이 이삭을 번제로 드린 것은 외식이 아니다. 만약 아브라함이 억지로 이삭

"여호와께서 아브람에게 이르시되 너는 너의 본토 친척 아비 집을 떠나 내가 네게 지시할 땅으로 가라" (창 12:1). "땅으로 가라"로 번역된 히브리어 성경은 "너를 위하여 가라"이다.

73) 사람은 국가를 위하여 공부하고 일한다기 보다는 자기 자신을 위하여 한다. 사람은 자기를 위하여 공부하고 일하고 운동하고 봉사한다. 사람들이 자기 자신을 위하여 열심히 일한 결과 국가는 부강하여 진다.

을 드렸다면 하나님께서 그 제사를 받지 아니하셨을 것이다. 하나님은 인색함이나 억지로 드리는 것을 받지 아니하신다. 아브라함이 하나님의 말씀을 받은 뒤에 슬퍼하거나 억지로 모리아 땅으로 나아갔다면 하나님은 그의 제사를 받지 아니하셨을 것이다.74) 아브라함은 죽은 자를 다시 살리시는 전능하신 하나님을 믿었으므로 즐거운 마음으로 이삭을 번제로 드렸다. 아브라함의 마음과 행위가 일치하였으므로 하나님은 그의 믿음을 의롭다고 하셨다. **"우리 조상 아브라함이 그 아들 이삭을 제단에 드릴 때에 행함으로 의롭다하심을 받은 것이 아니냐" (약 2:21).** (약 2:21)의 말씀은 의롭다하심을 받는 믿음은 하나님께 드리는 예배로 나타난다는 것을 의미한다. 아브라함이 믿음으로 하란을 떠나서 가나안 땅으로 나아갔을 때 하나님은 그의 믿음을 의로 여기셨다(창 15:6). 의롭다하심을 받은 아브라함의 믿음이 이삭을 번제로 드리는 믿음으로 나타났다. 아브라함의 마음과 그의 행위가 일치하였다.75)

6) 셋째, 하나님께 드린 제사는 아들의 목숨보다 귀하다고 아브라함은 믿었다. 제사는 가장 귀중한 것을 드리는 것이다. 아브라함에게 있어서 이삭은 자기의 목숨보다 귀중한 자이다. 생애를 마감하여야 할 시기에 놓인 아브라함은 약속의 아들을 위하여 자기의 목숨을 내어놓아야 할 처지에 있었다. 나이 많아 죽음을 앞둔 아브라함은 자신의 목숨을 이삭과 바꿀 수 있었다. 따라서 아브라함은 자기의 목숨보다 더 귀한 이삭을 번제로 드렸다고 말할 수 있다. 아브라함이 노년에 자기를 위하여 이삭을 번제로 드린 것은 제사(예배)의 중요성을 모형으로 보여주는 것이다. 하나님을 만나는 제사는 독자의 목숨과 같이 귀한 것을 드리는 제사이어야 한다. 이것은 하나님을 만나는 예배의 모형을 보여준다. 아브라함의 제사가 광야 교회의 제사로 이어졌다. 대제사장은 자기의 목숨을 걸고 지성소 안에 있는 법궤 앞에 나아갔다. **"여호와께서 모세에게 이르시되 네 형 아론에게 이르라 성소의 장안 법궤 위 속죄소 앞에 무시로 들어오지 말아서 사망을 면하라**

---

74) 제사장들은 믿음으로 하나님께 제사를 드리지 아니함으로 하나님의 이름을 멸시하였다(말 1:6). 아브라함은 독자 이삭을 믿음으로 드렸지만 제사장들은 흠이 있는 제물을 드림으로 제사를 더럽혔다(말 1:8).

75) 마음과 행위가 일치하지 아니하는 것을 외식이라고 한다. 바리새인들과 서기관들은 마음과 행위가 일치하지 아니하였으므로 예수 그리스도께서 그들을 외식하는 자로 정죄하셨다(마 23:25).

내가 구름 가운데서 속죄소 위에 나타남이니라"(레 16:2).

7) 성막에서 제사는 율법에서 정한 대로 드려야 한다. 아론의 아들은 말씀을 따르지 아니하고 제사를 드림으로 죽임을 당하였다. "아론의 아들 나답과 아비후가 각기 향로를 가져다가 여호와의 명하시지 않은 다른 불을 담아 여호와 앞에 분향하였더니 불이 여호와 앞에서 나와 그들을 삼키매 그들이 여호와 앞에서 죽은지라"(레 10:1,2). 제사장은 반드시 예복을 입고 성소에 들어가야 한다. "아론과 그 아들들이 회막에 들어갈 때에나 제단에 가까이 하여 거룩한 곳에서 섬길 때에 그것들을 입어야 죄를 지어서 죽지 아니하리니 그와 그의 후손의 영원히 지킬 규례니라"(출 28:43). 제사장은 성소에 들어갈 때 반드시 물두멍에서 그 몸을 씻어야 한다. "그들이 회막에 들어갈 때에 물로 씻어 죽기를 면할 것이요 단에 가까이 가서 그 직분을 행하여 화제를 여호와 앞에 사를 때에도 그리 할찌니라"(출 30:20). 이 모든 말씀은 하나님의 얼굴을 뵙는 제사가 목숨을 담보로 하는 것임을 가리킨다.

8) 넷째, 아브라함은 제사를 통하여 인류의 죄를 대속하실 그리스도의 언약을 받았다. 하나님은 이삭을 대신하여 어린 양을 준비하셨다. "아브라함이 눈을 들어 살펴본즉 한 수양이 뒤에 있는데 뿔이 수풀에 걸렸는지라 아브라함이 가서 그 수양을 가져다가 아들을 대신하여 번제로 드렸더라"(창22:13). 수양은 인류의 죄를 대신하여 하나님께 제물로 드려질 그리스도를 모형으로 보여준다. 하나님은 어린 양을 통하여 장차 그리스도께서 인류의 죄를 대속하기 위하여 영원한 제사를 드리실 것을 약속하셨다. "내가 네게 큰 복을 주고 네 씨로 크게 성하여 하늘의 별과 같고 바닷가의 모래와 같게 하리니 네 씨가 그 대적의 문을 얻으리라 또 네 씨로 말미암아 천하 만민이 복을 얻으리니 이는 네가 나의 말을 준행하였음이니라 하셨다 하니라"(창 22:17,18). "네 씨로 말미암아 천하 만민이 복을 얻으리니"란 그리스도의 피에 의한 속죄를 의미한다. 그리스도의 피로써 죄를 용서받은 자만이 복을 받기 때문이다.

9) 제사의 목적은 제물의 피 흘림을 통하여 하나님을 만나는 것이다. 아브라함은 믿음으로 이삭을 제물로 드렸고, 하나님은 그의 믿음을 보시고 그리스도의 약속을 가지고 나오셨다. "사자가 가라사대 그 아이에게 네 손을 대지 말라 아무 일도 그에게 하지

말라 네가 네 아들 네 독자라도 내게 아끼지 아니하였으니 내가 이제야 네가 하나님을 경외하는 줄을 아노라"(창 22:12). 아브라함이 자기 독자의 목숨보다 하나님께 드리는 제사를 더 귀중한 것으로 여겼고, 하나님은 그의 믿음을 보시고 그를 친구와 같이 여기셨다. "이에 경에 이른바 아브라함이 하나님을 믿으니 이것을 의로 여기셨다는 말씀이 응하였고 그는 하나님의 벗이라 칭함을 받았나니"(약 2:23).

10) 아브라함은 그의 믿음을 의롭다고 하신 하나님, 그에게 아들 이삭을 주신 하나님, 그를 세상으로부터 보호하신 하나님의 은혜를 알고 하나님의 말씀을 순종하여 그의 가장 귀한 것을 제물로 드렸다. 그는 억지로, 또한 인색한 마음으로 드리지 아니하고 죽은 자를 다시 살리실 하나님을 믿음으로 이삭을 번제로 드렸다. 하나님은 그의 제사를 기쁘게 받으시고 그에게 그리스도의 언약을 주셨다. 이로써 아브라함은 열국의 아비가 되고 그리스도의 조상이 되는 복을 받았다. "그런즉 믿음으로 말미암은 자들은 아브라함의 아들인줄 알찌어다 또 하나님이 이방을 믿음으로 말미암아 의로 정하실 것을 성경이 미리 알고 먼저 아브라함에게 복음을 전하되 모든 이방이 너를 인하여 복을 받으리라 하였으니 그러므로 믿음으로 말미암은 자는 믿음이 있는 아브라함과 함께 복을 받느니라"(갈 3:7~9).

11) 다섯째, 아브라함은 지시하심을 받은 모리아 산에서 제사를 드렸다(창 12:2). 아브라함이 이삭을 번제로 드린 곳에서 다윗은 이스라엘의 저주를 위하여 번제를 드렸다. "그곳에서 여호와를 위하여 단을 쌓고 번제와 화목제를 드렸더니 이에 여호와께서 그 땅을 위하여 기도를 들으시매 이스라엘에게 내리는 재앙이 그쳤더라"(삼하 24:25). 솔로몬은 그곳에 여호와 하나님의 이름을 위하여 성전을 건축하였다. "솔로몬이 예루살렘 모리아 산에 여호와의 전 건축하기를 시작하니 그곳은 전에 여호와께서 그 아비 다윗에게 나타나신 곳이요 여부스 사람 오르난의 타작마당에 다윗이 정한 곳이라"(대하 3:1). 아브라함이 이삭을 번제로 드린 모리아 산에 예루살렘 성전이 세워졌다. 모리아 산은 하나님의 성전이 세워질 곳으로 거룩하게 구별된 곳이므로 하나님께서 아브라함에게 그곳에서 번제를 드리게 하셨다. 곧 모든 제사는 거룩하게 구별된 곳에서 드려야 한다는 것을 의미한다. 출애굽 이후 이스라엘 백성은 성막에서, 솔로몬 이후 이스라엘

백성은 성전에서 제사를 드렸다. 하나님께서 성막과 성전을 거룩하게 구별하시고 그곳에 자기의 이름을 두셨다(왕상 9:3).

12) 사람은 제사를 통하여 하나님께 나아간다. 사람이 하나님을 만나는 것이 복이다. 따라서 하나님께서 아브라함에게 너를 위하여 이삭을 번제로 드리라고 말씀하셨다. 사람이 하나님께 나아가려면 가장 귀한 것을 예물로 가지고 나아가야 한다. 시편 기자는 하나님께 합당한 예물을 가지고 하나님께 나아가야 한다고 기록하였다. **"여호와의 이름에 합당한 영광을 그에게 돌릴찌어다 예물을 가지고 그 궁정에 들어갈찌어다"** (시 96:8).

13) 믿음으로 드리는 제사가 복이 되는 이유는 제사를 통하여 하나님의 얼굴을 뵈기 때문이다. 복이란 하나님의 말씀을 듣고 순종하는 것이다. 하나님께서 말씀으로 복을 주신다. **"내가 축복의 명을 받았으니 그가 하신 축복을 내가 돌이킬 수 없도다"** (민 23:20) "내가 돌이킬 수 없다"란 하나님의 복을 거절하지 못한다는 것을 의미한다. 아브라함은 이삭을 드림으로 그리스도에 관한 약속의 말씀을 받고 기뻐하였다(요 8:56). 아브라함이 받은 언약이 그에게 기업이 되어서 그와 그의 후손을 가나안 땅으로 인도하였다. **"게으르지 아니하고 믿음과 오래 참음으로 말미암아 약속들을 기업으로 받는 자들을 본받는 자 되게 하려는 것이니라"** (히 6:12).

14) 아브라함은 믿음으로 이삭을 번제로 드림으로 하나님께 열납되는 제사와 예배의 모형을 보여주었다. 아브라함은 자기를 위하여 믿음으로 이삭을 번제로 드렸으며 하나님은 그의 제사를 받으시고 그에게 그리스도의 언약을 주셨다. 하나님은 이삭을 대신하여 어린 양을 준비하시고 이것을 통하여 인류의 죄를 대속하실 그리스도의 모형을 보여주셨다. 아브라함은 자기의 목숨보다 더 귀한 예물을 하나님께 드렸다. 예배는 독자의 목숨보다 귀하다고 말할 수 있다.

(2) 성막의 제사와 예배의 모형

1) 예배란 하나님의 얼굴을 뵙고 그 앞에 무릎을 꿇고 그의 말씀을 들으며 하나님께 입을 맞추는 것을 의미한다.76) 이스라엘은 말씀을 통하여 하나님을 만났으므로 그의

---

76) H. Greeven, "$προσκυνέω$," ed., Gerhard Kittel and Gerhard Friedrich, op. cit.,

말씀을 듣는 것은 하나님의 얼굴을 대하는 것이다. 대제사장은 일 년에 한번 속죄일에 지성소에 들어가 하나님의 말씀을 들을 수 있었다. 따라서 하나님의 얼굴을 대하기 위하여 성막에서 행하는 모든 의식이 예배의 모형이라고 말할 수 있다.

2) 하나님은 지성소에 그의 이름과 말씀을 두셨다. 모세는 하나님의 이름을 위하여 성막을 세웠고 하나님은 성막을 거룩하게 구별하시고 지성소에 그의 이름을 두셨다. **"여호와께서 그 이름을 두시려고 택하신 곳에서 우양으로 네 하나님 여호와께 유월절 제사를 드리되"** (신 16:2). 지성소에는 법궤가 있으며 그 안에는 십계명을 새긴 돌판이 있었다. 제사장은 지성소 앞 곧, 성소에서 하나님을 섬기는 직분을 맡았다. **"이는 네 하나님 여호와께서 네 모든 지파 중에서 그를 택하여 내시고 그와 그의 자손으로 영영히 여호와의 이름으로 서서 섬기게 하셨음이니라"** (신 18:5). 제사장은 지성소에 있는 하나님의 이름 앞에서 하나님을 섬겼다. 성전에서 드리는 제사가 율법에 의하여 정죄 받는 이스라엘의 죄를 없이하고 그 죄로 인하여 더럽히진 하나님의 이름을 거룩하게 하였다. 따라서 하나님은 제사를 통하여 섬김을 받으셨다.

3) 이스라엘은 하나님을 섬기기 위하여 애굽에서 광야로 나왔다. **"바로가 모세와 아론을 불러 이르되 여호와께 구하여 개구리를 나와 내 백성에게서 떠나게 하라 내가 이 백성을 보내리니 그들이 여호와께 희생을 드릴 것이니라"** (출 8:8). 이스라엘이 하나님의 백성으로서 하나님을 섬기는 것은 그의 계명을 지키는 것이다. 그 계명이 율법으로 계시되었다. 이스라엘이 율법을 온전히 지키는 것이 하나님을 섬기는 것이다. 그러나 이스라엘은 율법을 온전히 순종할 수 없으므로 율법으로 하나님을 섬길 수 없다. 이스라엘이 율법을 범하면 하나님의 이름과 그 이름을 둔 성전이 더러워졌다(레 20:3). 제사장은 예물의 피를 뿌림으로 이스라엘의 죄로 인하여 더럽혀진 성소와 하나님의 이름을 정결하게 하였다. 곧 성전에서 드려지는 제사는 이스라엘이 순종할 수 없는 죄를 없이함으로 하나님의 이름과 성소를 거룩하게 하였다. 제사는 육체의 연약한 것을 보완함으로 이스라엘로 하여금 온전히 하나님을 섬기게 하였다.

4) 죄인은 하나님께 나가지 못한다. 하나님은 의롭고 거룩하시므로 불의하고 더러운

---

pp. 1056, 1057.

자는 하나님께 나아갈 수 없다. 이스라엘은 율법을 온전히 순종할 수 없으므로 하나님께 나아가지 못하였다. 그러나 성전에서 대제사장이 예물의 피로써 이스라엘의 죄를 속하였을 때 속죄소에서 하나님을 만날 수 있었다. 속죄일에 대제사장은 송아지와 염소의 피를 가지고 지성소에 들어가서 자기와 이스라엘의 죄를 거룩하게 하였다(레 16:15~17). 송아지와 염소의 피가 대제사장과 이스라엘의 죄와 허물을 거룩하게 하였으므로 지성소에서 하나님은 대제사장에게 말씀하셨다. **"거기서 내가 너와 만나고 속죄소 위 곧 증거궤 위에 있는 두 그룹 사이에서 내가 이스라엘 자손을 위하여 네게 명할 모든 일을 네게 이르리라"** (출 25:22).

5) 성막에서 드리던 제사는 소와 염소와 양을 잡아 그 피를 뿌리는 것으로부터 시작하였다. 번제와 화목제의 경우 제사장은 예물의 피를 번제단의 사면에 뿌렸다(레 1:11; 4:13). 속죄제의 경우 제사장은 예물의 피를 번제단의 사면과(레 5:9) 성소와(레 6:30) 지성소에 뿌렸다. 육체의 생명은 피에 있으므로 거룩한 예물의 피가 이스라엘의 죄를 없이하였다(레 17:11). 제사장은 성소에 들어가서 등대에 불을 밝혔다(민 8:2,3). 아침과 저녁에 분향단에 향을 사르고(출30:7,8) 매 안식일에 떡상에 진설병을 진설하였다(출 25:30). 제사장이 성막에서 뿌린 예물의 피는 예수 그리스도의 피를 예표로 한다. 제사장이 등대에서 밝히는 불은 세상을 밝히는 예수 그리스도의 말씀과 성령의 조명을, 분향단에서 사르는 향연은 성도의 기도(계 8:3)를, 떡상에 진설하는 떡은 성도들의 예물을 예표로 한다.

6) 대제사장은 지성소에 들어가서 향연으로 속죄소를 완전히 가리게 하였다. **"향로를 취하여 여호와 앞 단 위에서 피운 불을 그것에 채우고 또 두 손에 곱게 간 향기로운 향을 채워 가지고 장 안에 들어가서 여호와 앞에서 분향하여 향연으로 증거궤 위 속죄소를 가리우게 할찌니 그리하면 그가 죽음을 면할 것이며"** (레 16:12,13). 그 이유는 사람이 스스로의 능력으로 하나님의 이름이 있는 지성소에 들어가서 하나님의 얼굴을 직접 뵐 수 없다는 것을 의미한다. 하나님께서 사람을 만나주셔야 비로소 사람은 하나님의 얼굴을 뵐 수 있다. 대제사장이 예물의 피를 가지고 지성소에 들어가서 스스로 하나님의 얼굴을 뵙는 것이 아니다. 하나님께서 자기의 얼굴을 대제사장에게 나타내셔야 한다.

대제사장이 지성소에서 하나님의 얼굴을 보는 것은 그의 영광을 보는 것이다.

7) 하나님은 그의 이름과 말씀을 통하여 그의 영광을 나타내신다. 여호와의 사자가 하나님의 이름으로 하나님의 말씀을 가지고 임하였을 때 하나님의 영광이 불꽃과 연기와 구름으로 임하였다. **"여호와의 사자가 떨기나무 불꽃 가운데서 그에게 나타나시니라 그가 보니 떨기나무에 불이 붙었으나 사라지지 아니하는지라"** (출 3:2). **"시내산에 연기가 자욱하니 여호와께서 불 가운데서 거기 강림하심이라 그 연기가 옹기점 연기 같이 떠오르고 온 산이 크게 진동하며"** (출 19:18). 모세가 성막을 세웠을 때 하나님의 영광이 구름으로 그곳에 충만히 임하였다. **"그 후에 구름이 회막에 덮이고 여호와의 영광이 성막에 충만하매 모세가 회막에 들어갈 수 없었으니 이는 구름이 회막 위에 덮이고 여호와의 영광이 성막에 충만함이었으며"** (출 40:34,35). 성막에 하나님의 이름과 그의 말씀이 있으므로 하나님의 영광이 임하였다.

8) 솔로몬이 하나님의 이름을 위하여 예루살렘에 성전을 건축하였을 때 하나님의 영광이 그곳에 임하였다. **"제사장이 성소에서 나올 때에 구름이 여호와의 전에 가득하매 제사장이 그 구름으로 인하여 능히 서서 섬기지 못하였으니 이는 여호와의 영광이 여호와의 전에 가득함이었더라"** (왕상 8:10,11). 하나님께서 성전을 거룩하게 구별하시고 그곳에 그의 이름을 두셨다. **"저에게 이르시되 네가 내 앞에서 기도하며 간구함을 내가 들었은즉 내가 너의 건축한 이 전을 거룩하게 구별하여 나의 이름을 영영히 그곳에 두며 나의 눈과 나의 마음이 항상 거기 있으리니"** (왕상 9:3). 지성소에 하나님의 이름이 있고 그 이름을 위하여 속죄의 피가 뿌려지기 때문에 하나님의 영광이 성전에 임하였다.

9) 성소에 하나님의 영광이 항상 임한 것은 아니다. 이스라엘 백성이 범죄하여 성소와 하나님의 이름을 더럽혔을 때 성막에 임한 하나님의 영광은 떠나갔다. 이스라엘 백성이 범죄하면 성소와 하나님의 이름은 더러워지기 때문이다. **"나도 그 사람에게 진노하여 그를 그 백성 중에서 끊으리니 이는 그가 그 자식을 몰렉에게 주어서 내 성소를 더럽히고 내 성호를 욕되게 하였음이라"** (레 20:3). 이스라엘 백성은 육신이 연약하여 율법을 온전히 순종할 수 없었으므로 성막은 항상 죄로 인하여 더러워졌다. 제사장이 예물의 피를 뿌릴 때만 성소가 거룩하여졌다. 따라서 제사장이 하나님의 이름을 위하여 예물의

피로써 이스라엘 백성의 죄를 거룩하게 하고 그 이름 앞에서 분향하고 진설병을 차려놓았을 때 하나님의 영광이 임하였다. 하나님의 영광이 예물의 피와 함께 임하였으므로 대제사장은 지성소에서 하나님을 만났다. **"이는 너희가 대대로 여호와 앞 회막문에서 늘 드릴 번제라 내가 거기서 너희와 만나고 네게 말하리라 내가 거기서 이스라엘 자손을 만나리니 내 영광을 인하여 회막이 거룩하게 될찌라"** (출 29:42,43).

10) 성막에 하나님의 영광이 나타났고 대제사장은 지성소에서 하나님을 만났으므로 이스라엘 백성은 성막에서 하나님의 이름을 찬양하였다. 다윗시대부터 성막에서 레위인들은 하나님의 이름을 찬양하였다. **"또 레위 사람을 세워 여호와의 궤 앞에서 섬기며 이스라엘 하나님 여호와를 칭송하며 감사하며 찬양하게 하였으니"** (대상 16:4). 이스라엘 백성을 애굽에서 인도하여 내시고 가나안 땅을 기업으로 주신 하나님, 이스라엘 백성의 죄를 사하시고 그들에게 복을 주신 하나님, 이스라엘 백성을 이방인의 손으로부터 구원하신 하나님의 이름을 찬양하였다. **"이러므로 여호와여 내가 열방 중에서 주께 감사하며 주의 이름을 찬양하리이다"** (삼하 22:50).

11) 이스라엘 백성이 우상을 숭배하고 성전의 제사를 폐하였을 때 예루살렘 성전은 더러워졌다. 이스라엘 백성들은 율법을 버렸으며, 제사장은 성전에서 하나님을 섬기는 직분을 포기하였고, 거짓 선지자들은 하나님의 말씀을 전하지 아니하고 심령에서 우러나는 자기의 생각을 전하였다. 이스라엘의 왕은 우상을 섬길 뿐만 아니라 하나님의 성전에 우상을 세웠다. **"또 자기가 만든 아로새긴 목상을 하나님의 전에 세웠더라 옛적에 하나님이 이 전에 대하여 다윗과 그 아들 솔로몬에게 이르시기를 내가 이스라엘 모든 지파 중에서 택한 이 전과 예루살렘에 내 이름을 영원히 둘찌라"** (대하 33:7). 선지자들이 이스라엘 백성에게 우상을 버리고 하나님께로 돌아오라고 권고하여도 그들은 듣지 아니하였다. 따라서 하나님은 성전에 있는 그의 이름을 거두시고 성전을 파괴하셨다. **"또 하나님의 전을 불사르며 예루살렘 성을 헐며 그 모든 궁실을 불사르며 그 모든 귀한 기명을 훼파하고"** (대하 36:19).

12) 유대인들이 바벨론에서 귀환한 뒤에 성전을 재건하고 율법에 따라서 제사를 드렸다. 하나님의 영광이 다시 재건된 성전에 임하였다. **"이 전의 나중 영광이 이전 영광보다**

크리라 만군의 여호와의 말이니라 내가 이곳에 평강을 주리라 만군의 여호와의 말이니라" (학 2:9). 그러나 바리새인들과 서기관들이 출연한 이후 성전 제사는 종교형식으로 흐르게 되었다. 성전에서 드리는 제사는 이스라엘 백성의 죄를 전제로 한다. 죄가 없다면 예물의 피를 뿌리는 제사가 필요 없기 때문이다. 그들은 율법의 행위로 자신을 의롭다고 생각하였으므로 그들에게 예물의 피를 뿌리는 제사는 헛된 것이다. 그러나 그들은 종교의식으로 성전에서 제사장을 통하여 제사를 드렸다. 따라서 하나님은 그들의 제사를 받지 아니하셨다. **"소를 잡아 드리는 것은 살인함과 다름이 없고 어린 양으로 제사 드리는 것은 개의 목을 꺾음과 다름이 없으며 드리는 예물은 돼지의 피와 다름이 없고 분향하는 것은 우상을 찬송함과 다름이 없이 하는 그들은 자기의 길을 택하며 그들의 마음은 가증한 것을 기뻐한즉"** (사 66:3).

13) 성전의 제사는 거룩한 예물의 피를 드리는 것으로부터 시작하였다. 그 예물에 흠이 있으면 그 예물의 피는 이스라엘 백성의 죄를 거룩하게 하지 못하였다. 따라서 하나님은 육체에 흠이 없는 소와 염소와 양을 드리라고 말씀하셨다. **"열납되도록 소나 양이나 염소의 흠 없는 수컷으로 드릴찌니 무릇 흠 있는 것을 너희는 드리지 말 것은 그것이 열납되지 못할 것임이니라"** (레 22:19,20). 제사가 종교형식으로 흐르면서 제사장들은 흠이 있는 예물을 드렸다. 이러한 제사는 하나님의 이름을 더럽히는 것이다. 따라서 하나님은 성전 문을 닫았으면 좋겠다고 말씀하셨다. **"만군의 여호와가 이르노라 너희가 내 단 위에 헛되이 불사르지 못하게 하기 위하여 너희 중에 성전 문을 닫을 자가 있었으면 좋겠도다 내가 너희를 기뻐하지 아니하며 너희 손으로 드리는 것을 받지도 아니하리라"** (말 1:10).

14) 제사장이 성막에서 드리는 제사는 교회의 예배의 모형이다. 율법에 의하여 성막에서 드리는 제사는 예물을 죽여 그 피를 뿌리는 것으로부터 시작하였다. 죄로 인하여 더러운 자들은 성소에 들어갈 수 없기 때문이다. 제사장은 성소에 들어가 등대에 불을 밝히고 분향단에 향을 사르고 상에 전설병(떡)을 차려놓았다. 대제사장은 송아지와 염소의 피를 가지고 지성소에 들어가 자기와 이스라엘 백성의 죄를 속한 뒤에 하나님의 말씀을 들었다. 그리고 레위인들은 성막에서 하나님의 이름을 찬양하였다. 이것이 예배

의 모형이다.

(3) 제사와 하나님의 얼굴

1) 하나님은 말씀으로 자신의 존재를 계시하신다. 따라서 하나님의 말씀을 듣는 것은 그의 얼굴을 뵙는 것이다.[77] 이스라엘 백성은 하나님의 말씀을 받은 선지자를 하나님의 사람이라고 부르고 그 앞에 선 것을 하나님 앞에 선 것으로 여겼다. 선지자에게 하나님의 말씀이 임하였으므로 이스라엘 백성은 선지자의 입에 있는 하나님의 말씀을 구하였다. **"여인이 엘리야에게 이르되 내가 이제야 당신은 하나님의 사람이시요 당신의 입에 있는 여호와의 말씀이 진실한줄 아노라 하니라"** (왕상 17:24). 고넬료는 하나님의 말씀을 가진 사도들을 대하는 것을 하나님의 얼굴을 대하는 것이라고 고백하였다. **"내가 곧 당신에게 사람을 보내었더니 오셨으니 잘하였나이다 이제 우리는 주께서 당신에게 명하신 모든 것을 듣고자 하여 다 하나님 앞에 있나이다"** (행 10:33). 곧 하나님의 말씀을 듣는 것은 하나님의 얼굴을 뵙는 것이라고 말할 수 있다.[78]

2) 제사의 최종 목적은 예물의 피로써 죄 사함을 받고 지성소에서 하나님의 말씀을 듣는 것이다. 하나님의 말씀을 듣는 것은 그의 얼굴을 뵙는 것이기 때문에, 예배를 성막에서 드리는 제사로 한정할 경우에, 일반인들은 하나님의 얼굴을 볼 수 없으며 하나님을 경배할 수 없었다. 하나님의 백성으로 택함을 받은 자들은 누구나 하나님의 얼굴을 사모하며 하나님을 경배할 수 있어야 한다. 따라서 성경은 하나님의 얼굴을 사모하라고 말씀한다. **"이는 여호와를 찾는 족속이요 야곱의 하나님의 얼굴을 구하는 자로다"** (시 24:6). "하나님의 얼굴을 구하는 자"란 하나님의 말씀을 구하는 자를 의미한다.

3) 이스라엘 백성은 그림자로 나타나는 하나님의 얼굴을 보고 그의 말씀을 들었다. 그리스도 이전 사람들은 아무도 하나님의 형상을 직접 보지 못하였다(요 1:18). 그리스도 이후 사람만이 그리스도를 통하여 하나님의 얼굴을 볼 수 있기 때문이다. 모세까지도 하나님의 얼굴을 보지 못하였다. 그리스도 이전 사람들은 누구나 거룩한 피를 통하지

---

77) 하나님의 말씀과 그의 얼굴에 대하여 5.3.2. (2) 참조.
78) 5.3.2. (2) 참조

아니하고 하나님 앞에 나아가면 죽음을 면하지 못하였다. 모세가 하나님의 얼굴을 보기를 원하였으나 하나님은 그를 피하셨다. **"또 가라사대 네가 내 얼굴을 보지 못하리니 나를 보고 살 자가 없음이니라"(출 33:20)**. 피 흘림이 없으면 죄를 용서받지 못하므로(히 9:22), 거룩한 피 없이 하나님께 나아가는 자는 죽임을 당하였다. 모세는 제사장의 직분을 받았으나 거룩한 피가 없으므로 하나님의 얼굴을 볼 수 없었다. 속죄일에 대제사장은 소와 염소의 피를 가지고 지성소에 들어감으로 죽음을 면하였으나, 타인이 지성소에 접근하면 죽임을 당하였다(레 16:2).

4) 그리스도 이전에 하나님의 얼굴을 뵙는 것은 그의 말씀 앞에 서는 것이다. 따라서 하나님의 얼굴 앞에 무릎을 꿇고 땅에 얼굴을 대고 엎드리는 것이 하나님을 경배하는 것이다. 만물은 하나님의 얼굴 앞에 무릎을 꿇어야 한다.79) 이스라엘 백성이 하나님께 경배하기 위하여 하나님의 얼굴을 사모하였으나, 하나님은 죄인들에게 그의 얼굴을 숨기셨다. **"그들이 돌이켜 다른 신을 좇는 모든 악행을 인하여 내가 그 때에 반드시 내 얼굴을 숨기리라"(신 31:18)**. **"여호와의 말씀에 내가 내 얼굴을 숨겨 그들에게 보이지 않게 하고 그들의 종말의 어떠함을 보리니 그들은 심히 패역한 종류요 무신한 자녀임이로다"(신 32:20)**. 하나님께서 얼굴을 숨기시면 저주가 임하였다. 하나님께서 이스라엘 백성에게서 얼굴을 숨기시면, 그들이 환난 가운데서 하나님께 기도할지라도 하나님은 그 기도를 듣지 아니하셨다. **"오직 너희 죄악이 너희와 너희 하나님 사이를 내었고 너희 죄가 그 얼굴을 가리워서 너희를 듣지 않으시게 함이니"(사 59:2)**. **"그 때에 그들이 여호와께 부르짖을찌라도 응답지 아니하시고 그들의 행위의 악하던 대로 그들 앞에 얼굴을 가리우시리라"(미 3:4)**.

5) 하나님께서 이스라엘 백성의 죄로 인하여 그 얼굴을 숨기셨을 때에, 이스라엘 백성은 그들의 죄를 회개하고 하나님의 얼굴을 구하였다. **"주의 얼굴을 내게서 숨기지 마시고 주의 종을 노하여 버리지 마소서 주는 나의 도움이 되셨나이다 나의 구원의 하나님이시**

---

79) 사람은 경배할 대상 앞에 엎드린다. 아비가일은 다윗 앞에 얼굴을 땅에 대고 절하였다(삼상 25:41). 우상을 아로새긴 나무와 돌들도 하나님의 얼굴 앞에 무릎을 꿇는 것이 창조질서이다. "그 이튿날 아침에 그들이 일찌기 일어나 본즉 다곤이 여호와의 궤 앞에서 엎드러져 얼굴이 땅에 닿았고 그 머리와 두 손목은 끊어져 문지방에 있고 다곤의 몸둥이만 남았더라"(삼상 5:4).

여 나를 버리지 말고 떠나지 마옵소서"(시 27:9). 하나님께서 이스라엘 백성의 회개를 받으셨을 때 그 얼굴을 이스라엘 백성에게로 향하시고 그들의 죄를 사하셨다. 따라서 이스라엘 백성은 죄 사함을 받기 위하여 하나님의 얼굴을 사모하였다. **"주의 얼굴을 주의 종에게 비취시고 주의 인자하심으로 나를 구원하소서"**(시 31:16). **"주의 얼굴을 내 죄에서 돌이키시고 내 모든 죄악을 도말하소서"**(시 51:9). **"만군의 하나님이여 우리를 돌이키시고 주의 얼굴 빛을 비취사 우리로 구원을 얻게 하소서"**(시 80:7). **"만군의 하나님 여호와여 우리를 돌이키시고 주의 얼굴 빛을 비취소서 우리가 구원을 얻으리이다"**(시 80:19).

6) 하나님은 이스라엘 백성의 죄를 사하신 뒤에 그들에게 얼굴을 비취셨다. 이스라엘 백성이 율법으로 죄를 깨닫고 장차 오실 그리스도를 믿었을 때, 하나님은 그들의 믿음을 의로 여기시고 그들에게 얼굴을 나타내셨다. 이스라엘 백성은 믿음으로 의롭다하심을 받고 하나님의 얼굴을 뵈었다. **"여호와는 의로우사 의로운 일을 좋아하시나니 정직한 자는 그 얼굴을 뵈오리로다"**(시 11:7). **"나는 의로운 중에 주의 얼굴을 보리니 깰 때에 주의 형상으로 만족하리이다"**(시 17:15). 하나님은 의롭다하심을 받은 자들에게 얼굴을 비취시고 은혜와 평강을 주셨다. **"여호와는 그 얼굴로 네게 비취사 은혜 베푸시기를 원하며 여호와는 그 얼굴을 네게로 향하여 드사 평강 주시기를 원하노라 할찌니라 하라"** (민 6:25,26).

7) 이스라엘 백성은 환난을 당하면 하나님께서 그의 얼굴을 숨기신 것으로 알았다. 따라서 그들은 환난을 당하였을 때 하나님의 얼굴을 구하였다. **"여러 사람의 말이 우리에게 선을 보일 자 누구뇨 하오니 여호와여 주의 얼굴을 들어 우리에게 비취소서"**(시 4:6). 이 말씀은 환난 가운데서 하나님의 긍휼을 구하는 다윗의 기도이다. **"내 의의 하나님이여 내가 부를 때에 응답하소서 곤란 중에 나를 너그럽게 하셨사오니 나를 긍휼히 여기사 나의 기도를 들으소서"**(시 4:1). "주의 얼굴을 들어 우리에게 비취소서"란 환난에서 건지시는 하나님의 말씀을 구하는 것이다. 하나님께서 그의 얼굴을 숨기셨을 때, 이스라엘은 대적으로부터 위협을 받았다. 따라서 다윗은 칼의 위협 속에서 하나님의 얼굴을 사모하였다. **"여호와여 어느 때까지니이까 나를 영영히 잊으시나이까 주의 얼굴**

을 나에게서 언제까지 숨기시겠나이까"(시 13:1).

8) 이스라엘 백성의 죄로 인하여 하나님께서 그의 얼굴을 숨기시면 그들에게 저주가 임하였다. 기근으로 고통을 당할 때, 이스라엘 백성은 하나님의 이름이 있는 성전을 향하여 그들의 죄를 회개하고 하나님의 은혜를 구하였다. **"만일 저희가 주께 범죄함을 인하여 하늘이 닫히고 비가 없어서 주의 벌을 받을 때에 이곳을 향하여 빌며 주의 이름을 인정하고 그 죄에서 떠나거든 주는 하늘에서 들으사 주의 종들과 주의 백성 이스라엘의 죄를 사하시고 그 마땅히 행할 선한 길을 가르쳐 주옵시며 주의 백성에게 기업으로 주신 주의 땅에 비를 내리시옵소서"(왕상 8:35,36).** 이스라엘 백성이 성전을 향하여 기도하고 회개하는 것은 하나님의 얼굴을 사모하는 것이므로 하나님께서 그들의 죄를 사하셨다.

9) 율법은 죄를 깨달아 알게 하는 법이므로 이스라엘 백성은 율법으로 항상 자신의 죄를 깨닫고 하나님의 은혜를 사모하여야 한다. 율법에 의하여 정죄 받은 죄인에게 필요한 것은 믿음으로 의롭다하심을 받고 그 죄를 용서받는 것이다. 믿음으로 의롭다하심을 받으려면 이스라엘 백성은 항상 하나님의 얼굴 앞에 있어야 한다. 율법에 의하여 정죄 받은 죄인으로서 항상 하나님의 얼굴을 사모하고 그 앞에 무릎을 꿇는 것이 하나님의 뜻이다. 제사장을 제외한 이스라엘 백성은 비록 성막에 접근하지 못하였지만 율법으로 자신의 죄를 깨닫고 항상 하나님의 얼굴을 사모함으로 하나님을 경배하였다. 하나님의 말씀을 통하여 하나님의 얼굴을 뵙고 그 앞에 무릎을 꿇고 경배하는 것이 생활 속에 드리는 예배이다.

(4) 하나님의 말씀을 사모하는 예배의 모형

1) 하나님의 말씀을 사모하는 심령으로 예배를 드릴 때 하나님 앞에서 하나님의 말씀을 들을 수 있다. 다윗은 하나님의 말씀을 사모하여 십계명을 새긴 돌판을 담은 언약궤를 자기에게 가지고 왔다. 하나님의 말씀을 사모하여 그 말씀 앞에 서서 그 말씀을 듣는 것이 너무 기쁜 일이므로 법궤를 가지고 올 때 다윗은 이스라엘의 왕으로서의 체통을 버리고 그 궤 앞에서 기뻐하며 춤을 추었다. 그는 언약궤를 모셔온 뒤에 하나님의 말씀과

이름을 위하여 성전을 건축하려고 하였으나, 하나님께서 이를 허락하지 아니하시고 그에게 영원한 약속을 주셨다. 다윗이 하나님의 말씀을 사모하여 즐거운 마음으로 언약궤를 모셔오는 것은 예배의 모형이다.

2) 다윗이 블레셋과의 전쟁에서 승리한 뒤에 바알레유다에 있는 하나님의 언약궤를 다윗성으로 옮겨오려고 하였다. **"일어나서 그 함께 있는 모든 사람으로 더불어 바알레유다로 가서 거기서 하나님의 궤를 메어 오려하니 그 궤는 그룹들 사이에 좌정하신 만군의 여호와의 이름으로 이름하는 것이라"** (삼하 6:2). 언약궤를 옮길 때에는 반드시 고핫 자손이 그것을 어깨로 메어야 한다. **"행진할 때에 아론과 그 아들들이 성소와 성소의 모든 기구 덮기를 필하거든 고핫 자손이 와서 멜 것이니라 그러나 성물은 만지지 말찌니 죽을까 하노라 회막 물건 중에서 이것들은 고핫 자손이 멜 것이며"** (민 4:15). 그러나 다윗은 언약궤를 수레에 싣고 이동하였다. **"저희가 하나님의 궤를 새 수레에 싣고 산에 있는 아비나답의 집에서 나오는데 아비나답의 아들 웃사와 아효가 그 새 수레를 모니라"** (삼하 6:3). 언약궤를 실은 수레를 끄는 소가 뛸 때에 언약궤가 수레에서 떨어지려고 하므로 웃사는 손으로 그 궤를 붙들었다. 고핫 자손이 아닌 웃사가 언약궤를 손으로 만지는 것은 죄이므로 죽임을 당하였다. **"저희가 나곤의 타작 마당에 이르러서는 소들이 뛰므로 웃사가 손을 들어 하나님의 궤를 붙들었더니 여호와 하나님이 웃사의 잘못함을 인하여 진노하사 저를 그곳에서 치시니 저가 거기 하나님의 궤 곁에서 죽으니라"** (삼하 6:6,7).

3) 다윗은 언약궤를 모셔오는 것을 두려워하여 그 궤를 오벧에돔의 집으로 옮겼다. **"여호와께서 웃사를 충돌하시므로 다윗이 분하여 그곳을 베레스웃사라 칭하니 그 이름이 오늘까지 이르니라 다윗이 그 날에 여호와를 두려워하여 가로되 여호와의 궤가 어찌 내게로 오리요 하고"** (삼하 6:8,9). 오벧에돔이 하나님의 언약궤를 모시고 있을 동안 하나님께서 그에게 복을 주셨다. 이 소식을 들은 다윗은 하나님의 말씀을 모시는 것이 복임을 알고 언약궤를 다시 다윗성으로 옮겨왔다. **"혹이 다윗 왕에게 고하여 가로되 여호와께서 하나님의 궤를 인하여 오벧에돔의 집과 그 모든 소유에 복을 주셨다 한지라 다윗이 가서 하나님의 궤를 기쁨으로 메고 오벧에돔의 집에서 다윗성으로 올라갈째"**

(삼하 6:12). 율법에 따라서 고핫 자손들이 언약궤를 어깨로 메고 올 때 다윗은 기뻐서 춤을 추었다. **"여호와 앞에서 힘을 다하여 춤을 추는데 때에 베 에봇을 입었더라 다윗과 온 이스라엘 족속이 즐거이 부르며 나팔을 불고 여호와의 궤를 메어 오니라"** (삼하 6:14,15).

4) 다윗은 하나님의 말씀을 모시는 것이 복임을 깨달았다. 하나님은 말씀으로 복을 주시므로 하나님의 말씀 앞에 서서 그 말씀을 묵상하는 것이 복이다. **"복 있는 사람은 악인의 꾀를 좇지 아니하며 죄인의 길에 서지 아니하며 오만한 자의 자리에 앉지 아니하고 오직 여호와의 율법을 즐거워하여 그 율법을 주야로 묵상하는 자로다"** (시 1:2). 주야로 율법을 묵상하면 자신의 죄를 깨닫는다. 율법으로 죄를 깨닫고 그 죄를 용서하실 하나님의 은혜를 믿고 사모하면 의롭다하심을 얻는다. 믿음으로 의롭다하심을 얻는 것이 복이다. 이것을 알고 있는 다윗은 언약궤를 모셔오면서 기뻐하였다. 언약궤를 모셔오면 다윗은 항상 하나님의 말씀과 함께 한다는 것을 알았다. 하나님과 함께 하는 것이 복이다.

5) 언약궤를 옮겨온 뒤에 다윗은 하나님의 이름을 위하여 성전을 건축하려고 하였다. **"왕이 선지자 나단에게 이르되 볼찌어다 나는 백향목 궁에 거하거늘 하나님의 궤는 휘장 가운데 있도다"** (삼하 7:2). 그러나 하나님은 이를 허락하지 아니하셨다. **"오직 하나님이 내게 이르시되 너는 군인이라 피를 흘렸으니 내 이름을 위하여 전을 건축하지 못하리라 하셨느니라"** (대상 28:3). 하나님은 다윗이 성전을 건축하는 것을 허락하지 아니하셨으나 그에게 그리스도의 언약을 주셨다. 다윗의 후손으로 오실 그리스도께서 하나님의 이름을 위하여 전을 건축할 것이다.[80] **"네 수한이 차서 네 조상들과 함께 잘 때에 내가 네 몸에서 날 자식을 네 뒤에 세워 그 나라를 견고케 하리라 저는 내 이름을 위하여 집을 건축할 것이요 나는 그 나라 위를 영원히 견고케 하리라"** (삼하 7:12,13). 그리고 다윗의 후손으로 오실 그리스도의 나라는 영원할 것이다. **"네 집과 네 나라가 내 앞에서 영원히 보전되고 네 위가 영원히 견고하리라 하셨다 하라"** (삼하 7:16).

6) 다윗이 하나님의 말씀을 사모하여 언약궤를 바알레유다에서 다윗성으로 옮겨와서

---

80) 3.2.3. (1) 참조

그 말씀 앞에 서는 것이 예배의 모형이다. 다윗은 억지로 하지 아니하고 기쁨으로 하나님의 궤를 모셔오려고 하였다. 그는 이스라엘의 왕으로서 체통을 버리고 기쁨으로 하나님의 말씀 앞에서 춤을 추었다. 하나님의 말씀을 기뻐하며 그 말씀 앞에 서는 것이 예배이다. 세상에 속한 모든 것을 내려놓고 사모하는 마음으로 하나님을 말씀을 모시려고 하는 마음이 예배하는 자세이다. 하나님의 말씀을 대하는 것은 하나님의 얼굴을 대하는 것이므로 다윗은 언약궤를 모셔오는 것을 기뻐하였다. 이것을 알지 못하는 다윗의 아내 미갈은 춤추는 다윗을 업신여기고 비방하였다. "여호와의 궤가 다윗성으로 들어올 때에 사울의 딸 미갈이 창으로 내다보다가 다윗 왕이 여호와 앞에서 뛰놀며 춤추는 것을 보고 심중에 저를 업신여기니라"(삼하 6:16). "다윗이 자기의 가족에게 축복하러 돌아오매 사울의 딸 미갈이 나와서 다윗을 맞으며 가로되 이스라엘 왕이 오늘날 어떻게 영화로우신지 방탕한 자가 염치없이 자기의 몸을 드러내는 것처럼 오늘날 그 신복의 계집종의 눈앞에서 몸을 드러내셨도다"(삼하 6:20).

7) 하나님의 말씀을 사모하여 언약궤를 옮겨오는 것을 비방하는 것은 예배를 방해하는 것이다. 따라서 하나님은 다윗을 비방하는 미갈을 저주하셨다. "다윗이 미갈에게 이르되 이는 여호와 앞에서 한 것이니라 저가 네 아비와 그 온 집을 버리시고 나를 택하사 나로 여호와의 백성 이스라엘의 주권자를 삼으셨으니 내가 여호와 앞에서 뛰놀리라 내가 이보다 더 낮아져서 스스로 천하게 보일찌라도 네가 말한바 계집종에게는 내가 높임을 받으리라 한지라"(삼하 6:21~22). 하나님의 말씀을 모시려는 기쁨으로 춤을 추는 것이 예배하는 마음이다. 하나님의 말씀을 들으려면 세상에 속한 모든 것을 내려놓아야 한다. 다윗은 이스라엘의 왕으로서 지위를 내려놓고 겸손히 하나님의 말씀을 사모하였으나, 미갈은 이스라엘의 왕비로서 지위를 내려놓지 못하였으므로 다윗을 비방하였다. 그러나 다윗은 낮아져서 비록 백성들로부터 천하게 보일지라도 하나님의 말씀을 모실 수 있다면 좋다는 마음을 가지고 있었다.

8) 다윗이 자기를 낮추고 하나님의 말씀을 사모하였으므로 하나님께서 그에게 그리스도의 언약을 주셨다. 장차 다윗의 후손으로 오실 그리스도께서 하나님의 이름을 위하여 성전을 건축하실 것이며 영원한 나라를 세우실 것이다. 이 언약이 다윗에게 기업이 되었

다. 다윗은 자기의 후손으로 임하실 그리스도께서 자기의 모든 죄를 사하실 것을 알고 믿었다. **"하나님이여 주의 인자를 좇아 나를 긍휼히 여기시며 주의 많은 자비를 좇아 내 죄과를 도말하소서 나의 죄악을 말갛게 씻기시며 나의 죄를 깨끗이 제하소서"** (시 51:1,2). 다윗이 주님이라고 고백한 하나님은 장차 오실 그리스도라고 성경은 말씀한다. **"가라사대 그러면 다윗이 성령에 감동하여 어찌 그리스도를 주라 칭하여 말하되"** (마 22:43).

9) 하나님께서 율법을 통하여 죄를 깨닫게 하는 것은 그 죄를 용서하신다는 약속이다. 율법은 사람으로 하여금 죄를 깨닫게 하였을 뿐만 아니라 그리스도에 의한 속죄를 약속하였다. 히브리서 기자는 이렇게 기록하였다. **"율법은 장차 오는 좋은 일의 그림자요 참형상이 아니므로 해마다 늘 드리는바 같은 제사로는 나아오는 자들을 언제든지 온전케 할 수 없느니라"** (히 10:1). "좋은 일의 그림자요"란 그리스도의 피에 의한 속죄를 의미한다. 율법으로 죄를 깨닫는 자만이 그리스도의 구원을 사모하므로 다윗은 자신의 죄를 깨닫게 하는 율법 앞에서 기뻐하며 춤을 추었다. 율법으로 자신의 죄를 깨닫지 못하는 것이 저주이다. 서기관들과 바리새인들은 자신의 죄를 알지 못하고 율법의 행위로 자신을 의롭다고 여겼으므로 저주를 받았다.

10) 구약성경에서 제사와 하나님의 말씀을 사모하는 자들에 의하여 계시된 예배는 율법에 의하여 죄를 깨닫고 그 죄를 용서하실 그리스도로 기뻐하는 것이다. 아브라함은 장차 그의 후손으로 임하실 그리스도를 위하여 이삭을 번제로 드렸다. 성막과 성전에서 제사장들은 소와 염소와 양의 피를 뿌리는 제사를 드리며 장차 이스라엘 백성의 죄를 용서하실 그리스도를 믿고 사모하였다. 다윗은 그의 죄를 깨닫게 하는 율법 앞에서 기뻐하며 춤을 추었다. 하나님은 다윗에게 그리스도의 언약을 주셨으며 다윗은 자기의 죄를 용서하실 그리스도를 믿고 기뻐하였다. 율법으로 죄를 깨닫고 장차 오실 그리스도의 얼굴을 사모하는 것이 구약성경을 통하여 계시된 예배의 모형이다.

(5) 이해를 위한 질문

1) 아브라함의 제사와 예배의 모형

a. 아브라함은 누구를 위하여 이삭을 번제로 드렸는가(창 22:2).

b. 아브라함의 믿음은 무엇인가(롬 4:17).

c. 하나님은 이삭을 대신하여 무엇을 준비하셨는가(창 22:13).

d. 하나님께서 요구하시는 예물은 무엇인가(시 40:6).

2) 성막의 제사와 예배의 모형

a. 성막에서 제사장이 드린 제사가 예배의 모형인 이유는 무엇인가.

b. 대제사장이 송아지와 염소의 피를 가지고 지성소에 들어가서 속죄한 이유는 무엇인가(레 16:14,15).

c. 대제사장이 향로를 가지고 지성소에 들어간 이유는 무엇인가(레 16:13).

d. 대제세장은 지성소에서 하나님의 말씀을 들었다. 하나님께서 지성소에서 그에게 말씀하신 이유는 무엇인가(왕상 9:3).

e. 성막의 제사를 통하여 나타난 예배의 요소는 무엇인가.

3) 제사와 하나님의 얼굴

a. 예배는 하나님의 얼굴을 뵙는 것이다. 하나님의 말씀을 듣는 것이 그의 얼굴을 보는 것과 같은 이유는 무엇인가(민 6:25~27).

b. 이스라엘이 하나님께 나가서 그 얼굴을 보지 못한 이유는 무엇인가(시 10:11).

c. 제사장은 어떻게 하나님께 나갈 수 있었나(레 17:11).

d. 하나님께서 그의 얼굴을 숨기시면 이스라엘은 하나님의 말씀을 듣지 못하였다. 그 결과는 무엇인가(겔 6:12).

4) 하나님의 말씀을 사모하는 예배의 모형

a. 다윗이 언약궤를 다윗성으로 옮겨오려고 한 이유는 무엇인가(삼하 6:2).

b. 언약궤를 반드시 고핫 자손이 어깨로 메어야 하는 이유는 무엇인가(민 4:15).

c. 언약궤에 손을 댄 웃사가 죽임을 당한 이유는 무엇인가(삼하 6:7; 레 16:2).

d. 다윗이 언약궤 앞에서 기뻐하며 춤을 춘 이유는 무엇인가(삼하 6:16).

e. 다윗이 받은 그리스도의 언약은 무엇인가(삼하 7:12,13).

2. 진정과 신령으로 드리는 예배

(1) 진정으로 드리는 예배

1) 성경은 기도의 내용에 대하여 구체적으로 말씀하셨지만 예배의 형식에 대하여 구체적으로 말씀하지 아니한다.81) 따라서 성전의 제사를 통하여 예배의 내용과 형식을 추정할 뿐이다. 성전의 제사와 같이, 교회의 예배는 회개와 그리스도 예수의 피를 뿌림이 있고 예물을 드림과 찬양이 있으며 말씀을 통하여 하나님의 얼굴을 뵙는 것이라고 말할 수 있다. 예수 그리스도께서 찬양과 예물을 드림과 기도보다 더 중요한 것은 진리의 말씀을 통하여 하나님의 얼굴을 뵙는 것이라고 말씀한다. 찬양과 예물과 기도가 있더라도 하나님의 얼굴을 뵙지 못하면 그 예배는 하나님의 영광을 나타내는 예배가 아니다. 성전에서 하나님의 영광이 나타나고 하나님의 얼굴을 뵙는 것과 같이, 예배에는 하나님의 영광을 나타나고 교회는 하나님의 얼굴을 뵈어야 한다.

2) 예수 그리스도께서 예배의 본질에 대하여 말씀하셨다. 그 예배란 영이신 하나님께 진정과 성령으로 드리는 것이다. **"아버지께 참으로 예배하는 자들은 신령과 진정으로 예배할 때가 오나니 곧 이때라 아버지께서는 이렇게 자기에게 예배하는 자들을 찾으시느니라 하나님은 영이시니 예배하는 자가 신령과 진정으로 예배할찌니라"** (요 4:23~24). "신령으로 드리는 예배"란 성령의 나타나심과 성령의 감동으로 드리는 예배를 말한다. "진정으로 드리는 예배"란 예수 그리스도의 말씀을 통하여 하나님의 얼굴을 뵈는 것을 말한다.

3) 성경에는 크게 두 가지의 언약이 있다. 첫 언약인 율법과 새 언약인 진리이다. 하나님께서 모세를 통하여 첫 언약인 율법을, 아들이신 예수 그리스도를 통하여 새 언약인 진리를 주셨다. **"율법은 모세로 말미암아 주신 것이요 은혜와 진리는 예수 그리스도로**

---

81) 예수 그리스도께서 기도의 구체적인 내용을 말씀하셨다(마 6:9:13). 우리가 잘 알고 있는 주께서 가르치신 기도이다.

말미암아 온 것이라"(요 1:17). 율법은 육체의 언약이며 모형과 그림자이므로 이스라엘 백성은 율법의 제사를 통하여 모형으로 나타난 하나님의 얼굴을 보았다. 지성소에서 대제사장에게 나타난 하나님의 얼굴은 실상이 아니라 모형과 그림자이다. 예루살렘 성전에 나타난 하나님의 영광도 모형과 그림자이다. 이에 반하여 진리는 영에 관한 말씀이므로 진리를 통하여 영이신 하나님의 실상을 볼 수 있다.

4) 예수 그리스도께서 아버지의 말씀을 순종하심으로 하나님의 형상을 보여주셨다. 따라서 예수 그리스도는 하나님의 형상이라고 성경은 말씀한다. **"그는 보이지 아니하시는 하나님의 형상이요 모든 창조물보다 먼저 나신 자니"(골 1:15).** 곧 하나님은 아들을 통하여 자신의 형상을 보여주셨다. 따라서 예수 그리스도를 보는 것은 하나님을 보는 것이다. **"나를 보는 자는 나를 보내신 이를 보는 것이니라"(요 12:45).** 제자들은 예수 그리스도를 통하여 하나님을 형상을 보았다. **"도마가 대답하여 가로되 나의 주시며 나의 하나님이시니이다"(요 20:28).**

5) 예배를 통하여 하나님의 얼굴을 뵙는 것은 예수 그리스도를 만나는 것이다. 교회는 예수 그리스도의 말씀을 순종함으로 하나님의 얼굴을 뵙는다. 예수 그리스도의 말씀은 영에 관한 언약이며 영혼의 양식이다. **"살리는 것은 영이니 육은 무익하니라 내가 너희에게 이른 말이 영이요 생명이라"(요 6:63).** "내 말이 영이요 생명이다"란 예수 그리스도의 말씀은 영의 양식이며 영 안에 들어오는 말씀임을 의미한다. 예수 그리스도의 말씀이 영 안에 들어온다는 것은 믿는 자들의 영 안에 그리스도께서 오신 것을 말한다. **"그 날에는 내가 아버지 안에, 너희가 내 안에, 내가 너희 안에 있는 것을 너희가 알리라"(요 14:20).** 예수 그리스도께서 믿는 자의 영 안에 오신 것은 하나님 아버지께서 오신 것을 의미한다.

6) 예배를 통하여 하나님의 얼굴을 뵙는 것은 육체의 눈으로 보는 것이 아니라 영의 눈으로 보는 것이다. 따라서 (요 4:24)에서 하나님은 영이시라고 강조하고 있다. 하나님은 영이시므로 사람은 육체를 초월하여 영으로 하나님을 뵐 수 있다. 사람은 자기의 육체의 눈으로 하나님을 뵐 수 없다.[82] 따라서 성경은 육체 밖에서 하나님을 뵐 수

---

82) 마귀와 귀신은 육체가 없으므로 하나님의 형상인 예수 그리스도를 볼 수 있었다. 그러나 유

있다고 말씀한다. **"나의 이 가죽, 이것이 썩은 후에 내가 육체 밖에서 하나님을 보리라"** (**욥 19:26**). 육체의 눈을 초월하여 영으로 하나님을 뵐 수 있다. 육체를 초월하게 하는 말씀이 예수 그리스도의 말씀이다.

7) 예배를 통하여 하나님의 얼굴을 뵈려면, 교회는 예수 그리스도의 말씀인 진리를 선포하여야 한다. 믿는 자들의 영 안에 들어오는 진리의 말씀을 통하여 예수 그리스도의 얼굴을 뵐 수 있다. 진리의 말씀을 통하여 예수 그리스도의 얼굴을 뵙는 것은 하나님을 뵙는 것이다. 이것이 진정으로 드리는 예배이며 하나님께서 찾으시는 예배이다. 하나님은 진리의 말씀을 선포하는 예배를 통하여 자기의 얼굴을 나타내신다. 그 이유는 진리로 거듭난 자만이 하나님을 뵐 수 있기 때문이다.83) **"예수께서 대답하시되 진실로 진실로 네게 이르노니 사람이 물과 성령으로 나지 아니하면 하나님 나라에 들어갈 수 없느니라"** (**요 3:5**). 진리로 거듭난 자만이 하나님의 나라에 들어가서 하나님의 얼굴을 뵐 수 있다.

8) 진리를 받은 자만이 하나님을 아버지라고 부르며 예수 그리스도를 통하여 하나님께 예배한다. 믿는 자들은 예수 그리스도를 통하여 아버지께 나아갈 수 있다. **"예수께서 가라사대 내가 곧 길이요 진리요 생명이니 나로 말미암지 않고는 아버지께로 올 자가 없느니라"** (**요 14:6**). 예배가 아버지의 얼굴을 뵙고 그 앞에 무릎을 꿇는 것이라고 하면, 진리의 말씀을 통하지 아니하면 아버지께 나아갈 수 없다. 아버지의 얼굴을 뵙는 것은 그의 말씀을 듣는 것이다. 아버지의 말씀 앞에 무릎을 꿇는 것은 그 말씀을 순종하는 것이다. 사람은 아무도 하나님 아버지를 뵙지 못하였고 오직 아들만이 아버지를 보았기 때문이다. **"이는 아버지를 본 자가 있다는 것이 아니라 오직 하나님에게서 온 자만 아버지를 보았느니라"** (**요 6:46**). 아들만이 아버지를 보았고 그의 말씀을 들었다. 따라서 아들의 말씀은 아버지의 말씀이다. **"내가 내 자의로 말한 것이 아니요 나를 보내신 아버지께서 나의 말할 것과 이를 것을 친히 명령하여 주셨으니 나는 그의 명령이 영생인줄 아노라 그러므로 나의 이르는 것은 내 아버지께서 내게 말씀하신 그대로 이르노라 하시니라"** (**요 12:49~50**).

대인들은 육체의 눈으로 예수 그리스도를 통하여 하나님의 형상을 보지 못하였다.
83) 진리로 거듭남에 대하여 5.4.1. (3) 참조.

9) 예수 그리스도의 말씀이 아버지의 말씀이라면 그의 말씀을 듣는 것은 아버지의 말씀을 듣는 것이다. 또한 예수 그리스도의 얼굴을 보는 것은 아버지의 얼굴을 보는 것이다(요 14:9). 예수 그리스도의 말씀을 듣는 것은 아버지의 말씀을 듣는 것이며 그의 얼굴을 보는 것은 아버지의 얼굴을 보는 것이므로 진리의 말씀으로 예배하여야 한다. 이에 반하여 교회가 율법의 말씀과 이스라엘의 역사를 통하여 계시된 예언의 말씀으로 예배하는 것은 하나님의 얼굴을 모형으로 뵙는 것이다. 율법과 선지자의 예언은 예수 그리스도의 모형과 그림자이기 때문이다. 또한 율법과 선지자의 예언의 말씀은 육체의 예법이므로 믿는 자들의 영 안에 들어오지 못하고 인격에 들어온다. 따라서 율법과 선지자의 예언의 말씀을 통하여 하나님의 얼굴을 직접 뵈올 수 없다. 제사장이 성막에서 모형으로 나타난 하나님의 얼굴을 본 것과 같이, 교회가 율법과 선지자의 예언의 말씀을 선포하면 교회는 하나님의 얼굴을 모형으로 본다. 교회가 세상 철학을 전하면 교회는 하나님의 얼굴을 보지 못한다.

10) 사도 바울은 진리의 말씀을 증거하지 아니하는 설교는 울리는 꽹과리 같다고 기록하였다(고전 13:1). 하나님의 사랑이 예수 그리스도의 피로써 계시되었고 진리의 말씀은 그리스도의 피로 세운 언약이므로(눅 22:20), 진리의 말씀을 선포하는 것은 하나님의 사랑을 전하는 것이다. 이에 반하여 율법과 선지자의 예언은 하나님의 사랑을 모형과 비유로 보여주는 것이므로 율법을 선포하는 말씀은 하나님의 사랑을 모형으로 증거하는 것이다. 설교자가 율법과 선지자의 예언의 말씀을 통하여 말의 지혜와 웅변술로 듣는 자들을 감동시킨다고 하더라도, 그 설교는 믿는 자의 인격을 감동시키지만 그들의 영 안에 들어오지 못한다.[84] 예수 그리스도의 말씀만이 영의 생명이므로 그 말씀은 듣는 자들의 영 안에 들어오며 교회로 하여금 영의 눈으로 하나님의 얼굴을 뵙게 한다.

11) 아브라함이 자기의 목숨보다 귀한 이삭을 번제물로 드림으로 장차 오실 그리스도

---

[84] 바벨론에서 예루살렘으로 돌아온 에스라는 율법으로 유대인들의 범죄를 책망하였다. 에스라와 유대인들은 하나님의 말씀에 의하여 감동을 받아 통곡하며 회개하였다(스 10:1). 그들은 율법으로 그들의 인격이 감동을 받았지만 그 말씀이 영 안에 들어오지 못하였다. 이방종교도 마찬가지로 그들의 교리를 통하여 사람의 인격을 감동시키지만 사람의 영 안에 들어오지 못한다. 불교인들이 설법을 듣고 은혜를 받았다고 말하는 것은 그들의 인격이 감동을 받은 것이다. 세상 철학도 사람의 인격을 감동시킨다.

를 만난 것과 같이, 성도는 자기의 목숨보다 귀한 그리스도의 피를 드림으로 하나님을 만나야 한다. 하나님께서 그 피를 예수 그리스도의 말씀에 두셨다. 새 언약인 진리는 그리스도의 피로 세운 언약이다. **"저녁 먹은 후에 잔도 이와 같이 하여 가라사대 이 잔은 내 피로 세우는 새 언약이니 곧 너희를 위하여 붓는 것이라"** (눅 22:20). 동시에 진리는 그리스도의 피를 뿌린 말씀이다. **"또 그가 피 뿌린 옷을 입었는데 그 이름은 하나님의 말씀이라 칭하더라"** (계 19:13). 곧 예수 그리스도께서 그의 피로써 기록한 말씀이 진리이다. 따라서 성도가 진리로 예배하는 것은 자기의 목숨보다 귀한 그리스도의 피를 가지고 하나님께 나가는 것이다.

12) 진정으로 예배하는 것은 진리의 말씀을 통하여 하나님의 얼굴을 뵙는 것을 말한다. 진리의 말씀은 영의 양식이며 영 안에 들어오는 말씀이다. 진리는 하나님 아버지의 말씀이며 동시에 아들의 말씀이다. 진리의 말씀을 통하여 하나님 아버지와 예수 그리스도의 얼굴을 뵈올 수 있다. 따라서 하나님은 진리로 예배하는 자를 찾으신다.

(2) 신령으로 드리는 예배

1) 예수 그리스도의 말씀이 선포되면 그 말씀을 따라서 성령이 역사하신다. 성령께서는 진리의 말씀을 가르치시며 그 말씀을 듣는 자를 감동하셔서 그들에게 숨겨진 것을 드러내신다. 성령은 성도 안에 숨겨진 불신앙과 불의와 악한 생각을 드러내어 책망하신다. 성령은 교회를 육체의 일로 인도하는 것이 아니라 진리 가운데로 인도하신다. 성령께서 진리의 말씀을 듣는 자들로 하여금 예수 그리스도의 얼굴을 뵙게 하신다.

2) 성령의 감동하심으로 진리의 말씀이 믿는 자들의 영 안에 들어온다. 예수 그리스도의 말씀은 믿는 자들 안에 들어오신다(요 15:7). "내 말이 너희 안에 거하다"란 예수 그리스도의 말씀이 믿는 자들의 영 안에 들어와 그의 인격을 나타내는 것을 의미한다. "거하다"란 믿는 자의 인격과 예수 그리스도의 말씀이 서로 조화를 이루고 상충되지 아니한다는 것을 의미한다. 믿는 자들이 예수 그리스도의 말씀을 순종하면 성도의 인격과 그리스도의 인격이 조화를 이룬다. 그러나 진리를 불순종하면 전자와 후자는 서로 상충되며, 예수 그리스도의 말씀은 믿는 자에게서 떠난다.

3) 성령으로 예수 그리스도의 말씀을 순종할 수 있다.85) 성령으로 진리를 순종할 때, 예수 그리스도의 말씀은 믿는 자의 영 안에 들어온다. 예수 그리스도의 말씀은 성령으로 믿는 자에게 들어오신다고 성경은 말씀한다. **"그의 계명들을 지키는 자는 주 안에 거하고 주는 저 안에 거하시나니 우리에게 주신 성령으로 말미암아 그가 우리 안에 거하시는 줄을 우리가 아느니라"(요일 3:24).** 예수 그리스도의 말씀이 믿는 자의 영 안에 들어오면, 성도는 자기의 영 안에서 예수 그리스도를 만난다. 예수 그리스도를 만나는 것은 하나님 아버지를 만나는 것이다. 따라서 믿는 자 안에 예수 그리스도가 계시고, 그리스도 안에 믿는 자가 있다. **"그 날에는 내가 아버지 안에, 너희가 내 안에, 내가 너희 안에 있는 것을 너희가 알리라"(요 14:20).** 믿는 자의 영 안에서 그리스도의 말씀을 통하여 하나님을 만난다.

4) 예수 그리스도의 말씀이 믿는 자들 안에 들어오면 성령께서 그 말씀을 통하여 우리를 가르치신다. **"보혜사 곧 아버지께서 내 이름으로 보내실 성령 그가 너희에게 모든 것을 가르치시고 내가 너희에게 말한 모든 것을 생각나게 하시리라"(요 14:26).** "모든 것을 가르치시고"란 성령께서 진리의 말씀을 통하여 계시된 하나님의 뜻과 예수 그리스도의 사역에 대하여 가르치신다는 것을 의미한다. 성령은 하나님의 모든 것을 아시기 때문이다. **"오직 하나님이 성령으로 이것을 우리에게 보이셨으니 성령은 모든 것 곧 하나님의 깊은 것이라도 통달하시느니라"(고전 2:10).** 바리새인들과 서기관들은 성령의 가르침을 받지 못하였기 때문에 그리스도를 십자가에 못 박는 죄를 범하였다. **"이 지혜는 이 세대의 관원이 하나도 알지 못하였나니 만일 알았더면 영광의 주를 십자가에 못 박지 아니하였으리라"(고전 2:8).**

5) 성령은 진리의 영이시므로 진리의 말씀을 통하여 역사하신다. **"저는 진리의 영이라 세상은 능히 저를 받지 못하나니 이는 저를 보지도 못하고 알지도 못함이라 그러나 너희는 저를 아나니 저는 너희와 함께 거하심이요 또 너희 속에 계시겠음이라"(요 14:17).** 설교자가 진리의 말씀을 선포할 때, 성령께서는 그 말씀을 통하여 믿는 자들의 인격을 감동하시고 그들로 하여금 하나님의 얼굴을 뵙게 한다. 따라서 사도 베드로가

---

85) 5.5.3 참조

진리의 말씀을 증거하였을 때, 그 말씀을 듣는 자들이 성령의 감동으로 자기의 죄를 깨닫고 구원의 길을 사모하였다. **"저희가 이 말을 듣고 마음에 찔려 베드로와 다른 사도들에게 물어 가로되 형제들아 우리가 어찌할꼬 하거늘"** (행 2:37).

6) 진리의 말씀이 성령으로 역사하는 것은 예수 그리스도의 사역을 통하여 계시되었다. 예수 그리스도께서도 제자들에게 성령으로 말씀하셨다. **"그의 택하신 사도들에게 성령으로 명하시고 승천하신 날까지의 일을 기록하였노라"** (행 1:2). 제자들은 성령으로 예수 그리스도의 말씀을 듣고 그 말씀을 통하여 계시된 하나님의 뜻을 알았다. 예수 그리스도의 말씀을 들은 제자들은 성령으로 예수 그리스도를 통하여 살아계신 하나님과 하나님의 아들의 형상을 보았다. **"시몬 베드로가 대답하여 가로되 주는 그리스도시요 살아계신 하나님의 아들이시니이다 예수께서 대답하여 가라사대 바요나 시몬아 네가 복이 있도다 이를 네게 알게 한 이는 혈육이 아니요 하늘에 계신 내 아버지시니라"** (마 16:16,17). 하나님 아버지께서 성령으로 예수 그리스도에 대하여 가르치신다.

7) 성령께서 주시는 말씀이 설교의 말씀이다. **"너희를 넘겨줄 때에 어떻게 또는 무엇을 말할까 염려치 말라 그 때에 무슨 말 할 것을 주시리니 말하는 이는 너희가 아니라 너희 속에서 말씀하시는 자 곧 너희 아버지의 성령이시니라"** (마 10:19,20). 성령께서 설교자 안에서 말씀하신다. 그 말씀은 예수 그리스도의 말씀이다. **"이는 그리스도께서 내 안에서 말씀하시는 증거를 너희가 구함이니 저가 너희를 향하여 약하지 않고 도리어 너희 안에서 강하시니라"** (고후 13:3). "그리스도께서 내 안에서 말씀하시다"란 성령께서 사도 바울 안에서 그리스도의 말씀을 증거한다는 것이다. 성령께서는 설교자를 통하여 교회에게 말씀하신다. **"귀 있는 자는 성령이 교회들에게 하시는 말씀을 들을찌어다 이기는 그에게는 내가 하나님의 낙원에 있는 생명나무의 과실을 주어 먹게 하리라"** (계 2:7).

8) 진리의 말씀이 선포될 때 성령은 예리한 칼과 같이 그 말씀을 통하여 성도 안에 있는 모든 것을 드러내신다. **"하나님의 말씀은 살았고 운동력이 있어 좌우에 날선 어떤 검보다도 예리하여 혼과 영과 및 관절과 골수를 찔러 쪼개기까지 하며 또 마음의 생각과 뜻을 감찰하나니"** (히 4:12). 성령께서는 성도의 마음속에 감추어진 죄와 불의와 불법을 드러내시고 성도로 하여금 하나님의 뜻대로 근심하게 하심으로 회개에 이르게 하신다.

"하나님의 뜻대로 하는 근심은 후회할 것이 없는 구원에 이르게 하는 회개를 이루는 것이요 세상 근심은 사망을 이루는 것이니라"(고후 7:10). 이스라엘이 믿지 아니함으로 구원을 받지 못하는 것을 자신의 죄로 알고 사도 바울은 괴로워하였다. "내가 그리스도 안에서 참말을 하고 거짓말을 아니하노라 내게 큰 근심이 있는 것과 마음에 그치지 않는 고통이 있는 것을 내 양심이 성령 안에서 나로 더불어 증거하노니"(롬 9:1). 성령께서 사도 바울을 감동하셨다고 말할 수 있다.

9) 진리와 성령으로 예배하는 자만이 하나님의 얼굴을 볼 수 있다. 성령께서는 진리의 말씀을 통하여 하나님의 형상을 보여주시기 때문이다. 영이신 하나님은 진리의 말씀과 성령으로 형상화되어 나타난다. 예수 그리스도께서 진리의 말씀과 성령으로 아버지의 형상을 보여주셨기 때문이다. 따라서 예수 그리스도를 보는 것은 아버지의 형상을 보는 것이라고 성경은 말씀한다. "나를 보는 자는 나를 보내신 이를 보는 것이니라"(요 12:45). 설교자는 성령으로 진리를 선포함으로 예수 그리스도의 형상을 나타낸다. 진리의 말씀은 성령으로 하나님을 형상화하여 예배하는 자들로 하여금 하나님의 얼굴을 뵙게 한다.

10) 율법과 선지자의 예언의 말씀을 증거할 때 성령은 역사하지 아니하신다. 성령은 진리의 영이시므로 예수 그리스도의 말씀과 함께 역사한다(요 14:17). 성령께서 율법과 함께 역사한다면 율법을 듣는 사람들이 그 말씀을 생명의 말씀으로 받고 순종하였을 것이다. 사람은 육신이 연약하여 율법을 순종할 수 없지만 성령의 역사로 순종할 수 있기 때문이다. 율법은 죄를 깨닫게 하는 언약이므로 사람이 율법으로 죄를 깨닫는 것이 하나님의 뜻이다. 따라서 성령은 율법과 선지자의 예언의 말씀과 함께 역사하지 아니한다. 만약 성령께서 율법의 말씀을 통하여 역사하신다면 사람은 성령의 인도하심으로 율법을 온전히 순종할 수 있을 것이다. 사람은 육신이 연약하여 율법을 순종할 수 없지만 하나님은 전능하시기 때문이다. 만약 사람이 성령으로 율법을 온전히 순종함으로 의롭다 하심을 받을 수 있다면, 예수 그리스도의 죽음은 헛되다고 말할 수 있다. "내가 하나님의 은혜를 폐하지 아니하노니 만일 의롭게 되는 것이 율법으로 말미암으면 그리스도께서 헛되이 죽으셨느니라"(갈 2:21).

11) 설교자는 성령의 감동으로 진리의 말씀을 증거하여야 한다. 설교자가 진리의 말씀을 증거하더라도 성령께서 역사하지 아니하시면, 교회는 그 예배를 통하여 하나님의 얼굴을 뵙지 못한다. 예수 그리스도께서 성령으로 모든 말씀을 선포하신 것과 같이, 설교자는 성령으로 진리를 선포하여야 한다. 만약 설교자가 성령으로 설교하지 아니하고 작성한 원고만을 읽는다면, 그의 설교는 웅변이 될 것이다. 설교자는 진리의 말씀을 가지고 하나님 앞에 서있다. 설교자는 예배를 통하여 교회로 하여금 하나님의 얼굴을 뵙게 할 의무가 있다.

12) 예배는 하나님의 얼굴을 뵙고 그의 손에 입을 맞추는 것이다. 이러한 예배는 진리와 성령으로 드리는 예배이다. 예수 그리스도께서 아버지의 말씀을 순종함으로 하나님의 형상을 보여주셨으므로 교회는 성령의 감동으로 예수 그리스도의 말씀을 통하여 나타나는 하나님의 얼굴을 뵙는다. 이것이 진정과 신령으로 드리는 예배이다. 하나님은 이러한 예배를 드리는 자들을 찾으신다.

(3) 이해를 위한 질문

1) 진정으로 드리는 예배

　a. 예배는 영이신 하나님을 전제로 한다. 그 이유는 무엇인가.

　b. 예수 그리스도의 말씀은 진리이다(요 1:17). 진리로 드리는 예배로 하나님의 얼굴을 뵙는 이유는 무엇인가(요 6:63).

　c. 하나님은 영이시므로 육체 밖에서 만날 수 있다. 육체를 초월하여 하나님을 만나는 말씀은 무엇인가(요 14:9).

　d. 율법과 선지자의 예언의 말씀은 진리의 모형과 그림자이다(히 10:1). 율법과 선지자의 예언의 말씀을 통하여 성도가 만나는 하나님은 예수 그리스도의 모형이다. 율법과 선지자의 예언의 말씀으로 드리는 예배로 영이신 하나님을 만날 수 없는 이유는 무엇인가.

　e. 성도는 예수 그리스도의 피로써 하나님의 얼굴을 뵙는다(히 10:19,20). 예수 그리스도의 피를 증거하는 말씀은 무엇인가.

(2) 신령으로 드리는 예배

    a. 성도는 그의 영 안에서 영이신 하나님을 만난다. 성도는 육체로 하나님을 만나는 것은 아니다. 성도가 영 안에서 하나님을 만나려면 그 영에 들어온 진리의 말씀이 성령으로 역사하여야 한다. 성령은 말씀을 통하여 역사하신다. 그 말씀은 무엇인가(요 14:26).

    b. 성령은 진리의 말씀을 통하여 영이신 하나님을 형상화하여 보여주신다. 성령께서 믿는 자들의 인격을 감동하시면 성도의 영은 진리의 말씀으로 하나님의 형상을 본다(계 4:2). 성령으로 진리의 말씀을 통하여 나타난 그리스도의 형상은 무엇인가(요 6:40; 20:28).

    c. 사도 바울은 성령의 나타남과 능력으로 예배하였다(고전 4:2). 성령은 부활하신 예수 그리스도의 형상을 나타내신다. 그 이유는 무엇인가.

    d. 율법과 선지자의 예언의 말씀을 통하여 성령께서 역사하지 아니하는 이유는 무엇인가.

3. 산 제사와 영적 예배

(1) 생활 속에서 드리는 예배

1) 믿는 자는 부활의 소망을 가지고 항상 하나님과 함께하는 삶을 살아야 한다. 생활 속에서 하나님과 함께하는 삶을 예배라고 말할 수 있을 것이다. 믿는 자가 자기의 몸을 하나님의 말씀을 순종하는 예물로 드리는 것이 산 제사 또는 영적인 예배이다. 믿는 자가 자기의 몸을 하나님께 드리려면 하나님의 뜻을 알아야 한다. 믿는 자는 믿음의 분량에 따라서 자기에게 주어진 직분을 감당함으로 자신을 산 제사로 드려야 한다.

2) 믿는 자들은 생활 속에서 자신의 몸을 하나님께 드려야 한다. **"그러므로 형제들아 내가 하나님의 모든 자비하심으로 너희를 권하노니 너희 몸을 하나님이 기뻐하시는 거룩한 산 제사로 드리라 이는 너희의 드릴 영적 예배니라"** (롬 12:1). "너의 몸"이란 육체(sarks)와 대비되는 하나님의 성전으로서 몸(soma)을 의미한다. 산 제사와 영적인

예배는 세 가지 요건이 충족되어야 한다. 첫째, 믿는 자는 육체의 정욕을 십자가에 못 박아야 한다. 둘째, 하나님의 선한 뜻을 알아야 한다. 셋째, 믿음의 분량에 따라서 그리스도의 지체로서 맡은 직분에 충성하여야 한다.

3) 첫째, 믿는 자는 자신의 몸을 하나님께 드려야 한다. **"몸"이란 성령께서 거하시는 하나님의 성전을 말한다. "너희 몸은 너희가 하나님께로부터 받은바 너희 가운데 계신 성령의 전인 줄을 알지 못하느냐 너희는 너희의 것이 아니라"** (고전 6:19). "몸"이란 헬라어 소마를 번역한 용어이다. 소마란 세례를 통하여 육체의 정욕을 십자가에 못 박고 성령으로 육신의 생각을 절제할 때 믿는 자의 살과 뼈를 의미한다. 사도 바울은 육체로 번역된 헬라어 사륵스에 대응하는 개념으로 소마란 용어를 사용하였다.

4) 사도 바울은 육체를 죄가 활동하는 영역, 율법 아래서 인간의 연약함을 나타내는 것으로 해석하였다.[86] 육신이 연약하기 때문에 사람은 율법을 순종할 수 없으므로 율법의 행위로 의롭다하심을 얻지 못한다. **"그러므로 율법의 행위로 그의 앞에 의롭다하심을 얻을 육체가 없나니 율법으로는 죄를 깨달음이니라"** (롬 3:20). 따라서 육체 안에 항상 죄가 거한다. **"내 속 곧 내 육신에 선한 것이 거하지 아니하는 줄을 아노니 원함은 내게 있으나 선을 행하는 것은 없노라 내가 원하는 바 선은 하지 아니하고 도리어 원치 아니하는바 악은 행하는도다 만일 내가 원치 아니하는 그것을 하면 이를 행하는 자가 내가 아니요 내 속에 거하는 죄니라"** (롬 7:18~20). "내 속에 거하는 죄"란 육체의 정욕을 말한다. 정욕은 육체의 속성으로서 항상 육체 안에 있기 때문이다.[87] 율법은 육체의 정욕과 육신의 생각을 정죄하므로 사람의 육체 안에 죄가 항상 있다.

5) 세례를 받음으로 육체의 정욕을 십자가에 못 박는 것이 성령 세례이다. 성령의 세례를 받음으로 육체의 정욕에 따라서 범죄하지 아니하고 성령에 의하여 인도받을 때, 성도의 살과 뼈를 육체(사륵스)와 구분하여 몸(소마)이라고 한다. 성령을 받고 그리스도의 지체가 된 살과 뼈를 몸(소마)이라고 말할 수 있다. **"너희 몸(소마)이 그리스도의 지체인 줄을 알지 못하느냐 내가 그리스도의 지체를 가지고 창기의 지체를 만들겠느냐**

---

86) James D. G. Dunn, op. cit., pp. 123~125.
87) 2.3.2 참조.

결코 그럴 수 없느니라"(고전 6:15). "너희 몸(소마)은 너희가 하나님께로부터 받은바 너희 가운데 계신 성령의 전인 줄을 알지 못하느냐 너희는 너희의 것이 아니라"(고전 6:19). 성령의 인도를 받는 살과 뼈를 몸이라고 한다. "몸(소마)이 하나이요 성령이 하나이니 이와 같이 너희가 부르심의 한 소망 안에서 부르심을 입었느니라"(엡 4:4) "우리가 유대인이나 헬라인이나 종이나 자유자나 다 한 성령으로 세례를 받아 한 몸(소마)이 되었고 또 다 한 성령을 마시게 하셨느니라"(고전 12:13). 육체와 몸은 다 같이 살과 뼈를 의미한다. 정욕에 따라서 움직이는 살과 뼈를 육체(사륵스)로, 성령에 인도받는 것을 몸(소마)으로 정의할 수 있다.

6) 사도 바울은 그리스도의 지체로서 성도의 살과 뼈를 몸(소마)이라고 하였다. "**몸(소마)은 하나인데 많은 지체가 있고 몸의 지체가 많으나 한 몸임과 같이 그리스도도 그러하니라**"(고전 12:12). "**몸(소마)은 한 지체뿐 아니요 여럿이니**"(고전 12:14). "우리의 아름다운 지체는 요구할 것이 없으니 오직 하나님이 몸(소마)을 고르게 하여 부족한 지체에게 존귀를 더하사"(고전 12:24). "너희는 그리스도의 몸(소마)이요 지체의 각 부분이라"(고전 12:27). "이와 같이 우리 많은 사람이 그리스도 안에서 한 몸(소마)이 되어 서로 지체가 되었느니라"(롬 12:5). "그에게서 온 몸(소마)이 각 마디를 통하여 도움을 입음으로 연락하고 상합하여 각 지체의 분량대로 역사하여 그 몸을 자라게 하며 사랑 안에서 스스로 세우느니라"(엡 4:16). "머리를 붙들지 아니하는지라 온 몸(소마)이 머리로 말미암아 마디와 힘줄로 공급함을 얻고 연합하여 하나님이 자라게 하심으로 자라느니라"(골 2:19).

7) 사도 바울은 부활과 관련하여 그리스도의 지체로서 성도의 몸(소마)이 첫째 부활에 참여한다고 기록하였다. "누가 묻기를 죽은 자들이 어떻게 다시 살며 어떠한 몸(소마)으로 오느냐 하리니"(고전 15:35). "육의 몸(몸)으로 심고 신령한 몸(소마)으로 다시 사나니 육의 몸이 있은즉 또 신령한 몸이 있느니라"(고전 15:44). 바울은 성찬에 참여하는 성도의 살과 뼈를 몸(소마)로 표현하였다. "**떡이 하나요 많은 우리가 한 몸(소마)이니 이는 우리가 다 한 떡에 참여함이라**"(고전 10:17). 예수 그리스도는 육체의 정욕이 없으므로 범죄하지 아니하시고 항상 성령의 인도를 받으셨다. 따라서 그의 살과 뼈를

몸이라고 한다. "**축사하시고 떼어 가라사대 이것은 너희를 위하는 내 몸(소마)이니 이것을 행하여 나를 기념하라 하시고**" (고전 11:24). 성도를 몸과 영과 혼으로 구분한다. "**평강의 하나님이 친히 너희로 온전히 거룩하게 하시고 또 너희 온 영과 혼과 몸(소마)이 우리 주 예수 그리스도 강림하실 때에 흠 없게 보전되기를 원하노라**" (살전 5:23).

8) 둘째, 믿는 자들이 영적인 예배를 드리려면 하나님의 선하신 뜻을 분별하여야 한다. "**너희는 이 세대를 본받지 말고 오직 마음을 새롭게 함으로 변화를 받아 하나님의 선하시고 기뻐하시고 온전하신 뜻이 무엇인지 분별하도록 하라**" (롬 12:2). "이 세대를 본받지 말고"란 세상에 속한 것을 따르지 말라는 것이다. 세상에 속한 모든 것이란 육체의 정욕에 따라서 행동하는 것이다. "**이는 세상에 있는 모든 것이 육신의 정욕과 안목의 정욕과 이생의 자랑이니 다 아버지께로 좇아 온 것이 아니요 세상으로 좇아 온 것이라**" (요일 2:16). "하나님의 선하시고 기뻐하시고 온전하신 뜻"이란 예수 그리스도의 말씀과 사역을 통하여 계시된 하나님의 뜻을 말한다.

9) 예수 그리스도께서 아버지의 뜻을 온전히 성취하셨음으로, 그의 말씀과 그의 사역은 하나님의 뜻을 계시한다. "**예수께서 이르시되 나의 양식은 나를 보내신 이의 뜻을 행하며 그의 일을 온전히 이루는 이것이니라**" (요 4:34). 아버지의 뜻은 예수 그리스도를 믿고 영생을 얻는 것이다. "**나를 보내신 이의 뜻을 행하려 함이니라 나를 보내신 이의 뜻은 내게 주신 자 중에 내가 하나도 잃어버리지 아니하고 마지막 날에 다시 살리는 이것이니라 내 아버지의 뜻은 아들을 보고 믿는 자마다 영생을 얻는 이것이니 마지막 날에 내가 이를 다시 살리리라 하시니라**" (요 6:39,40). 예수 이름을 믿음으로 영생을 얻는 것이 하나님의 뜻이므로 그리스도의 지체로서 교회가 복음을 증거하여 세상을 구원하는 것이 영적인 예배이다.

10) 셋째, 믿는 자들이 하나님의 뜻을 깨달은 뒤에 그 뜻을 순종하는 것이 영적인 예배이다. 하나님께서 믿는 자들에게 믿음의 분량에 따라서 직분을 주셨다. 믿는 자들이 하나님의 뜻을 순종함에 있어서 믿음의 분량대로 하라고 사도 바울은 권고하였다. "**내게 주신 은혜로 말미암아 너희 중 각 사람에게 말하노니 마땅히 생각할 그 이상의 생각을 품지 말고 오직 하나님께서 각 사람에게 나눠주신 믿음의 분량대로 지혜롭게 생각하라**

(롬 12:3). "믿음의 분량"이란 성령의 은사를 말한다. 믿음은 성령의 은사로 나타난다. **"다른 이에게는 같은 성령으로 믿음을, 어떤 이에게는 한 성령으로 병 고치는 은사를"** (고전 12:9). 하나님은 믿음의 크기에 따라서 성령의 은사를 주신다. 믿음은 성령의 은사를 감당할 수 있는 그릇의 크기를 말한다. 성령의 은사는 그리스도의 지체로서 직분을 의미하므로 그 직분 이상의 일을 하려고 생각하지 말아야 한다. 그리스도의 발은 발로서, 그의 손은 손으로서, 그의 입은 입으로서 직분에 충성하는 것이다.

11) 그리스도의 몸에는 많은 지체가 있으나 각 지체의 직분은 각각 다르다. 각 지체가 맡은 직분에 충성함으로 그리스도의 몸을 온전히 이룰 수 있다. **"우리가 한 몸에 많은 지체를 가졌으나 모든 지체가 같은 직분을 가진 것이 아니니 이와 같이 우리 많은 사람이 그리스도 안에서 한 몸이 되어 서로 지체가 되었느니라 우리에게 주신 은혜대로 받은 은사가 각각 다르니 혹 예언이면 믿음의 분수대로, 혹 섬기는 일이면 섬기는 일로, 혹 가르치는 자면 가르치는 일로, 혹 권위하는 자면 권위하는 일로, 구제하는 자는 성실함으로, 다스리는 자는 부지런함으로, 긍휼을 베푸는 자는 즐거움으로 할 것이니라"** (롬 12:4~8).

12) 예배는 예배당에서 드리는 예배와 생활 속에서 드리는 예배로 구분할 수 있다. 예배당에서 하나님을 찬양하고 하나님께 예물을 드리며, 성령으로 진리의 말씀을 들으며 기도하는 것은 특정한 시간에 드리는 예배이다. 이에 반하여 믿는 자들은 매일, 매 시간에 하나님의 뜻을 순종함으로 하나님의 얼굴을 뵙는다. 하나님의 뜻은 예수 그리스도를 통하여 계시되었고 믿는 자들은 성령으로 그 뜻을 순종함으로 하나님의 영광을 나타내고 그 영광 안에서 하나님의 얼굴을 뵙는다. 이것이 생활 속에서 드리는 영적인 예배이다.

(2) 산 제사와 영적 예배

1) 믿는 자들이 성령으로 하나님의 뜻을 순종함으로 하나님의 영광을 나타내는 예배를 산 제사 또는 영적인 예배라고 한다. 산 제사는 죽은 제사에, 영적 예배는 육체적 예배에 대응하는 개념이다. 성막과 성전에서 소와 염소와 양의 피를 드리는 제사는 죽은 제사이며 동시에 육체적 예배이다. 이에 반하여 믿는 자들이 자신의 몸을 하나님께 드리는

것은 산 제사이며 동시에 영적인 예배이다.

2) 첫째, 죽은 제사와 산 제사에 대하여 살펴보자. 성경은 믿는 자들이 하나님의 뜻을 순종함으로 드리는 예배를 "산 제사"라고 말씀한다(롬 12:1). "산 제사"란 죽은 제사에 대응하는 개념이다. 제사장이 성막과 성전에서 소와 염소와 양의 피를 드리던 제사는 죽은 제사이며, 믿는 자들이 자기의 몸을 하나님께 드리는 제사는 산 제사이다. 성막에서 제사장은 소와 염소와 양을 죽여서 그 사체(死體)를 번제단에 태우고 그 피를 뿌림으로 하나님 앞에 나아갔다. 번제는 예물의 사체를 번제단에 태우고 그 피를 제단의 사방에 뿌렸다(레 1:11). 화목제와 속죄제와 속건죄는 예물의 내장에 붙은 기름과 콩팥을 제단에 태우고 그 피를 제단의 사방에 뿌리고 그 밑에 쏟았다(레 3:13; 4:7). 예물의 피를 가지고 성소와 지성소에 들어간 속죄제의 경우에 그 모든 사체를 재 버리는 곳에서 태웠다(레 4:11,12). 예물을 죽여서 그 사체와 그 피를 드리는 것은 죽은 제사이다.

3) 성막에서 드리는 제사는 모든 예물을 죽여서 그 사체를 번제단과 재 버리는 곳에서 불사르고 그 피를 제단과 성소와 지성소에 뿌렸다. 하나님은 예물의 사체와 기름과 콩팥이 타는 냄새를 향기로운 예물로 받으셨다. **"그 내장과 정갱이를 물로 씻을 것이요 제사장은 그 전부를 가져다가 단 위에 불살라 번제를 삼을찌니 이는 화제라 여호와께 향기로운 냄새니라"** (레 1:13). 예물의 사체가 번제단과 재 버리는 곳에서 불타는 연기와 냄새는 예물이 피를 흘려 죽음으로 이스라엘 백성의 죄를 속하였다는 증거이다. 따라서 하나님은 예물의 사체가 불타는 냄새를 기쁘게 받으셨다.

4) 예수 그리스도께서 자신의 몸을 산 제사의 제물로 하나님께 드리셨다. 예수 그리스도께서 온전히 아버지의 뜻을 순종하셨다. **"예수께서 이르시되 나의 양식은 나를 보내신 이의 뜻을 행하며 그의 일을 온전히 이루는 이것이니라"** (요 4:34). 아버지의 뜻은 인류의 죄를 대속하기 위하여 거룩한 피를 드리는 것이다. **"인자가 온 것은 섬김을 받으려 함이 아니라 도리어 섬기려 하고 자기 목숨을 많은 사람의 대속물로 주려 함이니라"** (마 20:28). 이를 위하여 예수 그리스도께서 자신의 몸을 하나님께 드리셨다. **"사람의 모양으로 나타나셨으매 자기를 낮추시고 죽기까지 복종하셨으니 곧 십자가에 죽으심이라"** (빌 2:8). 예수 그리스도께서 인류의 죄를 대속하기 위하여 스스로 화목제물이 되셨

다고 성경은 말씀한다. **"이 예수를 하나님이 그의 피로 인하여 믿음으로 말미암는 화목제물로 세우셨으니 이는 하나님께서 길이 참으시는 중에 전에 지은 죄를 간과하심으로 자기의 의로우심을 나타내려 하심이니"** (롬 3:25).

5) 교회는 성도의 몸을 제물로 바친다. 성도의 몸은 그리스도의 예수의 피로 인류의 죄가 대속되었다는 증거이다. 성도의 몸은 세례를 통하여 그리스도 예수의 죽으심과 연합하여 옛 사람이 십자가에 못 박혔다는 증거이다. 성도의 몸은 세례를 통하여 그리스도의 부활과 연합하여 새 사람을 입었다는 증거이다. 성도의 몸은 예수 그리스도의 죽음과 부활의 공로가 체화된 그리스도의 지체이다. 따라서 성도의 몸을 예물로 드리는 것은 그리스도의 살아있는 지체를 예물로 드리는 것이다. 예수 그리스도께서 아버지의 뜻을 위하여 자기의 몸을 드린 것과 같이, 성도는 맡은 직분을 위하여 자기의 몸을 드린다.

6) 성도의 몸을 통하여 하나님께서 받으시는 제사는 두 가지이다. 성도는 그리스도의 사랑을 실천하는 것이다. 그리스도께서 자기의 피로써 인류의 죄를 대속하셨다. 그 사랑이 믿음으로 효력을 나타내고 있다. 예수 이름을 믿는 자만이 그리스도의 피로써 모든 죄를 용서받는다. 따라서 예수 그리스도의 복음을 증거하는 것은 죄로 인하여 죽은 영혼을 살리는 것이다. 곧 복음전도는 세상에 속한 자의 죗값을 그리스도의 피로써 지불하고 하나님께로 인도하는 것이다. 성도는 복음전도를 통하여 구원을 받은 자들을 하나님께 예물로 드린다. 따라서 복음전도는 하나님께 예물을 드리는 것이라고 말할 수 있다. **"이러므로 우리가 예수로 말미암아 항상 찬미의 제사를 하나님께 드리자 이는 그 이름을 증거하는 입술의 열매니라"** (히 13:15). 또 다른 제사는 그리스도 예수 안에서 하나님의 자녀가 된 성도를 섬기는 것이다. 안식일에 제사장이 상에 떡을 진설하듯이, 성도를 섬기는 것은 하나님께 예물을 드리는 것이다. **"오직 선을 행함과 서로 나눠주기를 잊지 말라 이 같은 제사는 하나님이 기뻐하시느니라"** (히 13:16).

7) 제물의 사체가 번제단에서 불태워짐으로 하나님께 향기로운 냄새를 드린 것과 같이, 믿는 자들은 율법에 의하여 정죄를 받은 육체의 정욕을 번제단에 불사름으로 나는 향기를 하나님께 드려야 한다. 번제단에서 육체의 정욕이 불에 타서 나는 냄새는 하나님을 기쁘게 한다. 그 향기는 예수 그리스도의 말씀을 순종함으로 그리스도의 형상을 닮는

것이다. 육체의 정욕을 불사른 자만이 예수 그리스도의 말씀을 순종할 수 있으므로 그리스도의 지체인 교회를 통하여 나타나는 그리스도의 형상이 하나님께 드리는 향기이다. 하나님께서 아들을 기뻐하신 것과 같이 그리스도의 형상을 나타내는 자들을 기뻐하신다. **"나의 계명을 가지고 지키는 자라야 나를 사랑하는 자니 나를 사랑하는 자는 내 아버지께 사랑을 받을 것이요 나도 그를 사랑하여 그에게 나를 나타내리라"** (요 14:21).

8) 둘째, 믿는 자들이 드리는 산 제사를 영적인 예배라고 한다. 제사장이 성막과 성전에서 소와 염소와 양의 피를 드린 것은 육적인 제사이다. 소와 염소와 양은 영이 없으므로 그것들을 드리는 제사는 단지 육체만을 위하여 드리는 것이다. 대제사장은 송아지와 염소의 피를 가지고 지성소에 들어가 이스라엘의 죄로 인하여 더럽혀진 하나님의 이름과 성소를 거룩하게 하였다(레 16:12,13). 율법은 육체만을 정죄하고 그 죄는 육체만을 더럽게 한다. 따라서 제사장이 예물의 피를 뿌리는 제사는 육체만을 거룩하게 하였다. **"염소와 황소의 피와 및 암송아지의 재로 부정한 자에게 뿌려 그 육체를 정결케 하여 거룩케 하거든"** (히 9:13). 따라서 소와 염소와 양의 피를 드리는 제사는 육적인 제사라고 말할 수 있다.

9) 이스라엘은 율법으로 하나님을 섬겼다. 율법은 육체의 예법으로서 육체를 거룩하게 하는 법이다. 율법에 따라서 먹고 마시는 것, 절기와 안식일을 지키는 것, 십계명을 순종하는 모든 것은 육체를 위한 것이다. 그들이 율법을 순종하였을 때, 하나님은 그들에게 육체의 복을 주셨다(신 28:1~14). 짐승과 우양의 새끼가 복을 받는 것, 떡 반죽 그릇이 복을 받는 것, 성읍이 복을 받는 것, 자녀가 잘 되는 것, 전쟁에서 승리하는 것 등의 모든 것은 육체에 관한 일이다. 따라서 이스라엘은 율법을 통하여 육체적으로 하나님을 섬기며 하나님께 예배하였다고 말할 수 있다. 구약성경에서 계시된 복은 육체를 대상으로 한 것이다.

10) 진리를 순종함으로 하나님께 예배하는 것은 영적인 예배이다. 율법은 육체에 관한 예법이지만 진리는 영에 관한 언약이기 때문이다. 따라서 진리를 순종함으로 예수 그리스도의 형상을 나타내는 것은 영으로 하나님을 섬기는 것이며 동시에 영으로 예배하는 것이다. **"이제는 우리가 얽매였던 것에 대하여 죽었으므로 율법에서 벗어났으니 이러**

므로 우리가 영의 새로운 것으로 섬길 것이요 의문의 묵은 것으로 아니할찌니라" (롬 7:6). "의문의 묵은 것"이란 율법에 의하여 하나님을 섬기는 것을 말한다. 영으로 하나님을 섬기는 것은 진리를 순종함으로 하나님의 영광을 나타내는 것이다. 이것은 그리스도의 지체로서 교회의 머리이신 그리스도의 말씀을 순종하는 것이다. 사도 바울은 영적인 예배를 성령의 은사와 관련하여 설명하였다. 진리를 순종함으로 하나님께 예배하려면, 믿는 자의 인격이 성령의 감동을 받아야 한다. 믿는 자의 인역이 성령의 감동을 받으면 진리를 순종하려는 영의 생각이 나온다. 믿는 자의 의지가 그 생각을 수용하면 그 생각이 행위로 표출된다. 이것이 진리를 순종함으로 하나님께 예배하는 것이다. 성령의 감동으로 믿는 자들이 진리를 순종함으로 그리스도의 형상과 하나님의 영광을 나타낸다. 이것이 영적인 예배이다.

11) 제사장은 육체의 예법인 율법에 의하여 성막에서 하나님의 얼굴을 뵈었다. 그러나 교회는 영을 살리는 진리의 말씀을 통하여 하나님께 나아간다. 믿는 자들은 그리스도의 지체이며 그의 말씀에 따라서 움직인다. 믿는 자들이 그리스도의 말씀 앞에 무릎을 꿇을 때 하나님의 온전한 뜻이 교회를 통하여 형상화된다. 믿는 자들은 항상 그리스도의 말씀에 무릎을 꿇고 그 얼굴을 대한다. 이것이 생활 속에서 드리는 산 제사이며 영적인 예배이다.

(3) 이해를 위한 질문

1) 생활 속에서 드리는 예배

   a. 예배당에서뿐만 아니라 생활 속에서 예배를 드려야 하는 이유는 무엇인가.

   b. 사도 바울이 말하는 육신과 몸은 어떻게 다른가(롬 12:1; 7:5).

   c. 세례는 옛 사람의 죽음을 인치는 의식이다(롬 6:6). 믿는 자들은 자기의 의지로 옛 사람을 십자가에 못 박을 수 있을까.

   d. 하나님의 선한 뜻이란 무엇인가(요 6:29,40).

   e. 하나님의 선한 뜻을 순종하는 것이 예배와 어떤 관계가 있나.

2) 산 제사와 영적 예배

    a. 성막에서 제사장이 드리는 제사를 죽은 제사라고 하는 이유는 무엇인가.

    b. 예수 그리스도께서 자신의 피를 하나님께 드린 것을 제사라고 하는 이유는 무엇인가(요일 2:22; 4:10).

    c. 하나님의 뜻을 순종하는 것을 산 제사라고 하는 이유는 무엇인가(롬 12:2).

    d. 진리를 순종하는 것을 영적인 예배라고 하는 이유는 무엇인가.

    e. 예수 그리스도의 복음을 증거하는 것이 하나님께 드리는 제사인 이유는 무엇인가(히 13:15).

4. 교회와 성찬

(1) 유월절과 성찬의 모형

1) 안식 후 첫날 곧, 주의 날에 믿는 자들이 모여서 떡을 떼고 잔을 나누는 성찬에 대한 모형이 유월절을 통하여 계시되었다. 유월절에 이스라엘 백성은 어린 양을 잡아 그 피를 문설주와 인방에 바르고 그 양의 고기와 뼈를 구어 먹고 애굽에서 나왔다. 이것을 기념하기 위하여 이스라엘 백성은 1월 14일에 유월절을 절기로 지켰다. 유월절 절기는 성찬에 대한 모형을 보여주고 있다. 유월절 날에 예수 그리스도께서 떡을 떼고 포도주를 마시며 교회에게 성찬을 명하셨다.

2) 유월절 날 이스라엘 백성은 유월절 어린 양의 피를 문설주와 인방에 바르고 그 양의 고기와 뼈를 먹고 그 힘으로 애굽에서 나왔다. 하나님께서 이스라엘 백성에게 어린 양의 피를 문설주와 인방에 바르게 하셨다. **"그 피로 양을 먹을 집 문 좌우 설주와 인방에 바르고"** (출 12:7). 애굽의 초태생을 죽이는 천사가 그 피를 볼 때 넘어갔다. **"내가 애굽 땅을 칠 때에 그 피가 너희의 거하는 집에 있어서 너희를 위하여 표적이 될찌라 내가 피를 볼 때에 너희를 넘어가리니 재앙이 너희에게 내려 멸하지 아니하리라"** (출 12:13). 이스라엘 백성은 유월절 날 밤에 어린 양의 고기와 뼈를 구어서 무교병과 함께 먹었다. **"그 밤에 그 고기를 불에 구워 무교병과 쓴 나물과 아울러 먹되 날로나 물에 삶아서나 먹지 말고 그 머리와 정강이와 내장을 다 불에 구워 먹고 아침까지 남겨 두지**

말며 아침까지 남은 것은 곧 소화하라"(출 12:8~10).

3) 이스라엘 백성이 어린 양의 피로써 애굽에서 나온 것을 기념하기 위하여 유월절을 절기로 지켰다. 하나님은 유월절의 규례를 정하셨다. **"여호와께서 모세와 아론에게 이르시되 유월절 규례가 이러하니라 이방 사람은 먹지 못할 것이나 각 사람이 돈으로 산 종은 할례를 받은 후에 먹을 것이며 거류인과 타국 품꾼은 먹지 못하리라"**(출 **12:43~45**). 이방인, 종 그리고 품꾼은 유월절에 어린 양의 고기와 뼈를 먹지 못하였다. 그러나 이들 가운데 할례를 받은 사람은 먹을 수 있었다. 이방인이 할례를 받으면 이스라엘 백성과 같이 되었으므로 유월절의 계명에 따라서 무교병과 어린 양의 고기와 뼈를 먹을 수 있었다. **"너희와 함께 거하는 타국인이 여호와의 유월절을 지키고자 하거든 그 모든 남자는 할례를 받은 후에야 가까이하여 지킬찌니 곧 그는 본토인과 같이 될 것이나 할례 받지 못한 자는 먹지 못할 것이니라"**(출 12:48).

4) 이스라엘 백성은 생후 팔 일에 할례를 받았다. 할례란 율법을 순종하겠다는 맹세의 표시이므로 할례를 받은 자는 율법을 순종할 의무를 가지고 있다. **"내가 할례를 받는 각 사람에게 다시 증거하노니 그는 율법 전체를 행할 의무를 가진 자라"**(갈 5:3). 이스라엘 백성은 애굽에서 나와서 홍해를 지나 광야로 나온 뒤에 시내산에서 비로소 율법을 받았다. 이스라엘 백성이 율법을 받았다는 것은 유월절 어린 양의 피로써 그들의 죄를 대속 받았고 홍해바다를 지나므로 세례를 받았다는 증거이다.[88] 따라서 이스라엘 백성이 할례를 통하여 율법을 온전히 순종하겠다고 맹세한 것은 하나님의 은혜로 애굽에서 나와서 홍해를 통과하였다는 것을 인정하는 것이다.

5) 하나님께서 이스라엘 백성을 택하여 자기의 백성으로 삼으시고 그들을 애굽에서 인도하여 내셨다. 이방인은 택함을 받지 못하였으나 이스라엘 백성을 애굽에서 인도하여 내신 하나님을 믿고 그의 율법을 순종하겠다고 맹세한다면 유월절에 참여할 수 있다. 이방인들이 할례를 받는 것은 율법을 순종할 의무를 짊어진 것이며 동시에 유월절 어린 양의 피로써 그들의 죄가 대속 받았다는 것을 인정하는 것이다. 따라서 이방인도 할례를 받으면 유월절 어린 양의 고기와 뼈를 먹을 수 있다. 유월절 어린 양의 피로 그 죄를

---

[88] 3.2.1. (1) 참조

대속 받고 홍해를 지나 광야로 나온 자들의 모임을 광야 교회라고 하면, 교회만이 유월절 축제에 참여할 수 있다. 이것은 성찬에 참여할 수 있는 자들의 자격에 대한 모형이다.

6) 유월절 다음 날부터 곧, 1월 15일부터 21일까지 이스라엘 백성은 무교병을 먹었다. 무교병이란 누룩을 넣지 아니한 곧, 부풀지 아니한 떡을 말한다. 무교병을 먹는 절기가 무교절이다. "너희는 칠 일 동안 무교병을 먹을찌니 그 첫 날에 누룩을 너희 집에서 제하라 무릇 첫 날부터 칠 일까지 유교병을 먹는 자는 이스라엘에서 끊쳐지리라"(출 12:15). "너희는 무교절을 지키라 이 날에 내가 너희 군대를 애굽 땅에서 인도하여 내었음이니라 그러므로 너희가 영원한 규례를 삼아 이 날을 대대로 지킬찌니라"(출 12:17). 유월절 날 이스라엘 백성은 어린 양의 고기와 뼈를 구어 먹은 뒤에 애굽에서 지체 없이 나왔다. 따라서 그들은 누룩을 넣어 부푼 떡을 먹지 못하고 무교병을 먹었다. "그들이 가지고 나온 발교되지 못한 반죽으로 무교병을 구웠으니 이는 그들이 애굽에서 쫓겨남으로 지체할 수 없었음이며 아무 양식도 준비하지 못하였음이었더라"(출 12:39). 무교절이란 이스라엘 백성이 앞뒤를 가리지 아니하고 급하게 애굽에서 나온 것을 기념하는 절기이다. 하나님의 말씀은 지체 없이 즉시 순종하여야 하는 계명임을 알게 하는 것의 무교절을 통하여 계시된 하나님의 뜻이다.

7) 유월절은 세 가지 의미가 있다. 첫째, 유월절은 어린 양의 피로써 이스라엘 백성의 죄를 대속하신 하나님의 은혜를 기념하는 날이다. 하나님은 애굽의 죄를 용서하지 아니하시고 의와 공의로 심판하셨다. 애굽의 장자들은 그들의 형제들의 죄를 짊어지고 죽었다. 그러나 하나님은 이스라엘 백성을 사랑하시므로 그들의 죄를 어린 양의 피로 대속하셨다. 이스라엘 백성의 모든 초태생은 어린 양의 피에 의한 죄의 대속으로 목숨을 건질 수 있었다. 그 어린 양은 장차 오실 그리스도를 모형으로 보여준다. 따라서 유월절은 인류의 죄를 대속하기 위하여 오실 그리스도의 피를 기념하는 날이다.

8) 둘째, 이스라엘 백성과 애굽 사람은 하나님 앞에서 모두 죄인이다. 애굽의 장자가 죄로 인하여 죽임을 당한다면 이스라엘 백성의 장자도 역시 죽어야 한다. 그러나 이스라엘 백성의 장자는 유월절 어린 양의 피로써 그들의 죄를 용서받고 애굽에서 나왔다. 이스라엘 백성의 초태생은 하나님의 은혜로 목숨을 건졌으므로 하나님께서 그들에게

목숨을 요구하신다면, 그들은 언제든지 그들의 목숨을 내어놓아야 한다. 따라서 이스라엘 백성은 하나님의 소유이다. 하나님께서 이스라엘의 모든 초태생을 그의 소유로 삼으시고 그 증거로 이스라엘에게 가축의 초태생을 바치게 하셨다. **"너는 무릇 초태생과 네게 있는 생축의 초태생을 다 구별하여 여호와께 돌리라 수컷은 여호와의 것이니라"** (출 13:12). 이스라엘 백성은 초태생을 하나님께 드릴 때마다 그들을 애굽에서 인도하여 내신 하나님을 기념하였다.[89]

9) 셋째, 하나님은 이스라엘 백성의 하나님이시다. 하나님은 이스라엘 백성을 그의 백성으로 삼기 위하여 애굽에서 인도하여 내셨다. **"나는 너희의 하나님이 되려고 너희를 애굽 땅에서 인도하여 낸 여호와라 내가 거룩하니 너희도 거룩할찌어다"** (레 11:45). 이 말씀은 이스라엘 백성이 하나님의 백성임을 선언하고 있으며 동시에 계명의 순종을 요구하고 있다. 하나님의 백성은 그의 계명을 순종하여야 한다. 이스라엘 백성은 하나님의 계명을 순종함으로 거룩하여 진다. 하나님은 거룩하시다. 따라서 그의 백성 된 이스라엘도 거룩하여야 한다.

10) 유월절과 무교절의 계명은 성찬에 대한 모형을 보여준다. 이스라엘 백성은 어린 양의 피로써 그들의 죄를 용서받고 그 양의 고기와 뼈를 먹은 힘을 의지하여 애굽에서 나온 것을 기념하여 유월절을 절기로 지켰다. 이것은 성찬의 모형이다. 예수 그리스도의 피로써 죄를 용서받고 그의 말씀을 순종함으로 마귀의 지배에서 벗어난 자들이 이것을 기념하여 떡을 떼고 포도주를 마신다. 떡은 예수 그리스도의 살을, 포도주는 그의 피를 예표로 한다.

(2) 교회와 성찬

1) 유월절은 성찬에 참여할 수 있는 자의 자격과 성찬의 의미에 대하여 해답을 제시하

---

[89] 이스라엘은 애굽에서 나와서 하나님께로 돌아왔다는 증거로 십일조를, 그들이 손으로 하는 모든 일에 복 주신 하나님의 은혜를 감사하여 감사예물을, 그들이 인류의 장자로서 하나님께 속하였다는 증거로 모든 소득의 첫 열매를 드렸다. **"너의 토지에서 처음 익은 열매의 첫 것을 가져다가 너의 하나님 여호와의 전에 드릴찌니라 너는 염소 새끼를 그 어미의 젖으로 삶지 말찌니라"** (출 23:19). **"오직 생축의 첫 새끼는 여호와께 돌릴 첫 새끼라 우 양을 물론하고 여호와의 것이니 누구든지 그것으로는 구별하여 드리지 못할 것이며"** (레 27:26). 이것이 오늘날 교회에 그대로 적용된다고 말할 수 있다.

고 있다. 어린 양의 피에 의하여 속죄를 받고 그 양의 고기와 뼈를 먹고 홍해를 건너 광야로 나온 자만이 유월절에 참여할 수 있었다. 출애굽을 경험하지 못한 자, 이방인 및 종들은 할례를 받은 뒤에 유월절에 참여할 수 있었다. 이것은 성찬에 참여할 수 있는 자들의 자격을 모형으로 보여준다. 이스라엘 백성이 애굽에서 나와서 광야에서 유월절에 먹은 어린 양의 고기는 그들의 죄를 대속한 어린 양을 예표로 한다. 유월절의 규례는 성찬에 떼는 떡과 마시는 포도주가 예수 그리스도의 살과 피를 예표로 하는 것임을 보여준다.

2) 예수 그리스도께서 몸소 유월절 절기를 지키시며 성찬에 대한 규례를 정하셨다. **"또 떡을 가져 사례하시고 떼어 저희에게 주시며 가라사대 이것은 너희를 위하여 주는 내 몸이라 너희가 이를 행하여 나를 기념하라 하시고 저녁 먹은 후에 잔도 이와 같이 하여 가라사대 이 잔은 내 피로 세우는 새 언약이니 곧 너희를 위하여 붓는 것이라"** (눅 22:19,20). 예수 그리스도의 살과 피는 믿는 자들에게 생명의 양식이다. **"예수께서 이르시되 내가 진실로 진실로 너희에게 이르노니 인자의 살을 먹지 아니하고 인자의 피를 마시지 아니하면 너희 속에 생명이 없느니라"** (요6:53).

3) 첫째, 성찬의 의미에 대하여 살펴보자.90) 성찬은 실제로 그리스도의 살을 먹고 그의 피를 마시는 것이 아니다. **"내가 너희에게 전한 것은 주께 받은 것이니 곧 주 예수께서 잡히시던 밤에 떡을 가지사 축사하시고 떼어 가라사대 이것은 너희를 위하는 내 몸이니 이것을 행하여 나를 기념하라 하시고 식후에 또한 이와 같이 잔을 가지시고 가라사대 이 잔은 내 피로 세운 새 언약이니 이것을 행하여 마실 때마다 나를 기념하라 하셨으니"** (고전 11:23~25). 그리스도의 살과 피를 상징하는 떡을 떼고 잔을 나누므로 그리스도의 죽으심과 피를 기념하는 것이 성찬이다. 믿는 자들이 그리스도의 피를 의지하여 세상에서 나와 하나님께로 돌아왔고 성령의 인도하심을 받아 마귀의 권세를 이기는

---

90) 성찬에 대하여 네 가지 학설이 대립하고 있다. 첫째, 화체설(化體說)은 성찬시에 떡과 포도주가 그리스도의 살과 피로 되었다고 한다. 둘째, 공재설(共在說)은 성찬에는 그리스도의 몸과 피가 떡과 포도주 안에 그리고 그 아래, 그리고 그것들과 함께 임재한다고 한다. 셋째, 성찬이란 단순한 기념의식으로서 신자들이 서약하는 표지와 상징일 뿐이라고 한다. 넷째, 개혁파는 성찬을 통하여 신자들과 그리스도의 전인격과의 신비로운 결합이 이루어진다고 본다. Louis Berkhof, 하(크리스챤 다이제스트, 2000), pp. 916~918.

것은 하나님의 은혜이다. 이 은혜에 감사하며 그리스도의 죽으심과 부활을 기념하는 것이 성찬이다. 곧 성찬은 그리스도의 피와 그의 말씀을 통하여 받은 은혜를 기억하며 이를 감사함으로 떡과 잔에 참여하는 것이라고 말할 수 있다.

4) 성찬에 참여하는 떡이란 새 언약인 예수 그리스도의 말씀을, 포도주는 인류의 죄를 대속하신 예수 그리스도의 피를 의미한다. 떡을 떼는 것은 예수 그리스도의 말씀을 순종하는 것을, 포도주를 마시는 것은 그리스도의 피로 죄 사함을 얻는 것을 의미한다. 따라서 예수 그리스도의 말씀과 그의 피는 구원받은 자의 영의 양식이다. "**내 살을 먹고 내 피를 마시는 자는 영생을 가졌고 마지막 날에 내가 그를 다시 살리리니 내 살은 참된 양식이요 내 피는 참된 음료로다**" (요 6:54,55). 그리스도의 피로써 죄 사함을 받은 자는 그의 말씀을 순종하여야 한다. 그 말씀은 믿는 자를 하나님께로 인도하는 빛이다. 따라서 성찬에 참여하는 것은 그리스도의 피를 의지하여 범한 죄를 회개하고 그의 말씀을 순종하겠다는 믿음의 고백이다.

5) 믿는 자들은 진리를 순종함으로 그 생명을 유지하여야 한다. 사람은 스스로 살지 못하므로 하나님께로부터 받은 생명은 영원히 저장되지 아니한다.[91] 따라서 믿는 자는 예수 그리스도의 말씀을 순종함으로 계속하여 하나님께로부터 생명을 공급받아야 한다. 그리스도의 말씀은 믿는 자들의 영의 생명이기 때문이다. "**살리는 것은 영이니 육은 무익하니라 내가 너희에게 이른 말이 영이요 생명이라**" (요 6:63). 예수 이름을 믿으면 그 영이 거듭난다. 신생아가 모유를 먹고 살아가는 것과 같이, 거듭난 영은 예수 그리스도의 말씀을 양식으로 하여 살아간다.

6) 유월절이 끝나고 이어지는 무교절에 먹는 무교병은 진리의 말씀을 의미한다. 믿는 자들의 영의 양식은 예수 그리스도의 말씀에 국한된다. 생명의 양식으로서 예수 그리스도의 말씀에 율법이나 세상 양심을 첨가하면 안 된다. 율법과 세상의 양심은 죄를 깨닫게 하는 법이며 사람을 의롭게 하는 법이 아니기 때문이다. 사도 바울은 갈라디아 교회를 향하여 진리의 말씀에 율법을 첨가하는 것은 다른 복음이며 저주를 받는다고 기록하였다 (갈 1:7). 구원에 있어서 예수 그리스도의 피와 그의 말씀을 초월하는 것은 무교절에

---

[91] 1.1.2 참조

누룩을 넣은 유교병을 먹는 것과 같다. 누룩은 율법의 행위로 의롭다하심을 얻으려는 바리새인의 가르침을 의미한다. **"그제야 제자들이 떡의 누룩이 아니요 바리새인과 사두개인들의 교훈을 삼가라고 말씀하신 줄을 깨달으니라"(마 16:12).**

7) 둘째, 성찬에 참여할 수 있는 자의 자격에 대하여 살펴보자. 유월절 규례에 의하면 유월절 절기에 참여할 수 있는 자는 택하여 부르심을 받아 애굽에서 나온 자들의 회중 곧, 광야 교회이다. 이와 같이 믿음으로 예수 그리스도의 피로써 죄를 사함 받고 세상(마귀의 지배)에서 나온 뒤에 세례를 받음으로 육체의 정욕을 십자가에 못 박은 자들 곧, 교회만이 성찬에 참여할 수 있다. 이스라엘 백성이 유월절 어린 양의 피로 애굽의 바로의 권세에서 벗어나듯이, 믿는 자들은 예수 그리스도의 피로 마귀의 지배에서 벗어난다. 이스라엘이 홍해를 지나므로 바로의 권세 및 애굽의 문화와 단절하듯이, 믿는 자는 세례를 받음으로 육체의 정욕을 십자가에 못 박고 세상 임금 및 세상의 문화와 단절한다. 광야 교회가 애굽의 문화 및 종교와 단절한 것 같이, 마귀의 지배로부터 벗어나 세상과 단절한 자만이 성찬에 참여할 수 있다.

8) 이스라엘 백성이 홍해를 건넘으로 애굽의 바로의 권세로부터 자유하듯이, 세상과 단절하는 것은 불과 성령으로 세례를 받음으로 육체의 정욕을 십자가에 못 박은 것을 말한다. 믿는 자의 의지가 육체의 정욕과 단절되어야 한다. 육체의 정욕은 마귀의 인격을 반영하기 때문이다.[92] **"그리스도 예수의 사람들은 육체와 함께 그 정과 욕심을 십자가에 못 박았느니라"(갈 5:24).** 사람은 자기의 의지로 육신의 생각을 절제할 수 없고 성령의 인도하심으로 할 수 있다. **"내가 이르노니 너희는 성령을 좇아 행하라 그리하면 육체의 욕심을 이루지 아니하리라 육체의 소욕은 성령을 거스리고 성령의 소욕은 육체를 거스리나니 이 둘이 서로 대적함으로 너희의 원하는 것을 하지 못하게 하려 함이니라"(갈 5:16,17).** 육체의 정욕에 따라서 살아가는 자는 마귀의 지배에서 완전히 벗어나지 못하였으므로 성찬에 참여할 수 없다고 말할 수 있다.

9) 할례를 받은 자는 유월절에 참여할 수 있었다. 할례는 육체의 할례와 마음의 할례로 구분할 수 있다. 육체의 할례는 하나님의 말씀을 육체에 가지고 있다는 표이며 마음의

---

92) 2.4.2. (2) 참조

할례는 하나님의 말씀을 마음에 가지고 있다는 표이다.93) 마음속에 하나님의 말씀을 가지고 있는 자가 그 말씀을 순종하기 때문에, 성경은 마음에 할례를 받으라고 권고한다. **"오직 이면적 유대인이 유대인이며 할례는 마음에 할찌니 신령에 있고 의문에 있지 아니한 것이라 그 칭찬이 사람에게서가 아니요 다만 하나님에게서니라"** (롬 2:29). 할례를 받은 자가 유월절에 참여할 수 있다는 것은 세례를 받은 자가 성찬에 참여할 수 있다는 것을 의미한다. 세례를 받으므로 육체의 정욕을 십자가에 못 박은 자가 성찬에 참여할 수 있다.

10) 육신의 생각에 따라서 사는 자 곧, 마귀의 지배에서 완전히 벗어나지 못한 자가 성찬에 참여하면 이에 대한 저주가 임한다고 성경은 말씀한다. **"그러므로 누구든지 주의 떡이나 잔을 합당치 않게 먹고 마시는 자는 주의 몸과 피를 범하는 죄가 있느니라 사람이 자기를 살피고 그 후에야 이 떡을 먹고 이 잔을 마실찌니 주의 몸을 분변치 못하고 먹고 마시는 자는 자기의 죄를 먹고 마시는 것이니라 이러므로 너희 중에 약한 자와 병든 자가 많고 잠자는 자도 적지 아니하니"** (고전 11:27~30). 마귀의 지배 아래서 정욕에 따라서 범죄하므로 세상에 속한 자들은 성찬에 참여할 수 없다. 성찬에 참여하는 자는 자신이 육신의 생각에 따라서 범죄함으로 마귀에 속한 자이냐 아니면 성령의 인도하심을 받아 그리스도 예수께 속한 자이냐 하는 것을 분별하여야 한다. 마귀에 속한 자들이 성찬에 참여하면 자기의 죄를 먹고 마시게 된다.94)

11) 성찬은 그리스도의 살과 피에 참여하는 것이다. 그리스도의 살은 새 언약을 의미하므로 하나님의 교회만이 성찬에 참여할 수 있다는 것은 교회 밖에 있는 자들은 예수 그리스도의 말씀을 해석하지 말라는 것이다. 그리스도의 동정녀 탄생과 그의 부활을 믿지 아니하는 자들이 학문이란 미명으로 성경을 잘못 해석함으로 교회를 미혹하고 있기 때문이다.95) 성경은 성령의 감동을 받은 자들이 성령으로 해석할 수 있다. **"먼저 알 것은 경의 모든 예언은 사사로이 풀 것이 아니니 예언은 언제든지 사람의 뜻으로**

---

93) 6.1.1. (4) 참조
94) 로마 가톨릭은 마귀의 지배 아래 있으며 교회가 아니므로 성찬에 참여할 수 없다. 그들은 성찬에 참여함으로 그리스도의 살과 피를 범하는 죄를 짓고 있다.
95) 자유주의 신학자들이 이 범주에 속한다고 말할 수 있을 것이다.

낸 것이 아니요 오직 성령의 감동을 입은 사람들이 하나님께 받아 말한 것임이니라"**
(벧후 1:20,21). 따라서 성경은 진주를 개에게 던지지 말라고 말씀한다. **"거룩한 것을
개에게 주지 말며 너희 진주를 돼지 앞에 던지지 말라 저희가 그것을 발로 밟고 돌이켜
너희를 찢어 상할까 염려하라"** (마 7:6).

12) 광야 교회가 유월절 절기를 지킨 것과 같이, 예수 그리스도의 피와 살을 기념하는 성찬에 하나님의 교회만이 참여할 수 있다. 만약 하나님의 교회에 속하지 아니한 자가 성찬에 참여하면 그리스도의 피와 살을 범함으로 저주를 받는다. 따라서 성찬에 참여하기 전에 자신을 살펴야 한다. 성찬에 참여하는 것은 인류의 죄를 대속한 그리스도의 피와 생명의 양식인 그리스도의 말씀을 기념하는 것이다. 이스라엘 백성이 유월절에 그들을 애굽에서 인도하여 내신 하나님의 은혜를 기념한 것처럼, 교회는 그리스도의 피에 의한 속죄와 그 피로 세운 새 언약을 기념한다.

(3) 이해를 위한 질문

1) 유월절과 성찬의 모형

a. 이스라엘은 유월절에 어린 양의 피를 문설주와 인방에 바르고 그 고기와 뼈를 먹었다(출 12:7~9). 그들이 유월절을 절기로 지킨 이유는 무엇인가(출 12:24,47).

b. 누가 유월절을 지킬 수 있었나(출 12:48).

c. 이스라엘의 초태생과 유월절 어린 양의 피는 어떤 관계가 있나(출 12:29).

d. 예수 그리스도께서 유월절을 지키시며 성찬을 명하셨다(눅 22:19,20). 유월절 어린 양의 피가 예수 그리스도의 피를 예표로 하는 이유는 무엇인가(요 1:29).

2) 교회와 성찬

a. 성찬은 예수 그리스도의 살과 피를 기념하는 것이다(고전 11:24,25). 그리스도의 살은 무엇을 의미하는가.

b. 성찬에 사용하는 포도주가 그리스도의 피가 될 수 없는 이유는 무엇인가.

c. 유월절에 참여할 수 있는 자의 자격이 제한 되어있었다(출 12:48). 성찬에 참여할

수 있는 자는 누구인가(고전 11:27,28).
d. 세상에 속한 자가 성찬에 참여하는 죄는 무엇인가(고전 11:29,30).
e. 이스라엘이 애굽에서 나옴으로 바로의 권세와 단절된 이후에 유월절을 지킨 것과 같이, 믿는 자는 세상과 단절된 이후에 성찬에 참여할 수 있다. 세상과의 단절은 무엇을 의미하는가(갈 5:24).

6.5 요약 및 결론

1. 제6부에서는 그리스도의 지체로서 교회의 본질과 사역을 논의하였다. 우리는 교회를 통하여 그리스도의 형상과 하나님의 영광이 나타나는 과정과 교회가 가진 권세를 규명하려고 노력하였다. 6.1에서는 성령의 세례와 성령의 은사, 6.2에서는 그리스도의 지체로서 교회와 그리스도의 형상, 6.3에서는 교회와 복음 증거, 6.4에서는 교회와 예배와 성찬에 대하여 살펴보았다.

하나님께서 택하여 세상에서 불러내신 자들의 모임을 교회라고 한다. 교회는 성령으로 예수 그리스도의 말씀을 순종함으로 그리스도의 형상을 나타낸다. 따라서 교회는 그리스도의 지체이다. 교회의 직분은 성령의 은사와 관련된다. 성령의 은사는 성도의 믿음의 분량에 따라서 주어진다(롬 12:3). 믿음의 분량에 따라서 교회의 직분이 결정된다. 믿는 자가 모두 성령을 받는 것은 아니다. 성령을 받는 것은 하나님의 선물이다. 하나님은 그의 뜻대로 믿는 자들에게 성령을 선물로 주신다. 하나님은 믿는 자들에게 성령을 주시기 전에 세례를 받으라고 명령하셨다(행 2:38). 믿는 자들이 예수 이름으로 세례를 받으면 하나님께로부터 성령을 선물로 받을 수 있다. 불과 성령으로 받는 세례는 영적인 세례이다.

불은 율법에 의한 심판을 의미한다. 오순절 날 믿는 자들이 성령을 받을 때 불의 혀같이 갈라지는 것이 임하였다(행 2:3). 따라서 불을 성령으로 해석하는 경향이 있다. 성령과 함께 임한 불은 성령이 아니다. 성령은 인격이나 불은 인격이 아니며, 성령은 육신의 눈으로 볼 수 없으나 불은 볼 수 있기 때문이다. 따라서 성령 세례와 불 세례는 구분한다. 성경을 통하여 계시된 불은 심판과 관련된다. 사람의 육체를 행위대로 심판하는 율법의 역할을 성경은 불로 비유한다. 불 세례란 율법에 의하여 옛 사람 곧, 육체의 정욕이 심판을 받아 십자가에 못 박히는 것을 말한다(갈 5:24). 불 세례는 불속으로 들어가는 것으로 죽음을 의미한다. 사람이 불속으로 들어간다는 것은 육체의 정욕이 율법에 의하여 정죄를 받아 십자가에 못 박혀 죽는 것을 의미한다.

성령의 세례는 성령 속으로 들어가는 것을 말한다. 곧 성령의 세례란 성령을 받음으로 믿는 자의 인격이 성령에 예속되는 것을 말한다. 아담 안에서 사람의 의지는 마귀에게 예속되었다. 그러나 믿는 자들이 성령 속으로 들어가므로 그의 의지는 마귀와 단절되고 성령에게 예속된다. 불속으로 들어갈 때 육체의 정욕이 죽고, 성령 속으로 들어갈 때 믿음으로 회복하였던 자유의지가 성령에 예속되었다. 따라서 성령의 세례는 성령을 받는 것을 의미한다. 불과 성령으로 세례를 받음으로 믿는 자의 육체 안에서 역사하는 죄의 정욕과 육신의 생각이 십자가에 못 박혀 죽임을 당하였다.

할례는 예수 그리스도의 이름으로 받는 세례를 모형과 그림자로 보여준다. 아브라함과 그의 후손들은 하나님의 언약을 순종하겠다는 맹세로 할례를 받았다. 하나님과 언약을 맺은 뒤에 할례를 받지 아니하는 것은 하나님의 언약을 순종하지 아니하겠다는 고백이다. 곧 무할례는 그 언약 밖에 있는 것이다. 따라서 하나님께서 이스라엘 백성에게 율법을 주시고 할례를 명하셨다. 할례를 받은 이스라엘 백성은 율법을 온전히 순종하여야 할 의무를 짊어졌다. 사람은 육신이 연약하여 율법을 온전히 순종할 수 없으므로 예수 그리스도께서 할례를 폐하시고 세례를 명하셨다. 세례는 육체의 정욕을 십자가에 못 받겠다는 맹세이다. 따라서 세례를 받은 자들은 진리를 순종하여야 할 의무를 가지고 있다. 곧 세례를 받은 자는 새 언약에 의하여 사랑을 실천할 의무가 있다.

성령을 받았다는 증거가 은사로 나타난다. 사도 바울은 성령의 은사를 지혜 말씀과 지식의 말씀, 능력을 행하는 것과 믿음, 병을 고치는 은사, 영 분별과 예언의 은사, 방언을 말하고 이를 통역하는 은사로 구분하였다. 지혜란 예수께서 하나님의 아들이심을 아는 것을, 지식이란 예수께서 그리스도이심을 아는 것을 말한다. 하나님의 아들은 예수의 신분이고 그리스도는 그의 직분이다. 지혜의 말씀과 지식의 말씀은 전도의 말씀과 관련된다. 능력을 행하고 병을 고치는 은사는 예수 그리스도의 부활에 대한 객관적인 증거를 제시하는 것이다.

　세상에 속한 영과 하나님께서 속한 영, 적그리스도의 영과 진리의 영을 분별하는 것은 성령의 은사이다. 방언을 말하고 이를 통역하는 은사는 믿는 자들이 구원을 얻었다는 증거이다. 이러한 은사는 믿는 자들이 구원을 받았다는 것을 객관적으로 증거한다. 믿음으로 거듭난 자만이 성령의 인도하심으로 방언을 말한다. 방언이란 믿는 자의 영이 성령으로 기도하는 것을 말한다. 영과 혼이 분리되어있으므로 방언을 말하는 자는 그 내용을 알지 못한다. 방언을 통역하는 성령의 은사로 방언의 내용을 알 수 있다.

　2. 하나님은 말씀으로 만물을 창조하시고 의와 공의로 이것들을 통치하신다. 예수 그리스도께서 만물을 창조하신 하나님의 전능하심을 보이셨고 아버지의 뜻대로 세상 임금을 심판하고 인류의 죄를 대속하셨다. 예수 그리스도께서 아버지의 말씀을 순종하심으로 하나님의 형상과 영광을 나타내셨다. 이와 같이 교회는 성령으로 예수 그리스도의 말씀을 순종함으로 그리스도의 형상을 나타낸다. 예수 그리스도께서 믿는 자들에게 자기의 말씀을 순종하라고 명령하셨다(마 28:19,20). 믿는 자들이 성령으로 예수 그리스도의 말씀을 순종하면 교회를 통하여 그리스도의 형상이 나타난다. 교회는 성령으로 그리스도의 말씀을 순종함으로 그의 형상을 나타낸다. 예수 그리스도께서 천국복음을 전파하신 것처럼, 교회도 성령으로 복음을 증거한다. 예수 그리스도께서 이적과 기사를 행하신 것처럼, 교회도 성령으로 병자를 고치고 귀신을 쫓아낸다. 예수 그리스도께서 세상을 사랑하기 위하여 그의 피를 주신 것처럼, 교회도 그리스도의 사랑인 복음을 증거하기 위하여 목숨을 버린다. 곧 교회를 통하여 그리스도의 공생애가 재현되고 있다. 2,000년 전에 예수 그리스도께서 승천하셨지만, 교회는 성령으로 그의 공생애를 재현하고 있다.

　예수 그리스도는 하나님의 형상을 그대로 보이셨으므로 성경은 그리스도를 하나님의 본체라고 말씀한다(히 1:3). 하나님을 볼 수 없으나 믿는 자들은 그의 본체이신 예수 그리스도를 통하여 하나님을 본다. 이와 같이 교회는 성령으로 그리스도의 형상을 나타내므로 성경은 성도를 그리스도의 지체라고 말씀한다(고전 12:27). 곧 교회는 그리스도의 형상을 나타내는 그리스도의 지체이다. 그리스도께 여러 가지의 지체가 있는 것과 같이 교회에는 많은 직분이 있다. 지체는 머리로부터 하달되는 명령에 따라서 행동함으로, 그리스도는 교회의 머리이다. 머리에서 하달된 명령이 신경조직을 통하여 각 지체에 전달되고 지체는 그 명령에 따라서 움직인다. 만약 신경조직이 마비되면 지체는 머리에서 하달된 명령에 따라 움직이지 아니한다. 교회는 성령으로 진리를 순종함으로 그리스도의 형상을 나타낸다. 따라서 성령은 인체에 있어서 신경조직과 같은 역할을 한다고 말할 수 있을 것이다.

유월절 어린 양의 피에 의한 속죄를 통하여 애굽에서 광야로 나온 이스라엘의 회중을 광야 교회라고 한다. 광야 교회는 성도들의 회중인 그리스도의 교회의 모형과 그림자이다. 광야 교회는 율법을 통하여 자신의 죄를 깨닫고 장차 오실 그리스도를 믿는 믿음 위에 세워졌다. 광야 교회를 통하여 장차 오실 그리스도의 형상이 모형으로 나타났다. 성막에서 제사장이 드리는 제사는 그리스도의 피에 의한 속죄를, 만나는 그리스도의 말씀을, 반석에서 나오는 물은 그리스도로부터 나오는 생수(성령)를, 이스라엘을 인도하는 불기둥과 구름기둥은 성령의 인도하심을 모형으로 보여준다. 광야 교회를 통하여 모형으로 나타났던 그리스도의 형상이 그리스도의 교회를 통하여 실상으로 나타나고 있다.

교회가 진리와 성령으로 그리스도의 형상을 나타내는데 반하여, 세상은 마귀의 형상을 나타내고 있다. 마귀의 속성은 하나님의 말씀을 대적하는 것이다. 하늘에서 자기의 직분을 버리고 하늘보좌에 오르려고 함으로 타락한 천사의 악한 마음이 아담을 통하여 선악과 계명을 대적하는 행위로 나타났다. 아담이 타락한 이후부터 마귀는 세상을 지배하는 임금이 되었다. 마귀의 악한 생각이 사람을 통하여 하나님을 대적하는 행동으로 표출되고 있다. 가인은 마귀에게 속하여 아벨을 죽였고 이스라엘 백성은 마귀의 지배 아래서 율법을 범하였다. 뿐만 아니라 마귀는 사람의 인격을 지배하고 있다. 세상은 마귀에게 속하여 정욕에 따라서 살아가는 사람들의 집단이다. 마귀는 세상을 통하여 자신의 형상을 나타내고 있다.

마귀는 이방인들을 통하여 하나님의 백성으로 택함을 받은 이스라엘 백성을 핍박하였다. 이와 같이 이제 마귀는 세상을 통하여 교회를 미혹하고 박해한다. 마귀는 국가 권력이나 사상으로 교회를 박해한다. 마귀는 세상학문과 거짓 선지자들을 통하여 교회를 미혹한다. 로마제국은 국가의 권력을 이용하여 교회를 박해하였으며 공산주의 국가도 역시 국가의 권력으로 교회를 핍박한다. 마귀는 이방종교와 진화론, 자유주의 신학과 거짓선지자를 통하여 교회를 미혹하고 있다. 예수 그리스도께서 세상으로부터 핍박을 받으신 것과 같이 교회는 세상으로부터 박해를 받고 있다.

지구상에는 교회를 통하여 나타나는 그리스도의 형상과 세상을 통하여 나타나는 마귀의 형상이 충돌하고 있다. 교회는 만물 위에 있으므로 자기를 박해하는 마귀의 권세를 이기고 있다. 교회는 세상으로부터 핍박을 받으므로 세상의 죄를 드러내고 있다. 교회는 성령의 권능으로 마귀의 권세를 결박하고 귀신을 쫓아냄으로 그리스도의 영광을 나타내고 있다. 교회는 그리스도의 지체로서 그리스도와 함께 하늘보좌에 앉아있으며 그리스도와 동일한 권세를 가지고 마귀를 결박하고 있다.

교회는 그리스도의 지체이므로 그리스도와 함께 하늘보좌에 앉아서 세상을 통치한다. 세상을 통치하는 교회의 권세는 예수 그리스도의 말씀과 성령으로부터 나온다. 예수 그리스도의 말씀은 만물을 창조하신 말씀이며 동시에 만물을 의와 공의로 통치하는 말씀이다. 예수 그리스도의 말씀의 권세가 성령으로 나타난다. 교회는 성령으로 예수 그리스도의 말씀을 순종함으로 세상을 이긴다. 교회의 통치는 마귀를 결박하는 권세로 나타난다. 예수 그리스도께서 교회에게 자기의 권세를 주시고 세상을 이기게 하셨다. 교회는 그 권세로 복음으로 증거함으로 그리스도의 형상과 하나님의 영광을 나타내고 있다.

교회는 그리스도의 지체로서 그와 함께 하늘보좌에 앉아있다. 따라서 교회는 세상을 초월하여 만물 위에 있다. 교회는 세상에 속한 자가 아니라 하늘에 속한 자이며 세상에 있는 모든 것들을 심판하는 권세를 가지고 있다. 세상에 속한 자가 예수 이름으로 세상으로부터 나와서 하나님께로 돌아오면 교회는 그에게 구원을 선포한다. 교회가 심판과 구원을 선포하면 하늘에서 예수 그리스도는 교회의 선포를 그대로 인정하신다.

3. 교회는 성령으로 복음을 증거함으로 천국 복음을 전파하신 예수 그리스도의 형상을 나타낸다. 교회가 전파하는 복음증거의 내용은 율법의 정죄와 회개의 선포, 마귀의 심판과 그리스도의 왕권의 선포, 그리스도의 피에 의한 속죄와 교회의 복음증거를 내용으로

한다. 예수 이름을 믿음으로 얻는 구원은 율법에 의하여 죄를 깨닫고 회개하는 것으로부터 시작한다. 세상에 속한 자들이 자신의 죄를 깨달으면 비로소 그 죄로부터 구원을 얻으려고 하기 때문이다. 병자가 병원을 찾아가는 것처럼, 율법으로 자신의 죄를 깨닫는 자만이 죄로부터 구원을 얻으려고 한다. 교회가 성령으로 복음을 증거할 때 그 말씀을 듣는 자는 성령의 감동으로 자신의 죄를 깨닫는다.

죄인은 마귀의 지배 아래서 하나님을 대적하는 자들을 말한다. 애굽에서 이스라엘 백성이 바로의 지배 아래서 애굽의 신을 섬긴 것처럼, 세상은 마귀의 지배 아래서 하나님을 대적한다. 이스라엘이 애굽에서 광야로 나오듯이, 세상에 속한 자들이 자기의 죄를 깨닫고 마귀의 지배에서 벗어난다. 이것이 구원이다. 교회는 이를 위하여 마귀를 심판하신 예수 그리스도의 왕권을 선포한다. 교회는 그 증거로써 예수 이름으로 귀신을 쫓아낸다. 복음의 말씀을 듣는 자가 예수 이름을 믿음으로 마귀의 지배에서 벗어나서 구원을 얻으려고 하더라도 마귀는 이것을 막지 못한다. 교회가 성령으로 예수 그리스도의 왕권을 선포하면, 성령께서 마귀를 결박하시고 믿는 자들을 마귀의 지배로부터 이끌어내신다.

교회는 예수 그리스도의 피로써 인류의 죄가 대속되었음을 선포한다. 교회가 예수 그리스도의 피로써 모든 죄가 도말되었으므로 예수 이름을 믿음으로 죄 사함을 받으라고 선포하면, 그 말씀을 듣는 자들이 성령의 감동으로 예수 이름을 믿음으로 구원을 받는다. 교회는 성령으로 믿고 구원을 얻은 자들의 병을 고침으로 믿는 자의 모든 죄가 사하여졌음을 증거한다. 율법의 저주로 인하여 온 병은 예수 이름을 믿고 구원을 얻으면 치료된다. 예수 그리스도께서 믿는 자들의 죄를 사하시고 질병을 고치신 것처럼, 교회는 예수 그리스도의 피에 의한 속죄를 증거하고 믿는 자들의 병을 고친다.

교회가 증거하는 복음의 핵심은 하나님의 아들이신 예수 그리스도를 믿음으로 구원을 얻는 것이다(요 20:31). 예수 그리스도께서 세상 임금인 마귀를 심판하고 인류의 죄를 대속하려면 죄가 없는 하나님의 아들이셔야 한다. 율법과 양심에 의하여 정죄 받아 십자가에 못 박힌 예수 그리스도께서 하나님의 아들이란 증거는 그의 부활이다. 세상은 예수 그리스도를 가장 흉악한 죄인으로 심판하여 십자가에 못 박아 죽였다. 그러나 그는 죄가 없는 하나님의 아들이시므로 하나님께서 그를 살리셨다(롬 1:4). 예수 그리스도께서 부활하신 뒤에 하늘보좌에 앉으시고 믿는 자들에게 성령을 보내주신다. 믿는 자들이 성령으로 방언을 말하고 복음을 증거하며 이적과 기사를 행하는 것은 예수 그리스도의 부활과 동시에 하나님의 아들을 증거하는 것이다.

오순절 날 성령을 받은 뒤에 사도들은 예수 그리스도의 부활을 증거하였다. 예수 그리스도가 하나님의 아들이시고 부활하셨다면, 그리스도를 정죄한 대제사장과 빌라도는 죄가 없는 하나님의 아들을 죽인 죄인이다. 따라서 사도들이 예수 그리스도의 부활을 증거할 때 대제사장과 유대인들은 사도들을 매로 치고 옥에 가두었다. 그러나 사도들은 죽음을 두려워 아니하고 성령의 권능으로 그리스도의 부활을 증거하였다. 사도들은 예수 이름으로 병을 고치고 귀신을 쫓아냄으로 예수 그리스도의 부활을 증거하였다. 베드로는 할례자의 사도로서 대제사장과 유대인들 앞에서 예수 그리스도의 부활을 증거함으로 산헤드린 공회의 판결이 잘못되었음을 선언하였다. 바울은 이방인의 사도로서 로마제국의 법정에서 예수 그리스도의 부활을 증거함으로 빌라도의 판결이 잘못되었음을 선언하였다. 사도들은 성령으로 예수 그리스도의 부활을 증거함으로 세상을 악하다고 선언하였다.

하나님은 율법을 통하여 사랑을 모형으로 보여주셨다. 율법의 강령은 하나님과 이웃을 사랑하는 것이다. 이스라엘은 육신이 연약하여 율법이 요구하는 사랑을 실천하지 못하였으나, 예수 그리스도께서 그의 피로써 목숨을 다하여 하나님을 사랑하고 이웃을 내 몸과 같이 사랑하셨다. 인류를 향한 하나님의 사랑은 예수 그리스도의 피로써 죄와 허물을 덮는 것이다. 그리스도의 피로써 아담 안에서 죄로 인하여 죽은 영혼들을 살리는 것이 하나님의 사랑이다. 하나님은 교회에게 사랑의 실천을 명하는 새 계명으로 주셨다. 교회는 성령으로 복음을 전파함으로 죄로 인하여 죽은 영혼을 살리고 하나님의 사랑을 실천하고 있다.

복음의 전도는 하나님의 사랑과 관련된다. 하나님의 사랑이 예수 그리스도의 피로써 나타났다(롬 5:8). 사랑은 허다한 죄를 덮는 것이기 때문이다(벧전 4:8). 예수 그리스도의 피로써 아담 안에서 죄로 인하여 죽은 영혼을 살리는 것이 사랑이다. 따라서 복음전도는 하나님의 사랑을 실천하는 것이다. 복음의 전도 없이 이웃을 구제하는 것은 사랑이 아니다(고전 13:3). 복음 전도는 세상의 죄를 자신의 죄로 여기는 긍휼과 사랑을 전제로 한다. 사도 바울은 세상의 죄를 자신의 죄로 여기는 마음으로 복음을 전하였다.

4. 아브라함은 믿음으로 이삭을 번제로 드림으로 하나님께 열납되는 제사와 예배의 모형을 보여주었다. 아브라함은 자기를 위하여 믿음으로 이삭을 번제로 드렸으며 하나님은 그의 제사를 받으시고 그에게 그리스도의 언약을 주셨다. 그는 죽은 자를 살리시는 하나님의 전능하심을 믿고 이삭을 번제로 드렸다. 아브라함이 열국의 아비가 되려면 이삭을 통하여 많은 자손이 태어나야 하기 때문이다. 하나님은 이삭을 대신하여 어린 양을 준비하시고 이것을 통하여 인류의 죄를 대속하실 그리스도의 모형을 보여주셨다. 아브라함은 장차 오실 그리스도를 위하여 자기의 목숨보다 더 귀한 예물을 하나님께 드렸다. 예배는 독자의 목숨보다 귀하다고 말할 수 있다.

제사장이 성막에서 드리는 제사는 예배의 모형이다. 죄로 인하여 더러운 자들은 성소에 들어갈 수 없기 때문에, 율법에 의하여 성막에서 드리는 제사는 예물을 죽여 그 피를 뿌리는 것으로부터 시작하였다. 제사장은 성소에 들어가 등잔에 불을 밝히고 분향단에 향을 사르고 상에 진설병(떡)을 쌓아놓았다. 대제사장은 송아지와 염소의 피를 가지고 지성소에 들어가 자기와 이스라엘의 죄를 속한 뒤에 하나님의 말씀을 들었다. 레위인들은 성막에서 하나님의 이름을 찬양하였다. 이것이 예배의 모형이다.

진정으로 예배하는 것은 진리의 말씀을 통하여 예수 그리스도를 만나는 것을 말한다. 진리의 말씀은 영의 양식이며 영 안에 들어오는 말씀이다. 진리는 하나님 아버지의 말씀이며 동시에 아들의 말씀이다. 진리의 말씀을 통하여 하나님 아버지와 예수 그리스도의 얼굴을 뵐 수 있다. 교회가 진리의 말씀으로 예배할 때 성령은 예배자로 하여금 예수 그리스도의 얼굴을 뵙게 한다. 따라서 하나님은 진리로 예배하는 자를 찾으신다. 예배는 하나님의 얼굴을 뵙고 그의 손에 입을 맞추는 것이다. 이러한 예배는 진리와 성령으로 드리는 예배이다. 예수 그리스도께서 아버지의 말씀을 순종함으로 하나님의 형상을 보여주셨으므로 교회는 성령의 감동으로 예수 그리스도의 말씀을 통하여 계시되는 하나님의 얼굴을 뵙는다. 이것이 진정과 신령으로 드리는 예배이다. 하나님은 이렇게 예배를 드리는 자들을 찾으신다.

예배는 예배당에서 드리는 예배와 생활 속에서 드리는 예배로 구분할 수 있다. 예배당에서 하나님을 찬양하고 하나님께 예물을 드리며, 성령으로 진리의 말씀을 들으며 기도하는 것은 특정한 시간에 드리는 예배이다. 이에 반하여 믿는 자들은 매일, 매 시간에 하나님의 뜻을 순종함으로 예배를 드린다. 성도가 성령으로 진리의 말씀을 순종하면 그 말씀을 통하여 그리스도의 얼굴을 뵙는다. 하나님의 뜻은 예수 그리스도를 통하여 계시되었고 믿는 자들은 성령으로 그 뜻을 순종함으로 하나님의 영광을 나타내고 그 영광 안에서 하나님의 얼굴을 뵙는다. 이것이 생활 속에서 성도들이 드리는 산 예배이며 동시에 영적인 예배이다.

제사장은 육체의 예법인 율법에 의하여 성막에서 하나님을 뵈었다. 그러나 교회는 영을 살리는 진리의 말씀을 통하여 하나님께 나아간다. 믿는 자들은 그리스도의 지체이므로 그의 말씀에 따라서 움직인다. 믿는 자들이 그리스도의 말씀 앞에 무릎을 꿇을 때 하나님의 온전한 뜻이 교회를 통하여 형상화된다. 믿는 자들은 항상 그리스도의 말씀에 무릎을 꿇고 그 얼굴을 대한다. 이것이 생활 속에서 드리는 산 제사이며 영적인 예배이다.

예수 그리스도께서 율법을 통하여 계시된 모든 의식을 폐하셨지만 교회에게 세례와 성찬을 명령하셨다. 성찬은 그리스도의 살과 피를 기념하는 것으로 유월절을 통하여 계시되었다. 이스라엘 백성은 유월절 날 밤에 어린 양을 잡아서 그 피를 문설주와 인방에 바르고 그 양의 고기와 뼈를 먹고 애굽에서 광야로 나왔다. 그들은 애굽에서 급히 나왔으므로 유교병을 먹지 못하고 무교병을 먹었다. 이것을 기념하는 절기가 유월절이다. 할례를 받은 자는 어린 양의 고기와 뼈, 그리고 누룩을 넣지 아니한 무교병을 먹음으로 하나님의 은혜로 애굽에서 나온 것을 기념하였다.

할례는 율법을 온전히 순종하겠다는 맹세로 받는 의식이다. 이스라엘 백성이 유월절 어린 양의 피로써 애굽에서 나온 뒤에 홍해를 건넘으로 애굽의 바로의 권세에서 완전히 해방되었다. 광야 시내산에서 그들은 율법을 받았다. 따라서 이방인이 율법을 순종하겠다는 맹세로 할례를 받는 것은 이스라엘 백성이 유월절 어린 양의 피로써 애굽에서 나와 홍해를 건넜다는 것을 믿는 것이다. 따라서 할례자만이 유월절에 참여할 수 있다는 것은 성찬에 참여할 자의 자격을 모형으로 보여준다. 이스라엘 백성이 애굽에서 광야로 나온 뒤에 유월절을 지킨 것과 같이, 예수 이름으로 세례를 받음으로 마귀의 권세로부터 해방된 자만이 성찬에 참여할 수 있다. 만약 세상에 속한 자가 성찬에 참여하면 자기의 죄를 먹고 마시는 것이다.

교회가 세상과 분리되어 하늘에 속하였다는 증거로 성찬에 참여한다. 성찬은 유월절 의식으로부터 시작하였다. 이스라엘 백성이 애굽에서 광야로 나온 뒤에 유월절을 지킨 것과 같이, 교회는 예수 그리스도의 피로써 세상에서 나온 뒤에 성찬에 참여한다. 떡을 떼는 것은 그리스도의 살을, 포도주를 마시는 것은 그리스도의 피를 기념하는 것이다. 교회는 예수 그리스도의 살과 피로써 세상에서 나와 하나님께 돌아온 것을 성찬을 통하여 기념한다.

제7부

예수 그리스도의 재림과 최후의 심판

7.1 예수 그리스도 재림과 성도의 부활
  1. 재림의 준비
  2. 그리스도의 재림의 징조
  3. 예수 그리스도의 재림과 성도의 부활

7.2 예수 그리스도의 재림과 최후의 심판
  1. 심판의 기준
  2. 음부와 낙원에 있는 자들에 대한 의의 심판
  3. 육체가 살아있는 자들에 대한 의의 심판
  4. 무저갱에서 나온 자들에 대한 의의 심판

7.3 첫째 부활과 마지막 부활
  1. 첫째 부활에 참여할 자
  2. 마지막 부활에 참여할 자

7.4 지옥의 형벌과 아버지 집의 영광
  1. 지옥의 형벌
  2. 새 예루살렘 성과 첫째 부활에 참여한 자들이 받을 유업
  3. 새 예루살렘 성과 하나님의 영광

7.5 요약 및 결론

"그러나 주의 날이 도적 같이 오리니 그 날에는 하늘이 큰 소리로 떠나가고 체질이 뜨거운 불에 풀어지고 땅과 그 중에 있는 모든 일이 드러나리로다"(벧후 3:10).

"그 후에 우리 살아남은 자도 저희와 함께 구름 속으로 끌어 올려 공중에서 주를 영접하게 하시리니 그리하여 우리가 항상 주와 함께 있으리라"(살전 4:17).

"사망과 음부도 불못에 던지우니 이것은 둘째 사망 곧 불못이라"(계 20:14).

"우리는 그의 약속대로 의의 거하는바 새 하늘과 새 땅을 바라보도다"(벧후 3:13).

"또 내가 새 하늘과 새 땅을 보니 처음 하늘과 처음 땅이 없어졌고 바다도 다시 있지 않더라"(계 21:1).

제7부 예수 그리스도의 재림과 최후의 심판

7.1 예수 그리스도 재림과 성도의 부활

1. 재림의 준비

(1) 복음의 전파와 이스라엘의 구원

1) 그리스도 이전 인류의 역사는 육신으로 임하실 하나님의 아들의 길을 준비하는 것이다. 이스라엘 백성은 장차 오실 그리스도의 길을 준비함으로 하나님의 영광을 나타냈다. 그리스도 이후 인류의 역사는 다시 오실 인자의 길을 준비하는 것이다. 그 길은 복음의 전파로부터 시작되고 있다. 복음의 전파는 인류의 구원의 계획과 관련된다. 인류의 구원계획에 있어서, 이방인이 먼저 구원을 받고 그 후에 이스라엘이 받을 것이라고 사도 바울은 기록하였다. 하나님께서 이스라엘을 자기의 백성으로 택하셨으나 이방인보다 나중에 구원을 받을 것이다. 이방인은 나중에 택함을 받았으나 이스라엘보다 먼저 구원을 얻을 것이다. 하나님께서 이스라엘을 이방인보다 먼저 자기의 백성으로 택하신 이유는 그리스도의 길을 준비하기 위함이다. 하나님께서 이스라엘보다 이방인을 먼저 구원하는 이유는 다시 오실 그리스도의 길을 준비하기 위함이다.

2) 인류에 대한 하나님의 뜻은 예수 그리스도를 믿는 자들을 구원하시고 믿지 아니하는 자들을 심판하는 것이다. 그리스도 이전, 이스라엘 백성은 율법을 통하여 하나님의 뜻을 알고 장차 오실 그리스도를 믿음으로 의롭다하심을 받았다. 하나님은 이방인들에게 만물을 통하여 하나님의 신성을 알게 하시고 그들의 죄를 용서하실 하나님을 믿게 하셨다. **"창세로부터 그의 보이지 아니하는 것들 곧 그의 영원하신 능력과 신성이 그 만드신 만물에 분명히 보여 알게 되나니 그러므로 저희가 핑계치 못할찌니라"** (롬 1:20). 그리스도 이후, 예수 이름을 믿는 자들은 영생을 얻었지만 믿지 아니하는 자들은 심판을 받는다. **"저를 믿는 자는 심판을 받지 아니하는 것이요 믿지 아니하는 자는 하나님의 독생자의 이름을 믿지 아니하므로 벌써 심판을 받은 것이니라"** (요 3:18). 믿음을 기준으로 하여 예수 그리스도 이후 사람들을 심판할 경우에, 복음을 듣지 못한 자들은 심판에

대하여 이의를 제기할 것이다. 따라서 복음이 온 세상에 전파된 뒤에 그리스도께서 강림하실 것이다.

3) 세상이 예수 그리스도의 말씀을 들으려면 복음을 전하는 자가 있어야 한다. 따라서 예수 그리스도께서 교회에게 복음 증거를 명하셨다. **"그러므로 너희는 가서 모든 족속으로 제자를 삼아 아버지와 아들과 성령의 이름으로 세례를 주고 내가 너희에게 분부한 모든 것을 가르쳐 지키게 하라 볼찌어다 내가 세상 끝날까지 너희와 항상 함께 있으리라 하시니라"** (마 28:19,20). 뿐만 아니라 예수 그리스도께서 복음전도를 위하여 믿는 자들에게 성령을 보내주신다(행 2:33). 믿는 자들이 성령으로 복음을 증거함으로 그리스도의 강림을 준비하고 있다. 복음이 온 세상에 전파되면 예수 그리스도께서 영광 가운데 강림하실 것이다. **"이 천국 복음이 모든 민족에게 증거되기 위하여 온 세상에 전파되리니 그제야 끝이 오리라"** (마 24:14).

4) 온 세상에 복음이 전파되게 하기 위하여, 하나님은 이스라엘을 강퍅하게 하신 뒤에 이방인을 택하여 구원을 받게 하시고 마지막 때에 이스라엘을 택하여 구원받게 하셨다. 그 이유는 이스라엘의 선민의식 때문이다. 이스라엘은 자신들만이 율법을 받은 하나님의 백성으로서 구원을 얻어야 하며 이방인은 구원을 얻지 못할 자로 생각하고 있었다. 율법도 이스라엘 백성에게 이방인들과의 교제를 금하고 있으므로 유대인들은 이방인의 구원을 원하지 아니하였다(신 7:2). 역사적으로 이방인은 이스라엘 백성을 미혹하여 우상을 숭배하게 하였고 이로 인하여 이스라엘이 멸망하였으므로 그들은 이방인과의 교제를 죄악시하고 이방인들을 짐승과 같이 취급하였다(행 10:12). 따라서 이스라엘이 먼저 구원을 받았다면 복음은 이방인들에게 전파되지 아니하였을 것이다.

5) 사도들이 복음을 전할 때 하나님께서 유대인의 마음을 열어서 그들로 하여금 구원을 받게 하셨다면 그들만 구원을 얻으려고 하였을 것이다. 베드로가 이방인에게 복음을 전하였을 때 이 소식을 들은 유대인들이 베드로를 비방한 것은 이러한 이유 때문이다. **"유대에 있는 사도들과 형제들이 이방인들도 하나님 말씀을 받았다 함을 들었더니 베드로가 예루살렘에 올라갔을 때에 할례자들이 힐난하여 가로되 네가 무할례자의 집에 들어가 함께 먹었다 하니"** (행 11:1~3). 하나님의 말씀을 듣는 이방인들에게 성령이

임하였다는 소식을 접한 유대인들은 이방인들도 택함을 받아 생명의 말씀을 받을 수 있다는 것을 알았다. "그런즉 하나님이 우리가 주 예수 그리스도를 믿을 때에 주신 것과 같은 선물을 저희에게도 주셨으니 내가 누구관대 하나님을 능히 막겠느냐 하더라 저희가 이 말을 듣고 잠잠하여 하나님께 영광을 돌려 가로되 그러면 하나님께서 이방인에게도 생명 얻는 회개를 주셨도다 하니라"(행 11:17,18).

6) 사도시대에 하나님께서 이스라엘을 강퍅하게 하셨다. 사도 바울이 회당에서 유대인들과 이방인들에게 복음을 증거하였을 때 유대인들은 복음을 거절하였으나 이방인들은 받아드렸다. "그 다음 안식일에는 온 성이 거의 다 하나님 말씀을 듣고자 하여 모이니 유대인들이 그 무리를 보고 시기가 가득하여 바울의 말한 것을 변박하고 비방하거늘 바울과 바나바가 담대히 말하여 가로되 하나님의 말씀을 마땅히 먼저 너희에게 전할 것이로되 너희가 버리고 영생 얻음에 합당치 않은 자로 자처하기로 우리가 이방인에게로 향하노라 주께서 이같이 우리를 명하시되 내가 너를 이방의 빛을 삼아 너로 땅 끝까지 구원하게 하리라 하셨느니라 하니 이방인들이 듣고 기뻐하여 하나님의 말씀을 찬송하며 영생을 주시기로 작정된 자는 다 믿더라"(행 13:44~48). "영생을 주시기로 작정된 자"란 하나님의 택하심을 받은 이방인을 말한다. 유대인들은 버림을 받았으므로 복음을 들었으나 그 말씀을 깨닫지 못하였다.

7) 유대인들은 예수 그리스도의 말씀을 듣고 그의 사역을 보았지만 그가 하나님의 아들이시며 그리스도이심을 알지 못하였다. 산헤드린 공회에서 예수 그리스도는 자신이 하나님의 아들이심을 밝히셨으나(막 14:62), 대제사장과 장로들은 이를 알지 못하였다. 따라서 그들은 빌라도에게 예수 그리스도를 십자가에 못 박으라고 요구하였다(마 27:22). 유대인들이 예수 그리스도를 알지 못한 것은 하나님의 뜻이며 구약성경의 예언의 성취이다. "여호와께서 가라사대 가서 이 백성에게 이르기를 너희가 듣기는 들어도 깨닫지 못할 것이요 보기는 보아도 알지 못하리라 하여 이 백성의 마음으로 둔하게 하며 그 귀가 막히고 눈이 감기게 하라 염려컨대 그들이 눈으로 보고 귀로 듣고 마음으로 깨닫고 다시 돌아와서 고침을 받을까 하노라"(사 6:9,10). 유대인이 강퍅하게 되었으므로 복음을 거절하였고 그 결과 이방인들이 구원을 받게 되었다.

8) 오순절 성령감림 이후에 베드로는 유대인을 향하여 그리스도의 부활을 증거하였다. 복음의 말씀을 들은 유대인들이 회개하고 예수 그리스도의 이름으로 세례를 받았다. **"또 여러 말로 확증하며 권하여 가로되 너희가 이 패역한 세대에서 구원을 받으라 하니 그 말을 받는 사람들은 세례를 받으매 이 날에 제자의 수가 삼천이나 더하더라"** (행 2:40,41). 이 말씀을 중심으로 하면 많은 유대인들이 예수 그리스도를 믿고 구원을 받았다고 인정할 수 있다. 그러나 그들 가운데 대다수는 율법의 행위로 돌아갔다고 해석할 수 있다. 사도 바울이 제3차 전도여행을 마치고 예루살렘으로 돌아왔을 때, 거기에서 예수 그리스도를 믿는 자들이 다른 한편으로 율법의 모든 의식을 지키고 있었다. **"저희가 듣고 하나님께 영광을 돌리고 바울더러 이르되 형제여 그대도 보는바에 유대인 중에 믿는 자 수만 명이 있으니 다 율법에 열심 있는 자라"** (행 21:20). 그들은 나실인의 서약을 하고 성전에서 소와 염소와 양의 피를 드리는 제사도 드렸다(행 21:26). 이것은 구원에 대한 하나님의 뜻을 대적하는 것이다. 사도 바울은 갈라디아 교회를 향하여 믿음으로 구원을 얻은 뒤에 율법으로 돌아가는 것을 다른 복음이라고 경고하였다. **"다른 복음은 없나니 다만 어떤 사람들이 너희를 요란케 하여 그리스도의 복음을 변하려 함이라"** (갈 1:7). 예루살렘 성도들이 믿음과 동시에 율법의 행위를 강조한 것은 하나님의 뜻을 반영하는 것으로 해석할 수 있다.96) 하나님께서 이스라엘을 버리고 이방인을 택하셨다.

9) 하나님께서 이스라엘을 버리고 이방인을 택하신 것은 보다 많은 사람을 구원하기 위한 것이다. 예수께서 하나님의 아들이며 그리스도이심을 믿음으로 이방인들이 구원을 받은 것이다. 구원을 받은 이방인들의 수가 점차 증가할 것이며 이를 통하여 하나님의 영광이 나타날 것이다. 믿음으로 의롭다하심을 받은 자들에게 하나님의 복이 임할 것이며, 그 복은 영적인 복의 그림자로서 물질적인 것으로 나타날 수 있을 것이다. 이스라엘의 영안이 열리면 구원 받은 이방인을 보고 이를 시기할 것이다. **"그러므로 내가 말하노니 저희가 넘어지기까지 실족하였느뇨 그럴 수 없느니라 저희의 넘어짐으로 구원이 이방인에게 이르러 이스라엘로 시기나게 함이니라 저희의 넘어짐이 세상의 부요함이**

---

96) 율법에 열심인 예루살렘 성도들의 구원 여부는 하나님의 판단에 맡겨야 한다.

되며 저희의 실패가 이방인의 부요함이 되거든 하물며 저희의 충만함이리요"(롬 11:11,12).

10) 이스라엘이 강퍅하게 되므로 구원을 얻지 못하였지만 하나님께서 그들을 완전히 버린 것은 아니다. 예수 그리스도의 피에 의한 속죄와 구원이 이스라엘의 고난을 통하여 성취되었기 때문이다. 이스라엘이 예수 그리스도의 길을 준비하기 위하여 당한 고난에 대하여 하나님은 구원으로 갚으실 것이다. 이방인들의 많은 수가 구원을 얻은 이후에 이스라엘이 믿음으로 구원을 얻을 것이다. **"형제들아 너희가 스스로 지혜 있다 함을 면키 위하여 이 비밀을 너희가 모르기를 내가 원치 아니하노니 이 비밀은 이방인의 충만한 수가 들어오기까지 이스라엘의 더러는 완악하게 된 것이라 그리하여 온 이스라엘이 구원을 얻으리라 기록된바 구원자가 시온에서 오사 야곱에게서 경건치 않은 것을 돌이키시겠고 내가 저희 죄를 없이 할 때에 저희에게 이루어질 내 언약이 이것이라 함과 같으니라"**(롬 11:25~27). 이방인의 충만한 수가 구원을 얻은 뒤에 복음이 이스라엘에게로 들어갈 것이다. 이로써 온 세상에 복음이 증거될 것이며 그 후에 그리스도께서 재림하실 것이다. 이방인들이 먼저 구원을 얻고 마지막에 이스라엘이 구원을 얻는 것이 하나님의 뜻이다.

11) 예수 그리스도의 피에 의한 속죄와 구원이 이스라엘의 고난을 통하여 성취되었으므로 이방인들은 그들에게 신령한 빚을 지고 있다. 이스라엘이 아니면 이방인들은 구원을 받지 못하기 때문이다. 율법과 선지자들은 장차 오실 그리스도를 위하여 생명의 말씀이 뿌려질 밭을 갈았다. 선지자들은 율법으로 모든 사람의 행위를 정죄하여 세상을 하나님의 심판 아래 가두었으므로 사람들은 그리스도의 구원을 사모하게 되었다. 이스라엘 백성은 선지자들의 동역자로서 함께 고난을 당하였다. 율법과 선지자의 예언을 통하여 그리스도께서 속죄와 심판사역을 이루셨으므로 이방인들은 이스라엘에게 영적인 빚을 지고 있다. **"저희가 기뻐서 하였거니와 또한 저희는 그들에게 빚진 자니 만일 이방인들이 그들의 신령한 것을 나눠 가졌으면 육신의 것으로 그들을 섬기는 것이 마땅하니라"**(롬 15:27). 따라서 이방인들은 극한 가난 속에서 예루살렘 교회를 위하여 연보를 하였다. **"환난의 많은 시련 가운데서 저희 넘치는 기쁨과 극한 가난이 저희로 풍성한 연보를**

넘치도록 하게 하였느니라" (고후 8:2). 이제 구원을 받은 이방교회는 이스라엘의 구원을 위하여 전도하며 연보하고 있다.

12) 예수 그리스도께서 다시 오시기 전에 온 세상에 복음이 전파될 것이며 마지막에 온 이스라엘이 구원을 얻을 것이다. 이를 위하여 교회는 복음이 전파되지 아니한 지역으로 선교사를 파견하고 있다. 그리고 하나님은 교회를 통하여 성령으로 역사하신다. 이스라엘이 복음화되기 전에 그리스도께서 오시지 아니할 것이다. 아직 이스라엘에게 복음이 들어가지 아니하였지만 많은 거짓 선지자들이 그리스도의 재림의 때를 예언하였다. 그들의 예언은 빗나갔고 교회는 이로 인하여 세상에서 웃음거리가 되었다. 그리스도의 재림의 때를 예언하는 거짓 선지자들과 그들의 말에 미혹을 받은 자들은 심판을 받을 것이다.

(2) 거짓 그리스도와 거짓 선지자의 출현

1) 이스라엘이 가나안 땅에 정착한 뒤에 하나님은 이방여자를 통하여 이스라엘 백성을 시험하셨다. 이방여자들에게 미혹을 받아 우상을 숭배하고 음행한 자들은 심판을 받아 멸망하였다. 그러나 선지자들의 말씀을 듣고 우상을 멀리한 자들은 의롭다하심을 받았다. 이와 같이 말세의 징조는 많은 거짓 그리스도, 적그리스도 및 거짓 선지자가 나타나서 교회를 미혹하는 것이다. 거짓 그리스도란 자신을 가리켜 그리스도라고 하는 자들이며 적그리스도란 예수 그리스도의 신성이나 인성을 부인하는 것을 의미한다. 거짓 그리스도와 적그리스도는 불신자를 미혹하지 아니하고 교회를 미혹하여 타락하게 한다. 하나님께서 거짓 그리스도와 적그리스도를 허락하신 이유는 알곡과 쭉정이를 구분하기 위함이다. 말세에 세상은 타작마당과 같다. 하나님께서 양과 염소를 구분하기 위하여 교회를 시험하실 것이다.

2) 하나님은 말세를 맞이하여 거짓 그리스도와 적그리스도를 통하여 교회를 시험하실 것이다. 마치 타작마당과 같이, 농부가 추수한 뒤에 곡식을 알곡과 쭉정이로 구분하듯이, 하나님께서 예수 이름을 믿는다고 고백하는 자들을 시험하신다. **"손에 키를 들고 자기의 타작마당을 정하게 하사 알곡은 모아 곡간에 들이고 쭉정이는 꺼지지 않는 불에 태우시리라" (마 3:12).** 알곡과 쭉정이는 양과 염소로 비유할 수 있다. 예수 그리스도께서

오시면 자기를 주님이라고 시인하는 모든 자들을 양과 염소로 구분하실 것이다. **"인자가 자기 영광으로 모든 천사와 함께 올 때에 자기 영광의 보좌에 앉으리니 모든 민족을 그 앞에 모으고 각각 분별하기를 목자가 양과 염소를 분별하는 것 같이 하여 양은 그 오른편에, 염소는 왼편에 두리라"** (마 25:31~33).

3) 말세에 거짓 그리스도와 거짓 선지자들이 나타나 택한 자들을 미혹할 것이라고 성경은 말씀한다. **"그 때에 사람이 너희에게 말하되 보라 그리스도가 여기 있다 혹 저기 있다 하여도 믿지 말라 거짓 그리스도들과 거짓 선지자들이 일어나 큰 표적과 기사를 보이어 할 수만 있으면 택하신 자들도 미혹하게 하리라 보라 내가 너희에게 미리 말하였노라 그러면 사람들이 너희에게 말하되 보라 그리스도가 광야에 있다 하여도 나가지 말고 보라 골방에 있다 하여도 믿지 말라"** (마 24:23~26). "택하신 자들"이란 예수 이름을 믿음으로 구원을 얻은 자들을 말한다. "광야에 있다"란 거짓 그리스도와 거짓 선지자들이 광장에 많은 사람을 모아놓고 미혹한다는 것을 의미한다. "골방에 있다"란 그리스도께서 은밀한 곳에 있다는 것을 의미한다. 그리스도께서 광야와 골방에 있다는 것은 많은 거짓 그리스도가 나타난다는 것을 의미한다.

4) 거짓 그리스도란 자신을 가리켜 그리스도라고 하는 자를 말한다. 거짓 그리스도는 자신을 신격화하여 재림 예수라고 하며 자기를 통하지 아니하면 천국에 들어갈 수 없다고 주장한다. 그 예로서 통일교를 들 수 있다. 통일교 문선명 교주는 자신을 가리켜 하나님의 대신자 또는 재림 예수라고 하며 구약성경과 신약성경에 원리강론(성약)을 추가하였다.[97] 통일교는 아담과 하와의 타락을 선악과 계명을 범한 것으로 보지 아니하고 타락한 천사인 루시퍼와 하와의 성관계로 본다. 이로 인하여 들어온 죄를 씻으려면 여자는 무죄한 의인과 성관계를 맺어야 한다. 그 의인이 문선명 교주이다. 문선명 교주는 자신을 그리스도라고 함으로 스스로 거짓 그리스도임을 시인하였다.

5) 거짓 그리스도들은 자신을 가리켜 보혜사 또는 목자라고 한다. 보혜사(파라클레토스)란 변호자란 의미를 가지고 있으며 성령과 예수 그리스도를 가리킨다. **"내가 아버지께 구하겠으니 그가 또 다른 보혜사를 너희에게 주사 영원토록 너희와 함께 있게 하시리**

---

[97] 김명희, 문선명의 정체(1) (한길사, 1987) p. 58.

니"(요 14:16). "다른 보혜사"란 성령을 의미한다. "내가 아버지께로서 너희에게 보낼 보혜사 곧 아버지께로서 나오시는 진리의 성령이 오실 때에 그가 나를 증거하실 것이요"(요 15:26). 하나님 아버지께로부터 오시는 성령은 예수 그리스도를 변호하시는 보혜사이시다. 또한 예수 그리스도는 하나님 아버지 앞에서 성도를 변호하시는 보혜사이시다. **"나의 자녀들아 내가 이것을 너희에게 씀은 너희로 죄를 범치 않게 하려 함이라 만일 누가 죄를 범하면 아버지 앞에서 우리에게 대언자가 있으니 곧 의로우신 예수 그리스도시라" (요일 2:1).** "대언자"란 보혜사(파라클레토스)를 가리킨다. 따라서 자신이 가리켜 보혜사라고 하는 자는 거짓 그리스도이다.

6) 마지막 때는 거짓 그리스도와 적그리스도가 나타나서 교회를 미혹한다. 위에서 논의한 바와 같이 로마 가톨릭과 자유주의 신학자들은 대표적인 적그리스도이다. 로마 가톨릭은 교회 밖에서 교회를 미혹한다. 이에 반하여 자유주의 신학은 교회 내부에서 교회를 붕괴시키고 있다.98) 자유주의 신학이 교회에 들어와서 교회로 하여금 창조주 하나님, 이적과 기사, 그리스도의 부활과 승천을 부인하게 한다. 자유주의 신학은 그리스도의 피에 의한 속죄를 부인하고 모든 종교에 구원이 있다고 주장한다. 그들은 하나님의 창조사역과 예수 그리스도의 신성을 부인함으로 교회를 무능한 존재로 전락시키고 있다. 한 걸음 더 나아가 그들은 인권이란 미명으로 동성애를 받아드림으로 교회를 음행의 도가니로 몰아넣고 있다.

7) 마지막 때에 거짓 선지자가 나타나서 교회를 미혹할 것이며 그들의 거짓 예언의 말을 믿고 타락한 자들은 심판을 받을 것이다. **"거짓 선지자가 많이 일어나 많은 사람을 미혹하게 하겠으며" (마 24:11).** 마지막 때에 거짓 선지자들의 유형은 세 가지로 분류할 수 있을 것이다. 첫째, 성경의 말씀을 초월하여 자기의 생각을 하나님의 예언의 말씀이라고 말하는 자들이다. 둘째, 세상에 속한 것들을 통하여 교회를 미혹하는 것이다. 셋째, 세상학문을 통하여 교회를 미혹하는 것이다.

8) 첫째 유형에 속하는 대표적인 것이 그리스도의 재림에 대한 날짜와 시간을 예언하

---

98) 자유주의 신학자들은 로마 가톨릭을 기독교의 범주에 포함시키고 있다. 기독교란 그리스도의 피에 의한 속죄와 구원만을 인정하는 개신교를 의미한다.

는 것이다. 그리스도의 재림은 하나님 아버지의 뜻에 속한 것이므로 어느 누구도 알 수 없다. 예수 그리스도께서도 제자들에게 그것을 알려고 하지 말라고 명령하셨다.99) **"그러나 그 날과 그 때는 아무도 모르나니 하늘에 있는 천사들도, 아들도 모르고 아버지만 아시느니라 주의하라 깨어 있으라 그 때가 언제인지 알지 못함이니라"** (막 13:32; 막 13:33) **"가라사대 때와 기한은 아버지께서 자기의 권한에 두셨으니 너희의 알바 아니요"** (행 1:7).

9) 예수 그리스도께서 그 재림의 날을 알려고 하지 말라고 명령하셨으나, 이것을 알려고 기도하여 사모하는 자는 그날에 대하여 환상을 보거나 말씀을 들을 수 있다. 그리스도의 재림에 대하여 환상을 보거나 하나님의 말씀을 듣는 것은 하나님께서 그에게 유혹을 역사하시기 때문이다. **"인자야 이 사람들이 자기 우상을 마음에 들이며 죄악의 거치는 것을 자기 앞에 두었으니 그들이 내게 묻기를 내가 조금인들 용납하랴 그런즉 너는 그들에게 말하여 이르라 나 주 여호와가 말하노라 이스라엘 족속 중에 무릇 그 우상을 마음에 들이며 죄악의 거치는 것을 자기 앞에 두고 선지자에게 나아오는 자에게는 나 여호와가 그 우상의 많은 대로 응답하리니"** (겔 14:3,4). "우상을 마음에 들이다"란 하나님의 말씀보다 더 사랑하는 것을 마음속에 가지고 있는 것을 말한다. 그리스도의 재림의 시기를 알려고 하는 것이 우상을 마음속에 들이는 것이다. 그 시기를 알려는 욕망이 하나님의 말씀보다 높으므로 그 마음이 우상이다. "죄악의 거치는 것"이란 재림의 시기를 알려고 하지 말라는 말씀을 대적하는 것을 말한다.

10) 그리스도의 재림의 시기를 알려고 애쓰며 기도하는 자에게 하나님은 유혹을 역사하기 위하여 재림의 시기에 대하여 환상이나 몽사를 보여주시거나 말씀이나 확신을 주신다. 그리스도의 재림을 예언하는 자들은 환상이나 꿈속에서 그의 강림을 보았고 기도 가운데 강림에 대한 세미한 음성을 들었다고 주장한다. 그들의 주장은 사실이다. 하나님께서 그들에게 거짓 것을 보여주셨기 때문이다. 하나님은 그들의 마음속에 있는 우상에 따라서 응답하신다. **"이스라엘 족속과 이스라엘 가운데 우거하는 외인 중에 무릇**

---

99) 사람은 자기의 죽는 날을 알지 못한다. 이와 같이 하나님은 그리스도의 재림과 우주종말의 날짜와 시간을 알지 못하게 하셨다.

나를 떠나고 자기 우상을 마음에 들이며 죄악의 거치는 것을 자기 앞에 두고 자기를 위하여 내게 묻고자 하여 선지자에게 나아오는 자에게는 나 여호와가 친히 응답하여" **(겔 14:7)**. 그리스도의 재림 뿐만 아니라 전쟁이나 테러에 관하여 예언하는 것도 마찬가지이다. 개인의 길흉화복에 대하여 예언하는 것도 같다. 자신의 미래에 관한 지식을 얻으려고 하나님 앞에 나오는 자들에게 하나님은 그들에게 유혹을 역사하신다. 전쟁이나 테러를 피하려고 기도하는 자는 환상이나 꿈속에서 그 날짜를 보고 이를 피하려고 하다가 놀림과 웃음거리가 된다.

11) 둘째 유형에 속하는 것은 세상에 속한 것을 통하여 교회를 육체의 일로 이끌어 가는 것이다. 교회가 육체의 것을 얻기를 소망하고 이를 위하여 기도하면 육체로부터 썩어질 것을 거둔다.100) **"자기의 육체를 위하여 심는 자는 육체로부터 썩어진 것을 거두고 성령을 위하여 심는 자는 성령으로부터 영생을 거두리라"** (갈 6:8). 교회는 그리스도의 지체로서 그리스도의 일을 하여야 한다. **"내가 이제 너희를 위하여 받는 괴로움을 기뻐하고 그리스도의 남은 고난을 그의 몸 된 교회를 위하여 내 육체에 채우노라"** (골 1:24). "그리스도의 남은 고난"이란 그의 공생애를 통하여 계시되었다. 그리스도의 공생애는 복음전도와 관련된다. **"예수께서 이르시되 내가 다른 동네에서도 하나님의 나라 복음을 전하여야 하리니 나는 이 일로 보내심을 입었노라 하시고"** (눅 4:43). 사도 바울은 그리스도의 일을 위하여 기도하고 세상으로부터 많은 고난을 당하였다.

12) 성경은 물질에 관하여 현재의 상태에서 만족하라고 말씀한다. **"그러나 지족하는 마음이 있으면 경건이 큰 이익이 되느니라 우리가 세상에 아무것도 가지고 온 것이 없으매 또한 아무 것도 가지고 가지 못하리니 우리가 먹을 것과 입을 것이 있은즉 족한 줄로 알 것이니라"** (딤 전 6:6~8). 현재 상태를 벗어나기 위하여 재물을 사모하여 열심히 기도하는 것, 보다 높은 지위를 얻기 위한 꿈을 가지고 간구하는 것은 육체의 일을 위하

---

100) 일부 교회는 세상일에 대하여 긍정적인 생각을 가지고 꿈을 가지고 기도하면 그것들이 성취될 것이라고 선포하고 있다. 물론 예수 믿고 구원을 받으면 육체적으로 잘 될 수 있다. 그러나 반드시 그런 것은 아니다. 사도들은 세상적으로 볼 때 철저하게 실패한 자이다. 예수 이름을 믿음으로 구원을 얻은 뒤에 육체가 잘 되는 것을 복으로 알고 기도하는 자는 육체로부터 썩어질 것을 얻을 것이다. 육체의 일이 잘 되는 것은 목적이 아니라 구원받은 자가 보너스로 얻는 것이다.

여 기도하는 것이다. 이런 것들은 이방종교에서 구하는 것이다. **"그러므로 염려하여 이르기를 무엇을 먹을까 무엇을 마실까 무엇을 입을까 하지 말라 이는 다 이방인들이 구하는 것이라 너희 천부께서 이 모든 것이 너희에게 있어야 할 줄을 아시느니라"** (마 6:31,32). 그리스도의 교회는 육체의 일을 하나님께 맡기고 그리스도의 남은 일을 하여야 한다.

13) 셋째 유형에 속하는 것으로 학문의 탈을 쓴 이론과 사상이다. 1859년에 출판된 찰스 다윈(Charles R. Darwin)의 진화론은 하나님의 창조사역을 부인하는 대표적인 가설이다. 전 세계 거의 모든 학교에서 진화론을 가르침으로 모든 사람으로 하여금 창조주 하나님을 부인하게 하고 있다. 예수 그리스도를 믿는다고 고백하는 사람도 창조주 하나님에 대하여 의심을 가지는 것은 진화론 때문이다. 칼 마르크스(karl Marx)의 유물론은 사람이 빵만으로 살 수 있다고 하는 이론을 도입하고 영적인 존재를 부인하므로 공산주의가 교회를 박해하는 길을 열어놓았다.101) 따라서 사도 바울은 하나님을 아는 지식을 대적하는 이론을 파하라고 권고하였다. **"우리의 싸우는 병기는 육체에 속한 것이 아니요 오직 하나님 앞에서 견고한 진을 파하는 강력이라 모든 이론을 파하며 하나님 아는 것을 대적하여 높아진 것을 다 파하고 모든 생각을 사로잡아 그리스도에게 복종케 하니"** (고후 10:4,5).

14) 마지막 때에는 거짓 선지자들과 거짓 그리스도뿐만 아니라 적그리스도가 나타나 교회를 미혹한다. **"미혹하는 자가 많이 세상에 나왔나니 이는 예수 그리스도께서 육체로 임하심을 부인하는 자라 이것이 미혹하는 자요 적그리스도니"** (요이 1:7). "예수 그리스도께서 육체로 임하심을 부인하는 자"란 하나님의 아들의 피에 의한 속죄를 부인하는 것을 말한다. 적그리스도는 하나님의 말씀을 초월하여 구원에 있어서 그리스도의 피에 의한 속죄를 부인하고 다른 길이 있다고 미혹한다. 그들은 갈라디아 교회를 율법의 행위로 미혹하였다. 그들은 그리스도의 피로 구원을 얻은 뒤에 율법을 순종하여야 구원을 얻을 수 있다고 미혹하였다. 대표적인 것이 할례이다. 사도 바울은 이것을 다른 복음이라

---

101) Earle E. Cairns, Christianity Through The Centuries, 엄성옥 옮김, 세계교회사, 2 (은성출판사, 2010), p. 257.

고 경고하였다. **"다른 복음은 없나니 다만 어떤 사람들이 너희를 요란케 하여 그리스도의 복음을 변하려 함이라"** (갈 1:7). 로마 가톨릭을 중심으로 일어나는 종교다원주의는 대표적인 적그리스도이다. 모든 종교에 구원이 있다는 이론은 그리스도의 피에 의한 속죄를 부인하고 있다.

15) 말세에 거짓 그리스도, 적그리스도, 및 거짓 선지자가 나타나 택함을 받은 자들까지 미혹하여 세상으로 돌아가게 하고 있다. 거짓 그리스도는 자신을 가리켜 재림 예수라고 하며 자신을 통하여 구원을 얻을 수 있다고 주장한다. 이에 반하여 적그리스도는 예수 그리스도의 신성과 인성을 부인하며 교회 내부에 침투하여 교회를 붕괴시키고 있다. 적그리스도에게 미혹을 받은 교회는 열매가 없이 잎만 무성한 무화과나무와 같다. 또한 거짓 선지자가 나타나서 교회를 미혹한다. 거짓 선지자는 말씀을 초월하여 그리스도의 재림, 전쟁과 테러 등의 시기, 개인의 길흉화복에 대하여 예언한다. 또한 거짓 선지자들은 세상에 속한 재물과 명예와 권력을 통하여 교회를 세상으로 인도하고 있다. 하나님은 거짓 선지자와 그들의 미혹에 빠진 자들을 심판하실 것이다.

(3) 마귀의 미혹과 교회의 배교

(가) 마귀의 미혹과 교회의 영적 전쟁

1) 마귀는 교회를 없이하기 위하여 두 가지 방법을 이용하고 있다. 첫째는 박해이고 둘째는 미혹이다. 교회가 외부로부터 박해를 받으면 내부적으로 단결하여 강하여진다. 로마제국이 기독교를 박해하였지만 교회는 내부적으로 단결하여 복음을 증거하고 날로 성장하였다. 따라서 마귀는 교회를 내부로부터 붕괴시키기 위하여 거짓 선지자들, 거짓 그리스도 및 적그리스도를 통하여 미혹하고 있다. 이들은 교회를 미혹하여 교회로 하여금 스스로 붕괴하게 만들고 있다. 따라서 성경은 선한 싸움을 싸우라고 교회에게 권고한다. **"믿음의 선한 싸움을 싸우라 영생을 취하라 이를 위하여 네가 부르심을 입었고 많은 증인 앞에서 선한 증거를 증거하였도다"** (딤전 6:12).

2) 마지막 때에 마귀는 교회를 무너뜨리려고 미혹을 역사한다. 마귀는 키로 교회를 밀 까부르듯 하려고 한다. "시몬아, 시몬아, 보라 사단이 밀 까부르듯 하려고 너희를

청구하였으나"(눅22:31). 마귀는 교회를 먹이감으로 여기고 삼킬 교회를 찾고 있다. **"근신하라 깨어라 너희 대적 마귀가 우는 사자 같이 두루 다니며 삼킬 자를 찾나니"** (벧전 5:8). "근신하라, 깨어라"란 쉬지 말고 성령으로 기도하는 것을 말한다. **"그런즉 깨어 있으라 너희는 그 날과 그 시를 알지 못하느니라"(마 25:13). "시험에 들지 않게 깨어 있어 기도하라 마음에는 원이로되 육신이 약하도다 하시고"(마 26:41).** "시험에 들지 않게"란 마귀에게 미혹을 받지 않게 하라는 것이다. 마귀는 시험하는 자이다. **"그러므로 우리는 다른 이들과 같이 자지 말고 오직 깨어 근신할찌라"(살전 5:6). "쉬지 말고 기도하라"(살전 5:17).**

3) 사도 바울은 교회를 향하여 눈에 보이지 아니하는 악한 영들과 싸우라고 권고하였다. **"우리의 씨름은 혈과 육에 대한 것이 아니요 정사와 권세와 이 어두움의 세상 주관자들과 하늘에 있는 악의 영들에게 대함이라"(엡 6:12).** 마귀는 정세와 권세를 가진 자들을 통하여 교회를 박해하고 있다.102) 마귀는 어둠의 세상을 주관하는 자로서 불신자를 통하여 교회를 핍박한다. 마귀는 이단의 영, 거짓 선지자의 영, 적그리스도의 영을 통하여 교회를 미혹한다. 사도 바울은 이어서 악한 영들과의 싸움에서 이기려면 하나님의 전신갑주를 가지라고 권고하였다. **"그러므로 하나님의 전신갑주를 취하라 이는 악한 날에 너희가 능히 대적하고 모든 일을 행한 후에 서기 위함이라 그런즉 서서 진리로 너희 허리띠를 띠고 의의 흉배를 붙이고 평안의 복음의 예비한 것으로 신을 신고 모든 것 위에 믿음의 방패를 가지고 이로써 능히 악한 자의 모든 화전을 소멸하고 구원의 투구와 성령의 검 곧 하나님의 말씀을 가지라"(엡 6:13~17).** 진리, 의, 평안, 복음 등은 구원으로 얻은 생명과 관련된다. 성령의 검은 하나님의 진리의 말씀을 통하여 주어지는 성령의 은사를 말한다.

4) 믿음의 방패, 구원의 투구는 마귀의 미혹을 방어하는 무기이다. 교회는 방어와 동시에 마귀를 공격하는 무기를 가져야 한다. 그것은 하나님의 말씀으로 역사하는 성령의 검이다. 검은 양날이 있는 칼이다. 검의 한쪽 날은 성도의 마음속에 있는 생각을

---

102) 마귀는 로마제국의 정세와 권세를 이용하여 교회를 박해하였다. 마귀는 이방종교를 국교로 하는 국가의 권력을 통하여 교회를 박해한다. 마귀는 이념과 사상을 통하여 교회를 핍박한다. 공산주의는 교회를 부정하고 말살하고 있다.

분별하는 성령의 은사이다. 성도는 자기의 생각이 육신의 생각이냐 아니면 영의 생각이냐를 분별하여야 한다. 검의 다른 한쪽의 날은 마귀의 미혹을 대적하는 진리의 말씀이다. 예수 그리스도께서 마귀에게 시험을 받으실 때에 하나님의 말씀으로 마귀를 대적하신 것과 같이, 교회는 진리의 말씀으로 마귀를 대적한다. 예수 그리스도께서 마귀를 심판하고 그의 권세를 박탈하신 것과 자기의 피로써 인류의 죄를 대속하신 것을 증거하는 말씀이 진리이다. 따라서 교회는 진리로 마귀를 대적한다. "**그런즉 너희는 하나님께 순복할찌어다 마귀를 대적하라 그리하면 너희를 피하리라**" (약 4:7). 교회가 진리로 마귀를 대적할 때 성령께서 마귀를 결박하신다.

5) 하나님의 말씀을 성령의 검으로 표현한 이유는 하나님의 말씀이 성령으로 역사하기 때문이다. 예수 그리스도께서 믿는 자들에게 원수의 모든 능력을 제어하며 귀신을 쫓아내는 권세를 주셨다. "**내가 너희에게 뱀과 전갈을 밟으며 원수의 모든 능력을 제어할 권세를 주었으니 너희를 해할 자가 결단코 없으리라**" (눅 10:19). 믿는 자들은 성령으로 이 말씀에 의지하여 귀신을 쫓아낸다. "**그러나 내가 하나님의 성령을 힘입어 귀신을 쫓아내는 것이면 하나님의 나라가 이미 너희에게 임하였느니라**" (마 12:28). 예수 그리스도께서 믿는 자들에게 복음을 증거하라고 명령하셨다. "**또 그의 이름으로 죄 사함을 얻게 하는 회개가 예루살렘으로부터 시작하여 모든 족속에게 전파될 것이 기록되었으니 너희는 이 모든 일의 증인이라**" (눅 24:47,48). 믿는 자들은 성령으로 복음을 증거함으로 마귀를 결박하고 그의 지배 아래 있는 자들을 그리스도께로 인도한다(행 1:8). 믿는 자들은 성령으로 그리스도의 말씀을 의지하여 복음을 증거한다. 따라서 하나님의 말씀은 성령으로 악한 영들을 공격하는 검이다. "**하나님의 말씀은 살았고 운동력이 있어 좌우에 날선 어떤 검보다도 예리하여 혼과 영과 및 관절과 골수를 찔러 쪼개기까지 하며 또 마음의 생각과 뜻을 감찰하나니**" (히 4:12).

6) 사도 요한은 예수 그리스도를 믿는 믿음이 세상으로부터 오는 박해와 마귀의 미혹을 이긴다고 기록하였다. "**대저 하나님께로서 난 자마다 세상을 이기느니라 세상을 이긴 이김은 이것이니 우리의 믿음이니라**" (요일 5:4). 이어서 요한은 세상을 이기는 믿음이 무엇이냐에 대하여 설명하였다. "**예수께서 하나님의 아들이심을 믿는 자가 아니면 세상**

을 이기는 자가 누구뇨"(요일 5:5). 하나님의 아들은 물과 피로 임하셨고 성령에 의하여 증거를 받고 있다. "이는 물과 피로 임하신 자니 곧 예수 그리스도시라 물로만 아니요 **물과 피로 임하셨고 증거하는 이는 성령이시니 성령은 진리니라 증거하는 이가 셋이니 성령과 물과 피라 또한 이 셋이 합하여 하나이니라**"(요일 5:6~8). 예수 이름을 믿고 그의 피를 증거하는 말씀과 성령의 은사로 세상의 유혹을 이긴다. "**또 여러 형제가 어린 양의 피와 자기의 증거하는 말을 인하여 저를 이기었으니 그들은 죽기까지 자기 생명을 아끼지 아니하였도다**"(계 12:11).

7) 예수 그리스도는 십자가에서 물과 피로 임하심으로 인류의 죄와 저주를 담당하셨다. 성령은 하나님의 아들이신 예수 그리스도를 증거한다. 하나님의 말씀을 통하여 계시된 믿음, 물과 피로 임하심으로 인류의 죄를 대속하신 하나님의 아들, 성령에 의하여 증거 받는 예수 그리스도를 믿음으로 세상을 이긴다. 이러한 믿음을 가진 자는 거짓 선지자와 거짓 그리스도와 적그리스도의 미혹을 이긴다. 마귀가 교회를 미혹하지만 하나님의 아들이신 예수 그리스도를 믿는 믿음을 반석으로 하여 세워진 교회를 흔들지 못하기 때문이다. "**또 내가 네게 이르노니 너는 베드로라 내가 이 반석 위에 내 교회를 세우리니 음부의 권세가 이기지 못하리라**"(마 16:18).

8) 예수께서 하나님의 아들임과 그리스도이심을 알지 못하면 마귀의 미혹을 이기지 못한다. 가룟 유다는 마귀에게 미혹을 받아 예수 그리스도를 대제사장에게 넘겨주는 죄를 범하였다. 마귀가 그의 마음에 예수를 팔려는 생각을 넣어주었다. "**마귀가 벌써 시몬의 아들 가룟 유다의 마음에 예수를 팔려는 생각을 넣었더니**"(요 13:2). 가룟 유다는 진리의 말씀으로 마귀의 미혹을 대적하였다면 범죄하지 아니하였을 것이다. 그는 베드로의 고백을 알고 있었다. "**시몬 베드로가 대답하여 가로되 주는 그리스도시요 살아 계신 하나님의 아들이시니이다**"(마 16:16). 이 말씀은 모든 제자들이 들은 말씀이다. 그러나 가룟 유다는 그 말씀을 믿지 아니하였기 때문에 돈을 받고 예수 그리스도를 대제사장에게 넘겨주었다. 가룟 유다가 진리로 마귀의 미혹을 대적하지 못하자 사단이 그에게 들어왔다. "**조각을 받은 후 곧 사단이 그 속에 들어간지라 이에 예수께서 유다에게 이르시되 네 하는 일을 속히 하라 하시니**"(요 13:27).

9) 사도 요한의 계시록은 성령 강림 이후 종말까지 교회와 마귀 사이에 벌어지는 영적인 전쟁에 대하여 예언한 말씀이다. 마귀는 세상의 권세를 가지고 교회를 박해하며 거짓 선지자와 거짓 그리스도와 적그리스도를 통하여 교회를 미혹하고 있다. 계시록에 의하면 교회는 외부에서 오는 박해를 견디며 내부에서 역사하는 마귀의 미혹과 싸우고 있다. "용이 여자에게 분노하여 돌아가서 그 여자의 남은 자손 곧 하나님의 계명을 지키며 예수의 증거를 가진 자들로 더불어 싸우려고 바다 모래 위에 섰더라"(계 12:17). "짐승 앞에서 받은바 이적을 행함으로 땅에 거하는 자들을 미혹하며 땅에 거하는 자들에게 이르기를 칼에 상하였다가 살아난 짐승을 위하여 우상을 만들라 하더라"(계 13:14).

10) 그리스도의 승천 이후부터 종말까지 마귀와 교회의 영적인 전쟁이 계속되고 있다. 예수 그리스도께서 다시 오시면 영적전쟁은 끝날 것이다. 마귀는 무저갱에 갇힐 것이며 주의 날에 세상은 만물을 심판하기 위하여 왕으로 임하실 예수 그리스도를 직접 볼 것이기 때문이다. 그 때에 예수 그리스도의 신성을 부인하는 적그리스도와, 자신을 가리켜 그리스도라고 하는 사람들, 교회를 미혹하기 위하여 거짓 예언을 하는 자들의 입은 닫힐 것이다. 따라서 예수 그리스도께서 오실 때까지 마귀는 가능한 많은 자들을 타락시키기 위하여 온갖 노력을 다할 것이다. 마귀는 세상의 권세를 이용하여 교회를 박해함으로 교회를 없이하려고 한다. 또한 마귀는 교회를 미혹하여 교회로 하여금 스스로 무너지게 하려고 한다. 마귀는 미혹케 하는 영들과 귀신을 통하여 미혹을 역사하고 있다(딤전 4:1).

(나) 마귀의 미혹과 교회의 배교

1) 말세에 거짓 선지자와 거짓 그리스도와 적그리스도가 출현하여 교회를 미혹함으로 그리스도 예수를 버리고 세상으로 돌아가는 자들이 많아질 것이다.[103] 하나님께서 이스라엘을 택하여 그의 백성으로 삼으시고 애굽에서 인도하여 내셨지만 그들이 마귀에게 미혹을 받아 범죄함으로 가나안 땅에 들어가지 못한 것과 같이(유 1:5), 믿음으로 그리스도 예수의 피로써 구원을 받은 자들이 미혹을 받아 세상으로 돌아가는 자들이 있을

---

103) Louis Berkhof, op. cit., p. 972.

것이다. 마귀는 심판을 받고 자기의 권세가 박탈된 뒤에 자기의 때가 얼마 남지 아니한 것을 알고 모든 수단을 동원하여 교회를 미혹하고 있다. 마귀의 미혹에 빠지면 교회는 배교의 길을 걷게 될 것이다.

2) 교회가 마귀의 미혹에 빠지면 거짓 선지자와 거짓 그리스도와 적그리스도의 미혹을 수용하다가 마지막은 배교의 길을 걷게 된다. 적그리스도와 거짓 선지자의 특성은 교회로 하여금 종교다원주의와 동성애를 수용하도록 미혹하는 것이다. 성경은 마지막 때에 마귀의 미혹을 받아 배교를 향하여 달려가는 교회를 책망하고 있다. 하나님은 처음 사랑을 버린 에베소 교회를 책망하신다. **"그러나 너를 책망할 것이 있나니 너의 처음 사랑을 버렸느니라 그러므로 어디서 떨어진 것을 생각하고 회개하여 처음 행위를 가지라 만일 그리하지 아니하고 회개치 아니하면 내가 네게 임하여 네 촛대를 그 자리에서 옮기리라"** (계 2:4,5). "처음 사랑"이란 예수 그리스도를 믿음으로 구원을 받고 기뻐하며 진리를 순종하는 것을 말한다. 성경은 하나님에 대한 교회의 처음 사랑을 이렇게 말씀한다. **"믿는 사람이 다 함께 있어 모든 물건을 서로 통용하고 또 재산과 소유를 팔아 각 사람의 필요를 따라 나눠 주고 날마다 마음을 같이 하여 성전에 모이기를 힘쓰고 집에서 떡을 떼며 기쁨과 순전한 마음으로 음식을 먹고 하나님을 찬미하며 또 온 백성에게 칭송을 받으니 주께서 구원받는 사람을 날마다 더하게 하시니라"** (행 2:44~47).

3) 하나님에 대한 사랑이란 그의 말씀을 순종하는 것이다. **"나의 계명을 가지고 지키는 자라야 나를 사랑하는 자니 나를 사랑하는 자는 내 아버지께 사랑을 받을 것이요 나도 그를 사랑하여 그에게 나를 나타내리라"** (요 14:21). 하나님에 대한 사랑은 전도와 구제로 나타난다. 전도는 그리스도의 피로써 죄로 인하여 죽은 영혼을 살리는 것이다. 구제는 그리스도의 지체인 성도를 섬기는 것이다. 구원받은 기쁨으로 하나님의 말씀을 열심히 순종하다가 그 열정이 점차 식어짐으로 말씀을 멀리하는 것이 처음 사랑을 버린 것이다. 곧 예수 이름을 믿고 구원받은 뒤에 기쁨으로 말씀을 순종하다가 시간이 지나면 타성에 젖어 말씀을 순종하지 아니하는 것은 처음 사랑을 버린 것이다.[104]

---

[104] 성도들은 자기의 믿음이 구원에 이르는 믿음이라고 착각에 빠질 수 있다. 구원에 이르는 믿음이란 성경을 통하여 계시된 믿음이다. 그 믿음은 진리를 순종함으로 하나님과 그리스도를 아는 지식으로부터 온다(요 17:3).

4) 하나님께서 버가모 교회를 책망하신다. **"그러나 네게 두어 가지 책망할 것이 있나니 거기 네게 발람의 교훈을 지키는 자들이 있도다 발람이 발락을 가르쳐 이스라엘 앞에 올무를 놓아 우상의 제물을 먹게 하였고 또 행음하게 하였느니라 이와 같이 네게도 니골라당의 교훈을 지키는 자들이 있도다"** (계 2:14,15). 발람은 이스라엘을 미혹하여 우상의 제물에 참여하게 하였고 그들로 하여금 이방여자들과 음행하게 한 거짓 선지자이다(민 25:1,2). 거짓 선지자의 미혹에 빠져서 우상을 숭배하고 영적으로 음행하는 자가 교회에 들어왔다. 이것은 로마 가톨릭을 의미한다고 말할 수 있다. 로마 가톨릭은 교회로 하여금 우상을 숭배하게 하고 영적으로 음행하게 미혹한다. 니골라는 성령과 지혜가 충만하여 사도들로부터 집사로 안수 받았지만 유대인의 박해를 두려워하여 유대교로 돌아갔다(행 6:5). 믿음으로 구원을 얻은 뒤에 율법의 행위로 돌아가는 것은 적그리스도에게 미혹을 받은 것을 의미한다. 구원에 있어서 그리스도의 피를 초월하여 율법의 행위를 의지하는 것은 적그리스도의 미혹이다. 로마 가톨릭은 그리스도의 피와 율법의 행위에 의한 구원을 주장한다. 버가모 교회에 로마 가톨릭의 미혹이 들어왔다.

5) 하나님은 두아디라 교회를 책망하신다. **"그러나 네게 책망할 일이 있노라 자칭 선지자라 하는 여자 이세벨을 네가 용납함이니 그가 내 종들을 가르쳐 꾀어 행음하게 하고 우상의 제물을 먹게 하는도다 또 내가 그에게 회개할 기회를 주었으되 그 음행을 회개하고자 아니하는도다"** (계 2:20,21). "이세벨을 용납하다"란 마리아를 성모라고 하여 숭배하는 로마 가톨릭을 용납하는 것을 의미한다고 말할 수 있다. 이것은 최근 개신교회가 WCC를 중심으로 하여 로마 가톨릭과 연합하는 것을 의미한다.105) 로마 가톨릭과 일치를 주장하는 교회는 사단의 흉계를 알지 못하는 교회로서 심판을 받을 것이다. **"두아디라에 남아 있어 이 교훈을 받지 아니하고 소위 사단의 깊은 것을 알지 못하는 너희에게 말하노니 다른 짐으로 너희에게 지울 것이 없노라"** (계 2:24). 두아디라 교회는 로마 가톨릭을 수용하고 마리아의 형상을 숭배하므로 영적으로 음행에 완전히

---

105) 2013년 10월 제10차 WCC 부산 총회가 개최된 이후 2014년 4월 대한민국의 일부교회가 로마 가톨릭과 일치를 선언하였다. 일부 교회는 강단 앞에 있는 십자가에 마리아를 상징하는 M을 표시하는 휘장을 걸고 있다. 한국기독교총연합회, 슬프도다 한국교회여(크리스찬다이제스트, 2115), p. 15, 16.

빠졌다고 말할 수 있다.

6) 하나님은 사데 교회를 책망하신다. **"사데 교회의 사자에게 편지하기를 하나님의 일곱 영과 일곱 별을 가진 이가 가라사대 내가 네 행위를 아노니 네가 살았다 하는 이름은 가졌으나 죽은 자로다 너는 일깨워 그 남은바 죽게 된 것을 굳게 하라 내 하나님 앞에 네 행위의 온전한 것을 찾지 못하였노니"** (계 3:1,2). 겉으로 보기에는 살아있는 것 같지만 죽었다는 것은 입으로 주의 이름을 부르지만 행위로 부인하는 것을 의미한다. **"저희가 하나님을 시인하나 행위로는 부인하니 가증한 자요 복종치 아니하는 자요 모든 선한 일을 버리는 자니라"** (딛 1:16). 종교다원주의와 동성애를 수용하는 교회는 살아있는 것 같이 보이나 죽은 교회이다. 영생을 얻는 믿음은 진리의 순종을 요구한다. 진리를 순종하지 아니하는 믿음은 죽은 믿음이다. **"영혼 없는 몸이 죽은 것 같이 행함이 없는 믿음은 죽은 것이니라"** (약 2:26). 의롭다하심을 얻는 믿음은 진리를 순종하는 것이다.[106] **"너희가 그의 의로우신 줄을 알면 의를 행하는 자마다 그에게서 난 줄을 알리라"** (요일 2:29). "의를 행하는 자"란 복음을 순종하는 것이다. 복음에는 하나님의 의가 나타나기 때문이다. **"복음에는 하나님의 의가 나타나서 믿음으로 믿음에 이르게 하나니 기록된바 오직 의인은 믿음으로 말미암아 살리라 함과 같으니라"** (롬 1:17).

7) 하나님은 라오디게아 교회를 책망하신다. **"내가 네 행위를 아노니 네가 차지도 아니하고 더웁지도 아니하도다 네가 차든지 더웁든지 하기를 원하노라 네가 이같이 미지근하여 더웁지도 아니하고 차지도 아니하니 내 입에서 너를 토하여 내치리라 네가 말하기를 나는 부자라 부요하여 부족한 것이 없다 하나 네 곤고한 것과 가련한 것과 가난한 것과 눈먼 것과 벌거벗은 것을 알지 못하도다"** (계 3:15~17). "네가 차지도 아니하고 더웁지도 아니하도다"란 진리의 말씀을 순종하기 위한 조건을 의미한다고 말할 수 있다. 교회가 진리를 순종하려면 마귀의 미혹을 이겨야 한다. 하나님의 말씀과 마귀의 미혹 앞에 섰을 때 얼음처럼 냉정하고 굳은 마음을 가짐으로 말씀을 순종할 수 있다. 칼날 위에 서있는 심정으로 마귀의 미혹을 이길 수 있다.[107] 다른 한편으로

---

106) 5.3.2. (2) 참조
107) 마귀의 미혹에 대하여 차가운 마음을 가져야 하나님의 말씀을 순종할 수 있다. 미워하는 사람을 만나면 마음이 차가워지고 사랑하는 사람을 만나면 마음이 뜨거워진다.

성령으로 하나님을 뜨겁게 사랑하는 마음으로 마귀의 미혹을 이길 수 있다. 성령으로 육신의 생각을 이길 수 있다. **"내가 이르노니 너희는 성령을 좇아 행하라 그리하면 육체의 욕심을 이루지 아니하리라"** (갈 5:16). "더웁지도 아니하고 차지도 아니하면" 진리를 순종할 수 없다.

8) "네 곤고한 것과 가련한 것과 가난한 것과 눈먼 것과 벌거벗은 것"이란 네 영 안에 생명의 말씀이 없으며 말씀을 통하여 하나님의 얼굴을 보지 못하며 깨끗한 세마포 옷을 입지 아니한 것을 말한다. 우리의 영이 가난하면 굶주리고 헐벗고 소경이 된다. 마지막 때에 성도는 그리스도의 신부이므로 교회는 세마포 옷을 입어야 한다. **"그에게 허락하사 빛나고 깨끗한 세마포를 입게 하셨은즉 이 세마포는 성도들의 옳은 행실이로다 하더라"** (계 19:8). 세마포 옷이란 그리스도 예수의 말씀을 순종하는 것을 말한다. **"또 그가 피 뿌린 옷을 입었는데 그 이름은 하나님의 말씀이라 칭하더라"** (계 19:13). 하나님은 라오디게아 교회를 향하여 흰 옷을 사서 입으라고 권고하신다. **"내가 너를 권하노니 내게서 불로 연단한 금을 사서 부요하게 하고 흰 옷을 사서 입어 벌거벗은 수치를 보이지 않게 하고 안약을 사서 눈에 발라 보게 하라"** (계 3:18). 라오디게아 교회는 진리를 순종하지 아니함으로 벌거벗은 교회이다.108) 더웁지도 아니하고 차지도 아니하여 진리를 순종하지 아니하면 벌거벗고 있는 것이다.

9) 성도는 진리를 순종함으로 예수 그리스도의 피를 뿌린 옷을 입어야 한다. 그 옷은 진리로 짠 세마포이다. 진리와 율법과 세상 윤리를 구원의 조건으로 한다면 이 옷은 두 종류 이상으로 짠 것이다. 따라서 율법은 두 종류 이상으로 짠 옷을 입지 말라고 말씀한다. **"너희는 내 규례를 지킬찌어다 네 육축을 다른 종류와 교합시키지 말며 네 밭에 두 종자를 섞어 뿌리지 말며 두 재료로 직조한 옷을 입지 말찌며"** (레 19:19). 믿음으로 구원을 얻은 뒤에 율법의 행위로 돌아가서 구원의 조건으로 할례를 받는 것은 두 가지의 재료로 직조한 옷을 입은 것이다. 오직 교회는 진리를 순종하여 그리스도의 말씀으로 직조한 세마포를 입어야 한다. 진리의 말씀으로 직조한 세마포는 그리스도의

---

108) 천국에 들어가려면 거룩한 예복을 입어야 한다(마 22:11~13). 예복을 입지 아니한 자들을 천국에 들어가지 못하고 바깥 어두운 곳에서 이를 갈며 슬피 운다.

피를 뿌린 옷이다.

10) 하나님은 마귀에게 미혹을 받아 배교를 향하여 치닫고 있는 교회를 향하여 회개와 충성과 승리를 요구하신다. **"그러므로 어디서 떨어진 것을 생각하고 회개하여 처음 행위를 가지라 만일 그리하지 아니하고 회개치 아니하면 내가 네게 임하여 네 촛대를 그 자리에서 옮기리라"** (계 2:5). "촛대"란 교회를 의미한다(계 1:20). "네 촛대를 그 자리에서 옮기리라"란 하나님께서 회개하지 아니하는 교회의 직분을 박탈하신다는 것을 의미한다.109) 마귀의 미혹에 빠진 교회들은 자신을 가리켜 하나님의 교회라고 믿고 있지만 하나님께서 그 교회를 버리셨다. **"네가 장차 받을 고난을 두려워 말라 볼찌어다 마귀가 장차 너희 가운데서 몇 사람을 옥에 던져 시험을 받게 하리니 너희가 십 일 동안 환난을 받으리라 네가 죽도록 충성하라 그리하면 내가 생명의 면류관을 네게 주리라"** (계 2:10). "네가 죽도록 충성하라"란 그리스도의 지체로서 직분을 잘 감당하는 것을 의미한다. 과거의 죄를 회개하고 열심히 하나님의 말씀을 순종하여야 한다. **"무릇 내가 사랑하는 자를 책망하여 징계하노니 그러므로 네가 열심을 내라 회개하라"** (계 3:19).

11) 종교다원주의와 동성애를 무기로 하는 마귀의 미혹에 빠진 교회가 회개하지 아니하면 배교의 길로 들어서게 된다. 종말이 다가오면 믿는 자들이 미혹케 하는 영과 귀신의 미혹에 빠져서 믿음에서 떠날 것이라고 성경은 말씀하고 있다(딤전 4:1,2). 적그리스도의 영은 미혹케 하는 영이다. **"미혹하는 자가 많이 세상에 나왔나니 이는 예수 그리스도께서 육체로 임하심을 부인하는 자라 이것이 미혹하는 자요 적그리스도니"** (요이 1:7). 적그리스도와 귀신에게 미혹을 받으면 믿음에서 떠나 거짓말을 한다. "거짓말"이란 적그리스도의 미혹의 관점에서 보면 하나님의 창조사역, 예수 그리스도의 동정녀 탄생과 부활을 부인하는 것이다. 로마 가톨릭은 연옥설, 마리아의 무오설과 부활을 주장함으로 인류를 상대로 거짓말하고 있다. 자유주의 신학자들은 창조주 하나님, 예수 그리스도의 동정녀 탄생, 그의 부활과 승천을 부인함으로 교회를 상대로 거짓말을 하고 있다. 그들은 양심에 화인을 맞아서 거짓말한다.

---

109) 그리스도의 지체로서 직분을 받은 자들의 모임을 교회라고 말할 수 있다. 직분을 박탈당한 자들의 모임은 교회가 아니다.

12) 배교는 불법의 사람 곧, 멸망의 아들을 따르는 것이다. **"누가 아무렇게 하여도 너희가 미혹하지 말라 먼저 배도하는 일이 있고 저 불법의 사람 곧 멸망의 아들이 나타나기 전에는 이르지 아니하리니 저는 대적하는 자라 범사에 일컫는 하나님이나 숭배함을 받는 자 위에 뛰어나 자존하여 하나님 성전에 앉아 자기를 보여 하나님이라 하느니라"** (살후 2:3,4). 하나님의 반열까지 자신을 높여 사람들로부터 숭배를 받으려는 자가 불법의 사람이다. 종교다원주의를 수용하는 적그리스도가 이에 속한다고 말할 수 있을 것이다.110) 적그리스도뿐만 아니라 거짓 그리스도도 이에 속한다고 말할 수 있을 것이다. 거짓 그리스도는 자신을 높여 하나님의 아들이라고 함으로 사람들로부터 섬김을 받으려고 하기 때문이다. 다른 측면에서 불법은 죄이므로 불법의 사람이란 죄인을 의미한다고 해석할 수 있다. **"죄를 짓는 자마다 불법을 행하나니 죄는 불법이라"** (요일 3:4).

13) 배교는 예수 그리스도에 대한 믿음을 버린 것이다. 배교의 특성은 하나님에 대한 사랑이 식어진 것을 말한다. 마지막 날이 가까이 오면 사람들의 사랑이 식어질 것이다. **"불법이 성하므로 많은 사람의 사랑이 식어지리라"** (마 24:12). 이 말씀은 인생의 가치가 극단적인 개인주의로 전환된다는 것을 의미한다. 사랑이 식어지면 교회는 고통을 당할 것이다. **"네가 이것을 알라 말세에 고통하는 때가 이르리니 사람들은 자기를 사랑하며 돈을 사랑하며 자긍하며 교만하며 훼방하며 부모를 거역하며 감사치 아니하며 거룩하지 아니하며 무정하며 원통함을 풀지 아니하며 참소하며 절제하지 못하며 사나우며 선한 것을 좋아 아니하며 배반하여 팔며 조급하며 자고하며 쾌락을 사랑하기를 하나님 사랑하는 것보다 더하며 경건의 모양은 있으나 경건의 능력은 부인하는 자니 이 같은 자들에게서 네가 돌아서라"** (딤후 3:1~5). "사람들은 자기를 사랑하다"란 극단적인 개인주의를 의미한다.

14) 종말이 가까워질수록 마귀는 힘을 다하여 종교다원주의와 동성애를 통하여 교회를 미혹할 것이며, 교회는 미혹에 빠져서 세상으로 돌아갈 것이다. 말세에 거짓 선지자와 거짓 그리스도와 적그리스도가 나타나서 교회를 미혹할 것이다. 마귀의 미혹을 이기는

---

110) Geerhardus Vos, The Pauline Eschatology, 이승구, 오광만 역, 바울의 종말론, (도서출판 엠마오, 1989), p. 146.

교회는 하나님의 영광을 나타내지만 그렇지 아니한 교회는 배교의 길로 들어설 것이다. 예수 그리스도께서 다시 오실 때 끝까지 믿음을 지키는 성도의 수는 극소수일 것이다. **"내가 너희에게 이르노니 속히 그 원한을 풀어 주시리라 그러나 인자가 올 때에 세상에서 믿음을 보겠느냐 하시니라"** (눅 18:8).

(4) 이해를 위한 질문

1) 복음의 전파와 이스라엘의 구원
   a. 이스라엘이 율법을 받고 하나님을 아는 지식을 받았지만 구원을 얻지 못한 이유는 무엇인가((롬 10:3).
   b. 이스라엘이 부딪힐 돌에 부딪혔다는 것은 무엇을 의미하는가(롬 9:32; 3:20).
   c. 하나님의 백성으로 택함을 받은 이스라엘이 강퍅하게 된 이유는 무엇인가(롬 11:7).
   d. 하나님께서 이스라엘을 버리지 아니하신 이유는 무엇인가(롬 11:1).
   e. 종말이 다가오면 온 이스라엘이 구원을 얻어야 하는 이유는 무엇인가(롬 11:26).

2) 거짓 그리스도와 거짓 선지자의 출현
   a. 마지막 때에 거짓 선지자가 나타나서 택한 자들을 미혹하는 이유는 무엇인가(마 24:24).
   b. 거짓 그리스도의 특징은 무엇인가(살후 2:4).
   c. 자유주의 신학이 적그리스도의 역할을 하는 이유는 무엇인가.
   d. 예수 그리스도의 재림의 날짜와 시간을 예언하는 자가 거짓 선지자인 이유는 무엇인가(행 1:7).
   e. 교회를 육체의 일로 끌고 가는 자가 거짓 선지자인 이유는 무엇인가(갈 6:8).

3) 마귀의 미혹과 교회의 영적 전쟁
   a. 마귀가 교회를 미혹하는 이유는 무엇인가(딤전 4:1).
   b. 마귀는 무엇으로 교회를 미혹하는가(요일 2:15,16).

c. 교회는 무엇으로 마귀의 미혹을 이기는가(요일 5:4,5).

   d. 사도 바울이 말씀하는 하나님의 전신갑주란 무엇인가(엡 6:13).

   e. 악한 영들과의 싸움은 성도의 마음 안에 일어난다. 성령으로 육신의 생각과 영의 생각을 구별하는 것이 전쟁에서 승리하는 길이다. 이것들을 어떻게 구별하는가(고전 12:10).

   f. 하나님의 말씀이 성령의 검이라고 하는 이유는 무엇인가(엡 6:17).

 4) 마귀의 미혹과 교회의 배교

   a. 처음 사랑을 버렸다는 것은 무엇인가(계 2:4).

   b. 발람의 교훈이란 무엇인가(계 2:14; 민25:1,2).

   c. 이세벨을 용납하는 것이란 무엇인가(계 2:20).

   d. 살았다고 하는 이름을 가졌으나 죽은 자란 무엇인가(계 3:1).

   e. 차거나 뜨겁지 아니한 것은 무엇인가(계 3:14).

   f. 가련한 것과 가난한 것과 눈먼 것과 벌거벗은 것은 무엇을 의미하는가(계 3:17).

   g. 적그리스도란 무엇을 의미하는가(요일 2:22).

   h. 말세에 교회가 믿음을 버리고 배도할 수 있을까(딤전 4:1; 살후 2:3).

2. 그리스도의 재림의 징조

(1) 멸망의 가증한 것

 1) 예수 그리스도께서 재림하실 직전에 그 징조가 나타날 것이다. 그 징조로서 멸망의 가증한 것이 거룩한 곳을 더럽힐 것이며, 큰 환란으로 온 인류가 고통을 당할 것이고, 교회를 미혹하는 자들에 대한 심판이 있을 것이며, 하늘의 권능이 흔들릴 것이다. 마지막 때가 가까워 오면 멸망의 가증한 것이 거룩한 곳에 설 것이다. 이스라엘이 우상을 숭배하며 하나님의 성전에 우상을 세운 것과 같이 교회를 미혹하는 적그리스도, 거짓 그리스도 및 거짓 선지자들이 거룩한 곳에 설 것이다. 성도들이 예수 그리스도의 이름으로 모인 거룩한 곳에 미혹케 하는 자들이 강단에 서서 교회를 더럽힐 것이다.

2) 남 왕국의 므낫세는 하나님의 성전에 우상을 세움으로 하나님의 이름을 더럽혔다. "또 여호와의 전 두 마당에 하늘의 일월성신을 위하여 단들을 쌓고 또 힌놈의 아들 골짜기에서 그 아들들을 불 가운데로 지나게 하며 또 점치며 사술과 요술을 행하며 신접한 자와 박수를 신임하여 여호와 보시기에 악을 많이 행하여 그 진노를 격발하였으며 또 자기가 만든 아로새긴 목상을 하나님의 전에 세웠더라 옛적에 하나님이 이 전에 대하여 다윗과 그 아들 솔로몬에게 이르시기를 내가 이스라엘 모든 지파 중에서 택한 이 전과 예루살렘에 내 이름을 영원히 둘찌라"(대하 33:5~7). 하나님의 성전에 우상을 세운 것은 멸망의 가증한 것이 거룩한 곳에 선 것을 모형으로 보여준다. 므낫세가 우상으로 하나님의 성전을 더럽혔으므로 요시아가 하나님의 이름을 위하여 성전에 세워진 우상을 불사르고 절기를 지키고 율법대로 제사를 드렸지만 끝내 나라를 멸망으로부터 되돌리지 못하였다. "그러나 여호와께서 유다를 향하여 진노하신 그 크게 타오르는 진노를 돌이키지 아니하셨으니 이는 므낫세가 여호와를 격노케한 그 모든 격노를 인함이라 여호와께서 가라사대 내가 이스라엘을 물리친 것 같이 유다도 내 앞에서 물리치며 내가 뺀 이 성 예루살렘과 내 이름을 거기 두리라 한 이 전을 버리리라 하셨더라"(왕하 23:26,27).

3) 에스겔 선지자는 하나님의 성전에서 가증한 일이 벌어지는 것을 보았다. 하나님의 성전에서 여자들이 이방신 담무스를 위하여 애곡하고 남자들은 태양신을 경배하였다. "그가 또 나를 데리고 여호와의 전으로 들어가는 북문에 이르시기로 보니 거기 여인들이 앉아 담무스를 위하여 애곡하더라 그가 또 내게 이르시되 인자야 네가 그것을 보았느냐 너는 또 이보다 더 큰 가증한 일을 보리라 하시더라 그가 또 나를 데리고 여호와의 전 안뜰에 들어가시기로 보니 여호와의 전문 앞 현관과 제단 사이에서 약 이십오 인이 여호와의 전을 등지고 낯을 동으로 향하여 동방 태양에 경배하더라"(겔 8:14~16). "담무스(Tammuz)"란 바벨론의 남신이다. 그는 바벨론의 왕이었으나 죽은 뒤에 신이 되었다고 한다.111)

4) 선지자 다니엘은 멸망케 하는 것들이 하나님의 거룩한 성전에 세워질 것이라고

---

111) F. Keil and F. Delitzch, Vol. 9, The Book of Ezekiel, p. 122.

예언하였다. **"군대는 그의 편에 서서 성소 곧 견고한 곳을 더럽히며 매일 드리는 제사를 폐하며 멸망케 하는 미운 물건을 세울 것이며"** (단 11:31). **"매일 드리는 제사를 폐하며 멸망케 할 미운 물건을 세울 때부터 일천이백구십 일을 지낼 것이요"** (단 12:11). 하나님의 성전에 우상이 세워지면 하나님의 이름을 위하여 드리는 제사는 폐지된다. "군대"란 수리아 왕 안티오쿠스 에피파네스를 말한다.112) 안티오쿠스가 예루살렘을 점령하고 성전을 더럽힐 것이라고 다니엘은 예언하였다. 그 예언대로 주전 167년 안티오쿠스는 예루살렘을 점령하고 하나님의 성전에 제우스 신상을 세우고 우상에게 제사하였다.113) 예수 그리스도께서 다니엘의 예언을 인용하여 마지막 때에 멸망의 가증한 것이 거룩한 곳에 설 것이라고 말씀하셨다. **"그러므로 너희가 선지자 다니엘의 말한바 멸망의 가증한 것이 거룩한 곳에 선 것을 보거든"** (마 24:15).

5) 구약성경의 예언에 비추어 볼 때 "거룩한 곳"이란 하나님께 예배하는 예배당을 의미한다. 예배당에 우상이 들어올 수 없다. 그 곳에서 성도들로부터 존경을 받으려면 거룩한 가면을 쓰고 강단에 서야 한다. 거룩하고 의로운 가면을 쓰고 강단에서 설교하는 자가 멸망의 가증한 것이라고 말할 수 있을 것이다. 곧 마지막 때에 거짓 선지자와 거짓 그리스도와 적그리스도가 강단에 서서 성도들을 향하여 설교할 것이다. 그들은 교회를 미혹케 하여 세상으로 돌아가게 하는 자들로서 구약시대에 하나님의 성전에 세워진 우상과 같다. 이스라엘 백성이 하나님의 성전에 세워진 우상의 법을 따르다가 멸망한 것 같이, 성도가 강단에 선 거짓 선지자와 거짓 그리스도와 적그리스도의 생각을 따르면 배교의 길을 걷게 된다.

6) 목회자가 학문이란 탈을 쓰고 강단에서 성령의 감동으로 기록된 성경의 말씀을 부인하는 것, 창조사역을 설화로 돌리는 것, 아담의 타락과 노아의 홍수 기사의 역사성을 부인하는 것, 예수 그리스도의 동정녀 탄생과 부활을 부인하는 것이 멸망의 가증한 것이다. 멸망의 가증한 것이 거룩한 곳에 서면 예배는 폐하여질 것이다. 예수 그리스도의 신성을 부인하는 자들이 목회자란 미명 아래 강단에 서서 성도들을 미혹하는 것이 마지

---

112) F. Keil and F. Delitzch, Vol. 9, The Book of Daniel. pp. 457, 458.
113) F. F. Bruce, Old Testament History, op. cit., pp. 201~206.

막 때에 그리스도의 재림의 징조로 나타난다.

7) 최근 WCC를 중심으로 종교다원주의 운동이 일어나고 있다. WCC는 모든 종교는 나름대로 구원을 가지고 있다는 전제 아래 종교간의 화합과 일치를 주장하고 있다. WCC는 로마 가톨릭, 동방정교, 기독교, 이슬람, 불교 및 힌두교는 모두 구원에 이르는 종교이므로 종교간에 벽을 허물고 모든 종교가 화합의 길로 나가야 한다고 한다. 최근 이러한 흐름에 편승하여 이방종교의 사제들이 예배당의 강단에 서서 그들의 종교에 대하여 강론한다는 기사가 언론에 보도되고 있는 실정이다. 불교의 승려가 예배당의 강단에 서서 부처의 교훈을 전한다면 멸망의 가증한 것이 거룩한 곳에 선 것이다. 로마 가톨릭 사제가 예배당의 강단에 서서 마리아 숭배를 강요한다면, 이것 역시 멸망의 가증한 것이 거룩한 곳에 선 것이다.

8) 예배당의 강단에는 거룩한 자가 예수 그리스도의 복음을 증거하여야 한다. 사도 바울은 십자가에 못 박힌 예수 그리스도 이외에 다른 어떤 것도 전하지 아니하였다. **"우리는 십자가에 못 박힌 그리스도를 전하니 유대인에게는 거리끼는 것이요 이방인에게는 미련한 것이로되 오직 부르심을 입은 자들에게는 유대인이나 헬라인이나 그리스도는 하나님의 능력이요 하나님의 지혜니라"** (고전1:23,24). 그리스도 예수 안에 의로움과 거룩함과 구원이 있기 때문이다. **"너희는 하나님께로부터 나서 그리스도 예수 안에 있고 예수는 하나님께로서 나와서 우리에게 지혜와 의로움과 거룩함과 구속함이 되셨으니"** (고전 1:30).

9) 구약성경에서 예언한 멸망의 가증한 것이란 하나님의 성전 안에 더러운 우상이 들어온 것을 말한다. 마지막 때에 나타날 멸망의 가증한 것이 거룩한 곳에 선다는 것은 예배당의 강단에 적그리스도와 거짓 선지자와 거짓 그리스도가 나타나 성도를 미혹하는 것을 의미한다. 자유주의 신학자들과 WCC를 중심으로 종교다원주의가 활발하게 논의되고 있다. 마지막 때에 이방종교의 사제들이 예배당의 강단에 서는 일이 빈번하게 나타날 것이다. 이것이 예수 그리스도의 재림의 징조이다.

(2) 큰 환난

1) 종말이 가까워 오면 큰 환난이 있을 것이다. 예수 그리스도의 재림 이후에 큰 환난이 있을 것이라는 가설이 제시되고 있으나, 성경은 재림 이전에 환난이 있을 것이라고 말씀하고 있다.114) 큰 환난은 전쟁과 기근과 지진으로 나타날 것이다. **"난리와 난리 소문을 듣겠으나 너희는 삼가 두려워 말라 이런 일이 있어야 하되 끝은 아직 아니니라 민족이 민족을, 나라가 나라를 대적하여 일어나겠고 처처에 기근과 지진이 있으리니 이 모든 것이 재난의 시작이니라 그 때에 사람들이 너희를 환난에 넘겨주겠으며 너희를 죽이리니 너희가 내 이름을 위하여 모든 민족에게 미움을 받으리라 그 때에 많은 사람이 시험에 빠져 서로 잡아 주고 서로 미워하겠으며"** (마 24:6~10). "끝은 아직 아니니다"란 큰 환난은 종말의 징조이며 종말을 의미하는 것은 아니다. 환난은 종말이 가까웠다는 징조이다.

2) 전쟁은 마지막 때에 있을 배교와 관련하여 설명할 수 있을 것이다. 종말이 가까워 오면 배교의 특성은 전쟁을 불러올 것이다. 배교의 특성은 사랑이 식어지는 것이다. 하나님과 이웃에 대한 사랑이 식어지면 사람은 자기를 사랑하며 원통함을 풀지 아니할 것이다(딤후 3:2,3). 이것이 전쟁으로 이어질 것이다. 우리는 20세기에 세계대전을 두 번이나 경험하였고 이후에도 크고 작은 전쟁이 계속되고 있다. 이 전쟁이 하나님을 믿는다고 고백하는 국가들에 의하여 시작되었다. 1914년에 일어난 세계 제1차대전은 사라예보에서 발생한 살인사건으로부터 시작되었다. 이 사건으로 인하여 오스트리아-헝가리 제국이 세르비아 왕국에게 선전포고하므로 그 전쟁이 유럽열국의 전쟁으로 확대되었다. 만약 교회가 원수를 사랑하라는 하나님의 말씀을 순종하였다면 이 전쟁은 일어나지 아니하였을 것이다. 1939년 일어난 세계 제2차대전도 역시 하나님을 믿는다고 고백하는 나라(독일)로부터 시작되었다.115)

3) 20세기 중반 이후부터 세계 각국은 공업화를 중심으로 경제개발정책을 시행하고

---

114) 세대주의 전천년설은 그리스도의 재림 이후에 환난이 있을 것이라고 주장한다. Wayne Grudem, 하, op. cit., pp. 418, 419. 그러나 성경은 환난 이후에 그리스도의 재림이 있을 것이라고 말씀한다(마 24:29).

115) 세계 제2차대전의 주인공인 아돌프 히틀러는 로마 가톨릭 신자로 알려지고 있다.

있다. 경공업을 비롯하여 중화학공업에 대한 투자는 대기중에 온실가스를 증가시키고 있으며 이는 기상이변으로 이어지고 있다. 기상이변으로 인한 강우량의 감소는 사막의 면적을 증가시키고 있으며, 이것은 기근과 기아로 이어지고 있다. 21세기 들어와서 아프리카의 사하라 사막 지역을 중심으로 기근으로 인한 빈곤과 기아가 세계인의 눈물을 자아내고 있다. 이들 국가에서 벌어지는 종족 간, 종교 간에 일어나는 갈등과 내전은 기아를 부채질하고 있다.

4) 성경은 기근이 죄로부터 온다고 말씀하고 있다. **"네 머리 위의 하늘은 놋이 되고 네 아래의 땅은 철이 될 것이며 여호와께서 비 대신에 티끌과 모래를 네 땅에 내리시리니 그것들이 하늘에서 네 위에 내려서 필경 너를 멸하리라"** (신 28:23,24). "하늘은 놋이 되다"란 하늘을 놋 지붕으로 막은 것과 같이 비가 내리지 아니한다는 것이다. "네 아래의 땅은 철이 되다"란 비가 내리지 아니하므로 철로 입힌 것처럼 땅은 곡식이 자라지 아니한다는 것이다. "티끌과 모래를 네 땅에 내리다"란 기근으로 사막이 된 지역에 모래 바람이 분다는 것을 의미한다.116) 마지막 때가 다가오면 교회는 배교의 길로 들어서게 되고 사랑은 식어지며, 사람들은 돈을 하나님보다 더 사랑하므로 온 천지가 우상으로 가득하게 될 것이다. 이로써 저주로 인한 기근이 하늘로부터 내려온다.117)

5) 계시록은 기근으로 인한 빈곤과 기아에 대하여 이렇게 말씀하고 있다. **"내가 네 생물 사이로서 나는 듯하는 음성을 들으니 가로되 한 데나리온에 밀 한 되요 한 데나리온에 보리 석 되로다 또 감람유와 포도주는 해치 말라 하더라"** (계 6:6). 한 데나리온은 하루 품삯이다. 청년이 하루 종일 일하여 번 돈으로 살 수 있는 양식이 겨우 밀 한 되밖에 안 된다. 이 말씀은 종말이 가까워지면 전 세계는 경제적 불경기와 가뭄으로 인하여 극심한 기근을 경험한다는 것을 의미한다. 인공지능의 발달로 로봇이 노동력을 대체할 것이며 이로 인하여 대량의 실업이 발생할 것이다. 의학과 생명공학의 발달로

---

116) 21세기에 들어와서 한반도는 중국으로부터 유입되는 모래바람과 미세먼지로 인하여 고통을 당하고 있다. 이것은 사람의 죄로 인하여 땅이 저주를 받은 결과이다.
117) 21세기에 들어서면서 지구촌은 기상이변으로 인한 홍수와 가뭄, 기진과 전염병으로 몸살을 앓고 있다. 이것은 교회의 타락에 대한 하나님의 경고이다. 일부 한국교회는 WCC를 중심으로 하여 로마 가톨릭과 일치를 주장하고 있으며 소수자의 인권보호라는 명분으로 동성애를 찬성하고 있다.

사람의 평균수명이 증가할 것이나 일자리의 감소로 청년의 실업은 증가할 것이다. 소득의 분배는 극단적으로 양극화될 것이며 대다수의 사람들이 가난에 허덕일 것이다.118)

6) 마지막 때에 많은 지진이 일어난다. 지진은 땅이 흔들리는 것으로 지상의 모든 것이 변화한다는 것을 보여준다. **"그 때에는 그 소리가 땅을 진동하였거니와 이제는 약속하여 가라사대 내가 또 한 번 땅만 아니라 하늘도 진동하리라 하셨느니라 이 또 한 번이라 하심은 진동치 아니하는 것을 영존케 하기 위하여 진동할 것들 곧 만든 것들의 변동될 것을 나타내심이니라"** (히 12:26,27). 율법의 저주로 인한 지진은 땅을 진동시키는 것이다. 예수 그리스도의 재림으로 지상에 있는 모든 것이 변화하지만 하나님의 나라는 영원할 것이다. "하늘이 진동한다는 것은 예수 그리스도의 재림 이후에 하늘에 있는 모든 행성들이 불타서 없어질 것을 의미한다고 말할 수 있다(벧후 3:7).

7) 마지막 때에 교회는 큰 환난을 당할 것이다. 세계 제2차대전 이후 공산주의 국가는 교회를 잔해(殘害)하고 있다. 유물사관에 입각한 공산주의는 물질만을 인정하며 영적인 것을 부인한다. 그들은 하나님을 관념적인 존재로 인정하고 기독교를 비과학적인 것으로 본다. 따라서 그들은 기독교를 마약으로 인정하고 박해하고 있다. 공산주의 정권이 들어선 이후 북한에서는 많은 기독교인이 처형되거나 강제 수용소에 수용되고 있다. 1950년 일어난 한국전쟁 당시에 공산주의에 의하여 점령된 지역에서 많은 기독교인이 학살되었다. 현재 사회주의 국가에서 선교사들에 의한 복음 증거가 제한되고 있는 현실이다.

8) 이슬람 국가는 무자비하게 기독교를 박해하고 있다. 이슬람은 예수 그리스도의 신성을 부인하고 그리스도를 선지자의 한 사람으로 본다. 기독교에서 예수 그리스도를 하나님의 아들로 믿는 것은 이슬람의 입장에서 보면 피조물을 신격화하는 것이다. 모든 사람은 피조물이므로 예수 그리스도를 창조주라고 경배는 것은 우상숭배라고 그들은 단정한다. 따라서 이슬람은 기독교로 개종하는 것을 용인하지 아니한다. 이슬람 국가에서 사람들이 기독교로 개종하였다는 이유로 죽임을 당하고 있다. 이들 국가에서는 부모가 자식을, 친구가 친구를 기독교인이라는 이유로 죽음에 내어주고 있다. **"장차 형제가**

---

118) 이러한 현상이 남미의 여러 나라에서 일어나고 있다. 이것이 사회주의를 추구하는 나라에서도 시작되고 있다.

형제를, 아비가 자식을 죽는데 내어주며 자식들이 부모를 대적하여 죽게 하리라" (마 10:21). 교회는 예수 그리스도의 이름을 위하여 세상으로부터 많은 박해를 받고 있다.

9) 마지막 때에 있을 대환난으로 인하여 인류는 큰 고통을 당할 것이다. 계시록은 말세에 인류가 환난으로 당할 괴로움을 이렇게 말씀하고 있다. **"그러나 그들을 죽이지는 못하게 하시고 다섯 달 동안 괴롭게만 하게 하시는데 그 괴롭게 함은 전갈이 사람을 쏠 때에 괴롭게 함과 같더라 그날에는 사람들이 죽기를 구하여도 얻지 못하고 죽고 싶으나 죽음이 저희를 피하리로다"** (계 9:5,6). 심한 환난을 겪은 뒤에 많은 사람이 죽임을 당할 것이다. **"이 세 재앙 곧 저희 입에서 나오는 불과 연기와 유황을 인하여 사람 삼분의 일이 죽임을 당하니라"** (계 9:18).

10) 마지막 때에 있을 대환난은 인류 역사상 가장 잔혹하고 무서울 것일 것이다. **"이는 그 때에 큰 환난이 있겠음이라 창세로부터 지금까지 이런 환난이 없었고 후에도 없으리라"** (마 24:21). 이 환난은 교회를 비롯하여 모든 인류가 경험할 것이다. 이 환난 기간이 너무 오래 지속되면 믿는 자들까지도 하나님의 존재를 부인하며 믿음에서 떠날 수 있기 때문에 하나님께서 그 기간을 단축하실 것이다. **"그 날들을 감하지 아니할 것이면 모든 육체가 구원을 얻지 못할 것이나 그러나 택하신 자들을 위하여 그 날들을 감하시리라"** (마 24:22).

11) 대환난이 종료되고 지구상에 평화가 찾아온 뒤에 예수 그리스도께서 재림하실 것이다. 전쟁과 기근과 지진은 환난의 시작이며 종말은 아니다. **"난리와 난리 소문을 듣겠으나 너희는 삼가 두려워 말라 이런 일이 있어야 하되 끝은 아직 아니니라 민족이 민족을, 나라가 나라를 대적하여 일어나겠고 처처에 기근과 지진이 있으니 이 모든 것이 재난의 시작이니라"** (마 24:6~8). 환난이 끝나고 일시적으로 평안이 올 것이다. 그 후에 예수 그리스도께서 다시 오실 것이다. **"저희가 평안하다, 안전하다 할 그 때에 잉태된 여자에게 해산 고통이 이름과 같이 멸망이 홀연히 저희에게 이르리니 결단코 피하지 못하리라"** (살전 5:3). "편안하다, 안전하다 할 그 때"란 전쟁과 분쟁이 끝나고 자연 재앙이 끝난 생태 곧, 대환난이 끝난 것을 의미한다고 말할 수 있다.

(3) 미혹하는 자들의 결박

1) 예수 그리스도께서 재림하신 뒤에도 악한 영들, 적그리스도, 거짓 그리스도 및 거짓 선지자가 활동하며 교회를 미혹하고 있을 것인가, 아니면 모두 결박당하여 활동이 중단되었을 것인가 하는 것을 살펴보자. 예수 그리스도께서 재림하신 이후에 심판이 이루어진다면 그들은 결박되어 모든 활동이 중단되었을 것이다. 모든 죄가 그친 상태에서 심판이 이루어질 것이기 때문이다.

2) 형사 재판을 진행할 때 특별한 경우를 제외하고 형사 피의자를 구속한 상태에서 재판을 한다. 형사 피의자를 구속하는 것은 죄질이 나쁘거나 증거인멸과 도주의 우려가 있기 때문이다. 형사 피의자가 구속되면 추가로 동일한 죄를 범할 수 없다. 검찰은 형사 피의자를 구속하여 수사하므로 추가적인 범죄와 증거인멸을 예방하고 범죄에 대한 모든 증거를 정확하게 확보할 수 있다. 검찰이 범죄자를 구속하여 수사하는 것은 최후의 심판에 대한 모형을 보여 주는 것이라고 말할 수 있다. 예수 그리스도께서 다시 오셔서 악한 영들과 세상을 미혹하는 자들을 결박하여 가두고 세상을 심판하실 것이다. 예수 그리스도께서 재림하기 직전에 마귀를 비롯한 모든 악한 영들은 무저갱에 갇힐 것이며 적그리스도, 거짓 선지자 및 거짓 그리스도는 산채로 불못으로 들어갈 것이다.

3) 예수 그리스도께서 재림하기 직전에 마귀는 무저갱으로 들어갈 것이다. 무저갱은 악한 영들을 가두는 감옥과 같다고 말할 수 있다. 법원에서 죄인으로 판결을 받아 감옥에 갇힌 자의 모든 자유가 박탈된 것과 같이 무저갱에 갇힌 악한 영들의 모든 활동이 중단된다. 귀신들은 할 수만 있으면 사람의 몸속에 머물러 있고 무저갱으로 들어가지 아니하려고 하는 것은 바로 이 때문이다. **"예수께서 네 이름이 무엇이냐 물으신즉 가로되 군대라 하니 이는 많은 귀신이 들렸음이라 무저갱으로 들어가라 하지 마시기를 간구하더니"** (눅 8:31). 무저갱에서 귀신의 모든 활동이 중단되므로 귀신들은 그 곳으로 들어가지 아니하려고 한다.

4) 귀신은 사람의 육체를 집으로 삼아 쉬고 있다. 귀신은 사람의 육체에서 나가면 쉬지 못한다. **"더러운 귀신이 사람에게서 나갔을 때에 물 없는 곳으로 다니며 쉬기를 구하되 얻지 못하고"** (마 12:43). 사람의 육체 밖으로 나간 귀신들은 쉬지 못함으로

괴로워한다. "예수를 보고 부르짖으며 그 앞에 엎드리어 큰 소리로 불러 가로되 지극히 높으신 하나님의 아들 예수여 나와 당신과 무슨 상관이 있나이까 당신께 구하노니 나를 괴롭게 마옵소서 하니" (눅 8:28). 귀신들이 사람의 육체 밖으로 나간 것보다 더 괴로운 것이 무저갱으로 들어가는 것이다. 예수 그리스도께서 재림하기 직전에 모든 악한 영들이 무저갱으로 들어갈 것이다. "용을 잡으니 곧 옛 뱀이요 마귀요 사단이라 잡아 일천년 동안 결박하여 무저갱에 던져 잠그고 그 위에 인봉하여 천년이 차도록 다시는 만국을 미혹하지 못하게 하였다가 그 후에는 반드시 잠간 놓이리라" (계 20:2,3).

5) 예수 그리스도께서 재림하기 전에 적그리스도는 없어질 것이다. 교회를 미혹하는 적그리스도는 불법의 사람이다(살후 2:3). 예수 그리스도께서 불법의 사람을 죽인 뒤에 다시 오실 것이다. "불법의 비밀이 이미 활동하였으나 지금 막는 자가 있어 그 중에서 옮길 때까지 하리라 그 때에 불법한 자가 나타나리니 주 예수께서 그 입의 기운으로 저를 죽이시고 강림하여 나타나심으로 폐하시리라" (살후 2:7,8). 적그리스도는 사단에 의하여 이적과 기사를 통하여 세상을 미혹하는 자이다. "악한 자의 임함은 사단의 역사를 따라 모든 능력과 표적과 거짓 기적과 불의의 모든 속임으로 멸망하는 자들에게 임하리니 이는 저희가 진리의 사랑을 받지 아니하여 구원함을 얻지 못함이니라" (살후 2:9,10).

6) 예수 그리스도의 피에 의한 속죄와 구원을 부인하고 마리아를 섬기는 로마 가톨릭에 대한 심판이 그리스도의 재림 전에 이루어질 것을 성경은 말씀하고 있다. 계시록은 마리아를 신성시하여 섬기는 로마 가톨릭을 세상으로 더불어 음행하게 하는 음녀로 표현하고 있다. "또 일곱 대접을 가진 일곱 천사 중 하나가 와서 내게 말하여 가로되 이리 오라 많은 물위에 앉은 큰 음녀의 받을 심판을 네게 보이리라 땅의 임금들도 그로 더불어 음행하였고 땅에 거하는 자들도 그 음행의 포도주에 취하였다 하고 곧 성령으로 나를 데리고 광야로 가니라 내가 보니 여자가 붉은 빛 짐승을 탔는데 그 짐승의 몸에 참람된 이름들이 가득하고 일곱 머리와 열 뿔이 있으며 그 여자는 자주 빛과 붉은 빛 옷을 입고 금과 보석과 진주로 꾸미고 손에 금잔을 가졌는데 가증한 물건과 그의 음행의 더러운 것들이 가득하더라 그 이마에 이름이 기록되었으니 비밀이라, 큰 바벨론이라, 땅의 음녀들과 가증한 것들의 어미라 하였더라" (계 17:1~5).

7) 교회를 미혹하여 우상을 숭배하게 함으로 음행하게 하는 적그리스도가 심판을 받아 무너질 것이다. "**그와 함께 음행하고 사치하던 땅의 왕들이 그 불붙는 연기를 보고 위하여 울고 가슴을 치며 그 고난을 무서워하여 멀리 서서 가로되 화 있도다 화 있도다 큰 성, 견고한 성 바벨론이여 일시간에 네 심판이 이르렀다 하리로다**" (계 18:9,10). 적그리스도가 심판을 받을 때 거짓 그리스도도 심판을 받을 것이다. 거짓 그리스도는 자신을 신격화하여 사람들에서 숭배를 받으려고 하는 자이다. 거짓 그리스도는 자신을 재림하신 그리스도라고 함으로 사람들로부터 섬김을 받고 있다. 거짓 그리스도는 사람들을 음행의 구덩이로 몰아넣고 있다.

8) 예수 그리스도의 재림 전에 적그리스도가 심판을 받아 죽임을 당하고 이와 동시에 거짓 선지자는 산채로 불못에 던져질 것이다. "**짐승이 잡히고 그 앞에서 이적을 행하던 거짓 선지자도 함께 잡혔으니 이는 짐승의 표를 받고 그의 우상에게 경배하던 자들을 이적으로 미혹하던 자라 이 둘이 산채로 유황불 붙는 못에 던지우고**" (계 19:20). 마귀를 비롯한 악한 영들은 무저갱으로 들어가고 적그리스도 및 거짓 그리스도가 심판을 받아 죽임을 당하고 거짓 선지자가 심판을 받아 산채로 불못에 던져지면 죄가 그치고 세상에는 평안이 찾아올 것이다(살전 5:3). "평안하다"란 모든 환난이 끝나고 교회를 미혹하는 자들이 죽음을 당하거나 무저갱으로 들어간 상태를 의미한다. 악한 영들이 무저갱에 갇히고 미혹하는 자들이 모두 심판을 받아 죽임을 당하거나 산채로 불못에 던져지면 윤리와 도덕적인 죄는 끝날 것이며 세상에는 평안이 임할 것이다.

9) 예수 그리스도께서 재림하시면 악한 영들이 무저갱에 갇혀있으므로 마귀에게 미혹을 받아 범하는 죄는 끝날 것이며 이와 동시에 구원의 문도 닫힐 것이다. 기름을 준비하지 못한 다섯 처녀가 혼인 잔치에 들어가려고 하였으나 문이 닫혔다. 이것은 구원의 문이 닫힌다는 것을 의미한다. "**저희가 사러 간 동안에 신랑이 오므로 예비하였던 자들은 함께 혼인 잔치에 들어가고 문은 닫힌지라 그 후에 남은 처녀들이 와서 가로되 주여 주여 우리에게 열어 주소서 대답하여 가로되 진실로 너희에게 이르노니 내가 너희를 알지 못하노라 하였느니라**" (마 25:10~12). 이 말씀은 예수 그리스도의 재림 직전에 구원의 문이 닫힌다는 것을 의미한다. 지구상의 모든 사람들이 예수 그리스도의 재림을

볼 것이며, 불신자들은 예수 이름을 믿음으로 구원을 얻으려고 할 것이다. 그러나 구원의 문이 닫혔으므로 그들은 구원을 얻지 못할 것이다. 그리스도의 재림으로 구원의 문이 닫힌다는 것은 성령의 감동이 없다는 것을 의미한다. 구원에 이르는 믿음은 성령의 감동으로 예수 그리스도를 주님이라고 고백하는 것이다(고전12:3).[119]

10) 예수 그리스도께서 모든 죄를 그치게 하고 세상을 심판하신다면 재림 전에 세상을 미혹하는 모든 것들을 없이하실 것이다. 마귀를 비롯한 악한 영들은 무저갱으로 들어갈 것이며 적그리스도와 거짓 그리스도는 죽임을 당할 것이다. 그리고 거짓 선지자들은 산채로 불못에 던져질 것이다. 예수 그리스도께서 재림하기 전에 미혹하는 자가 없으므로 세상 죄는 그칠 것이다. 그 후에 예수 그리스도께서 영광 가운데 강림하셔서 마지막으로 세상을 심판하실 것이다. 이러한 관점에서 볼 때 적그리스도와 거짓 선지자가 활동하고 있으면 예수 그리스도께서 강림하지 아니하실 것이다.

(4) 이해를 위한 질문

1) 멸망의 가증한 것과 큰 환난

    a. 구약시대에 멸망의 가증한 것이 성전에 무엇으로 나타났는가(대하 33:15~17).

    b. 거룩한 곳을 예배당이라고 전제할 경우에 멸망의 가증한 것은 무엇이라고 해석할 수 있을까(살후 3:4).

    c. 종교다원주의를 주장하는 자들이 예배당에 이방종교의 지도자들을 세운다면, 이것을 어떻게 볼 것인가.

    d. 마지막 때 큰 환난이 있을 것이다. 환난은 전쟁과 기근으로 나타날 것이다. 환난이 그리스도의 재림 전에 있어야 하는 이유는 무엇인가(마 3:12).

    e. 교회가 세상으로부터 큰 환난을 당하는 것은 그리스도의 재림이 가까이 온 증거이다. 교회가 환난을 당하는 이유는 무엇인가(계 12:12).

---

[119] 5.1.1 참조

2) 미혹하는 자들의 결박

    a. 예수 그리스도께서 강림하시기 전에 거짓 선지자, 거짓 그리스도, 적그리스도가 산채로 불못으로 들어가는 이유는 무엇인가(계 19:20).

    b. 마귀와 귀신들이 모두 무저갱으로 들어갈 것이다. 그 이유는 무엇인가(계 20:2,3).

    c. 예수 그리스도께서 강림하기 직전에 교회를 박해하고 미혹하던 모든 자들이 결박될 것이다(살후 2:7,8). 그 후에 일시적으로 지상에 평화가 올 것이고 그리스도께서 강림하실 것이다(살전 5:3). 이것이 현실로 다가온다면 로마 가톨릭은 어떻게 될 것인가(계 18:2).

    d. 예수 그리스도께서 강림하기 직전에 율법과 양심에 의하여 정죄 받는 죄가 그쳐야 하는 이유는 무엇인가.

    e. 그리스도께서 재림하신 뒤에 구원의 문이 닫히는 이유는 무엇인가(마 25:12).

3. 예수 그리스도의 재림과 성도의 부활

(1) 예수 그리스도의 재림

1) 하나님 아버지께서 작정하신 때가 오면 예수 그리스도께서 다시 오실 것이다. 이스라엘이 복음화 되고, 큰 환난과 배교가 일어나고, 마귀를 비롯한 악한 영들이 무저갱으로 들어가고, 미혹하는 자들이 죽임을 당하거나 산채로 불못으로 들어간 뒤에 하늘에서 예수 그리스도의 재림을 알리는 징조가 나타날 것이다. 하늘의 권능들이 흔들리고 별들이 떨어지며 예수 그리스도께서 영광 가운데서 임하실 것이다. 예수 그리스도께서 임하실 때 낙원에서 잠자던 자들이 부활하여 그리스도와 함께 공중으로 임할 것이며, 지상에 있는 성도들은 부활하여 구름 속으로 끌려 올라갈 것이다. 예수 그리스도의 강림 이후에 마지막 심판이 있을 것이며, 심판이 끝나면 첫째 부활에 참여하지 못한 자들이 부활할 것이다. 우주 안에 있는 모든 것들은 불살라 없어지고 새 하늘과 새 땅이 펼쳐질 것이다. 이후에 구원받은 자들은 부활한 몸으로 아버지의 집으로, 구원받지 못한 자들은 부활한 몸으로 지옥으로 들어갈 것이다.

2) 예수 그리스도께서 죽으신 뒤에 그의 영혼은 낙원으로 들어가셨다. **"예수께서 이르시되 내가 진실로 네게 이르노니 오늘 네가 나와 함께 낙원에 있으리라 하시니라"** (눅 23:43). 안식 후 첫 날 예수 그리스도의 영혼이 낙원에서 나와 우주 안에 들어오셔서 무덤 속에 있는 몸과 결합함으로 부활하셨다. 예수 그리스도께서 부활하신 뒤에 40일 동안 지상에 계시다가 많은 제자들이 보는 가운데서 하늘로 올라가셨다. **"이 말씀을 마치시고 저희 보는데서 올리워 가시니 구름이 저를 가리워 보이지 않게 하더라"** (행 1:9). 예수 그리스도께서 부활하신 뒤에 올라가신 곳은 아버지의 집이다. **"예수께서 이르시되 나를 만지지 말라 내가 아직 아버지께로 올라가지 못하였노라 너는 내 형제들에게 가서 이르되 내가 내 아버지 곧 너희 아버지, 내 하나님 곧 너희 하나님께로 올라간다 하라 하신대"** (요 20:17). (눅 23:43)과 (요 20:17)은 낙원과 아버지의 집이 다르다는 것을 의미한다. 낙원은 성도가 죽은 뒤에 그 영혼이 들어가는 곳이고, 아버지의 집은 부활한 몸으로 들어가는 곳이다.

3) 예수 그리스도께서 아버지의 집으로 올라가신 뒤에 구원받은 자들을 위하여 처소를 예비하고 계신다. 이 일이 다 끝나면 예수 그리스도께서 구원받은 자들을 영접하기 위하여 다시 오실 것이다. **"내 아버지 집에 거할 곳이 많도다 그렇지 않으면 너희에게 일렀으리라 내가 너희를 위하여 처소를 예비하러 가노니 가서 너희를 위하여 처소를 예비하면 내가 다시 와서 너희를 내게로 영접하여 나 있는 곳에 너희도 있게 하리라"** (요 14:3). 아버지의 집은 아들의 보좌가 있는 곳으로 천국이라고 불리며 구원을 받은 자들이 부활하여 들어갈 곳이다. **"주 예수께서 말씀을 마치신 후에 하늘로 올리우사 하나님 우편에 앉으시니라"** (막 16:19). **"아들에 관하여는 하나님이여 주의 보좌가 영영하며 주의 나라의 홀은 공평한 홀이니이다"** (히 1:8).

4) 예수 그리스도의 재림은 성경의 약속이다. **"가로되 갈릴리 사람들아 어찌하여 서서 하늘을 쳐다보느냐 너희 가운데서 하늘로 올리우신 이 예수는 하늘로 가심을 본 그대로 오시리라 하였느니라"** (행 1:11). 하나님 아버지께서 정하신 그리스도의 재림의 날은 비밀에 속한 것으로 아무도 알지 못한다. 하나님 아버지께서 어느 누구에게도 그 날을 알지 못하게 하셨다. 그 날을 알려고 하는 것은 하나님의 뜻을 대적하는 것이다. 혹시라

도 그 날을 알려고 하나님께 기도하는 자들은 모두 미혹을 받아 거짓 선지자가 된다. 마음에 죄악의 거치는 것을 가지고 하나님께 구하는 자들은 그 마음에 있는 대로 미혹을 받는다(겔 14:4). 예수 그리스도께서 도적 같이 누구도 알지 못하는 시간에 임하실 것이다. "형제들아 때와 시기에 관하여는 너희에게 쓸 것이 없음은 주의 날이 밤에 도적 같이 이를 줄을 너희 자신이 자세히 앎이라"(살전 5:1,2).

5) 예수 그리스도의 강림 직전에 하늘에서 커다란 징조가 나타날 것이다. "그 날 환난 후에 즉시 해가 어두워지며 달이 빛을 내지 아니하며 별들이 하늘에서 떨어지며 하늘의 권능들이 흔들리리라"(마 24:29). "해가 어두워지며 달이 빛을 내지 아니하며 별들이 하늘에서 떨어지다"란 우주 안에 있는 것들이 불타기 시작한다는 것을 의미한다. 예수 그리스도께서 강림하신 뒤에 우주 안에 있는 모든 것은 불타서 커다란 불못이 될 것이다. "그러나 주의 날이 도적 같이 오리니 그 날에는 하늘이 큰 소리로 떠나가고 체질이 뜨거운 불에 풀어지고 땅과 그 중에 있는 모든 일이 드러나리로다 이 모든 것이 이렇게 풀어지리니 너희가 어떠한 사람이 되어야 마땅하뇨 거룩한 행실과 경건하므로 하나님의 날이 임하기를 바라보고 간절히 사모하라 그 날에 하늘이 불에 타서 풀어지고 체질이 뜨거운 불에 녹아지려니와"(벧후 3:10~12). 우주 안에 있는 모든 것이 불에 탄 뒤에 큰 불덩어리가 남을 것이다. 이것은 구원받지 못한 자들이 들어갈 지옥일 것이다. 예수 그리스도께서 강림하기 직전에 태양이 빛을 잃고 달이 어두워지고 별들이 불타기 시작할 것이다. "하늘의 권능들이 흔들리다"란 공중의 권세를 잡은 마귀와 악한 영들이 받을 심판과 형벌을 두려워하며 떠는 것을 의미한다. 그들은 예수 그리스도의 강림 전에 무저갱에 갇힐 것이다.

6) 예수 그리스도께서 천사들과 함께 강림하실 것이다. "그 때에 인자의 징조가 하늘에서 보이겠고 그 때에 땅의 모든 족속들이 통곡하며 그들이 인자가 구름을 타고 능력과 큰 영광으로 오는 것을 보리라"(마 24:30). 그리스도의 강림 직전에 태양이 빛을 잃으므로 지구는 흑암으로 가득할 것이다. 그러나 예수 그리스도께서 강림하시면 우주는 하나님의 영광으로 가득할 것이다. 하늘에서 비취는 하나님의 영광이 예수 그리스도의 오심으로 말미암아 우주 안에 충만히 임할 것이다. 태양이 빛을 잃었으므로 사람들은 온

우주가 캄캄하게 보일 것이다. 그러나 성도들은 영의 눈이 열리며 하나님의 영광의 빛을 볼 것이다.[120] 예수 그리스도의 재림을 보는 죄인들은 장차 다가올 심판을 두려워하며 통곡할 것이다. 그들이 자기의 죄를 회개하며 예수 이름을 믿으려고 하지만 성령의 감동이 없으므로 구원에 이르는 믿음을 가지지 못할 것이다. 예수 그리스도의 강림으로 구원의 문이 닫혔기 때문이다.[121]

7) 예수 그리스도께서 강림하실 때 지상에 있는 성도들은 부활하여 공중에서 그리스도를 영접할 것이다. **"저가 큰 나팔소리와 함께 천사들을 보내리니 저희가 그 택하신 자들을 하늘 이 끝에서 저 끝까지 사방에서 모으리라"** (마 24:31). "택하신 자들을 모으다"는 것은 지상에 있는 성도들이 부활하여 그리스도를 영접한다는 것을 의미한다. **"우리가 예수의 죽었다가 다시 사심을 믿을찐대 이와 같이 예수 안에서 자는 자들도 하나님이 저와 함께 데리고 오시리라 우리가 주의 말씀으로 너희에게 이것을 말하노니 주 강림하실 때까지 우리 살아남아 있는 자도 자는 자보다 결단코 앞서지 못하리라 주께서 호령과 천사장의 소리와 하나님의 나팔로 친히 하늘로 좇아 강림하시리니 그리스도 안에서 죽은 자들이 먼저 일어나고 그 후에 우리 살아남은 자도 저희와 함께 구름 속으로 끌어 올려 공중에서 주를 영접하게 하시리니 그리하여 우리가 항상 주와 함께 있으리라"** (살전 4:14~17).

8) "예수 안에 잠자는 자"란 낙원에서 안식을 누리는 자들을 말한다.[122] "그리스도 안에서 죽은 자들이 먼저 일어나고"란 육체가 죽은 뒤에 그 영혼이 낙원에서 안식을 누리는 자들이 지상에서 살아있는 성도들 보다 먼저 부활한다는 것을 의미한다. 예수 그리스도와 강도가 죽은 뒤에 그들의 영혼은 낙원으로 들어갔다(눅 23:43). 예수 그리스

---

120) 하나님의 영광의 빛은 영적인 빛이므로 육체가 없는 영만이 볼 수 있다. 그러나 육체의 눈으로 그것을 볼 수 없다. 하나님의 영광인 예수 그리스도께서 육체로 임하셨을 때 유대인들은 그를 통하여 비취는 영광을 보지 못하였다.
121) 세대주의 전천년설에 따르면 예수 그리스도의 재림 이후에 이스라엘이 믿음으로 구원을 얻을 것이라고 주장한다. 그러나 예수 그리스도의 재림 이후에 아무도 구원을 얻지 못할 것이다. Louis Berkhof, op. cit., 983, 984.
122) 거지 나사로가 죽어 그의 영혼은 아브라함의 품으로 들어갔다(눅 16:22). 아브라함은 믿음으로 의롭다하심을 받았으므로 예수 그리스도 안에서 잠자는 자라고 말할 수 있다. 아브라함이 의식이 또렷하여 부자와 대화하는 것은 무의식 속에서 잠자는 것이 아니라 안식을 누리는 것을 의미한다.

도께서 안식 후 첫 날 부활하셨고 그 강도는 낙원에서 부활을 기다리며 안식하고 있을 것이다. 성도는 죽은 뒤에 그 영혼이 낙원으로 들어가서 안식을 누린다. 예수 그리스도께서 재림할 때 그들은 부활하여 그리스도와 함께 공중으로 임할 것이다. "우리 살아남은 자도 저희와 함께 구름 속으로 끌어 올려 공중에서 주를 영접하게 하다"란 지상에 있는 성도들은 부활하여 공중으로 끌려 올라가서 그리스도를 영접할 것을 의미한다.

9) 만물을 통치하는 왕이 임하실 때 우주공간에 있는 행성들은 불타기 시작할 것이며, 이를 알리는 천사들의 나팔 소리가 천지를 진동시킬 것이다. 그 때에 태양은 빛을 잃고 달은 어두워질 것이다. 지구는 태양 빛이 없는 흑암 속에서 전깃불만이 비췰 것이다. 예수 그리스도께서 낙원에서 잠자던 자들과 함께 강림하실 것이며 지상에 있는 성도들은 부활하여 공중으로 끌려 올려갈 것이다. 죄인들은 하나님의 영광의 빛을 보지 못하고 어둠 속에서 통곡할 것이나 성도들은 영광의 빛 가운데서 그리스도를 영접할 것이다.

(2) 성도의 몸의 부활

1) 예수 그리스도께서 강림하실 때 낙원에서 잠자는 성도들과 지상에 있는 성도들이 부활한다면 부활이 어떻게 이루어질 것이냐 하는 질문이 제기될 수 있다. 낙원에서 잠자는 성도들의 영혼이 지상에 내려와서 흙으로 돌아간 그들의 시체와 결합하여 부활하고 다시 낙원을 올라가서 그리스도와 함께 공중으로 내려올 것이냐, 아니면 낙원에서 그들의 영혼이 홀연히 변화하여 신령한 몸을 입고 그리스도와 함께 내려올 것이냐 하는 문제가 제기된다. 또한 지상에서 육체를 가지고 있는 성도들의 부활은 어떻게 일어날 것이냐 하는 문제가 제기된다. 이것은 부활의 본질적인 문제이다.

2) 먼저 예수 그리스도의 부활에 대하여 살펴보자. 예수 그리스도께서 운명하신 뒤에 몸은 음부로 들어가고 그의 영혼은 낙원으로 올라가셨다(눅 23:43). 안식 후 첫 날 낙원에서 안식하던 그리스도의 영혼이 음부로 내려와서 그의 몸과 결합하셨다. 그리스도의 부활은 죽었던 몸이 다시 살아나는 것이다. 따라서 부활하신 그리스도의 몸에는 고난을 당하신 상처의 자국이 그대로 남아있다. **"내 손과 발을 보고 나인줄 알라 또 나를 만져보라 영은 살과 뼈가 없으되 너희 보는 바와 같이 나는 있느니라"** (눅 24:39). 무덤 속에

있던 그리스도의 시체가 그대로 다시 살아나셨으므로 그의 손과 발에는 못 자국이, 그의 옆구리에는 창 자국이 그대로 남아 있다. **"도마에게 이르시되 네 손가락을 이리 내밀어 내 손을 보고 네 손을 내밀어 내 옆구리에 넣어보라 그리하고 믿음 없는 자가 되지 말고 믿는 자가 되라" (요 20:27)**. 그리스도의 몸은 흙으로 창조된 것이 아니라 하늘에서 온 신령한 몸이므로 그의 몸이 영혼과 결합하여 부활하셨다.

3) 성도의 부활이 예수 그리스도의 부활과 동일한 방법으로 이루어질 것이냐 아니면 다른 방법으로 이루어질 것이냐 하는 문제를 살펴보자. 먼저 성경이 말씀하는 부활을 살펴보자. **"보라 내가 너희에게 비밀을 말하노니 우리가 다 잠잘 것이 아니요 마지막 나팔에 순식간에 홀연히 다 변화하리니" (고전 15:51)**. 이 말씀은 낙원에서 잠자는 자들이 부활하는 방법을 보여준다. "순식간에 홀연히 변화하다"란 순간에 영혼이 신령한 몸을 입는 것을 말한다. 영혼이 몸을 입는 것을 부활이라고 한다. 예수 그리스도의 재림시에 낙원에서 잠자는 자들은 지상으로 내려와서 흙으로 돌아간 시체와 결합하여 부활한 뒤에 다시 낙원으로 올라가는 것이 아니다.[123] 그들이 지상에서 부활하였다면 낙원으로 다시 올라가지 아니하고 이 땅에서 예수 그리스도의 강림을 맞이할 것이다. 따라서 그들은 낙원에서 부활하여 예수 그리스도와 함께 공중으로 내려올 것이다.

4) 낙원에서 안식을 누리는 영혼이 몸을 입을 수 있느냐 하는 문제를 살펴보자. 이것은 구약시대에 몸으로 나타난 천사가 그 해답을 제공할 것이다. 천사가 몸을 입고 아브라함에게 나타났다. **"여호와께서 마므레 상수리 수풀 근처에서 아브라함에게 나타나시니라 오정 즈음에 그가 장막 문에 앉았다가 눈을 들어 본즉 사람 셋이 맞은편에 섰는지라 그가 그들을 보자 곧 장막 문에서 달려나가 영접하며 몸을 땅에 굽혀" (창 18:1,2)**.

---

[123] St. Augustine(pp. 1107, 1108)은 그리스도의 재림시에 사람의 죽은 육체가 그대로 다시 살아난다고 하였다. John Calvin (Vol.Ⅲ, 25, 3)도 같은 입장을 취하고 있다. 이 가설은 그리스도의 재림시에 낙원에서 잠자는 성도들의 부활을 설명하지 못하는 단점을 지니고 있다. 그들은 낙원에서 부활하여 그리스도와 함께 공중으로 내려올 것이다. St. Augustine과 Calvin의 가설에 의하면, 그들은 부활하기 위하여 그들의 영혼이 우주 안으로 들어와서 그들의 육체와 결합하여야 하고 지상에서 부활한 뒤에 다시 낙원으로 올라가서 그리스도와 함께 우주 안으로 들어와야 한다. 낙원에 있는 자들이 지상의 육체와 결합하여 부활한다면, 그들이 부활하여 다시 낙원으로 들어갈 필요가 없을 것이다. 그러나 성경은 낙원에 있는 자들이 그곳에서 홀연히 변화한다고 말씀한다(살전 4:14~18).

천사가 몸으로 롯에게 나타났다. **"날이 저물 때에 그 두 천사가 소돔에 이르니 마침 롯이 소돔 성문에 앉았다가 그들을 보고 일어나 영접하고 땅에 엎드리어 절하여"** (창 19:1). 천사는 몸이 없는 영적인 존재로 창조되었으나 몸을 입고 아브라함에게 나타나서 음식을 먹었다. 그 천사는 몸을 벗고 영으로 하나님 앞으로 올라갔다. 그 천사의 몸은 흙으로 창조된 것이 아니라 신령한 몸이다. 그 몸은 죽지 아니하고 썩지 아니할 몸이다. 이와 같이 낙원에서 잠자는 성도의 영혼은 홀연히 몸을 입고 그리스도와 함께 공중으로 임할 것이다.

5) 사도 바울은 이어서 죽은 성도와 살아있는 성도의 부활에 대하여 설명하였다. 지상에서 살아있는 성도들의 몸은 썩을 육체에서 썩지 아니할 몸으로 홀연히 변화한다. **"나팔 소리가 나매 죽은 자들이 썩지 아니할 것으로 다시 살고 우리도 변화하리라 이 썩을 것이 불가불 썩지 아니할 것을 입겠고 이 죽을 것이 죽지 아니함을 입으리로다"** (고전 15:52,53). "죽은 자들이 썩지 아니할 것으로 다시 살다"란 육체가 죽은 뒤에 낙원으로 올라간 영혼이 썩지 아니할 몸으로 나오는 것을 의미한다. "우리도 변화하다"란 지상에서 살아 있는 성도들의 육체는 죽지 아니하고 썩지 아니할 몸으로 변화한다는 것을 의미한다. 이것이 지상에 있는 성도들의 부활이다. 아담으로부터 받은 육체는 흙으로 창조된 육체이다. 그러나 부활한 몸은 흙이 아니라 영이다. 흙으로 창조된 육체가 영인 몸으로 변화한다.

6) 성경의 기록을 근거로 할 때 낙원에서 잠자는 성도의 육체는 썩어서 흙으로 돌아간다. 아담이 범죄한 뒤에 사람의 육체는 흙으로 돌아간다고 성경은 말씀한다. **"네가 얼굴에 땀이 흘러야 식물을 먹고 필경은 흙으로 돌아 가리니 그 속에서 네가 취함을 입었음이라 너는 흙이니 흙으로 돌아갈 것이니라 하시니라"** (창 3:19). "흙으로 돌아갈 것이다"란 죽은 육체는 썩어서 흙이 된다는 것을 의미한다. 성도가 죽으면 흙으로 창조된 육체는 흙으로 돌아가고, 예수 그리스도께서 재림할 때 그들의 영혼은 홀연히 변화하여 신령한 몸을 입을 것이다. 부활한 몸은 죽지 아니하고 썩지 아니할 것이다. 지상에 살아있는 성도의 육체는 죽지 아니하고 썩지 아니할 몸으로 홀연히 변화할 것이다. 죽지 아니하고 썩지 아니할 몸이란 흙으로 창조된 육체가 아니라 신령한 몸을 말한다. 부활이란 흙으로

창조된 육체가 신령한 몸으로 변화하는 것을 말한다.

7) 아담의 육체는 흙으로 창조되었으므로 아담으로부터 받은 육체를 가지고 아버지의 집으로 들어가지 못한다. **"형제들아 내가 이것을 말하노니 혈과 육은 하나님 나라를 유업으로 받을 수 없고 또한 썩은 것은 썩지 아니한 것을 유업으로 받지 못하느니라"** (고전 15:50). "혈과 육"이란 흙으로 창조된 육체를 말한다. 하늘은 물질계가 아니라 영계이므로 흙으로 된 육체를 벗고 영으로 된 몸을 입어야 한다. 이 말씀은 낙원에서 잠자던 영혼이 무덤 속에 묻힌 그들의 육체와 결합하여 부활하지 아니한다는 것을 의미한다. 아담으로부터 받은 육체는 흙으로 창조되었으므로 하나님의 나라를 유업으로 받을 수 없다. 따라서 낙원에서 잠자던 영혼이 신령한 몸을 입을 것이며, 지상에 살아있는 성도의 육체 곧, 흙으로 창조된 육체는 신령한 몸으로 홀연히 변화할 것이다. 이것이 성도의 부활이다.

8) 부활한 성도의 모습에 대하여 살펴보자. 노인으로 죽은 성도는 노인으로, 젊어서 죽은 성도는 젊은이로 부활할 것이냐 아니면 모든 성도가 젊은이의 모습으로 부활할 것이냐 하는 문제가 제기될 수 있다. 이것은 거듭난 자의 본질에서 찾아야 할 것이다. 그리스도께서 강림하실 때 성도들의 부활한 상태는 거듭난 자의 영의 상태를 반영할 것이다. 5.4.2에서 거듭난 자의 본질에 관하여 논의한 바와 같이 부활한 자의 몸은 그 영의 상태를 그대로 반영할 것이다. 거듭나지 못한 자는 죽을 당시의 모습으로, 거듭난 자는 20대의 젊은이의 모습으로 부활할 것이다. 부활한 몸의 모습은 죽을 당시에 그 영의 상태를 반영할 것이다. 육체가 죽은 후에 그 영혼이 음부로 들어간 자들의 부활한 몸의 모습은 죽을 당시 육체의 모습일 것이다. 이에 반하여 거듭난 자의 부활한 몸의 모습은 낙원으로 들어갈 당시의 영혼의 모습일 것이다.

9) 일반적으로 부활은 낙원에 있는 영혼이 지상으로 내려와서 무덤 속에 있는 시체와 결합하는 것으로 이해하고 있다. 그러나 성경에서 가르치는 부활은 낙원에서 잠자는 영혼이 홀연히 변화하여 신령한 몸을 입고 나오고, 살아있는 육체(흙으로 창조)가 신령한 몸으로 변화하는 것이다. 성도는 부활한 몸으로 아버지의 집으로 들어갈 것이다. 같은 방법으로 음부에 있는 죄인의 영혼도 홀연히 변화할 것이며 지상에 살아있는 죄인들의

육체도 역시 홀연히 변화하여 지옥으로 들어갈 것이다.

(3) 이해를 위한 질문

1) 예수 그리스도의 재림

a. 아버지의 집에서 예수 그리스도께서 성도를 위하여 하시는 일은 무엇인가(요 14:2,3).

b. 예수 그리스도의 강림의 징조가 하늘에서 나타날 것이다. 하늘에서 별이 떨어지고 태양과 달이 빛을 잃을 것이다(마 24:29). 왜 별이 떨어질까(벧후 3:10).

c. 예수 그리스도께서 강림하실 때에 태양이 빛을 잃는 이유는 무엇으로 해석할 수 있나.

d. 예수 그리스도께서 천사들과 함께 영광 가운데 강림하실 것이다. 천사들의 사역은 무엇인가(마 24:31).

2) 성도의 몸의 부활

a. 낙원에서 예수 안에서 잠자던 자들이란 누구를 가리키는가(살전 4:14).

b. 성도들이 죽은 뒤에 그의 영혼이 낙원으로 들어가서 안식을 누린다(눅 23:43). 그들이 기다리는 것은 무엇인가(빌 3:10,11).

c. 예수 그리스도께서 강림하실 때, 낙원에서 잠자던 자들의 영혼이 홀연히 변화하여 몸을 입고 그리스도와 함께 공중으로 임할 것이다(살전 4:14; 고전 15:51). 홀연히 변화하다란 무엇을 의미하는가

d. 지상에 살아있는 성도들도 홀연히 변화하여 공중으로 끌려올라갈 것이다(살전 4:17). 성도의 몸이 홀연히 변화한다는 것은 흙으로 창조된 육체가 신령한 몸으로 변화한다는 것을 말한다. 성도의 몸이 변화하여야 하는 이유는 무엇인가(고전 15:50).

e. 부활한 성도의 모습은 어떠할까(고전 15:42~44).

7.2 예수 그리스도의 재림과 최후의 심판

1. 심판의 기준

(1) 의와 공의에 의한 심판

1) 마지막 날 심판은 먼저 의에 의하여, 그 다음에는 공의에 의하여 진행될 것이다. 첫째, 모든 사람은 믿음의 여부에 따라서 의로운 자와 불의한 자로 구분된다. 둘째, 불의한 자는 율법과 양심의 행위에 따라서 공의의 심판을 받을 것이다. 이 심판은 형벌의 종류와 관련될 것이다. 셋째, 믿는다고 하는 자들은 진리의 행위에 따라서 심판을 받을 것이다. 이 심판은 마지막 날에 양과 염소를 구별하는 심판이며 성도들이 받을 상급과 관련될 것이다. 곧 하나님은 의와 공의로 세상을 심판하신다. 이것은 창세전에 작정된 하나님의 뜻이며 하늘보좌의 기초이다. 의에 의한 심판의 기준은 예수 그리스도를 믿느냐 아니냐 하는 것이다. 공의에 의한 심판의 기준은 양심과 율법의 행위, 그리고 진리의 행위이다. 심판 기준은 불신자와 신자에 따라서 각각 다르다. 불신자는 믿음과 율법(양심)의 행위에 따라서 형벌의 종류를 결정하는 심판을 받는다. 성도는 믿음과 진리의 행위에 따라서 상급의 종류를 결정하는 판단을 받는다.

2) 하나님은 의와 공의로 세상을 통치하실 것을 작정하셨다. 의와 공의로 만물을 통치하는 것이 만물을 창조하신 하나님의 뜻이다. **"의와 공의가 주의 보좌의 기초라 인자함과 진실함이 주를 앞서 행하나이다"** (시 89:14). "의에 의한 통치"란 예수 그리스도를 믿는 자를 의롭다고 선언하고 믿지 아니하는 자를 불의하시고 심판하는 것을 의미한다. **"곧 이 때에 자기의 의로우심을 나타내사 자기도 의로우시며 또한 예수 믿는 자를 의롭다 하려 하심이니라"** (롬 3:26). "믿음으로 얻는 의롭다하심"이란 영생을 말한다. **"이는 저를 믿는 자마다 영생을 얻게 하려 하심이니라"** (요 3:15). "공의에 의한 심판"이란 율법과 양심의 행위에 따라서 행위대로 심판하는 것을 말한다. "공의에 의한 통치"란 불의하다고 심판을 받은 자들이 양심과 율법에 의하여 행위대로 심판받는 것을 의미한다. 하나님은 율법과 양심의 행위대로 세상을 심판하신다. **"외모로 보시지 않고 각 사람의 행위대로 판단하시는 자를 너희가 아버지라 부른즉 너희의 나그네로 있을 때를 두려**

움으로 지내라"(벧전 1:17). 의와 공의는 서로 다른 것 같이 보이지만 공의에 의한 통치는 의에 의한 심판을 보완한다.124) "주의 보좌의 기초"란 창세전에 작정된 하나님의 통치 기준을 의미한다. 하나님은 창세전에 세상을 의와 공의 심판하실 것을 작정하셨고 이를 위하여 그리스도를 보내셨다. **"저가 땅을 판단하려 임하실 것임이로다 저가 의로 세계를 판단하시며 공평으로 그 백성을 판단하시리로다"** (시 98:9).

3) 첫째, 하나님께서 의에 의하여 세상을 심판하시는 이유를 살펴보자. 창세전에 하나님은 공간과 장소를 초월하여 영광 가운데 계셨고 지금은 모든 장소와 모든 공간에 계신다(렘 23:24).125) 또한 하나님은 영이시므로 사람은 하나님을 볼 수 없다. 단지, 믿는 자들은 예수 그리스도를 통하여 하나님의 얼굴을 본다. **"예수께서 가라사대 빌립아 내가 이렇게 오래 너희와 함께 있으되 네가 나를 알지 못하느냐 나를 본 자는 아버지를 보았거늘 어찌하여 아버지를 보이라 하느냐"** (요 14:9). 믿지 아니하므로 예수 그리스도를 통하여 하나님을 보지 못하는 자들이 하나님의 말씀을 순종하려면 하나님의 존재를 믿어야 한다. 만물을 창조하신 하나님의 존재를 믿지 아니하면 하나님의 명령을 순종할 수 없다. 하나님께서 아들을 만물의 통치자로 세우셨으므로 아들의 존재를 믿지 아니하면 하나님의 말씀을 순종할 수 없다(히 1:8). 사단은 타락하기 전에 만물을 통치하는 하나님 아들의 왕권을 인정하지 아니하였기 때문에 범죄하였다. 곧 사단은 하나님의 아들을 믿지 아니함으로 타락하였다. **"네가 네 마음에 이르기를 내가 하늘에 올라 하나님의 뭇별 위에 나의 보좌를 높이리라 내가 북극 집회의 산 위에 좌정하리라 가장 높은 구름에 올라 지극히 높은 자와 비기리라 하도다"** (사 14:13,14). "지극히 높은 자"란 하나님의 아들을 의미한다. "지극히 높은 자와 비기리라"란 하나님의 아들의 왕권을 부인하는 것이다.

4) 이스라엘 백성이 가나안 땅에 정착한 이후에 하나님의 존재를 알지 못하였으므로 율법을 버리고 우상을 숭배하였다. 여호수아가 죽은 뒤에 그들을 애굽에서 인도하여

---

124) 의로 심판한다면 불신자들은 '왜 믿지 아니하는 것이 죄이냐'라고 반문할 것이다. 이에 대한 하나님의 답변이 율법과 양심에 의한 공의의 심판이다. 바리새인들과 서기관들을 공의로 심판할 경우 그들의 행위는 거룩하다. 그러나 그들을 의로 심판할 경우에 그들은 불의한 자이다. 따라서 의에 의한 심판과 공의에 의한 심판을 서로 보완관계라고 말할 수 있다.

125) 1.1.1. (1) 참조

내신 하나님을 알지 못하였으므로 이방여자를 아내로 취하고 그녀들에게 미혹을 받아 우상을 숭배하였다. **"그 세대 사람도 다 그 열조에게로 돌아갔고 그 후에 일어난 다른 세대는 여호와를 알지 못하며 여호와께서 이스라엘을 위하여 행하신 일도 알지 못하였더라 이스라엘 자손이 여호와의 목전에 악을 행하여 바알들을 섬기며"** (삿 2:10,11). 이방인들이 우상을 섬기며 하나님을 대적하는 것은 하나님의 존재를 알지 못하기 때문이다. **"하나님을 알되 하나님으로 영화롭게도 아니하며 감사치도 아니하고 오히려 그 생각이 허망하여지며 미련한 마음이 어두워졌나니 스스로 지혜 있다 하나 우준하게 되어 썩어지지 아니하는 하나님의 영광을 썩어질 사람과 금수와 버러지 형상의 우상으로 바꾸었느니라"** (롬 1:21~23).

5) 하나님께서 만물을 창조하시고 말씀으로 만물을 통치한다는 사실을 믿는 자만이 하나님의 말씀을 순종할 수 있다. 따라서 하나님은 자신을 믿는 자들을 의롭다고 선언하신다. 하나님께서 세상을 의로 심판하시려면 자신의 의로우심을 나타내셔야 한다. 불의한 자가 믿지 아니하는 자들을 불의하다고 심판할 수 없기 때문이다. 따라서 하나님은 약속을 지키심으로 자신의 의를 나타내신다. 하나님은 아브라함과 그의 후손에게 가나안 땅을 기업으로 주신다고 약속하셨다. **"그 날에 여호와께서 아브람으로 더불어 언약을 세워 가라사대 내가 이 땅을 애굽강에서부터 그 큰 강 유브라데까지 네 자손에게 주노니"** (창 15:18). 하나님은 그 언약을 성취하심으로 자신의 의를 보이셨다. **"그 마음이 주 앞에서 충성됨을 보시고 더불어 언약을 세우사 가나안 족속과 헷 족속과 아모리 족속과 브리스 족속과 여부스 족속과 기르가스 족속의 땅을 그 씨에게 주리라 하시더니 그 말씀대로 이루셨사오니 주는 의로우심이로소이다"** (느 9:8).

6) 하나님의 의로우심은 그의 언약이 반드시 이루어진다는 것이다. 따라서 하나님은 사람에게 자신의 약속을 믿으라고 말씀하신다. 하나님의 요구대로 사람이 하나님의 말씀을 믿고 이를 순종할 때, 하나님은 그 사람의 믿음을 의롭다고 선언하신다. 사람이 하나님을 믿는다는 증거를 제시하여야 한다. 그 증거는 말씀을 순종하는 것이다. 아브라함은 하나님의 말씀을 순종하여 독자 이삭을 번제로 드림으로 자신의 믿음을 보였다. 하나님은 순종을 통하여 나타난 아브라함의 믿음을 의롭다고 하셨다. **"우리 조상 아브라함이**

그 아들 이삭을 제단에 드릴 때에 행함으로 의롭다 하심을 받은 것이 아니냐"(약 2:21). 아브라함이 하나님의 말씀을 믿음으로 순종하여 본토, 친척 아비 집을 떠나서 가나안 땅으로 나아갔을 때 하나님은 그의 믿음을 의로 여기셨다(창 15:6). 하나님은 아브라함의 믿음을 시험하기 위하여 그에게 이삭을 번제로 드리라고 명령하셨다. "**그 일 후에 하나님이 아브라함을 시험하시려고 그를 부르시되 아브라함아 하시니 그가 가로되 내가 여기 있나이다 여호와께서 가라사대 네 아들 네 사랑하는 독자 이삭을 데리고 모리아 땅으로 가서 내가 네게 지시하는 한 산 거기서 그를 번제로 드리라**"(창 22:1,2). 아브라함은 믿음으로 이삭을 번제로 드렸다.

7) 하나님을 믿음으로 의롭다하심을 받았다고 하더라도, 사람은 육신의 연약하므로 율법과 양심을 온전히 순종하며 살아갈 수 없다. 의롭다하심을 받은 자들이 비록 하나님의 말씀을 온전히 순종하지 못하였다고 하더라도 하나님은 그 죄를 죄로 여기지 아니하신다. "**일한 것이 없이 하나님께 의로 여기심을 받는 사람의 행복에 대하여 다윗의 말한 바 그 불법을 사하심을 받고 그 죄를 가리우심을 받는 자는 복이 있고**"(롬 4:6,7). 아브라함은 믿음으로 의롭다하심을 받았지만 그의 양심에 따라서 살지 못하였다. 그는 죽음을 두려워하여 그의 아내 사라를 바로에게 넘겨주었다(창 12:13~15). 그러나 하나님은 아브라함의 과실을 보지 아니하시고 바로를 저주하셨다.

8) 둘째, 하나님은 믿지 아니하는 자들을 불의한 자로 선언하시고 공의로 그들을 심판하신다. 믿지 아니함으로 불의한 자로 심판을 받은 자들은 하나님께 이의를 제기할 것이다. 불의한 자가 '왜 믿지 아니하는 것이 불의냐'라고 항변하면, 하나님은 그들의 행위가 양심과 율법에 저촉된다고 말씀하실 것이다. 사람은 육신이 연약하여 율법을 온전히 순종할 수 없기 때문이다. "**우리가 알거니와 무릇 율법이 말하는 바는 율법 아래 있는 자들에게 말하는 것이니 이는 모든 입을 막고 온 세상으로 하나님의 심판 아래 있게 하려 함이니라**"(롬 3:19). 사람은 율법 앞에서 자신의 행위를 변명할 수 없다. 율법은 사람의 모든 행위를 정죄하여 사람의 입을 막는다. 따라서 성경은 율법 아래서 의인은 한 사람도 없다고 말씀한다. "**기록한바 의인은 없나니 하나도 없으며 깨닫는 자도 없고 하나님을 찾는 자도 없고 다 치우쳐 한가지로 무익하게 되고 선을 행하는 자는 없나니**

하나도 없도다" (롬 3:10~12). 이러한 관점에서 볼 때 불신자들에 대한 공의의 심판은 의에 의한 심판을 대체하는 것이 아니라 보완한다고 말할 수 있다.

9) 셋째, 믿는 자들에 대한 공의의 심판이다. 하나님은 믿는 자들을 진리의 행의로 심판하신다. 하나님은 신자들의 믿음이 구원에 이르는 믿음이냐 아니냐의 여부를 진리의 행위로 판단하신다. 이는 두 가지로 구분할 수 있다. 하나는 진리를 불순종한 행위가 믿음을 버린 것으로 판단되면, 그 사람은 불의한 자로 심판을 받아 영원한 형벌에 들어갈 것이다. 다른 하나는 진리를 불순종하였지만 믿음을 굳게 지키고 있다고 판단되면, 그 사람은 의롭다하심을 받아 형벌을 면할 것이나 그 행위로 인하여 받을 상급이 작아질 것이다. 곧 의롭다하심을 받은 자들이 진리를 불순종한 행위는 그들의 상급과 관련될 것이다.

10) 사도 바울은 입으로 시인하지만 진리를 순종하지 아니하는 것은 구원에 이르는 믿음이 아니라고 가르쳤다. **"저희가 하나님을 시인하나 행위로는 부인하니 가증한 자요 복종치 아니하는 자요 모든 선한 일을 버리는 자니라"** (딛 1:16). "행위로 부인하다"란 진리를 순종하지 아니하는 것을 의미한다. 그 믿음은 죽은 믿음이다. **"이와 같이 행함이 없는 믿음은 그 자체가 죽은 것이라"** (약 2:17). 따라서 사도 바울은 진리를 순종하기 위하여 자신을 쳐서 말씀에 복종하였다. **"내가 내 몸을 쳐 복종하게 함은 내가 남에게 전파한 후에 자기가 도리어 버림이 될까 두려워함이로라"** (고전 9:27). 예수 그리스도께서 다시 오시면 진리의 행위에 따라서 모든 믿는 자들을 양과 염소로 구분하실 것이다. 구원에 이르는 믿음을 소유한 자들은 양으로, 그렇지 못한 자들은 염소로 구분될 것이다. 염소로 구분된 자들은 불의한 자로 심판을 받은 자이며 다시 율법에 의하여 공의의 심판을 받을 것이다.

11) 양으로 구분된 자들은 율법과 양심에 따라서 심판을 받지 아니하지만 진리의 행위에 따라서 판단을 받을 것이다. 진리의 행위는 성도들이 받을 상급과 관련될 것이다. 부활하여 천국에 들어간 자들이 모두 동일한 상급을 받는 것은 아니다. 성도는 진리의 행위에 따라서 각각 다른 상급을 받을 것이다. **"보라 내가 속히 오리니 내가 줄 상이 내게 있어 각 사람에게 그의 일한대로 갚아 주리라"** (계 22:12). 이것이 하나님의 공의이

다. 사도 바울은 장차 받을 상급을 위하여 모든 고난을 무릅쓰고 복음을 증거하였다. **"이제 후로는 나를 위하여 의의 면류관이 예비되었으므로 주 곧 의로우신 재판장이 그 날에 내게 주실 것이니 내게만 아니라 주의 나타나심을 사모하는 모든 자에게니라"** (딤후 4:8).

12) 마지막 날에 그리스도께서 재림하시면 의와 공의로 세상을 심판하신다. 의란 예수 그리스도를 믿는 것이며, 공의란 율법을 순종하는 것이다. 하나님은 먼저 의로 세상을 심판하신다. 예수 그리스도를 믿는 자는 의롭다하심을 받으면 율법과 양심에 의한 심판으로부터 자유한다. 율법은 믿음으로 의롭다하심을 받은 자들을 정죄하지 못한다(롬 8:1). 그러나 믿지 아니하는 자는 불의한 자로 심판을 받았다. 율법은 불의한 자들을 정죄하여 그들로 하여금 죄를 깨닫게 한다. 믿지 아니하므로 불의한 자로 심판을 받은 자들은 율법에 의하여 자신의 죄를 깨닫게 된다. 이것이 심판이다. 믿음으로 의롭다하심을 받으면 진리의 행위에 따라서 성도들이 받을 상급이 결정될 것이다.

(2) 심판의 보좌와 생명책

1) 하늘에는 아들을 위한 보좌가 있다. 하나님께서 아들을 위하여 만물을 창조하시고 그를 위하여 하늘보좌를 예비하셨다. 아들은 육신으로 우주 안에 오셔서 타락한 천사들을 심판하시고 자기의 피로써 인류의 죄를 대속하신 뒤에 하늘보좌에 오르셨다. 하늘보좌에는 모든 사람의 행위를 기록한 책이 있다. 하나는 어린 양의 생명책이며 다른 하나는 죄인들의 행위를 기록한 책이다. 예수 그리스도께서 산 자와 죽은 자들을 심판하기 위하여 천사들과 함께 영광 가운데 다시 오시면 하늘보좌는 지상으로 옮겨진다. 예수 그리스도께서 그 책에 기록된 대로 모든 사람을 심판하실 것이다.

2) 예수 그리스도께서 강림하시면 하늘보좌는 지상으로 옮겨진다. 의와 공의로 만물을 통치하는 예수 그리스도께서 계신 곳이 보좌이기 때문이다. 예수 그리스도의 재림으로 하늘에서 땅으로 옮겨진 보좌가 마지막 심판을 위한 보좌이다. **"또 내가 크고 흰 보좌와 그 위에 앉으신 자를 보니 땅과 하늘이 그 앞에서 피하여 간데 없더라"** (계 20:11). "흰 보좌"란 심판에 있어서 어떠한 감정이나 인정에 이끌리지 아니하고 의와 공의에

따라서 기계적으로 심판하는 보좌를 의미한다. 예수 그리스도께서 의와 공의로 각 사람을 그들의 믿음과 행위대로 심판하실 것이다.

3) 의와 공의를 기준으로 모든 사람의 행위를 기록한 책들이 있다. 하나님 아버지의 뜻대로 예수 그리스도를 믿음으로 의롭다하심을 받은 자들의 이름이 기록된 책과 믿지 아니한 자들의 이름이 기록된 책이 있다. 예수 그리스도께서 그 책에 기록된 대로 모든 사람을 심판하실 것이다. 세상 법정은 마지막 심판을 모형으로 보여준다. 검찰은 형사 피의자를 구속하여 수사하고 그의 혐의를 입증할 모든 증거를 첨부하여 기소한다. 법정에서 판사는 검찰의 수사기록과 변호인의 변호를 기준으로 법과 양심에 따라서 형사피의자를 재판한다. 이와 같이 마지막 날 심판의 보좌에는 모든 사람의 행위가 기록된 책이 있다. 예수 그리스도께서 그 책에 기록된 대로 심판하실 것이다.

4) 창세 이후로 모든 사람의 행위는 책에 기록되었을 것이다. 책은 두 가지로 구분된다. 첫째, 하나님께서 어린 양의 피로 값 주고 사신 자들을 기록한 생명책이다. 이를 어린 양의 생명책이라고 한다. 어린 양의 생명책에 기록된 자는 천국을 유업으로 받을 것이다. **"무엇이든지 속된 것이나 가증한 일 또는 거짓말하는 자는 결코 그리로 들어오지 못하되 오직 어린 양의 생명책에 기록된 자들뿐이라"** (계 21:27). 아벨로부터 종말까지 믿음으로 의롭다하심을 얻는 언약에 의하여 믿은 자들은 그 생명책에 기록될 것이다. 아브라함이 믿음으로 의롭다하심을 받는 언약과 열국의 아비가 되는 언약을 받았으므로 믿음으로 영생을 얻은 자들은 아브라함으로부터 시작하는 영적인 계보에 기록될 것이다. **"너희가 그리스도께 속한 자면 곧 아브라함의 자손이요 약속대로 유업을 이을 자니라"** (갈 3:29). 예수 그리스도의 계보가 있는 것과 같이 예수 그리스도의 피로 구원을 받은 자들의 계보를 기록한 책이 있을 것이다.

5) 그리스도 이전 사람들은 양심과 율법을 통하여 자신의 죄를 깨닫고 장차 오실 그리스도를 믿음으로 의롭다하심을 받았다. 하나님은 아브라함에게 믿음으로 의롭다하심을 얻는 언약을 주셨으므로 아브라함 이후 믿음으로 의롭다하심을 받은 사람은 모두 아브라함이 받은 언약 안에 있는 자들이다. 따라서 믿음으로 의롭다하심을 받은 자들은 혈통을 초월하여 아브라함의 자손이 된다. **"아브라함이 하나님을 믿으매 이것을 그에게**

의로 정하셨다 함과 같으니라 그런즉 믿음으로 말미암은 자들은 아브라함의 아들인줄 알찌어다" (갈 3:6,7). 믿음으로 의롭다하심을 받은 자들은 아브라함을 믿음의 조상이라고 부른다. 아브라함으로부터 이어지는 믿음의 족보가 어린 양의 생명책에 기록되어 있을 것이다.

6) 그리스도 이전 사람들은 장차 오실 그리스도를 믿음으로 의롭다하심을 받았으나 구원에 대한 약속을 받지 못하고 죽었다.126) **"이 사람들이 다 믿음으로 말미암아 증거를 받았으나 약속을 받지 못하였으니"** (히 11:39). 아브라함은 믿음으로 의롭다하심을 받았으나 그리스도의 피로 인한 속죄를 보지 못하고 죽었다. 모세와 다윗도 역시 믿음으로 의롭다하심을 받았으나 그리스도의 피 흘림을 보지 못하고 죽었다. 예수 그리스도께서 피를 흘리셨을 때 그들의 믿음을 통하여 속죄의 효력이 나타났다. 그들은 살아있을 동안에 그리스도의 피로써 구원을 얻지 못하였지만 그리스도께서 피를 흘리실 때 그들의 구원이 확정되었다. 따라서 그리스도 이전 믿음으로 의롭다하심을 받은 자들도 어린 양의 생명책에 기록되었을 것이다. 모세의 이름이 생명책에 기록되었다고 성경은 말씀한다. **"그러나 합의하시면 이제 그들의 죄를 사하시옵소서 그렇지 않사오면 원컨대 주의 기록하신 책에서 내 이름을 지워 버려주옵소서"** (출 32:32).

7) 믿음으로 의롭다하심을 받은 자들도 율법과 진리를 온전히 순종하지 못한다. 사단이 하나님께 욥을 참소하듯이, 마지막 심판 때 마귀는 율법의 행위와 진리의 행위로 믿는 자들을 참소할 것이다. 그러나 믿음으로 의롭다하심을 받은 자들의 이름이 어린 양의 생명책에 기록되어있으므로 예수 그리스도는 하나님 아버지 앞에서 구원받은 자를 변호하실 것이다. **"나의 자녀들아 내가 이것을 너희에게 씀은 너희로 죄를 범치 않게 하려 함이라 만일 누가 죄를 범하면 아버지 앞에서 우리에게 대언자가 있으니 곧 의로우신 예수 그리스도시라"** (요일 2:1). "대언자"란 믿음으로 의롭다하심을 받은 자를 변호하는 보혜사를 의미한다. 예수 그리스도는 자기의 피로써 값 주고 사신 자들을 생명책에 기록하시고 기록된 자들의 행위를 하나님 아버지 앞에서 변호하실 것이다.

8) 어린 양의 생명책에 기록된 자들을 인 맞은 자라고 성경은 말씀한다. **"내가 인

---

126) 5.2.1. (1) 참조

맞은 자의 수를 들으니 이스라엘 자손의 각 지파 중에서 인 맞은 자들이 십사만 사천이니"(계 7:4). "인"이란 어린 양의 이름과 하나님의 이름을 말한다. **"또 내가 보니 보라 어린 양이 시온산에 섰고 그와 함께 십사만 사천이 섰는데 그 이마에 어린 양의 이름과 그 아버지의 이름을 쓴 것이 있도다"(계 14:1).** 믿음으로 인을 맞은 자들은 거룩한 세마포를 입고 있다. "그에게 허락하사 빛나고 깨끗한 세마포를 입게 하셨은즉 이 세마포는 성도들의 옳은 행실이로다 하더라"(계 19:8). 사도 바울은 그 인을 그리스도의 흔적이라고 기록하였다. **"이 후로는 누구든지 나를 괴롭게 말라 내가 내 몸에 예수의 흔적을 가졌노라"(갈 6:17).** 어린 양의 생명책에 기록된 자들은 지옥의 형벌을 위한 심판을 받지 아니하나 아버지의 집에서 받을 상급에 대한 판단을 받을 것이다.

9) 둘째, 어린 양의 생명책에 기록되지 못한 자들을 심판하기 위하여 그들의 행위를 기록한 다른 책들(books)이 있다. **"또 내가 보니 죽은 자들이 무론 대소하고 그 보좌 앞에 섰는데 책들이 펴있고 또 다른 책이 펴졌으니 곧 생명책이라 죽은 자들이 자기 행위를 따라 책들에 기록된 대로 심판을 받으니"(계 20:12).** "죽은 자들"이란 예수 이름을 믿지 아니하므로 생명을 얻지 못한 자들을 말한다. 보좌 앞에 펴진 책은 두 가지이다. 하나는 믿음으로 구원받은 자들을 기록한 한 권의 생명책(the book of life)이며, 다른 하나는 생명책에 기록되지 못한 자들의 죄를 기록한 다수의 책(books)이다. 죄로 인하여 죽은 자들의 모든 행위가 다수의 책들에 기록되어있다. 그들은 모두 짐승에게 경배한 자들이다. **"죽임을 당한 어린 양의 생명책에 창세 이후로 녹명되지 못하고 이 땅에 사는 자들은 다 짐승에게 경배하리라"(계 13:8).**

10) 어린 양의 책에 기록되지 못하고 심판을 받기 위하여 다른 책에 기록된 자들은 오른 손과 이마에 표를 받았다. **"누구든지 이 표를 가진 자 외에는 매매를 못하게 하니 이 표는 곧 짐승의 이름이나 그 이름의 수라 지혜가 여기 있으니 총명 있는 자는 그 짐승의 수를 세어 보라 그 수는 사람의 수니 육백 육십 륙이니라"(계 13:17,18).** 짐승의 표를 받은 자들은 양심에 화인을 맞은 자들이다. **"자기 양심이 화인 맞아서 외식함으로 거짓말하는 자들이라"(딤전 4:2).** 그들의 모든 행위가 기록되었으므로 죄인들은 하나님 앞에서 자기의 죄를 변명하지 못할 것이다. 율법과 양심에 의하여 정죄 받는 죄가 그들의

입을 막을 것이다(롬 3:19).

11) 모든 인류는 아담 안에 있는 사람과 그리스도 예수 안에 있는 사람들로 구분할 수 있다. 전자는 율법과 양심에 따라서 행위대로 심판을 받을 것이다. 그들의 모든 행위가 책에 기록되었을 것이며 그 행위대로 심판을 받을 것이다. 후자는 믿음으로 자기의 죄를 용서받았으므로 심판에서 제외될 것이다. 그들의 이름이 어린 양의 생명책에 기록되었을 것이다. 마지막 날에 예수 그리스도께서 책에 기록된 대로 의와 공의로 온 인류를 심판하실 것이다.

(3) 이해를 위한 질문

1) 의와 공의에 의한 심판

 a. 하나님께서 만물을 통치하는 기준은 무엇인가(시 89:14).

 b. 왜 하나님께서 의로 세상을 심판하시는가(요 3:18).

 c. 하나님께서 아들을 믿는 것을 의로 정하신 이유는 무엇인가(롬 3:26).

 d. 하나님께서 믿지 아니하는 자들을 공의로 심판하시는 이유는 무엇인가(민 14:11).

 e. 하나님께서 모든 심판을 아들에게 맡기신 이유는 무엇인가(요 5:22).

2) 심판의 보좌와 생명책

 a. 그리스도께서 강림하시면 하늘보좌가 지상으로 옮겨지는 이유는 무엇인가(계 20:11).

 b. 보좌에 놓인 어린 양의 생명책이란 무엇인가(계 21:27).

 c. 어린 양의 인을 맞았다는 것은 무엇을 의미하는가(갈 6:17).

 d. 생명책 이외에 다른 책이란 무엇인가(계 20:12). 이 책에 무엇이 기록되어 있는가.

 e. 짐승의 표를 맞았다는 것은 무엇을 의미하는가(계 13:16,17).

2. 음부와 낙원에 있는 자들에 대한 의의 심판

(1) 율법과 양심 아래서 육체가 죽은 자에 대한 심판

1) 모든 사람은 하나님의 은혜 아래 있는 자들과 율법 아래 있는 자들로 구분한다. 전자는 믿음으로 의롭다하심을 받음으로 죄를 용서받은 자들이며, 후자는 믿지 아니하므로 하나님의 진노 아래 있는 자들이다. 율법 아래 있는 자들은 육체가 죽은 자들과 살아 있는 자들로 구분한다. 전자는 다시 그리스도 이전과 이후로 구분한다. 죄인은 크게 두 집단으로 구분할 수 있다. 육체가 죽은 뒤에 그 영혼이 음부로 들어간 자들과 육체가 살아있는 자들로 구분할 수 있다. 육체가 죽은 뒤에 음부로 들어간 영혼들은 살아생전에 죄를 깨닫지 못하였다가 음부로 들어간 뒤에 죄를 깨달음으로 심판을 받는다. 그들은 예수 이름을 믿지 아니한 것과 율법과 양심에 따라서 살아가지 아니한 것이 죄임을 깨닫게 된다. 그들은 음부로 들어가는 순간 심판을 받은 것을 알게 된다.

2) 율법과 양심 아래서 죽은 자들은 그리스도 이전과 이후로 구분할 수 있다. 그리스도 이전 사람들은 율법과 양심으로 자신의 죄를 깨닫고 장차 오실 그리스도를 믿은 자들은 의롭다하심을 받았다. 그들은 살아생전에 구원을 받지 못하였으나, 예수 그리스도께서 피를 흘리실 때 그들의 믿음대로 그들의 모든 죄를 용서받았다. 율법과 양심으로 자기의 죄를 알지 못하고 장차 오실 그리스도를 믿지 아니한 자들은 의롭다하심을 받지 못하고 죽어서 음부로 들어갔다. 그리스도 이후 예수 이름을 믿지 아니하고 그 육체가 죽은 자들도 모두 음부로 들어갔다. 그들은 죽은 뒤에 그 영혼이 음부에 들어가면 자신의 죄를 깨닫게 된다. 죄를 깨닫는 것은 심판을 받았다는 증거이다.

3) 육체가 살아 있는 동안 장차 오실 그리스도를 믿지 아니하므로 구원을 받지 못한 자들의 영혼은 이미 심판을 받아 음부로 들어갔다. 그들은 예수 그리스도의 강림 직전에 마귀와 함께 무저갱에 갇힐 것이다. 그들은 이미 심판을 받았으므로 두 번 다시 심판을 받을 필요가 없을 것이다. 그들은 두 가지 죄를 가지고 있을 것이다. 하나는 아담으로부터 받은 원죄이며 다른 하나는 자신이 범한 자범죄이다. 율법과 양심에 의하여 정죄받는 죄는 육체와 인격에 흔적을 남긴다. 그 영은 원죄의 흔적을, 그 육체와 그 인격은 원죄와 자범죄의 흔적을 가지고 있다. 육체가 죽어 흙으로 돌아가면 육체에 새겨진 죄의

흔적은 흙으로 돌아가고, 육체와 분리된 인격(혼)은 일생동안 범한 자범죄와 원죄의 흔적을 가지고 영과 결합한다. 따라서 죽은 죄인의 영혼은 원죄와 일생동안 범한 자범죄의 흔적을 가지고 있다.

4) 사람의 육체와 인격은 아담으로부터 받은 원죄와 자범죄의 흔적을 가지고 있다. 모든 죄는 저장되기 때문이다(호 13:12). 사람은 그 육체와 인격에 수많은 죄의 흔적을 가지고 있다. 사람의 육체가 죽어서 흙으로 돌아갈 때 육체에 있는 죄의 흔적은 육체와 함께 사라진다. 육체가 죽어서 흙으로 돌아가더라도 그 인격은 없어지지 아니하고 영과 결합하므로 인격에 있는 죄의 흔적은 영혼으로 옮겨진다. 육체가 죽은 뒤에 인격이 영과 결합하여 음부로 들어가므로 음부에 있는 모든 영혼은 일생동안 범한 자범죄의 흔적과 아담으로부터 받은 원죄의 흔적을 가지고 있다. 이 죄의 흔적은 마지막 심판 때에 그리스도의 보좌 앞에 놓인 책의 기록과 일치할 것이다.

5) 죄인이 죽어서 그 영혼이 음부로 들어가면 각자 자기의 죄를 깨닫게 될 것이다. 육체가 살아있을 동안 사람들은 자기의 죄를 알지 못한다. 만약 사람이 자기의 죄를 알고 육체가 죽은 뒤에 심판이 있을 것을 알았다면 그 죄를 용서하실 하나님을 믿을 것이다. 그러나 사람들은 교만하여 자기의 죄를 알지 못하고 재물과 명예를 위하여 살아간다. 이스라엘 백성은 율법을 받았지만 우상숭배와 음행이 죄임을 알지 못하고 범죄하였다. 애굽에서 광야로 나온 이스라엘 백성은 율법을 버리고 우상숭배, 음행, 시험 및 원망이 죄임을 알지 못하고 범죄하다가 광야에서 멸망하였다(고전 1:7~10). 육체가 죽은 뒤에 그 영혼이 음부에 들어가서 자신들의 죄를 깨달았을 것이다. 부자가 일생동안 즐겁게 살다가 죽은 뒤에 음부에 들어갔다. 그는 음부에서 자신의 죄를 깨닫고 괴로워하였다. **"가로되 그러면 구하노니 아버지여 나사로를 내 아버지의 집에 보내소서 내 형제 다섯이 있으니 저희에게 증거하게 하여 저희로 이 고통 받는 곳에 오지 않게 하소서"** (눅 16:27,28).

6) 부자는 죽어서 그 영혼이 음부로 들어간 뒤에 비로소 자기의 죄를 깨달았다. 그는 재물과 명예가 삶의 전부인 것처럼 살았다. **"한 부자가 있어 자색 옷과 고운 베옷을 입고 날마다 호화로이 연락하는데"** (눅 16:19). 재물로 육체가 편안하게 살고 명예로

타인에게 존경을 받는 것을 삶의 최고의 가치로 알고 있다가, 죽은 뒤에 재물과 명예가 자신을 구원하지 못한다는 것을 알게 된다. 돈과 명예가 사람을 속인다.127) 사람은 돈과 명예에 속아서 하나님을 버리고 세상에 속한 것들을 사랑하며 살다가 음부로 들어간 뒤에 자신의 일생이 재물과 명예에 의하여 사기를 당하였음을 깨닫게 된다. 그 부자는 자신이 세상에 속한 것들에 의하여 속았다는 것을 알게 되었다. 하나님의 뜻을 알지 못하고 하나님의 율법 아래서 자신의 죄를 깨닫지 못하고 재물과 명예와 권력을 위하여 노력한 모든 것은 헛되다고 성경은 말씀한다. **"내가 해 아래서 행하는 모든 일을 본즉 다 헛되어 바람을 잡으려는 것이로다"** (전 1:14).

7) 사람은 일생동안 돈과 명예를 위하여 살아간다. 사람은 이것들을 얻기 위하여 어릴 때부터 많은 교육과 훈련을 받는다. 사람들은 이것들을 얻지 못하면 자신을 인생의 패배자로 여긴다. 대부분의 사람들은 좋은 대학에 들어가고 좋은 직장을 잡고 이상적인 배우자를 만나서 자녀를 낳고 편안하게 살고 가난한 자를 위하여 구제하는 것을 성공한 것으로 여긴다. 사람들은 자신의 노력으로 얻은 재물을 국가와 사회를 위하여 기부한 것에 대하여 자부심을 가지고 있다. 또한 그러한 삶을 인생의 최고의 가치로 삼고 있다. 또한 국가를 위하여 목숨을 버리는 애국적인 삶이 후대에 이름을 남기는 보람 있는 삶이라고 생각한다. 따라서 국가의 독립을 위하여, 정치의 민주화를 위하여 목숨을 버리기도 한다. 그러나 성경은 그것이 그에게 무익하다고 말씀한다. **"내가 내게 있는 모든 것으로 구제하고 또 내 몸을 불사르게 내어 줄찌라도 사랑이 없으면 내게 아무 유익이 없느니라"** (고전 13:3). 돈과 명예로 만족하는 자들은 그 영혼을 위하여 일하지 아니한다. 따라서 성경은 부자가 하늘나라에 들어가는 것이 어렵다고 말씀한다. **"다시 너희에게 말하노니 약대가 바늘귀로 들어가는 것이 부자가 하나님의 나라에 들어가는 것보다 쉬우니라 하신대"** (마 19:24).

8) 재물과 명예가 사람을 구원하지 못한다. 이스라엘의 역대 왕들은 돈과 명예와 권력을 모두 가지고 있었으나 우상숭배로 인하여 의롭다하심을 얻지 못하고 음부로 들어갔

---

127) 거짓 선지자는 재물과 명예와 권력으로 교회를 미혹한다. 교회가 미혹에 빠지면 재물과 명예와 권력을 얻기 위하여 그 영혼을 팔게 된다.

다. 재물과 명예 때문에 하나님의 율법을 버린 자들은 죽어서 음부로 내려갔다. 사울과 여로보암은 정치적인 목적으로 하나님의 말씀을 불순종하였으므로 하나님께로부터 버림을 받았다. 솔로몬은 지혜와 명예와 재물과 권력을 한 손에 쥐고 있었으나 노년에 이방여자들에게 빠져서 우상을 숭배하였다. **"솔로몬의 나이 늙을 때에 왕비들이 그 마음을 돌이켜 다른 신들을 좇게 하였으므로 왕의 마음이 그 부친 다윗의 마음과 같지 아니하여 그 하나님 여호와 앞에 온전치 못하였으니 이는 시돈 사람의 여신 아스다롯을 좇고 암몬 사람의 가증한 밀곰을 좇음이라"** (왕상 11:4,5). 솔로몬은 장차 오는 그리스도를 믿음으로 의롭다하심을 받았으나 노년에 우상을 섬김으로 의로움을 잃어버렸다. 솔로몬이 가진 재물과 명예가 그를 구원하지 못하였다. 재물이 마지막 날에 사람을 구원하지 못한다. **"재물은 진노하시는 날에 무익하나 의리는 죽음을 면케 하느니라"** (잠 11:4). **"자기의 재물을 의지하는 자는 패망하려니와 의인은 푸른 잎사귀 같아서 번성하리라"** (잠 11:28).

9) 율법과 양심 아래서 자기의 죄를 깨닫고 장차 오실 그리스도를 믿은 자들은 의롭다하심을 받고 아브라함의 품으로 들어갔지만 믿지 아니한 자들은 음부로 들어갔다. 아브라함은 칭의 언약에 의하여 의롭다하심을 받는 믿음의 기준이고 믿음으로 의롭다 함을 받는 모든 자의 조상이기 때문이다. 아브라함의 품으로 들어가지 못한 자들은 음부에 들어가서 자신의 죄를 깨닫고 자기의 일생이 재물과 명예에 의하여 속았음을 알고 고통 가운데서 후회하고 있다. 그들이 음부로 들어간 것은 의와 공의에 의하여 심판을 받았다는 증거이다. 그들은 마지막 때에 마귀와 함께 음부에서 무저갱으로 들어갈 것이다. 무저갱에 들어간 자들의 모든 활동이 중단될 것이다. 그들이 마귀와 함께 무저갱으로 들어감으로 그들의 심판이 이미 끝났고 다시는 구원의 기회가 없다는 것을 깨달을 것이다.

10) 예수 그리스도께서 악한 영들을 멸하려고 오신 것을 귀신들은 알고 있다. **"나사렛 예수여 우리가 당신과 무슨 상관이 있나이까 우리를 멸하러 왔나이까 나는 당신이 누구인줄 아노니 하나님의 거룩한 자니이다"** (막 1:24). "멸하다"란 귀신이 무저갱에 갇히므로 모든 활동이 중단되어 죽은 것과 같이 된 상태를 의미한다. 귀신은 영적 존재로서

죽음으로 그 존재가 없어지는 것이 아니다. 귀신은 지상에서는 활동하지만 무저갱에 들어가면 감옥에 갇힌 것과 같이 그들의 모든 활동이 중단된다. 따라서 귀신들은 무저갱으로 들어가는 것을 두려워하고 있다. **"무저갱으로 들어가라 하지 마시기를 간구하더니"** **(눅 8:31).** 이와 같이 음부로 내려간 영혼들도 무저갱으로 들어가는 것을 두려워할 것이다. 검찰이 범법자를 구속하여 구치소에 가두듯이, 예수 그리스도께서 모든 악한 영들을 무저갱에 가두신 뒤에 최후의 심판을 시작하실 것이다. 무저갱에 갇혔다는 자체가 심판이 끝났다는 것을 의미하므로 악한 영들이 무저갱으로 들어감으로 최후의 심판을 받은 것이다.

11) 모든 사람은 아담으로부터 받은 원죄를 가지고 잉태하므로 모태로부터 죄인으로 정죄를 받는다. 죄인으로 태어나서 예수 그리스도를 알지 못하고 믿지 아니하고 죽으면 그 영혼은 원죄와 자범죄의 흔적을 가지고 음부로 들어간다. 음부로 들어간 그 영혼은 비로소 하나님과 예수 그리스도를 알게 된다. 그 사람은 일생동안 예수 그리스도의 말씀을 통하여 생수를 마시지 못하였으므로 음부에서 갈증을 느낄 것이다. 부자가 죽은 뒤에 음부에서 물을 사모하는 것과 같이(눅 16:24), 음부에 있는 모든 영혼은 목마름으로 고통을 당할 것이다. 믿지 아니하는 자들이 죽은 뒤에 그 영혼이 음부로 들어가면 그들의 죄를 깨달을 것이다. 이것으로 율법과 양심 아래서 장차 오실 그리스도와 과거에 오신 그리스도를 믿지 아니하는 자들의 심판이 확정될 것이다.

12) 모든 사람은 아담 안에서 원죄를 가지고 태어나며 스스로 예수 그리스도를 믿을 수 없으므로 모태에서 잉태되는 순간 죄인으로 정죄를 받았다. 사람이 죄인으로 살아가는 동안 수많은 죄를 범하며 그 죄는 육체와 인격에 흔적을 남긴다. 믿지 아니하는 자들은 원죄와 일생동안 범한 자범죄의 흔적을 그대로 가지고 죽어서 음부로 들어간다. 죄인은 음부에 들어간 뒤에 자신의 죄를 깨닫게 된다. 믿지 아니하므로 음부로 들어간 영혼은 두 번 다시 심판을 받지 아니하며 마지막 날에 마귀와 함께 무저갱으로 들어갈 것이다.

(2) 복음 아래서 육체가 죽은 자에 대한 심판

1) 복음 아래 있다는 것은 믿음으로 의롭다하심을 받으므로 하나님의 은혜 아래 있는

자들을 의미한다. 이들은 육체가 죽어서 그 영혼이 낙원으로 들어간 자들과 육체가 살아 있는 자들로 구분할 수 있다. 복음은 새 언약이다. 예수 그리스도께서 그의 피로써 율법을 폐하시고 새 언약을 새우셨다. 새 언약은 예수 그리스도를 믿지 아니하는 것이 죄이며 믿는 것이 영생이라고 선언한다. 예수 그리스도를 믿는 자들은 영생을 얻었으므로 다시는 심판을 받지 아니한다. 그러나 예수 이름을 믿지 아니하는 자들은 이미 심판을 받았다. 모든 사람은 원죄를 가지고 예수 그리스도를 믿지 아니하는 상태에서 태어난다. 따라서 모든 사람은 태어나면서부터 죄인으로 심판을 받았다. 육체가 죽기 전에 예수 그리스도를 믿은 자들은 영생을 얻었으므로 심판에서 벗어난다. 곧 믿는 자들은 심판에서 생명으로 옮겨졌다. 그러나 믿지 아니하는 자들은 심판을 받은 그대로 죽어서 음부로 들어간다.

2) 죄인이냐 의인이냐의 여부를 판단하는 기준은 성경을 통하여 계시된 믿음이다. 율법의 행위가 아니라 믿음으로 의롭다하심을 받는다. 신생아는 율법의 행위로 아무런 흠도 없으므로 공의로 심판한다면 죄인이 아니다. 그러나 의로 심판한다면 신생아는 불의한 자이다. 모든 사람은 아담 안에서 원죄를 가지고 태어나며 모태에서 나오는 즉시 예수 그리스도를 주님이라고 고백하지 못하기 때문이다. 하나님은 예수 그리스도를 믿지 아니하는 모든 사람을 죄인으로 선언하신다. 죄란 예수 그리스도를 믿지 아니하는 것이기 때문이다. **"죄에 대하여라 함은 저희가 나를 믿지 아니함이요"** (요 16:9).

3) 예수 그리스도를 믿느냐, 아니냐의 여부가 심판의 기준이다. 그리스도 이전에 하나님은 이스라엘 백성을 율법으로 통치하셨으나 이후부터는 진리로 통치하신다. 그 이유는 예수 그리스도께서 그의 피로써 인류의 죄를 대속하심으로 율법을 폐하셨기 때문이다.[128] 하나님은 율법과 양심에 의하여 정죄 받는 모든 죄, 곧 창세로부터 종말까지 모든 자범죄를 예수 그리스도께 옮겨놓으셨고 예수 그리스도께서 그 죄를 짊어지고 죽으셨다. 따라서 율법이 정죄할 죄는 더 이상 없다. 이것은 그리스도 예수 안에서 율법의 폐지를 의미한다. **"원수 된 것 곧 의문에 속한 계명의 율법을 자기 육체로 폐하셨으니 이는 이 둘로 자기의 안에서 한 새 사람을 지어 화평하게 하시고"** (엡 2:15). 따라서

---

128) 4.4.1 참조

율법은 믿음으로 그리스도 예수 안에 있는 자들을 정죄하지 못한다.

4) 예수 그리스도의 피에 의한 속죄의 효과는 믿는 자에게만 나타난다. 하나님께서 예수 그리스도를 믿는 자들만 의롭다하시기 때문이다. 그리스도께서 인류의 모든 죄를 대속하셨다는 것을 인정하지 아니하는 자들은 그 죄를 용서받지 못한다. 태어나면서 믿지 아니하므로 죄인으로 심판을 받은 자들이 예수 그리스도를 믿으면 하나님은 그들을 의롭다고 선언하신다. **"곧 이 때에 자기의 의로우심을 나타내사 자기도 의로우시며 또한 예수 믿는 자를 의롭다하려 하심이니라"** (롬 3:26). 곧 사람이 성장하면서 복음을 듣고 예수 이름을 믿음으로 의롭다하심을 받으면 심판에서 생명으로 옮겨진다. **"내가 진실로 진실로 너희에게 이르노니 내 말을 듣고 또 나 보내신 이를 믿는 자는 영생을 얻었고 심판에 이르지 아니하나니 사망에서 생명으로 옮겼느니라"** (요 5:24). 하나님은 믿음으로 의롭다하신 자들의 모든 죄를 용서하셨으므로 믿는 자는 심판을 받지 아니한다. **"누가 능히 하나님의 택하신 자들을 송사하리요 의롭다하신 이는 하나님이시니"** (롬 8:33).

5) 믿지 아니하는 자들은 죽은 뒤에 그 영혼이 음부로 들어감으로 심판이 확정되지만, 믿음으로 의롭다하심을 받고 낙원으로 들어간 자들은 다시 심판을 받지 아니한다. 낙원은 거룩하고 의로운 곳이므로 의롭다하심을 받은 자만이 들어갈 수 있다. 믿음으로 의롭다하심을 받고 낙원으로 들어간 자들은 다시는 사망에 이르는 심판을 받지 아니한다. 그들은 장차 다가올 부활을 기다리며 예수 그리스도 안에서 잠을 자듯이 안식을 누릴 것이다. 음부로 내려간 자들이 고통 가운데서 신음하는데 비하여 낙원으로 들어간 자들은 하나님의 자녀로서의 영광을 누리고 있을 것이다.

6) 예수 그리스도께서 강림하실 때 낙원으로 들어간 자들은 모두 부활하여 그리스도와 함께 공중으로 내려올 것이다. 그들은 그리스도와 함께 심판에 참여할 것이다. 성경은 성도들이 세상과 천사를 심판할 것이라고 말씀한다. **"성도가 세상을 판단할 것을 너희가 알지 못하느냐 세상도 너희에게 판단을 받겠거든 지극히 작은 일 판단하기를 감당치 못하겠느냐 우리가 천사를 판단할 것을 너희가 알지 못하느냐 그러하거든 하물며 세상 일이랴"** (고전 6:2,3). "성도가 세상을 판단하다"란 성도가 세상을 악하다고 선언하면, 하나님은 그것을 그대로 인정하신다는 것을 말한다. **"내가 천국 열쇠를 네게 주리니**

네가 땅에서 무엇이든지 매면 하늘에서도 매일 것이요 네가 땅에서 무엇이든지 풀면 하늘에서도 풀리리라 하시고"(마 16:19). "천국 열쇠를 가지고 있다"란 성도들이 왕 같은 권세를 가지고 있다는 것을 의미한다(벧전 2:9). 사도 바울이 복음 전도를 훼방하는 자를 저주하자. 즉시로 그 저주가 그에게 임하였다. **"가로되 모든 궤계와 악행이 가득한 자요 마귀의 자식이요 모든 의의 원수여 주의 바른 길을 굽게 하기를 그치지 아니하겠느냐 보라 이제 주의 손이 네 위에 있으니 네가 소경이 되어 얼마 동안 해를 보지 못하리라 하니 즉시 안개와 어두움이 그를 덮어 인도할 사람을 두루 구하는지라"** (행 13:10,11). 이 말씀은 낙원에서 안식을 누리다가 부활하여 그리스도와 함께 공중으로 임할 자들이 심판에 참여할 것을 보여준다. 첫째 부활에 참여한 자들이 그리스도와 함께 심판에 참여할 것이다.

7) 마지막 날 죄인에 대한 심판이 끝나면 성도들은 각자의 행위에 따른 공의의 판단을 받을 것이다. 하나님은 마지막 날에 성도들이 받은 달란트에 대하여 결산을 하실 것이다. **"오랜 후에 그 종들의 주인이 돌아와 저희와 회계할쌔"** (마 25:19). "회계하다"란 회계연도가 끝나면 기업이 경영성과를 공시하기 위하여 결산하는 것과 같이, 하나님께서 성도들에게 주실 상급을 결정하기 위하여 성도들의 행위를 평가하실 것이다.[129] 이것을 보여주는 것이 달란트 비유이다. 달란트는 성도들이 받은 직분(재능)이다. 하나님께서 믿음의 분량대로 성도 각자에게 직분을 맡기신다. 성도들은 그 직분을 감당한 정도에 따라서 받을 상급이 결정될 것이다. 맡은 직분을 감당한 정도에 따라서 상급을 받는 것이 하나님의 공의이다. **"보라 내가 속히 오리니 내가 줄 상이 내게 있어 각 사람에게 그의 일한대로 갚아 주리라"** (계 22:12).

8) 성도들이 받을 상급을 결정하는 기준은 예수 그리스도의 말씀이다. 그 말씀이 마지막 날에 믿는 자들의 행위를 평가할 것이다. **"나를 저버리고 내 말을 받지 아니하는 자를 심판할 이가 있으니 곧 나의 한 그 말이 마지막 날에 저를 심판하리라"** (요 12:48).

---

[129] 상장기업은 결산을 확정하고 이를 공시하기 전에 재무제표를 외부 공인회계사에게 감사를 받아야 한다. 공인회계사는 정하여진 회계기준에 의하여 기업에서 작성한 재무제표를 감사하여 기업의 경영성과와 재무상태에 대하여 의견을 표명한다. 이것은 마지막 날에 성도들의 공력에 대한 결산을 모형으로 보여준다고 말할 수 있다.

이 말씀은 믿지 아니하는 자들을 불의한 자로 심판하는 기준일 뿐만 아니라 성도의 상급을 결정하는 기준이라는 것을 의미한다. 성도들은 예수 이름으로 세례를 받음으로 진리를 순종하여야 할 의무를 가지고 있다.130) 진리를 순종하는 것은 맡은 직분을 감당하는 것이다. 진리는 새 언약이며 하나님과 이웃을 사랑하는 것이다(요 13:34). 진리를 순종한 정도에 따라서 성도들이 받을 상급은 결정될 것이다.

9) 하나님께서 정하신 기준에 따라서 성도들이 받을 상급에 대한 평가는 이루질 것이다. 성도들은 일생동안 하나님께 충성하였다고 스스로 믿고 있고, 반대로 그렇지 아니하다고 믿을 수 있다. 자신에 대한 성도들의 평가는 주관적인 것이다. 하나님은 창세전에 작정된 기준에 의하여 성도들의 공력을 평가하실 것이다. 하나님의 평가는 불로 임할 것이다. **"각각 공력이 나타날 터인데 그 날이 공력을 밝히리니 이는 불로 나타내고 그 불이 각 사람의 공력이 어떠한 것을 시험할 것임이니라 만일 누구든지 그 위에 세운 공력이 그대로 있으면 상을 받고"** (고전 3:13,14). 공력이 불에 탄다면 받을 상이 없을 것이다. **"누구든지 공력이 불타면 해를 받으리니 그러나 자기는 구원을 얻되 불 가운데서 얻은 것 같으리라"** (고전 3:15). 성도는 상을 받기 위하여 경기하는 운동선수와 같이 정하여진 법대로 하여야 한다. **"경기하는 자가 법대로 경기하지 아니하면 면류관을 얻지 못할 것이며"** (딤후 2:5).

10) 경기하는 자가 준수하야야 할 법에 대하여 성경은 이렇게 말씀한다. **"너는 구제할 때에 오른손의 하는 것을 왼손이 모르게 하여 네 구제함이 은밀하게 하라 은밀한 중에 보시는 너의 아버지가 갚으시리라"** (마 6:3,4). **"병든 자를 고치며 죽은 자를 살리며 문둥이를 깨끗하게 하며 귀신을 쫓아내되 너희가 거저 받았으니 거저 주어라"** (마 10:8). 이 말씀은 진리를 순종하는 동기에 대한 말씀이다. 하나님의 영광을 나타내기 위하여 진리를 순종하는 것은 이에 합당한 상급을 받을 것이다. 그러나 재물과 명예를 위하여 진리를 순종하는 척하는 것은 공력이 불에 타서 없어짐으로 상급을 받지 못할 것이다. 사도 바울은 오직 하나님의 영광을 위하여 복음을 증거하였다. **"내가 복음을 전할찌라도 자랑할 것이 없음은 내가 부득불 할 일임이라 만일 복음을 전하지 아니하면 내게 화가**

---

130) 6.1.1. (4) 참조

있을 것임이로라"(고전 9:16).

11) 복음 아래서 죽은 자들의 영혼은 낙원에서 안식을 누릴 것이다. 그들은 사망에 이르는 심판을 받지 아니하지만 부활한 뒤에 받을 상급을 결정하는 결산이 있을 것이다. 맡은 직분에 충성한 자는 이에 합당한 상급을 받을 것이며 직분을 소홀히 한 자는 이에 합당한 상급을 받을 것이다. 사도로 부르심을 받은 자들도 모두 동일한 상급을 받는 것이 아니다. 선지자와 목회자도 마찬가지이다. 상급에 관한 결정은 최후의 심판과 관련하여 있을 것이다. "그리하면 저희가 갚을 것이 없는고로 네게 복이 되리니 이는 의인들의 부활시에 네가 갚음을 받겠음이니라 하시더라"(눅 14:14). 성도가 진리를 순종한 정도에 따라서 상급을 받는 것이 하나님의 공의이다.

(3) 이해를 위한 질문

1) 율법과 양심 아래서 육체가 죽은 자에 대한 심판

a. 죄인이 죽으면 그 영혼은 음부로 들어간다(눅 16:23). 그들이 가지고 있는 죄는 무엇인가.

b. 죄인들은 살아생전에 자신의 영혼의 존재와 죄를 알지 못하였다가 음부로 들어간 뒤에 비로소 알게 된다. 살아생전에 죄를 알지 못한 이유는 무엇인가(고후 4:4).

c. 사람이 죽은 뒤에 그 영혼이 음부로 들어가면 이미 심판이 끝났다(요 3:18). 마지막 때 예수 그리스도께서 그들을 마귀와 함께 무저갱에 가둠으로 그들에 대한 최후의 심판을 확정하실 것이다. 무저갱에 들어간 모든 자들의 활동이 중단되는 것이 최후의 심판을 받았다는 증거이다. 음부와 무저갱은 어떻게 다른가(눅 8:31).

2) 복음 아래서 육체가 죽은 자에 대한 심판

a. 믿음으로 의롭다하심을 받은 자들은 죽은 뒤에 그 영혼은 낙원으로 들어간다. 예수 그리스도께서 재림하실 때 그들은 부활하여 그리스도와 함께 강림할 것이다. 그들이 다시 사망에 이르는 심판을 받지 아니하는 이유는 무엇인가(요 3:18; 롬 8:33).

b. 첫째 부활에 참여한 자들은 그 공력에 따라서 공의의 심판을 받는 이유는 무엇인

가(고전 3:13).
  c. 달란트 비유는 무엇을 의미하는가(마 25:15~29).
  d. 불에 타지 아니하는 공력이란 무엇을 의미하는가.

3. 육체가 살아있는 자들에 대한 의의 심판

(1) 율법 아래 있는 자들에 대한 심판

 1) 사람은 율법 아래 있는 자들과 복음 아래 있는 자들로 구분할 수 있다. 율법 아래 있는 자들이란 의롭다하심을 받지 못하고 율법과 양심에 의하여 정죄 받은 모든 자들을 의미한다. 입으로 예수 그리스도를 주님이라고 시인하는 자들 가운데 진리를 순종하지 아니하는 자들은 의롭다하심을 받지 못한다. 예수 그리스도께서 재림 하실 때까지 믿음으로 의롭다하심을 얻고 낙원으로 올라간 자들의 구원이 확정되었지만, 믿지 아니하므로 음부로 내려간 자들의 심판이 확정될 것이다. 따라서 예수 그리스도의 재림 이후에 이들에 대한 추가적인 심판은 없을 것이다. 한번 심판을 받아 음부로 들어간 자들은 두 번 다시 심판을 받지 아니할 것이다. 그러나 예수 그리스도께서 재림하신 뒤에 육체가 살아있는 자들을 심판하실 것이다. 최후의 심판의 기준은 예수 그리스도에 대한 믿음이다.

 2) 최후의 심판은 예수 그리스도께서 강림 이후에 있을 것이다. 예수 그리스도께서 강림하실 때 지상에 살아있는 자들 가운데 믿음으로 의롭다하심을 받은 자들은 부활하여 공중으로 들려 올라갈 것이며, 그렇지 못한 자들은 지상에서 자신의 죄를 깨닫고 심판의 두려움으로 통곡할 것이다. **"그 때에 인자의 징조가 하늘에서 보이겠고 그 때에 땅의 모든 족속들이 통곡하며 그들이 인자가 구름을 타고 능력과 큰 영광으로 오는 것을 보리라"** (마 24:30). 이방종교를 따르는 자들과 종교를 가지지 아니한 자들은 해와 달이 어두워지고 예수 그리스도께서 영광 가운데 강림하는 것을 눈으로 볼 것이다. 그들은 자신들에게 미칠 심판과 형벌의 공포 속에서 통곡할 것이다. 그리스도의 재림을 보고 통곡하는 것은 자신의 죄를 고백하는 것이다. 이것은 그들이 심판을 받은 증거이다.

 3) 예수 그리스도의 재림의 징조가 하늘에서 나타날 것이다. 하늘에서 별들이 불에 타서 커다란 불덩이로 모아지기 시작할 것이다. 우주과학자들은 천체 망원경을 통하여

별들이 불타는 광경을 보고 이것을 카메라에 담아 인터넷을 통하여 전 세계에 확산시킬 것이다. 사람들은 이것을 우주의 장관(壯觀)이라고 하면서 경이로운 시선을 보낼 것이다. 그러나 별들이 불타는 광경을 사람의 육안으로 식별할 수 있게 되면 사람들은 이것을 종말의 증거로 여길 것이며 교회에서는 그리스도의 강림이 다가왔다고 증거할 것이다. 그러나 세상은 교회의 증거를 믿지 아니할 것이다. 언론 매체들은 이것을 대서특필할 것이며 믿지 아니하는 자들 가운데 일부는 장차 오실 심판에 대한 두려움을 가지기 시작할 것이다.

4) 갑자기 태양이 빛을 잃고 달이 어두워지며 하늘에서 나팔소리가 나며 예수 그리스도께서 영광 가운데 강림하시면 전 세계 사람이 이것을 볼 것이다. 모든 언론사들은 앞 다투어 예수 그리스도의 강림을 생중계할 것이며 스마트폰을 통하여 모든 사람에게 전파될 것이다. 이때에 믿음으로 의롭다하심을 받은 자들은 부활하여 많은 사람들이 보는데서 공중으로 들려올라갈 것이다. **"그때에 두 사람이 밭에 있으매 하나는 데려감을 당하고 하나는 버려둠을 당할 것이요 두 여자가 매를 갈고 있으매 하나는 데려감을 당하고 하나는 버려둠을 당할 것이니라"** (마 24:40,41). 이 말씀은 구원이 개인의 믿음에 좌우된다는 것을 의미한다. 구원은 단체가 얻는 것은 아니다. "함께 밭을 가는 두 사람, 함께 매를 가는 두 여자"란 같은 직장, 한 가족 가운데 구원을 받는 자와 받지 못하는 자가 있다는 것을 의미한다.

5) 예수 그리스도의 재림은 아래의 결과를 가져올 것이다. 첫째, 지상에서는 갑작스런 사고가 수없이 많이 발생할 것이다. 같은 시간에 지상에는 수억대의 차량이 운행할 것이기 때문이다. 자율주행이 가능한 자동차가 있지만, 그렇지 아니한 자동차의 경우 운전자가 갑자기 부활하여 공중으로 들러 올라간다면 그 자동차는 사고를 낼 것이다. 성도들이 부활하여 공중으로 들러 올라갈 때 지상에서는 수많은 사고가 발생할 것이며 이로 인하여 수많은 사람들이 죽거나 부상을 당할 것이다. 사람이 운전하는 각종 기계의 경우에도 많은 사고를 낼 것이다. 지상은 사고로 인하여 아수라장이 될 것이다. 텔레비전은 예수 그리스도의 강림, 성도들의 부활과 휴거, 지상에서 발생한 수많은 사고를 생중계할 것이다. SNS를 통하여 그리스도의 재림에 관한 영상이 전 세계에 확산될 것이다. 따라서

모든 사람이 그리스도의 재림을 볼 것이며 예수 그리스도의 재림이 사실임을 알고 장차 다가올 심판을 두려워하여 공포에 떨 것이다.

6) 둘째, 예수 그리스도의 공중 재림이 끝나면 태양은 다시 빛을 내기 시작할 것이며 사람들은 일상으로 돌아갈 것이다. 매스컴에서는 예수 그리스도의 재림과 성도의 휴거를 연속하여 보도할 것이다. 예수 그리스도의 재림에 대하여 종교학자들과 첫째 부활에 참여하지 못한 신학자들의 열띤 토론이 계속될 것이다. 그들은 성경의 말씀을 기준으로 하여 장차 다가올 심판과 우주의 종말에 대하여 자신의 의견을 피력할 것이다. 동시에 그들은 하나님의 사랑을 근거로 하여 첫째 부활에 참여하지 못한 자들에게도 구원이 있을 것이라는 희망적인 의견을 제시할 것이다. 그 토론의 결론은 최후의 심판, 우주의 종말, 영원한 심판으로 귀결될 것이다. 성경의 모든 말씀이 사실이며 믿지 아니하는 자들에 대한 심판과 형벌이 뒤따를 것이라고 그들은 결론을 맺을 것이다. 그들의 결론이 매스컴과 스마트 폰을 통하여 모든 사람들에게 알려질 것이다.

7) 셋째, 예수 그리스도의 재림과 최후의 심판을 알게 된 사람들은 자기의 과거를 되돌아보면서 전심을 다하여 구원의 길을 찾으려고 할 것이다. 모든 불신자들은 혹시라도 구원을 얻을 기적을 바라고 교회로 몰릴 것이며 자기의 죄를 회개하며 통곡할 것이다. 그들은 예수 그리스도를 주님이라고 고백하고 예수 이름 앞에 모든 무릎을 꿇을 것이다. **"하늘에 있는 자들과 땅에 있는 자들과 땅 아래 있는 자들로 모든 무릎을 예수의 이름에 꿇게 하시고 모든 입으로 예수 그리스도를 주라 시인하여 하나님 아버지께 영광을 돌리게 하셨느니라"** (빌 2:10,11). 예수 그리스도의 강림 때에 첫째 부활에 참여하지 못한 자들은 모두 자신의 죄를 고백하며 구원을 간구할 것이다. **"네가 어찌하여 네 형제를 판단하느뇨 어찌하여 네 형제를 업신여기느뇨 우리가 다 하나님의 심판대 앞에 서리라"** (롬 14:10). **"이는 우리가 다 반드시 그리스도의 심판대 앞에 드러나 각각 선악간에 그 몸으로 행한 것을 따라 받으려 함이라"** (고후 5:10). 구원을 사모하며 자기의 죄를 고백하며 통곡하는 것은 입으로 자신을 정죄하는 것이다.

8) 부활에 참여하지 못한 자들의 간절한 소망은 어떻게 하든지 구원을 얻는 것이다. 그들은 성경의 말씀에 따라서 자기의 죄를 자백하며 구원을 간절히 사모할 것이다. 그들

은 예수 그리스도의 동정녀 탄생과 부활에 관한 말씀을 들었지만 그 말씀을 허탄한 말로 취급하였다. 그러나 그들은 예수 그리스도의 강림을 눈으로 보았으므로 성경의 모든 말씀이 사실임을 알고 지옥의 형벌을 두려워하여 몸부림치면서 구원을 얻으려고 할 것이다. 그러나 예수 그리스도의 재림 직전에 구원의 문이 닫힐 것이다.[131] 열 처녀 가운데 다섯 처녀는 기름을 준비하지 못하였다가 혼인잔치에 들어가지 못하였다(마 25:10,12). 구원의 문을 두드리는 자들을 향하여 예수 그리스도께서 그들을 알지 못한다고 선언하실 것이다. 이것은 그리스도의 재림 직전에 구원의 문이 닫힌다는 것을 보여준다.

9) 부활에 참여하지 못한 자들이 예수 그리스도를 주님이라고 부르더라도 그들은 하나님의 나라에 들어가지 못한다. **"나더러 주여 주여 하는 자마다 천국에 다 들어갈 것이 아니요 다만 하늘에 계신 내 아버지의 뜻대로 행하는 자라야 들어가리라"** (마 7:21). "아버지의 뜻"이란 예수 그리스도의 재림 전에 예수 이름을 믿고 영생을 얻는 것이다. **"내 아버지의 뜻은 아들을 보고 믿는 자마다 영생을 얻는 이것이니 마지막 날에 내가 이를 다시 살리리라 하시니라"** (요 6:40). 영생을 얻는 믿음이란 성령으로 예수 그리스도를 주님이라고 고백하는 것이다(고전 12:3). 성령으로 예수 그리스도를 주님이라고 고백하는 믿음만이 영생에 이르는 믿음이다. 따라서 예수 그리스도께서 강림하시면 성령의 역사는 종료된다고 말할 수 있을 것이다.

10) 넷째, 부활에 참여하지 못한 자들은 구원을 받지 못할 것을 알고 절망할 것이다. 심판과 형벌에 대한 두려움과 공포는 그들을 미혹한 이방종교에 대한 분노로 바뀔 것이다. 그들은 자신의 일생이 우상과 이방종교에게 사기를 당하였다는 것을 알고 우상과 이방신전을 파괴할 것이다. 전 세계에 세워진 불교사찰과 힌두교 사원은 불타거나 파괴될 것이다. 이슬람교도들은 모스크를, 로마 가톨릭 신자들은 성당을 파괴할 것이다. 구원을 받지 못할 것을 알고 있는 이교도들의 분노가 우상과 신전의 파괴로 나타날 것이다. 지상에 있는 모든 우상과 이방신전은 사라질 것이다. 한 걸음 더 나아가 그들의 분노가 이방종교의 사제들에게로 향할 것이다. 이방종교의 사제들은 죽임을 당할 것이

---

131) Anthony A. Hoekema, op. cit., pp. 295, 296.

다. "힘센 음성으로 외쳐 가로되 무너졌도다 무너졌도다 큰 성 바벨론이여 귀신의 처소와 각종 더러운 영의 모이는 곳과 각종 더럽고 가증한 새의 모이는 곳이 되었도다 그 음행의 진노의 포도주를 인하여 만국이 무너졌으며 또 땅의 왕들이 그로 더불어 음행하였으며 땅의 상고들도 그 사치의 세력을 인하여 치부하였도다 하더라"(계18:2,3).

11) 다섯째, 사람들은 코앞에 다가온 심판 때문에 윤리 도덕적인 죄를 범하지 아니할 것이다. 예수 그리스도와 성도들 앞에서 범죄한다면 그 죄에 대한 형벌이 가중될 것이기 때문이다. 성령의 감동이 없으므로 그들은 예수 그리스도를 믿지 못하지만 구원에 대한 기적을 기다리며 선한 일을 행하려고 할 것이다. 지상에는 모든 분쟁이 사라질 것이며 사람들은 서로 가진 것을 나누어 주고 서로를 격려할 것이다.

12) 첫째 부활에 참여하지 못한 자들이 통곡하며 자신의 죄를 고백하는 것은 자신의 입으로 자신을 정죄하는 것이다. 이것은 그들이 심판을 받았다는 증거이다. 그들은 공중에 강림하신 예수 그리스도 앞에서 자신의 모든 죄를 자백할 것이다. 그들의 자백한 죄대로 심판을 받을 것이다. "내가 너희에게 이르노니 사람이 무슨 무익한 말을 하든지 심판날에 이에 대하여 심문을 받으리니"(마 12:36). 그들의 입이 그들의 죄를 증거할 것이다. "너를 정죄한 것은 내가 아니요 네 입이라 네 입술이 너를 쳐서 증거하느니라" (욥 15:6). 하나님은 그의 귀에 들린 대로 심판하실 것이다. "그들에게 이르기를 여호와의 말씀에 나의 삶을 가리켜 맹세하노라 너희 말이 내 귀에 들린 대로 내가 너희에게 행하리니"(민 14:28).

(2) 복음 아래 있다고 하는 자들에 대한 심판

1) 예수 그리스도를 주님이라고 부르는 자들은 자기가 구원을 얻었다고 생각한다. 많은 기독교인들이 자기의 믿음을 영생에 이르는 믿음이라고 착각하고 스스로 속고 있다. 영생이 이르는 믿음이냐 아니냐 하는 것은 사람의 생각을 기준으로 한 것이 아니라 하나님의 말씀을 기준으로 한다. 하나님께서 성령으로 영생에 이르는 믿음을 보증하시기 때문이다. 성령의 증거를 받는 믿음이 아니면 입으로 예수 그리스도를 주님이라고 시인하더라도 첫째 부활에 참여하지 못한다. 성경은 씨 뿌리는 비유, 기름을 준비하지 못한

자의 비유, 달란트 비유, 양과 염소의 비유를 통하여 예수 그리스도를 믿는다고 고백하는 자들에 대한 심판 기준을 제시하고 있다. 특히 예수 그리스도의 재림의 징조로서 나타나는 배교자는 첫째 부활에 참여하지 못한다.

2) 예수 그리스도께서 씨 뿌리는 비유를 통하여 심판의 기준을 제시하셨다. 심령이 돌밭이나 가시떨기와 같은 자는 영생의 열매를 얻지 못한다. **"돌밭에 뿌리웠다는 것은 말씀을 듣고 즉시 기쁨으로 받되 그 속에 뿌리가 없어 잠시 견디다가 말씀을 인하여 환난이나 핍박이 일어나는 때에는 곧 넘어지는 자요 가시떨기에 뿌리웠다는 것은 말씀을 들으나 세상의 염려와 재리의 유혹에 말씀이 막혀 결실치 못하는 자요"** (마 13:20~22). "넘어지는 자"와 "결실치 못하는 자"란 예수 이름을 믿는다고 고백하는 자들 가운데 구원을 얻지 못한 자를 의미한다. 심령이 돌밭이나 가시떨기와 같은 자들도 믿음으로 영생을 얻었다고 착각할 것이다. 심령에 가라지를 가지고 있는 자도 영생에 이르지 못할 것이다. **"둘 다 추수 때까지 함께 자라게 두어라 추수 때에 내가 추숫군들에게 말하기를 가라지는 먼저 거두어 불사르게 단으로 묶고 곡식은 모아 내 곳간에 넣으라 하리라"** (마 13:30). 밀과 가라지는 유사하여 구별하는 것이 쉽지 아니하다. 이와 같이 입으로 예수 이름을 부르는 자 가운데 구원을 얻지 못할 자가 있을 수 있다.

3) 강림하실 예수 그리스도를 맞이하려면 기름을 준비하여야 한다.132) 기름을 준비하지 못한 다섯 처녀는 그리스도의 혼인 잔치에 들어가지 못하였다(마 25:10). 기름을 준비하지 못하였다는 것은 성령의 감동을 받지 못하였다는 것을 의미한다. 성령의 감동하심으로 하나님과 예수 그리스도를 알 수 있다. 하나님의 뜻대로 예수 그리스도를 믿는 것이 영생이다(요 6:40). 성령의 감동하심으로 하나님의 뜻을 알고 복음을 순종할 수 있다. 복음을 순종하는 것은 생각과 행위의 일치를 요구하기 때문이다.133) 생각과 행위가 일치하려면 성령의 역사하심이 있어야 한다. 성령께서 믿는 자들로 하여금 육신의 생각을 극복하게 하시기 때문이다(갈 5:17). 곧 성령의 인도하심으로 복음을 순종할

---

132) 기름은 성령으로 해석하는 것이 타당할 것이다. 성경은 성령을 받은 것을 기름부음을 받는 것으로 말씀한다(행 10:38). 그러나 성령을 받는 것이 구원의 필수 조건은 아니다.
133) 율법의 순종은 행위와 생각이 일치하지 아니할 수 있다. 예컨대, 바리새인들과 서기관들은 행위로 율법을 순종하였지만 그들의 마음은 하나님을 떠나있었다(마 15:8). 이것을 외식이라고 한다. 이에 반하여 복음을 순종함에 있어서 외식은 없다.

수 있다. 따라서 성령의 역사하심이 없으면 복음을 순종할 수 없으며 빛나고 깨끗한 세마포를 입을 수 없다. 세마포는 복음을 순종한 성도의 옳은 행실이다. **"그에게 허락하사 빛나고 깨끗한 세마포를 입게 하셨은즉 이 세마포는 성도들의 옳은 행실이로다 하더라"**(계 19:8). 예복을 입지 아니한 자는 하나님의 나라에 들어갈 수 없다. **"가로되 친구여 어찌하여 예복을 입지 않고 여기 들어왔느냐 하니 저가 유구무언이어늘 임금이 사환들에게 말하되 그 수족을 결박하여 바깥 어두움에 내어 던지라 거기서 슬피 울며 이를 갊이 있으리라 하니라"**(마 22:12,13).

4) 믿는 자들은 그리스도의 지체로서 직분을 받는다. 그 직분을 달란트라고 말할 수 있다. 믿는 자들이 자기의 직분을 감당하지 못하거나 포기하였을 때 이에 대하여 심판을 받을 것이다. 가룟 유다는 사도의 직분을, 니골라는 집사의 직분을 포기하였다. 가룟 유다와 니골라는 그들의 직분을 포기한 뒤에 이를 회개할 기회를 얻지 못하였다. 가룟 유다는 자살하였고 니골라는 유대교로 돌아갔다. 한 달란트를 맡은 자는 이것을 땅속에 묻어두었다. **"한 달란트 받았던 자도 와서 가로되 주여 당신은 굳은 사람이라 심지 않은 데서 거두고 헤치지 않은데서 모으는 줄을 내가 알았으므로 두려워하여 나가서 당신의 달란트를 땅에 감추어 두었었나이다 보소서 당신의 것을 받으셨나이다"**(마 25:24,25). 자기의 직분을 포기한 자는 낙원에 들어가지 못하고 흑암으로 들어간다. **"이 무익한 종을 바깥 어두운데로 내어 쫓으라 거기서 슬피 울며 이를 갊이 있으리라 하니라"**(마 25:30).

5) 마지막 날에 예수 그리스도께서 믿는다고 고백하는 자들을 양과 염소로 구분하실 것이다. 양으로 분류된 자들은 아버지의 나라로 들어갈 것이다. **"인자가 자기 영광으로 모든 천사와 함께 올때에 자기 영광의 보좌에 앉으리니 모든 민족을 그 앞에 모으고 각각 분별하기를 목자가 양과 염소를 분별하는 것 같이 하여 양은 그 오른편에, 염소는 왼편에 두리라 그 때에 임금이 그 오른편에 있는 자들에게 이르시되 내 아버지께 복 받을 자들이여 나아와 창세로부터 너희를 위하여 예비된 나라를 상속하라"**(마 25:31~34). 그러나 염소로 분류된 자들은 마귀와 함께 영원한 불로 들어갈 것이다. **"또 왼편에 있는 자들에게 이르시되 저주를 받은 자들아 나를 떠나 마귀와 그 사자들을**

위하여 예비된 영영한 불에 들어가라"(마 25:41). 예수 이름을 부르는 자들은 모두 의롭다하심을 받은 자로 보일 것이나, 예수 그리스도께서 그들을 양과 염소로 구분하실 것이다.

6) 예수 그리스도께서 양과 염소를 구분하는 기준을 제시하셨다. "내가 주릴 때에 너희가 먹을 것을 주었고 목마를 때에 마시게 하였고 나그네 되었을 때에 영접하였고 벗었을 때에 옷을 입혔고 병들었을 때에 돌아보았고 옥에 갇혔을 때에 와서 보았느니라"(마 25:35,36). 예수 그리스도께서 주리고 목마르고 나그네 되고 헐벗고 병들고 옥에 갇힌 것을 어떻게 해석하느냐 하는 것이 양과 염소를 구분하는 기준이다.

7) 5.5.2. (2)에서 논의한 바와 같이 (마 25:35,36)의 말씀을 영적으로 해석할 것이냐 아니면 육체적으로 해석할 것이냐에 따라서 양과 염소의 구분 기준은 달라진다. 예수 그리스도께서 승천하신 뒤에 주리고 목마르고 나그네 되고 병들고 옥에 갇히신 일이 없으므로 이를 영적으로 해석하여야 할 것이다. 이 말씀에서 "나"란 지극히 작은 자를 의미한다. "이에 임금이 대답하여 가라사대 내가 진실로 너희에게 이르노니 이 지극히 작은 자 하나에게 하지 아니한 것이 곧 내게 하지 아니한 것이니라 하시리니"(마 25:45). "지극히 작은 자"가 구체적으로 누구를 의미하느냐. 육체적으로 가난하고 병들고 옥에 갇힌 자이냐, 아니면 영적으로 주리고 목마르고 나그네 되고 병들고 옥에 갇힌 자이냐 하는 것을 살펴보자.

8) (마 25:35,36)의 말씀의 핵심은 사랑을 실천하는 것이다. 사랑은 새 계명이다. 예수 그리스도께서 믿는 자들에게 새 계명을 주셨다. "새 계명을 너희에게 주노니 서로 사랑하라 내가 너희를 사랑한 것 같이 너희도 서로 사랑하라"(요 13:34). 사도 바울은 사랑을 그리스도의 피에 의한 속죄와 율법의 완성으로 해석하였다. "우리가 아직 죄인 되었을 때에 그리스도께서 우리를 위하여 죽으심으로 하나님께서 우리에게 대한 자기의 사랑을 확증하셨느니라"(롬 5:8). "피차 사랑의 빚 외에는 아무에게든지 아무 빚도 지지 말라 남을 사랑하는 자는 율법을 다 이루었느니라 사랑은 이웃에게 악을 행치 아니하나니 그러므로 사랑은 율법의 완성이니라"(롬 13:9,10). 베드로는 사랑을 그리스도의 피에 의한 속죄와 구원으로 해석하였다. "무엇보다도 열심으로 서로 사랑할찌니

사랑은 허다한 죄를 덮느니라" (벧전 4:8). 그리스도의 피만이 사람의 허다한 죄를 덮는 사랑이다. 최고의 사랑이란 그리스도의 피로 이웃의 죄를 덮어주는 것이다. 새 언약인 진리를 순종하는 것이 사랑을 실천하는 것이다. 진리를 순종하지 아니하였을 때 진리가 믿는 자를 심판한다(요 12:48). 따라서 사랑을 실천하지 아니하는 것은 지극히 작은 자에게 하지 아니한 것으로 해석할 수 있을 것이다.

9) 종교다원주의 자들은 그리스도의 피를 부정한 것으로 여기는 자들이며 동성애자들은 그리스도의 재림을 훼방하는 자들이다.[134] 종교다원주의와 동성애를 지지하거나 방관하는 자들도 첫째 부활에 참여하지 못할 것이다. 그리스도 예수의 피에 의한 속죄와 구원을 부인하는 자들은 배교자로서 예수 그리스도를 주님이라고 불렀으나 첫째 부활에 참여하지 못할 것이다. 동성애를 수용하거나 이를 방관하므로 동성애의 합법화를 조장한 자들도 역시 첫째 부활에 참여하지 못할 것이다. 동성애가 합법화된 국가에서는 종교의 차별을 금지하고 있으므로 교회의 복음증거는 차단되며 이로 인하여 교회가 붕괴의 길을 걷게 된다. 따라서 종교다원주의와 동성애를 수용하거나 방관한 자들은 비록 예수 그리스도를 주님이라고 시인하지만 첫째 부활에 참여하지 못할 것이다.[135]

10) 구원을 받았느냐 아니냐의 여부는 믿는 자들의 생각을 기준으로 하지 아니하고 하나님의 말씀을 기준으로 한다. 예수 그리스도께서 구원을 받았다고 인정하셔야 한다. 따라서 믿는 자들은 항상 자기의 믿음을 말씀에 비추어 보아야 한다. 이상에서 논의한 모든 것은 마지막 날에 양과 염소를 구분하는 기준이 될 것이다. 입으로 예수 그리스도를 시인하는 자들이라도 행위로 부인한다면 염소로 분류될 것이다. "**저희가 하나님을 시인하나 행위로는 부인하니 가증한 자요 복종치 아니하는 자요 모든 선한 일을 버리는 자니라**" (딛 1:16). 양으로 분류된 자들은 부활하여 공중으로 끌려 올라갈 것이나, 염소로 분류된 자들은 부활에 참여하지 못하고 심판을 받아 영원한 불못으로 들어갈 것이다.

---

134) 복음의 전도는 신랑이신 그리스도와 신부인 성도를 전제로 한다. 동성애는 이것을 부인함으로 전도를 원천적으로 차단하고 있다.

135) 사울은 아말렉을 멸하지 아니한 죄로 그의 왕권을 박탈당하였다(삼상 15:23). 하나님은 사울을 버리고 다윗을 택하셨다. 이후부터 사울의 뒤에 선 자들은 모두 죽임을 당하였지만, 다윗을 따르는 자들은 모두 목숨을 건졌다. 이것은 비유이다. 동성애와 종교다원주의에 접근하든가 방관하면 생명을 얻지 못한다.

11) 복음 아래 있다고 생각하는 자들 가운데 첫째 부활에 참여하지 못한 자들은 모두 불의한 자로 심판을 받은 것이다. 그들은 첫째 부활에 참여하지 못하였으나 실낱같은 구원을 사모하여 예수 이름을 부르며 열심히 믿으려고 할 것이다. 그들은 진리를 순종하지 못한 것이 죄임을 깨닫고 회개할 것이나 이를 속죄할 제사가 없으므로 점차 절망에 빠질 것이다. 이로써 그리스도의 재림 후에 육체가 살아있는 자들에 대한 심판이 종료될 것이다.

(3) 이해를 위한 질문

1) 율법 아래 있는 자들에 대한 심판

a. 예수 그리스도께서 강림하실 때 부활에 참여하지 못한 자들은 심판을 받은 것이다. 그들은 그리스도의 재림을 목격하고 통곡할 것이다(마 24:30). 그들이 통곡하는 이유는 무엇인가.

b. 그들이 구원을 사모하며 회개하지만 구원을 받을 수 없는 이유는 무엇인가(마 25:12).

c. 그들은 자신의 죄를 자백하며 통곡할 것이다. 이것이 그들의 죄를 증거하는 이유는 무엇인가(욥 15:6).

2) 복음 아래 있다고 하는 생각하는 자들에 대한 심판

a. 자신이 믿는 자라고 생각하는 자들 가운데 첫째 부활에 참여하지 못한 자들이 있다. 그들은 지옥의 형벌에 들어가는 심판을 받은 자들이다(계 20:6). 그 이유는 무엇인가.

b. 씨를 뿌리는 비유에서 그 심령이 돌밭 같은 사람은 의롭다하심을 받을 수 없는 이유는 무엇인가(마 13:20,21).

c. 성도들이 입은 예복은 무엇인가(계 19:13).

d. 달란트를 감당하지 아니한 자들이 바깥 어두움으로 들어가는 이유는 무엇인가(마 25:30).

e. 염소와 양을 구분하는 기준은 무엇인가(마 25:45).

f. 종교다원주의와 동성애를 수용하는 자들이 첫째 부활에 참여하지 못하는 이유는 무엇인가(고전 6:9; 히 10:29).

4. 무저갱에서 나온 자들과 미혹을 받은 자들에 대한 의의 심판

(1) 무저갱에서 나온 악한 영들에 대한 심판

1) 하늘에서 타락하여 음부에 갇힌 천사들은 무저갱에 갇히기 전까지 사람을 미혹하여 범죄하게 하였다. 예수 그리스도의 죽으심으로 그들은 심판을 받고 모든 권세를 박탈당하였다. 그러나 그들은 심판을 받은 이후에도 계속하여 사람들을 미혹하여 범죄하게 하고 교회를 박해하고 있다. 그들은 이 죄에 대하여 심판을 받아야 한다. 그 심판은 그들이 무저갱에서 나온 뒤에 이루어질 것이다. 그들은 무저갱에서 나온 뒤에 지상에 있는 사람들을 미혹하여 범죄하게 할 것이다. 예수 그리스도께서 강림하신 뒤에 부활에 참여하지 못한 자들은 통곡하며 모든 죄를 그칠 것이다. 그러나 마귀가 무저갱에서 나온 뒤에 사람들은 마귀에게 미혹을 받아 다시 범죄하기 시작할 것이다. 이것은 타락한 천사들의 죄를 확정하는 심판이다. 타락한 천사들은 무저갱에서 나온 뒤에 사람을 미혹하여 범죄하게 함으로 자신의 죄를 확증할 것이다. 또한 부활에 참여하지 못한 자들은 또 다시 마귀에게 미혹을 받아 범죄함으로 자신들의 죄를 마지막으로 드러낼 것이다.

2) 음부에 갇힌 자들은 타락한 천사들과 죄인들의 죽은 영혼으로 구분할 수 있을 것이다.[136] 음부에서 활동하는 모든 자들은 그리스도의 재림 전에 모두 무저갱에 갇힐 것이다. 일정한 기간이 지나면 무저갱에 갇힌 사단과 악한 영들이 옥에서 나와서 세상을 미혹할 것이다. **"천 년이 차매 사단이 그 옥에서 놓여나와서 땅의 사방 백성 곧 곡과 마곡을 미혹하고 모아 싸움을 붙이리니 그 수가 바다 모래 같으리라"(계 20:7,8).** 악한 영들이 무저갱에 갇혀있을 동안 세상에서 하나님을 대적하는 죄는 그칠 것이나, 그들이 나온 뒤에 사람들은 다시 서로 싸우며 하나님을 대적할 것이다. 이것은 악한 영들에

---

[136] 2.1.2 참조. 성경은 악한 영들을 사단, 마귀, 미혹케 하는 영(딤전 4:1), 적그리스도의 영(요일 4:3), 거짓 선지자의 영, 거짓 그리스도의 영, 이단의 영(딤전 3:10) 및 귀신으로 구분한다.

대한 최후의 심판이다. 사단과 악한 영들이 무저갱에서 나와서 세상을 미혹하는 것은 최후의 심판에 있어서 백미((白眉)이다. 이로써 사단은 자기의 죄에 대하여 변명할 여지가 없을 것이다.

3) 사단은 뱀을 통하여 아담과 하와를 미혹하여 범죄하게 하였다. 사단은 뱀 뒤에 숨어서 자신의 악한 생각을 드러내었다. 하나님께서 이에 대하여 사단의 죄를 추궁하신다면 사단은 자기는 모르는 일이라고 오리발을 내밀 것이다. 하와가 선악과 계명을 대적한 죄에 대하여 전적으로 하와의 책임이라고 사단은 변명할 것이다. 하와가 선악을 알게 하는 나무의 실과를 보았을 때, "먹음직도 하고 보암직도 하고 지혜롭게 할만큼 탐스럽다"(창 3:6)라는 생각을 가진 것은 하와의 책임이며 자기와 상관이 없는 일이라고 사단이 변명할 수 있을 것이다. 가인이 악한 자에게 속하여 아벨을 죽였지만(요일 3:12), 이에 대하여 마귀는 자기와 무관한 일이라고 변명할 것이다.

4) 하나님께서 이스라엘을 택하여 자기의 백성으로 삼으셨으나, 마귀는 이방여자를 통하여 그들을 미혹하여 우상을 숭배하게 하였다. 하나님께서 이스라엘 백성에게 이방여자를 가까이 하지 말라고 명령하셨으나, 마귀는 그들을 미혹하여 이방여자를 아내로 취하게 하였다. 마귀는 이방여자로 하여금 이스라엘 백성을 미혹하게 하여 우상을 숭배하게 하였다. 이로 인하여 하나님의 백성으로 택함을 받은 이스라엘 백성은 율법에 의하여 저주를 받았다. 그들은 이방인의 칼로 죽임을 당하였을 뿐만 아니라 온역으로 죽었다. 그리고 그들은 기근으로 육체의 고통을 당하였다. 이스라엘이 우상을 만들고 하나님을 대적한 것은 이방여자들에게 미혹을 받았기 때문이다. 이스라엘 백성이 이방여자들의 미혹을 뿌리치지 못한 것은 마귀의 지배 아래 있었기 때문이다. 이스라엘 백성이 타락한 원인은 전적으로 마귀에게 있다. 하나님께서 이 일에 대하여 마귀를 심문하신다면 마귀는 오리발을 내밀 것이다. 마귀가 이방여자들을 통하여 이스라엘을 미혹한 일에 대한 외부적으로 드러나는 객관적인 증거가 없기 때문이다. 따라서 마귀는 이스라엘 백성의 우상숭배와 무관하다고 변명할 것이다.

5) 솔로몬은 하나님의 이름을 위하여 예루살렘에 성전을 건축하였다. 제사장들은 날마다 하나님의 이름을 위하여 성전에서 소와 염소와 양을 예물로 드림으로 하나님을 섬겼

다. 레위인들은 성전에서 하나님의 이름을 찬양하였다. 이스라엘 백성이 우상을 숭배함으로 성전에서 드리는 제사를 폐하였고 하나님의 이름을 더럽혔다. 이에 대한 하나님의 심판이 그들에게 임하였다. 바벨론은 예루살렘을 정복하고 성전을 파괴하였다. 하나님의 이름을 둔 성전이 파괴됨으로, 이것이 이방인들의 웃음거리가 되었다. 하나님의 이름은 더럽혀졌으며 그 영광은 크게 훼손되었다. 하나님의 성전에서 제사가 끊어지게 하고 성전을 파괴한 죄에 대한 책임은 이스라엘 백성에게 돌아갔다. 이방여자와 이스라엘 백성의 뒤에서 역사한 마귀는 모든 책임에서 제외되었다. 이에 대한 객관적인 증거가 없기 때문이다.

6) 하나님의 아들이 육신으로 임하셨을 때 마귀는 헤롯을 통하여 그를 죽이려고 하였다. 헤롯은 베들레헴에서 태어난 신생아들을 모두 죽었다. **"이에 헤롯이 박사들에게 속은줄을 알고 심히 노하여 사람을 보내어 베들레헴과 그 모든 지경 안에 있는 사내 아이를 박사들에게 자세히 알아본 그 때를 표준하여 두 살부터 그 아래로 다 죽이니"(마 2:16)**. 하나님은 마리아와 요셉을 애굽으로 피신시키셨다. 헤롯의 배후에서 역사한 마귀는 하나님의 아들을 죽이려고 하였으나 실패하였다. 하나님의 아들을 죽이려는 죄에 대한 심판이 헤롯에게 임하였지만, 마귀는 이에 대한 객관적인 증거가 없으므로 심판에서 제외되었다.

7) 가룟 유다는 마귀의 생각에 이끌리어 예수 그리스도를 대제사장에게 넘겨주었다(요 13:2). 마귀의 지배 아래 있는 바리새인들과 서기관들은 율법으로 예수 그리스도를 고소하였다. 마귀의 지배 아래 있는 대제사장은 율법으로 하나님의 아들에게 사형을 선고하였다. 로마제국의 총독 빌라도는 국법으로 예수 그리스도에게 십자가형을 선고하였다. 마귀는 유대인들과 로마제국을 통하여 예수 그리스도를 십자가에 못을 박았다. 마귀는 예수 그리스도를 죽인 죄에 대한 책임을 유대인과 이방인에게 덮어씌운 뒤에 자신은 꼬리를 감추었다. 예수 그리스도의 죽음에 마귀가 간여하였다는 객관적인 증거가 없기 때문이다. 이 사건으로 마귀는 심판을 받고 그의 모든 권세가 박탈되었지만, 자기의 죄를 인정하지 아니하고 여전히 세상을 지배하고 있다.

8) 예수 그리스도께서 승천하신 뒤에 성령이 임하시고 있다. 사도들은 성령으로 예수

그리스도의 부활을 증거하였을 때 마귀는 유대인들과 이방인을 통하여 교회를 박해하기 시작하였다. 대제사장은 복음을 증거하는 사도들을 옥에 가두고 매로 때렸다. 한 걸음 더 나아가 유대인들은 예수 그리스도의 부활을 증거하는 자들을 돌로 쳐서 죽였다. **"저희가 돌로 스데반을 치니 스데반이 부르짖어 가로되 주 예수여 내 영혼을 받으시옵소서 하고 무릎을 꿇고 크게 불러 가로되 주여 이 죄를 저들에게 돌리지 마옵소서 이 말을 하고 자니라"** (행 7:59,60). 스데반이 순교한 뒤에 사도들과 믿는 자들은 사마리아, 소아시아 및 유럽으로 흩어져 복음을 증거하였다. 예수 그리스도의 부활을 증거하는 과정에서 사도들은 목숨의 위협을 받았을 뿐만 아니라 많은 핍박과 환난을 당하였다(고후 11:23~26).

9) 세상이 교회를 핍박하는 것은 예수 그리스도를 핍박하는 것이다. **"땅에 엎드러져 들으매 소리 있어 가라사대 사울아 사울아 네가 어찌하여 나를 핍박하느냐 하시거늘 대답하되 주여 뉘시오니이까 가라사대 나는 네가 핍박하는 예수라"** (행 9:4,5). 이 말씀에도 불구하고 사도 시대부터 지금까지 마귀는 계속하여 교회를 박해하고 있다. 세상은 외부로 드러나게 교회를 박해하지만, 마귀는 세상의 배후에서 보이지 아니하게 역사하고 있다. 마귀는 세상 뒤에서 자신의 모습을 드러내지 아니하고 교회를 핍박하고 복음의 증거를 막고 있다. 마귀는 자신의 행위가 드러나지 아니하는 것으로 착각하고 있다.

10) 그리스도께서 재림하기 전에 음부 안에서 역사하는 마귀와 악한 영들은 모두 무저갱에 갇힐 것이다. **"무저갱에 던져 잠그고 그 위에 인봉하여 천년이 차도록 다시는 만국을 미혹하지 못하게 하였다가 그 후에는 반드시 잠간 놓이리라"** (계 20:3). 무저갱에서 마귀와 악한 영들이 역사하지 못하므로[137] 첫째 부활에 참여하지 못한 자들은 하나님을 대적하는 죄를 그치고 자신의 죄를 자백할 것이다. 이것은 마귀와 악한 영들의 역사가 없으면 세상의 죄가 그친다는 것을 객관적으로 보여준다. 그러나 마귀와 악한 영들이 무저갱에서 나와서 세상을 미혹하면 사람들은 다시 하나님을 대적할 것이다. 마귀에게 미혹을 받은 자들은 예수 그리스도의 강림 이전에 행하던 죄를 그대로 범할 것이다.

---

137) 악한 영들이 무저갱에 갇히면 하나님을 대적할 수 없다. 그들은 말씀을 받은 사람을 통하여 하나님을 대적할 수 있기 때문이다. 무저갱에서 악한 영들은 사람과 단절됨으로 그들의 모든 활동은 중단될 것이다.

마귀의 악한 생각이 사람을 통하여 말과 행위로 표출될 것이다. 이것은 사람들의 모든 죄가 마귀의 미혹으로부터 나온다는 객관적인 증거이다. 이로써 마귀는 자기의 죄에 대하여 변명할 수 없을 것이다.

11) 무저갱에서 나온 악한 영들의 속성은 하나님을 대적하는 것이다. 그들이 무저갱에 갇혀있을 때 하나님을 대적할 수 없을 것이다. 하나님을 대적하려면 하나님의 말씀을 받든가 아니면 말씀을 받은 사람이 있어야 한다. 타락한 천사들은 하나님의 말씀을 받지 못하였으므로 사람을 통하여 하나님을 대적하려고 한다. 사람은 누구나 예수 그리스도를 믿으면 영생을 얻는다는 말씀을 받았으므로 마귀는 사람을 통하여 하나님을 대적하려고 한다. 무저갱은 일종의 옥으로서 세상과 분리되어있으므로 그곳에서 마귀는 사람을 미혹할 수 없다.138) 그러나 마귀가 무저갱에서 나오면 사람을 미혹할 수 있다.139) 사람을 미혹하여 하나님을 대적하게 하는 마귀의 속성이 무저갱 밖에서 행위로 나타날 것이다.

12) 마귀가 무저갱에서 나올 때 마귀뿐만 아니라 그와 함께 갇힌 자들도 나와서 사람을 미혹할 것이다. 죄인들이 죽으면 그 영혼은 음부로 들어간다. 창세 이후 예수 그리스도의 강림시까지 모든 죄인의 죽은 영혼은 음부로 들어갔다가 무저갱에 갇힐 것이다. 무저갱에 갇힌 자들은 모든 활동이 중단될 것이나, 마귀와 함께 무저갱에서 나오면 사람을 미혹하는 그 속성을 나타낼 것이다. 악한 영들은 사람을 미혹하여 범죄하게 하므로 그들의 죄가 밖으로 드러날 것이다. 역사 속에 감추어진 모든 죄가 밖으로 드러남으로 그들은 그들의 죄에 대하여 변명할 수 없을 것이다. 타락한 모든 천사들과 인류 역사 이래 예수 그리스도의 강림까지 죄로 인하여 의롭다하심을 받지 못하고 음부로 들어간 모든 자들이 무저갱에 갇혔다가 그곳에서 나와서 사람들을 미혹함으로 자신의 죄를 확정할 것이다.

13) 무저갱에서 올라온 마귀가 세상을 미혹하여 범죄하게 하므로 아담의 타락으로부터 시작하여 종말까지 온 인류의 죄에 대한 책임이 마귀에게 돌아갈 것이다. 사단이

---

138) (계 20:3)에서 마귀가 무저갱에 갇혔다고 말씀한다. (계 20:7)에서 마귀가 옥에서 나온다고 말씀한다. 따라서 무저갱은 외부와 완전히 차단된 옥이라고 말할 수 있다.
139) 땜에 저장된 물은 흐르지 못한다. 그러나 땜에서 방출된 물은 위에서 아래로 흐른다. 땜에 갇힌 물은 그 속성이 나타나지 아니한다. 그러나 땜에 방출되면 물은 그의 속성대로 위에서 아래로 흐른다.

아담을 미혹하여 범죄하게 한 객관적인 증거가 드러날 것이다. 마귀가 이스라엘을 미혹하여 우상을 숭배하게 하고 하나님의 성전을 파괴한 증거가 나타날 것이다. 마귀가 유대인들과 이방인들을 통하여 예수 그리스도를 십자가에 못 박은 움직일 수 없는 증거가 나타날 것이다. 마귀가 세상을 통하여 교회를 핍박하고 미혹한 객관적인 증거가 나타날 것이다. 하늘에서 하나님을 믿지 아니하므로 타락한 천사들의 불의가 사람의 행위로 표출될 것이다. 마귀는 이 모든 죄에 대하여 변명하지 못할 것이다. 이로써 마귀에 대한 심판이 끝날 것이다.

(2) 무저갱에서 올라온 마귀에게 미혹 받은 자들에 대한 자들에 대한 심판

1) 그리스도의 재림 이후에 첫째 부활에 참여하지 못한 자들은 닥쳐올 심판과 형벌의 두려움으로 통곡할 것이다. 그들은 구원에 대한 소망을 가지고 그들의 죄를 회개하며 성경의 말씀을 사모하며 실낱같은 구원을 기다릴 것이다. 그들은 성령의 감동으로 예수 그리스도를 주님이라고 고백하는 자만이 구원을 얻는다는 것을 인정하지 아니하고 수단과 방법을 가리지 아니하고 구원을 얻으려고 할 것이다. 특히 염소로 분류된 자들, 로마 가톨릭, 이슬람 및 동방정교에 속한 자들은 마지막으로 구원이 있을 것으로 알고 예수 그리스도의 이름을 부를 것이다. 이들에 대한 구원의 소망이 끊어지면 그들은 '왜 예수 이름을 믿었는데 구원을 받지 못하느냐'라고 항변할 것이다. 그러나 그들은 무저갱으로부터 나온 마귀의 미혹을 받아 그리스도의 재림 이전에 범하던 죄를 그대로 범하므로 그들의 죄에 대한 죄에 대하여 변명하지 못할 것이다.

2) 지상에 살아있는 자들의 심판이 끝난 뒤에 마귀가 무저갱에서 나올 것이다. **"천년이 차매 사단이 그 옥에서 놓여"** (계 20:7). "천 년이 차다"란 말씀에 의하여 전천년설이 제기되었다. 전천년설이란 예수 그리스도의 재림 이후에 천 년 동안 지상에서 그리스도의 통치가 지속된다는 것이다.140) 이 기간에 예수 그리스도와 함께 부활한 성도들도

---

140) 전천년설은 역사적 전천년설과 세대주의 전천년설로 구분된다. 전자는 그리스도와 성도들이 천 년 동안 이 땅을 다스릴 것이며 일부 불신자들이 이 기간 동안 구원을 받을 것이라고 주장한다. 후자는 예수 그리스도 재림 후에 7년 동안 대환난이 있고 이 기간 동안 많은 유대인들이 구원을 받을 것이며, 환난 이후에 그리스도와 첫째 부활에 참여한 성도들이 천년 동안 이 땅을 다스릴 것이라고 주장한다. Wayne Grudem, 하, op. cit., pp. 416~419.

왕노릇한다는 것이다. 이 이론은 몇 가지 문제점을 내포하고 있다. 첫째, 천 년 동안 예수 그리스도와 부활에 참여한 성도들이 왕노릇하여야 할 당위성에 대한 타당한 해답을 제시하여야 한다. 둘째, 천 년 동안 통치를 받는 자들에 대한 설명이 필요하다. 장차 구원의 소망이 끊어진 상태에서 부활에 참여하지 못한 자들이 천 년 동안 통치를 받아야 하는 이유에 대한 타당성이 제시되어야 한다. 셋째, 예수 그리스도의 재림으로 구원의 문이 닫히고 심판이 끝난 상태에서 지상의 왕국이 지속시킬 필요성이 무엇이냐를 설명하여야 한다. 넷째, 예수 그리스도께서 재림하신 뒤에 우주는 불살라 없어질 것이다. **"그러나 주의 날이 도적 같이 오리니 그 날에는 하늘이 큰 소리로 떠나가고 체질이 뜨거운 불에 풀어지고 땅과 그 중에 있는 모든 일이 드러나리로다"** (벧후 3:10). 이 말씀과 천년왕국에 대한 조화가 요구된다. 다섯째, 예수 그리스도의 강림 이후에 구원의 문이 닫힌 뒤에도 첫째 부활에 참여하지 못한 자들이 구원을 받을 수 있다는 것은 논리상 모순이다. 예수 그리스도의 강림과 성도들의 부활을 본 사람들은 누구나 믿음으로 구원을 얻으려고 할 것이다. 그렇다면 모든 사람이 구원을 얻을 것이며 최후의 심판은 무의미하여질 것이다. 전천년설은 이러한 문제점에 대한 해답을 제시하여야 한다.

3) (계 20:7)에서 "천 년"이란 말씀을 글자 그대로 해석할 것이냐 아니면 상징적으로 해석할 것이냐 하는 문제가 제기된다. 천 년을 글자 그대로 해석한다면 천 년 동안 예수 그리스도께서 통치하는 왕국이 있다고 말할 수 있다. 그러나 천 년을 상징적으로 해석한다면 천년왕국은 없다고 말할 수 있다. "천 년"이란 숫자가 실제냐 아니면 상징이냐 하는 것을 살펴보자. 계시록은 대부분의 숫자를 상징적으로 말씀하고 있다. **"내가 인 맞은 자의 수를 들으니 이스라엘 자손의 각 지파 중에서 인 맞은 자들이 십사만 사천이니"** (계 7:4). 이 말씀은 예수 그리스도의 강림 이전에 구원 얻을 이스라엘의 숫자를 의미한다. 이방인의 충만한 수가 구원을 얻은 뒤에 이스라엘이 구원을 얻을 것이다. 성경은 마지막 때에 온 이스라엘이 구원을 얻을 것이라고 말씀한다. **"그리하여 온 이스라엘이 구원을 얻으리라 기록된바 구원자가 시온에서 오사 야곱에게서 경건치 않은 것을 돌이키시겠고"** (롬 11:26). (계 7:4)에서 구원받을 이스라엘의 수자는 144,000명이고, (롬 11:26)에서 온 이스라엘이 구원을 받는다고 말씀하고 있다. 이것은 144,000명이란

수자가 상징적임을 의미한다. 따라서 (계 20:7)에서 천 년을 상징적으로 해석할 수 있을 것이다. 곧 천년왕국은 존재하지 아니한다고 말할 수 있을 것이다.

4) 예수 그리스도께서 강림하기 직전에 하늘에서 별들이 떨어지고 태양이 빛을 잃는다고 성경은 말씀한다(마 24:29). 그리고 주의 날에 하늘이 큰 소리로 떠나가고 체질이 불에 타서 풀어질 것이다(벧후 3:10). 예수 그리스도께서 강림하기 전부터 우주가 불에 타기 시작할 것이라면 천년왕국은 존재하지 아니할 것이다. 만약 천년왕국이 존재한다면 우주는 천 년 동안 불에 탄다는 것을 의미한다. 우주가 불타는 가운데서 지상에 평화가 있을까 하는 문제가 제기될 수 있다. 천년왕국은 하나님의 평강과 공의가 강같이 흐를 것이기 때문이다. 예수 그리스도께서 강림하기 전부터 우주가 불에 타기 시작한다면 천년왕국은 존재하지 아니할 것이다. 따라서 천년왕국 기간에 믿지 아니하던 자들이 믿음으로 구원을 얻을 것이라는 가설은 성립하지 아니할 것이다.

5) 그리스도께서 강림하신 뒤에 첫째 부활에 참여하지 못한 자들은 구원의 소망을 가지고 죄를 회개하며 예수 그리스도 이름을 부를 것이다. 그들은 열심히 예수 그리스도의 말씀을 사모하며 구원을 소망할 것이다. 그들은 이러한 믿음이 구원에 이르는 믿음으로 착각할 것이다. 이러한 상태에서 하나님께서 그들을 죄인으로 선언하신다면 그들은 성경대로 믿었다고 변명할 것이다. 따라서 하나님은 그들의 죄를 확인하기 위하여 악한 영들을 무저갱에서 나오게 하실 것이다. 사단이 무저갱에서 나온 뒤에 사람들을 미혹하면 사람들은 다시 범죄하기 시작할 것이다. 예수 그리스도의 강림 이후 윤리 도덕적인 죄와 하나님을 대적하는 죄가 그쳤으나, 마귀가 무저갱에서 나온 이후 사람들이 마귀에게 미혹을 받아 다시 예수 그리스도를 대적하고 범죄하기 시작할 것이다. 예수 그리스도를 주님이라고 고백하던 자들이 하나님의 아들을 부인하며 하나님을 대적할 것이다. 우상을 파괴하고 저주하던 자들이 다시 우상을 만들려고 할 것이다. 타인의 허물을 덮어 주고 용서하던 자들이 다시 미워하며 분쟁을 일으킬 것이다.

6) 지상에 살아있는 모든 자들이 마귀에게 미혹을 받아 범죄하므로 자신의 믿음이 구원에 이르지 못한다는 것을 스스로 확증할 것이다. 그들은 점차 자신이 구원을 받지 못할 것을 알고 절망하며 하나님을 원망할 것이다. 그들은 사단에게 미혹을 받기 전에

회개하며 예수 이름을 부른 것이 헛된 것으로 알고 하나님을 원망하며 대적할 것이다. 그러나 이러한 기간은 짧을 것이다. 그들이 마귀에게 미혹을 받아 범죄하는 순간 그들의 죄가 확정되기 때문이다. 이로써 모든 심판이 종료될 것이므로 하나님은 우주의 사명을 끝내실 것이다. 하나님께서 그들의 육체를 불사르실 것이다. **"저희가 지면에 널리 퍼져 성도들의 진과 사랑하시는 성을 두르매 하늘에서 불이 내려와 저희를 소멸하고"**(계 20:9). 그들은 마지막 부활에 참여하여 마귀와 함께 불못으로 들어갈 것이다. **"또 저희를 미혹하는 마귀가 불과 유황 못에 던지우니 거기는 그 짐승과 거짓 선지자도 있어 세세토록 밤낮 괴로움을 받으리라"**(계 20:10).

7) 예수 그리스도의 강림 이후 첫째 부활에 참여하지 못한 사람들은 통곡하며 자기의 죄를 회개할 것이나 이러한 행위가 구원에 이르게 하지 못할 것이다. 사람들 가운데 일부는 통곡과 회개가 구원에 이르는 믿음이라고 오해할 수도 있을 것이다. 그러나 점차적으로 사람들은 구원을 받지 못할 것을 알고 절망할 것이다. 마귀가 무저갱에서 나온 뒤에 사람들은 다시 범죄할 것이다. 이로써 그리스도 재림 이후 구원을 사모하며 회개하고 예수 이름을 부르던 모든 사람들은 자신의 소망이 헛된 것임을 알고 하나님을 원망하며 예수 그리스도를 대적함으로 자신의 죄를 확증할 것이다. 이것으로 무저갱에서 나온 악한 영들과 살아있는 불신자들에 대한 심판은 종료될 것이다.

8) 예수 그리스도께서 강림하기 직전에 타락한 천사들과 죄인들의 영혼은 무저갱에 갇힐 것이다. 무저갱에 갇힌 자들의 모든 활동이 중단될 것이다. 그러나 무저갱에서 나온 뒤에 마귀는 다시 사람들을 미혹하여 범죄하게 할 것이다. 예수 그리스도의 강림 이후 사람들은 마귀에게 미혹을 받아 범죄하기 시작할 것이다. 무저갱에서 나온 마귀는 사람을 미혹하여 범죄하게 함으로 자신의 죄를 드러낼 것이다. 또한 첫째 부활에 참여하지 못한 자들도 마귀에게 미혹을 받아 범죄함으로 자신의 죄를 객관적으로 드러낼 것이다.

3) 이해를 위한 질문

1) 무저갱에서 나온 악한 영들에 대한 심판

a. 마귀가 무저갱에서 나오기까지 그의 죄가 감추어진 이유는 무엇인가.

b. 사람은 마귀에게 속하여 죄를 범하고 있지만 자신의 죄가 악한 영으로부터 온 것임을 알지 못하는 이유는 무엇인가(요일 3:8).

c. 세상이 그리스도의 죽음을 유대인과 빌라도의 탓으로 돌리는 이유는 무엇인가.

d. 이스라엘의 타락을 이방여자에게로 돌리는 이유는 무엇인가(삿 3:6).

e. 마귀가 무저갱에서 나온 뒤에 사람을 미혹하여 범죄하게 한 것이 마귀의 죄를 객관적으로 증거하는 이유는 무엇인가.

(2) 무저갱에서 올라온 마귀에게 미혹 받은 자들에 대한 심판

a. 마귀가 무저갱에 갇힌 뒤에 천 년이 지나면 무저갱에서 나올 것이다(계 20:7). 천 년을 기준으로 하여 천년왕국이 있다는 가설과 없다는 가설이 제기되고 있다. 후천년설, 전 천년설 및 무천년설은 어떻게 다른가.

b. 성경은 예수 그리스도의 날에 우주가 불살라 없어질 것이라고 말씀한다(벧후 3:10). 최후의 심판이 끝나면 우주의 역할이 끝나기 때문이다. 또한 성경은 그리스도의 재림 이후에 구원의 문이 닫힌다고 말씀한다(마 25:12). 이러한 관점에서 볼 때 전천년설은 타당성을 가질 수 있을까.

c. 그리스도의 재림 이후에 첫째 부활에 참여하지 못한 자들은 마귀에게 미혹을 받아 하나님을 원망하며 대적할 것이다. 이것이 그들의 죄를 확정하는 이유는 무엇인가.

d. 마귀의 미혹이 오래 지속되지 아니하는 이유는 무엇인가(계 20:9).

7.3 첫째 부활과 마지막 부활

1. 첫째 부활에 참여할 자

(1) 의롭다하심을 받은 자들과 첫째 부활

1) 창세 이후 우주의 종말까지 태어난 모든 사람은 부활할 것이다. 믿음으로 의롭다하심을 받은 자들은 부활하여 새 하늘과 새 땅으로 들어갈 것이며, 믿지 아니하는 자들도 부활하여 영원한 형벌로 들어갈 것이다. 인류의 부활은 첫째 부활과 마지막 부활로 구분될 것이다.[141] 예수 그리스도께서 강림하실 때 의롭다하심을 받은 자들은 첫째 부활에 참여할 것이다. 그리고 모든 심판이 종료된 뒤에 믿지 아니하므로 심판을 받은 자들은 마지막으로 부활하여 지옥으로 들어갈 것이다.

2) 성경은 첫째 부활에 참여하는 자들은 복이 있다고 말씀한다. **"또 내가 보좌들을 보니 거기 앉은 자들이 있어 심판하는 권세를 받았더라 또 내가 보니 예수의 증거와 하나님의 말씀을 인하여 목 베임을 받은 자의 영혼들과 또 짐승과 그의 우상에게 경배하지도 아니하고 이마와 손에 그의 표를 받지도 아니한 자들이 살아서 그리스도로 더불어 천 년 동안 왕노릇 하니 (그 나머지 죽은 자들은 그 천년이 차기까지 살지 못하더라) 이는 첫째 부활이라"** (계 20:4,5). 사도 바울은 부활을 예수 그리스도의 부활, 성도의 부활, 그리고 마지막 부활로 설명하였다.[142] **"그러나 각각 자기 차례대로 되리니 먼저는 첫 열매인 그리스도요 다음에는 그리스도 강림하실 때에 그에게 붙은 자요 그 후에는 나중이니 저가 모든 정사와 모든 권세와 능력을 멸하시고 나라를 아버지 하나님께 바칠 때라"** (고전 15:23,24).

3) (계 20:4)에서 첫째 부활에 참여할 자들의 자격에 대하여 기록하고 있다. "예수의 증거와 하나님의 말씀을 인하여 목 베임을 받은 자의 영혼들"이란 예수 그리스도의 복음을 증거다가 죽임을 당한 자들을 의미한다. 곧 예수 그리스도의 이름을 위하여 순교

---

141) 첫째 부활과 마지막 부활을 인정하지 아니하고 모든 사람이 동시에 부활한다는 이론이 제기되고 있다. Anthony A. Hoekema, op. cit., pp. 323, 324.
142) 인류의 부활은 두 번에 걸쳐서 이루어질 것이다. 두 번째 부활을 마지막 부활이라고 한 이유는 더 이상의 부활이 없을 것이기 때문이다. 세 번째, 네 번째 부활은 없다.

한 자들이다. "짐승과 그의 우상에게 경배하지도 아니하고 이마와 손에 그의 표를 받지도 아니한 자들"이란 우상을 숭배하지 아니한 자를 의미한다. 우상을 숭배하면 그 육체에 우상의 흔적이 남는다. (계 20:4)의 말씀은 순교한 자들의 영혼과 우상을 숭배하지 아니한 성도의 영혼이 첫째 부활에 참여한다는 것을 의미한다.143)

4) (고전 15:23)에서 첫째 부활에 참여할 자의 자격을 "그리스도께 붙은 자"라고 말씀한다. 그리스도께 붙은 자란 그리스도의 지체로서 교회를 의미한다. 그리스도의 지체만이 그리스도께 붙은 자이다. 사도 바울은 교회를 그리스도의 지체라고 가르쳤다. 교회는 그리스도의 지체이므로 그의 재림시에 부활하여 그와 함께 심판에 참여할 것이다. 부활한 성도들은 왕 같은 권세를 가지고 그리스도와 함께 심판에 참여할 것이다. 따라서 첫째 부활에 참여하는 자는 그리스도의 지체로서 교회를 의미한다고 말할 수 있다.

5) 사도 바울은 교회를 이렇게 정의하였다. **"고린도에 있는 하나님의 교회 곧 그리스도 예수 안에서 거룩하여지고 성도라 부르심을 입은 자들과 또 각처에서 우리의 주 곧 저희와 우리의 주 되신 예수 그리스도의 이름을 부르는 모든 자들에게"** (고전 1:2). 하나님의 교회란 첫째 그리스도 예수 안에서 거룩하여지고 성도라고 부르심을 입은 자들과, 둘째 예수 그리스도의 이름을 부르는 자들의 모임이다. "예수 그리스도의 이름을 부르는 모든 자들"이란 믿음으로 의롭다하심을 얻은 자를 말한다(롬 3:26). 교회는 믿음으로 의롭다하심을 받고 거룩하여진 자들 곧, 하나님의 자녀들의 모임이며 동시에 그리스도의 지체라고 말할 수 있을 것이다.

6) 믿음으로 의롭다하심을 받은 자들은 성령을 받은 자들과 받지 못한 자들로 구분할 수 있다. 성령을 받고 받지 못한 것과 상관없이 의롭다하심을 받으면 구원을 받은 십자가의 강도처럼 모두 낙원으로 들어간다. 문제는 낙원에 있는 모든 자들이 첫째 부활에 참여할 것이냐 아니면 성령을 받은 자들만이 참여할 것이냐 하는 문제가 제기될 수 있다. 이것은 예수 그리스도의 강림시에 지상에 있는 자들의 부활과 관련되는 중요한

---

143) 그리스도께서 재림하실 때 인격이 형성되지 아니한 유아들과 어린 아이들은 믿음이 없으므로 첫째 부활에 참여하지 못할 것이다. 그들은 구원을 얻을 믿음을 가질 기회를 얻지 못하였으나, 그리스도의 재림 당시에 그들의 부모의 믿음에 따라서 첫째 부활에 참여여부가 결정될 것이다. 부모가 첫째 부활에 참여하면 그들의 유아들도 첫째 부활에 참여할 것이다. 이것이 하나님의 공의일 것이다.

문제이다. 만약 낙원에 있는 자들 가운데 성령을 받은 자들만이 첫째 부활에 참여한다면, 지상에 살아있는 자들 가운데 성령을 받는 자들만이 첫째 부활에 참여할 것이다. 믿음으로 의롭다하심을 받은 자들 가운데 성령을 받지 못한 자들은 마지막 부활에 참여할 것이다. 이것이 타당한가에 대하여 살펴보자.

7) 이 문제를 위하여 몇 가지 가정을 도입하여 보자. 첫째, 예수 그리스도의 초림은 인류의 구원과 관련되지만 그의 재림은 산 자와 죽은 자의 심판과 관련된다. "**하나님 앞과 산 자와 죽은 자를 심판하실 그리스도 예수 앞에서 그의 나타나실 것과 그의 나라를 두고 엄히 명하노니**" (딤후 4:1). 둘째, 최후의 심판은 우주 안에서만 이루어진다. 우주는 흑암으로서 타락한 천사들을 심판하기 위하여 가둔 곳이다. "**또 자기 지위를 지키지 아니하고 자기 처소를 떠난 천사들을 큰 날의 심판까지 영원한 결박으로 흑암에 가두셨으며**" (유 1:6). 타락한 천사들의 심판이 우주 안에 이루어진다면 인류에 대한 심판도 역시 흑암에서 이루어질 것이다. 셋째, 사람에 대한 심판은 의와 공의에 의하여 이루어질 것이다. 공의에 의한 심판은 의에 의하여 심판이 끝난 자들에 대하여 율법과 양심의 행위에 따라서 이루어질 것이다. 불의한 자들에 대한 공의의 심판은 형벌의 종류를 결정하는 것이다. 의롭다하심을 받은 자들에 대한 공의의 판단은 상급과 관련될 것이다. 넷째, 마지막에 모든 사람은 하나님의 심판대 앞에 서서 자신의 죄를 자백할 것이다(롬 14:10,11).

8) 우리의 가정이 성경의 말씀과 일치한다면, 그리스도 이후 믿음으로 의롭다하심을 받은 모든 사람들은 첫째 부활에 참여할 것이다. 낙원에서 예수 그리스도 안에서 잠자는 모든 자들은 첫째 부활에 참여할 것이다. 지상에 살아있는 자들 가운데 믿음으로 의롭다하심을 받은 자들은 모두 첫째 부활에 참여할 것이다. 모든 사람은 재림하신 예수 그리스도의 심판대 앞에 서야 하고 모든 심판은 우주 안에서 이루어질 것이기 때문이다. 첫째 부활에 참여한 자들도 예수 그리스도의 심판대 앞에서 그 행위대로 공의의 판단을 받을 것이다. 성도들의 공력에 따라서 받는 상급을 결정하는 공의의 판단이 있을 것이다.

9) 믿음으로 의롭다하심을 받은 자들 가운데 일부가 첫째 부활에 참여하지 아니하고 낙원에 머물러 있다면, 예수 그리스도의 재림시에 의롭다하심을 받고 지상에 살아있는

자들 가운데 일부만이 첫째 부활에 참여할 것이다. 첫째 부활에 참여하지 못하고 낙원에 남아있는 자들에 대한 공의의 판단이 언제 어디서 있을 것이냐에 대하여 설명할 수 없다. 위에서 우리가 도입한 가정이 성경의 말씀과 일치한다면, 낙원에서 예수 그리스도 안에서 잠자는 자들은 성령의 임재와 무관하게 첫째 부활에 참여한다고 말할 수 있을 것이다. 이와 같이 지상에 살아 있는 자들 가운데 믿음으로 의롭다하심을 받은 모든 자들도 역시 첫째 부활에 참여할 것이다.

10) 예수 그리스도의 강림시에 믿음으로 의롭다하심을 받은 자들 가운데 성령을 받지 못한 자들은 첫째 부활에 참여하지 못한다는 이론을 제시할 수 있다. 그들은 마지막 부활에 참여할 것이나 구원을 받아 아버지의 집으로 들어갈 것이라는 이론을 제시할 수 있으나, 이것은 불가능한 일이다. 첫째 부활에 참여하는 자들은 둘째 사망을 체험하지 아니할 것이기 때문이다. **"이 첫째 부활에 참여하는 자들은 복이 있고 거룩하도다 둘째 사망이 그들을 다스리는 권세가 없고 도리어 그들이 하나님과 그리스도의 제사장이 되어 천년 동안 그리스도로 더불어 왕노릇 하리라"** (계 20:6). "둘째 사망"이란 불못으로 들어가는 것을 의미한다. **"바다가 그 가운데서 죽은 자들을 내어주고 또 사망과 음부도 그 가운데서 죽은 자들을 내어주매 각 사람이 자기의 행위대로 심판을 받고 사망과 음부도 불못에 던지우니 이것은 둘째 사망 곧 불못이라"** (계 20:13,14). 곧 첫째 부활에 참여하지 못한 자들은 모두 불못으로 들어가는 둘째 사망을 체험할 것이다. 따라서 믿음으로 의롭다하심을 받은 자들은 성령의 임재와 무관하게 첫째 부활에 참여할 것이다.

11) 모든 사람은 믿음의 유무에 따라서 의롭다하심을 받은 자와 불의한 자로 구분한다. 예수 그리스도를 믿지 아니하는 자들은 이미 심판을 받았다. 예수 그리스도께서 강림하셔서 믿지 아니하는 자들의 죄를 확정하실 것이다. 이제 남은 것은 공의에 의한 심판이다. 믿음으로 의롭다하심을 받은 자들은 공의의 판단에 의하여 각각 받을 상급이 결정될 것이다. 믿지 아니하므로 불의한 자로 심판을 받은 자들은 공의의 심판에 의하여 받을 형벌의 종류가 결정될 것이다. 의롭다하심을 받은 자들이 받을 상급이 우주 안에서 결정된다면, 낙원에서 그리스도 예수 안에서 잠자는 모든 자들은 성령을 받음과 무관하게 첫째 부활에 참여할 것이다. 또한 지상에서 믿음으로 의롭다하심을 받은 모든 자들도

성령의 임재와 무관하게 첫째 부활에 참여할 것이다.

12) 예수 그리스도 이전 믿음으로 의롭다하심을 받은 자들은 아브라함의 품 속(낙원)에서 안식하고 있다. 그들도 역시 첫째 부활에 참여할 것이냐 하는 문제가 제기될 수 있다. 아벨로부터 세례 요한까지 믿음으로 의롭다하심을 받은 자들은 비록 그리스도의 피에 의한 속죄를 보지 못하고 죽었지만, 그리스도께서 그의 피로써 인류의 죄를 대속하실 때 그들의 죄가 용서받았다. 따라서 그들의 영혼은 낙원에서 안식을 누리고 있다. 그들도 그 행위에 따라서 공의의 판단을 받음으로 그들의 상급이 결정된다면 당연히 첫째 부활에 참여할 것이다.

13) 낙원에서 예수 그리스도 안에서 잠자는 모든 자들이 첫째 부활에 참여하여 그리스도와 함께 세상을 심판할 것이며 받을 상급을 위하여 공의에 의하여 판단을 받을 것이다. **"그리하면 저희가 갚을 것이 없는고로 네게 복이 되리니 이는 의인들의 부활시에 네가 갚음을 받겠음이니라 하시더라"** (눅 14:14). 사도 바울은 복음전도를 통하여 구원을 얻은 자들이 그리스도의 날에 자기의 자랑(상급)이라고 기록하였다. **"너희가 대강 우리를 아는 것 같이 우리 주 예수의 날에 너희가 우리의 자랑이 되고 우리가 너희의 자랑이 되는 것이라"** (고후 1:14). "주 예수의 날"이란 그리스도의 재림의 날을 의미한다. 이러한 이유로 아브라함의 품에서 안식하는 모든 자들도 첫째 부활에 참여한다고 말할 수 있을 것이다. 모든 심판이 우주 안에서 예수 그리스도 앞에서 이루어질 것이기 때문이다.

14) 믿음으로 의롭다하심을 받은 자들은 다시 의에 의하여 심판을 받지 아니하지만 공의에 의하여 판단을 받을 것이다. 믿는 자들이 받을 상급은 각각 그 행위대로 나타날 것이다. 만약 모든 자들이 동일한 상급을 받는다면 하나님은 공의로 세상을 통치하는 분이 아니다. 공의로우신 하나님은 구원받은 모든 자의 행위에 따라서 그 상급을 주실 것이다. 따라서 그리스도 이전 믿음으로 의롭다하심을 받고 아브라함의 품 속에서 안식하는 모든 자들은 첫째 부활에 참여한다고 말할 수 있다.

(2) 첫째 부활에 참여한 자들과 예수 그리스도의 흔적

1) 예수 이름을 믿음으로 의롭다하심을 받은 자들은 모두 첫째 부활에 참여한다. 특히

물과 성령으로 거듭난 자들은 새로운 피조물로서, 그들의 영은 육체의 상태와 독립적으로 20대의 젊음을 유지하고 있을 것이다. 첫째 부활에 참여하는 자들은 그들의 영의 상태대로 신령한 몸을 입을 것이며, 모든 육체의 장애는 없어질 것이다. 또한 그들의 영에 새겨진 예수 그리스도의 흔적이 부활한 몸에 그대로 나타날 것이다. 그리고 그들의 공력이 부활한 몸에 나타날 것이다. 사도는 사도로서의 흔적이, 목사는 목사로서의 흔적이, 선지자는 선지자로서의 흔적이, 교사는 교사로의 흔적이, 장로는 장로로서의 흔적이 부활한 몸에 그대로 나타날 것이다. 그들은 모두 거룩한 세마포를 입은 몸으로 부활할 것이다.

2) 믿음으로 의롭다하심을 받은 자들은 두 분류로 구분할 수 있다. 하나는 그리스도 이전 믿음으로 의롭다하심을 받은 자들로서 거듭나지 못한 자들이다. 다른 하나는 그리스도 이후 믿음으로 의롭다하심을 얻고 거듭난 자들이다. 전자의 경우 그들의 영은 그 육체가 죽을 당시의 모습을 반영함으로 그 모습 그대로 부활하여 신령한 몸을 입을 것이다. 아벨은 젊은이의 모습으로, 아브라함은 노인의 모습으로 부활할 것이다. 모세는 120 노인의 모습으로, 다윗은 70세의 노인의 모습으로 부활할 것이다. 이와 반대로 거듭난 자들의 영은 육체의 상태와 무관하게 20세의 모습일 것이며 그들의 영의 상태로 부활할 것이다. 베드로와 스데반은 각각 다른 연령대에 순교하였지만 모두 20대의 모습으로 부활할 것이다.

3) 육체는 흙이므로 흙으로 돌아가지만 영은 영원하다는 것을 전제로 하고, 육체의 장애와 부활한 몸의 관계를 살펴보자. 육체의 장애가 죄의 저주와 악한 영들로부터 왔다고 가정하자. 중풍병자는 그 장애가 죄로부터 왔으므로 예수 그리스도께서 그의 죄를 용서하시고 그를 고치셨다(막 2:5). 귀신으로부터 육체의 장애가 온다고 성경은 말씀한다. **"십팔 년 동안을 귀신들려 앓으며 꼬부라져 조금도 펴지 못하는 한 여자가 있더라"** (눅13:11). **"그 때에 귀신들려 눈멀고 벙어리 된 자를 데리고 왔거늘 예수께서 고쳐 주시매 그 벙어리가 말하며 보게 된지라"** (마 12:22). 믿음으로 의롭다하심을 얻으므로 모든 자범죄를 용서받고 귀신이 나가면 육체의 저주는 없어진다고 말할 수 있을 것이다. 이 경우에 부활한 몸에는 저주가 없을 것이다. 반대 해석으로 믿지 아니하는 자들은

그의 부활한 몸에 육체의 저주가 그대로 나타난다고 말할 수 있다.

4) 율법은 육체만을 정죄하며 육체만을 저주하지만 영을 정죄하지 못하기 때문에[144] 율법의 저주로부터 온 장애는 육체에만 나타난다고 말할 수 있다. 율법에 의하여 저주를 받으면 그 육체에 장애가 나타난다고 성경은 말씀한다(신 28:28). 율법을 범하므로 육체에 저주를 받아 장애인이 되었다고 할지라도 율법이 영을 저주하지 못하므로 그 영에는 저주가 없다. 그러나 그 육체가 죽으면 육체의 저주는 그 영으로 옮겨진다고 말할 수 있을 것이다.[145] 이 경우에 영에 있는 저주는 부활한 몸에 그대로 나타날 것이다. 죄인이 소경으로 죽으면 그의 영은 소경일 것이며 그 부활한 몸도 역시 소경일 것이다. 죄인의 모든 육체의 저주는 그의 부활한 몸에 그대로 나타날 것이다.

5) 믿음으로 거듭났지만 육체의 저주를 그대로 가지고 있을 수 있다. 거듭남으로 모든 자범죄를 용서받았다고 하더라도 하나님께서 허락하지 아니하신다면 육체의 저주는 그대로 남을 것이다. 예컨대, 맹인이 예수 이름을 믿고 구원을 받았지만 그 육체의 저주가 그대로 남을 수 있다.[146] 예수 그리스도께서 중풍병자의 믿음을 보시고 그의 죄를 용서하셨다(막 2:5). 그는 죄를 용서받았지만 여전히 육체의 마비로 침상에 누워있었다. 그러나 예수 그리스도께서 그의 병을 고치시자, 그는 비로소 일어나 침상을 들고 집으로 돌아갔다. **"내가 네게 이르노니 일어나 네 상을 가지고 집으로 가라 하시니"** (막 2:11). 이것은 죄 사함을 받았으나 육체의 저주가 그대로 남아있을 수 있다는 것을 보여준다. 믿음으로 거듭난 자들에게 육체의 저주가 그대로 남아있을지라도, 그 영에는 저주가 없으며 그의 부활한 몸에는 저주가 없을 것이다. 믿음으로 의롭다하심을 받으면, 부활한 몸에는 어떠한 저주도 없다고 말할 수 있다.

6) 예수 그리스도께서 믿는 자들에게 죄를 짓게 하는 백체를 잘라버리라고 말씀하셨다. **"만일 네 오른 눈이 너로 실족케 하거든 빼어 내버리라 네 백체 중 하나가 없어지고**

---

144) 2.3.1. (2) 참조
145) 7.3.2. (3) 참조
146) 귀신으로부터 온 저주는 그 귀신이 나감으로 그 저주가 없어질 수 있다. 믿음으로 거듭났지만 귀신으로부터 온 저주는 남아있을 수 있다. "그 때에 귀신들려 눈멀고 벙어리 된 자를 데리고 왔거늘 예수께서 고쳐 주시매 그 벙어리가 말하며 보게 된지라" (마 12:22).

온 몸이 지옥에 던지우지 않는 것이 유익하며 또한 만일 네 오른손이 너로 실족케 하거든 찍어 내버리라 네 백체 중 하나가 없어지고 온 몸이 지옥에 던지우지 않는 것이 유익하니라"(마 5:29,30). 이 말씀을 문자 그대로 해석하면 거듭난 자들이 사고나 기타 여러 가지 방법으로 육체에 저주가 생기면 그 저주가 부활한 몸에 그대로 나타난다는 것을 의미한다. 이것이 사실이라면 순교한 사도들의 부활한 몸에 죽을 당시의 상처가 그대로 나타난다고 말할 수 있다. 사도 베드로는 십자가에 못 박혀 순교한 것으로 알려지고 있다. 그의 부활한 몸에 못 자국이 남아있을 것이다. 스데반은 돌에 맞아 순교하였다. 죽을 당시에 그의 육체에 있던 돌에 맞은 상처가 그의 부활한 몸에 그대로 나타날 것이다. 이것이 가능한가 하는 것을 살펴보자.

7) (마 5:29,30)의 말씀은 신체의 일부인 손과 발을 잘라버리는 심정으로 죄와 싸우라는 말씀이다. 만약 거듭난 자들이 죄의 생각으로 눈을 빼고 손을 잘라버린다면, 모든 성도들은 눈과 손이 없을 것이다. 사도 바울까지도 그의 육신 안에 선한 것이 없다고 기록하였다. **"내 속 곧 내 육신에 선한 것이 거하지 아니하는 줄을 아노니 원함은 내게 있으나 선을 행하는 것은 없노라"(롬 7:18).** 사도 바울도 죄와 싸우려면 그의 수족을 잘라버려야 하였을 것이다. (마 5:29,30)의 말씀은 '피를 흘리는 심정으로 죄와 싸우라는 권고의 말씀이며 실제로 수족을 잘라버리라는 말씀은 아니다'라고 해석할 경우에 거듭난 자가 육체의 저주를 가지고 천국으로 들어가는 것이 아님을 알 수 있다. 사람은 피를 흘리며 죄와 싸울 수 없지만, 예수 그리스도는 피를 흘리며 죄와 싸우셨다. **"너희가 죄와 싸우되 아직 피 흘리기까지는 대항치 아니하고"(히 12:4).**

8) 육체의 장애는 육체의 죽음으로 흙으로 돌아간다. 그러나 영은 영원한 존재로 없어지는 것은 아니다. 육체적으로 눈을 빼고 손을 자르더라도, 영의 눈이 빠지고 영의 손이 없어지는 것은 아니다. 만약 육체의 상태대로 영의 일부가 없어진다면 육체가 불타 없어진 자는 영이 없어질 것이다. 이 경우에, 지옥의 형벌은 무의미할 것이다. 따라서 부활한 모든 사람은 정상적인 몸을 가지고 있을 것이다. 그러나 죄인의 경우에 맹인, 농아 및 지체마비 등과 같은 육체의 저주는 그들의 부활한 몸에 그대로 나타날 것이다.

9) 첫째 부활에 참여한 자들의 몸에 하나님의 영광이 나타날 것이다. 그 영광은 의롭다

하심을 받은 자들의 몸에 새겨진 그리스도의 흔적이다. 사도 바울은 그의 몸에 그리스도의 흔적을 가졌다고 고백하였다(갈 6:17). 그리스도 이후 믿음으로 거듭난 자의 이마에 어린 양의 이름이 새겨졌다고 성경은 말씀한다. **"또 내가 보니 보라 어린 양이 시온산에 섰고 그와 함께 십사만 사천이 섰는데 그 이마에 어린 양의 이름과 그 아버지의 이름을 쓴 것이 있도다"** (계 14:1). 거듭난 자의 이마에 있는 어린 양의 이름과 아버지의 이름은 영적인 것으로 부활한 몸에 나타날 것이다. 거듭난 자들의 이마에 새겨진 어린 양의 이름은 그들이 하나님의 자녀이며 그리스도의 신부라는 것을 증거할 것이다. 성도의 이마에 새겨진 어린 양의 이름으로부터 하나님의 영광이 나타날 것이다. 귀신이 사도 바울의 이마로부터 나오는 하나님의 영광을 보았다. **"바울과 우리를 좇아와서 소리질러 가로되 이 사람들은 지극히 높은 하나님의 종으로 구원의 길을 너희에게 전하는 자라 하며"** (행 16:17).

10) 예수 그리스도께서 육신으로 임하셨을 때 하나님의 영광이 그의 몸을 통하여 나타난 것처럼(요 1:14), 믿음으로 의롭다하심을 받은 자들의 부활한 몸에 하나님의 영광이 임할 것이다. 예수 그리스도께서 믿음으로 의롭다하심을 받은 자들에게 그의 영광을 주시기 때문이다(요 17:22). 거듭난 자들의 이마에 새겨진 어린 양의 이름을 통하여 하나님의 영광이 나타날 것이다. 어린 양의 이름은 하나님의 아들의 존재를 계시하며 그 이름을 통하여 하나님의 영광이 나타나기 때문이다.[147] 이 영광은 영적인 빛으로 의롭다하심을 받은 자들의 부활한 몸을 통하여 비칠 것이다. 성도들은 살아있는 동안 그의 몸에서 하나님의 영광이 나타나는 것을 보지 못하지만, 부활한 뒤에 자기의 몸에서 하나님의 영광이 나타나는 것을 볼 수 있을 것이다. 태양에서 빛이 비취는 것처럼, 부활한 성도의 몸에서 하나님의 영광이 나타날 것이다. **"그 때에 의인들은 자기 아버지 나라에서 해와 같이 빛나리라 귀 있는 자는 들으라"** (마 13:43).

11) 그리스도 이전 믿음으로 의롭다하심을 받은 자들의 이마에도 영적인 표가 새겨질 것이다. 그리스도 이전 사람들은 율법으로 자신의 죄를 깨닫고 장차 오실 그리스도를

---

[147] 하나님은 그의 이름으로 그의 영광을 나타내신다. 하나님의 이름을 둔 모세의 성막과 솔로몬의 성전에 하나님의 영광이 구름으로 임하였다(출 40:34).

믿었다. 따라서 장차 오실 그리스도를 모형으로 보여주는 여호와의 하나님의 이름이 그들의 이마에 새겨질 것이다. 그들은 예수 이름을 알지 못하고 여호와 이름을 믿고 부름으로 의롭다하심을 얻었기 때문이다. 그들의 이마에 새겨진 여호와 이름은 그들이 하나님의 종으로 구원을 받았음을 증거할 것이다. 모세가 율법을 새긴 돌판을 가지고 시내산에서 내려올 때 그의 얼굴에 하나님의 영광이 임하였다(출 34:30). 모세는 예수 이름의 모형으로 계시된 여호와의 이름을 믿음으로 의롭다하심을 받았으므로 그 이름이 그의 이마에 새겨졌을 것이며, 그 이름으로부터 하나님의 영광이 임하였을 것이다.

12) 그리스도 이전 믿음으로 의롭다하심을 받은 자들의 부활한 몸에 하나님의 영광이 모형으로 나타날 것이다. 그들은 장차 오실 그리스도의 모형을 보고 믿음으로 의롭다하심을 받았기 때문이다. 아벨, 에녹, 노아, 아브라함 야곱, 모세, 다윗 및 엘리야가 믿은 하나님은 장차 오실 그리스도의 모형이다. 그들은 장차 오실 그리스도의 모형을 보고 믿었으므로 그들의 부활한 몸에는 의롭다하심을 얻은 영광이 모형으로 나타날 것이다. 그들의 부활한 몸으로부터 하나님의 영광이 나타나는 것이 아니고 하나님의 영광을 반사할 것이다. 이것은 태양과 달을 통하여 설명할 수 있을 것이다. 태양은 빛을 발하지만, 달은 태양 빛을 반사한다. 그리스도 이전 믿음으로 의롭다하심을 받은 자들의 부활한 몸은 스스로 하나님의 영광을 발하지 못하고 이를 반사할 것이다. 이 영광은 하나님의 종으로 구원을 받은 자의 영광이다.

13) 첫째 부활에 참여한 자들에게 임한 하나님의 영광은 성도들의 직분과 그들의 공력에 따라서 그 크기가 각각 다를 것이다. 그리스도 이전 믿음으로 의롭다하심을 받은 자들에게 임한 하나님의 영광의 크기는 그들의 직분과 공력에 따라서 다르게 나타날 것이다. 아브라함에게 임한 하나님의 영광과 이삭의 영광이 각각 다를 것이다. 모세에게 임한 하나님의 영광과 아론의 영광이 각각 다를 것이다. 여호수아에게 임한 하나님의 영광과 갈렙의 영광이 각각 다를 것이다. 사무엘에게 임한 하나님의 영광과 다윗의 영광이 각각 다를 것이다. 엘리야에게 임한 하나님의 영광과 엘리사의 영광도 각각 다를 것이다. 이와 같이 그리스도 이후 믿음으로 의롭다하심을 받고 첫째 부활에 참여한 자들에게 임한 하나님의 영광이 각각 다를 것이다. 베드로에게 임한 하나님의 영광과 바울의

영광이, 스데반의 영광과 야고보의 영광이 각각 다르게 나타날 것이다. 첫째 부활에 참여한 자들에게 임한 하나님의 영광은 그들이 받을 상급의 크기와 관련될 것이다.

14) 성경은 세상으로부터 오는 박해와 고난 가운데서 믿음을 지키며 복음을 증거한 성도들이 하나님의 영광에 참여한다고 기록하였다. "그러므로 내가 택하신 자를 위하여 모든 것을 참음은 저희로도 그리스도 예수 안에 있는 구원을 영원한 영광과 함께 얻게 하려 함이로라"(딤후 2:10). "그러므로 너희에게 구하노니 너희를 위한 나의 여러 환난에 대하여 낙심치 말라 이는 너희의 영광이니라"(엡 3:13). "너희 믿음의 시련이 불로 연단하여도 없어질 금보다 더 귀하여 예수 그리스도의 나타나실 때에 칭찬과 영광과 존귀를 얻게 하려 함이라"(벧전 1:7). "너희 중 장로들에게 권하노니 나는 함께 장로된 자요 그리스도의 고난의 증인이요 나타날 영광에 참여할 자로라"(벧전 5:1). 첫째 부활에 참여한 자들은 육신이 살아있는 동안 이 땅에서 감당한 직분에 따라서 하나님께로부터 받은 영광을 가지고 아버지의 집으로 들어올 것이다. "만국이 그 빛 가운데로 다니고 땅의 왕들이 자기 영광을 가지고 그리로 들어오리라"(계 21:24).

(3) 이해를 위한 질문

1) 의롭다하심을 받은 자들과 첫째 부활

 a. 예수 그리스도께서 강림하실 때 첫째 부활에 참여하는 자가 복이 있는 이유는 무엇인가(계 20:6).

 b. 그리스도께 붙은 자란 무엇을 의미하는가(고전 15:23).

 c. (계 20:4)에서 첫째 부활에 참여할 자란 누구를 의미하는가.

 d. 예수 이름을 믿음으로 의롭다하심을 받은 자들이 모두 첫째 부활에 참여하여야 하는 이유는 무엇인가.

 e. 그리스도 이전에 장차 오실 그리스도를 믿음으로 의롭다하심을 받은 자들은 첫째 부활에 참여할 수 있을까.

 f. 마지막 날에 창세로부터 모든 사람들이 그리스도의 심판대 앞에 설 것이다(롬 14:9,10). 믿음으로 의롭다하심을 받은 자들이 모두 그리스도의 심판대 앞에

서려면 첫째 부활에 참여하여야 할 것이다. 그들이 받을 판단은 무엇인가(고전 3:10~13).

2) 첫째 부활에 참여한 자들과 예수 그리스도의 흔적

a. 첫째 부활에 참여할 자들의 모습은 거듭난 자와 그렇지 못한 자에 따라서 다르게 나타날 것이다. 그 이유는 무엇인가.

b. 첫째 부활에 참여하는 자들의 몸에 장애가 나타나지 아니할 것이다. 그 이유는 무엇이라고 말할 수 있나.

c. 첫째 부활에 참여할 자들에게 하나님의 영광이 임할 것이다. 그 영광의 크기는 그들이 받을 상급과 관련될 것이다. 그 이유는 무엇인가(눅 14:14).

d. 성도의 이마에 새겨진 어린 양의 이름과 아버지의 이름은 무엇을 의미하는가(계 14:1).

2. 마지막 부활에 참여할 자

(1) 마지막 부활의 시기

1) 모든 사람은 죽지 아니하고 썩지 아니할 몸으로 부활할 것이다. 사람이 죽을 몸으로 부활한다면 죄인들에 대한 영원한 형벌은 무의미하기 때문이다. 죄인들이 부활한 뒤에 죽어서 그 존재가 없어진다면 지옥의 형벌은 유명무실하게 된다. 따라서 믿는 자나 믿지 아니하는 자를 막론하고 모든 사람은 부활할 것이다. 모든 사람이 부활하면 우주는 그 사명을 다하였으므로 완전히 불타서 커다란 불못이 될 것이다. 그리고 첫째 부활에 참여한 자들은 아버지의 집으로, 마지막 부활에 참여한 자들은 지옥으로 들어갈 것이다.

2) 모든 사람은 부활한다고 성경은 말씀하고 있다. **"선한 일을 행한 자는 생명의 부활로, 악한 일을 행한 자는 심판의 부활로 나오리라" (요 5:29)**. "선한 일을 행한 자"란 믿음으로 의롭다하심을 받은 자를 말한다. "악한 일을 행한 자"란 믿지 아니하므로 불의한 자로 심판을 받은 자를 말한다. 믿는 자는 생명을 위하여, 불신자는 형벌을 받기 위하여 부활한다. 곧 믿는 자는 부활하여 아버지의 집으로, 불신자는 부활하여 지옥으로

들어갈 것이다. 성경은 죄인이 몸으로 지옥으로 들어간다고 말씀한다 (마 5:29,30). "온 몸이 지옥에 던지다"란 부활한 몸으로 지옥으로 들어간다는 것을 의미한다. 예수 그리스도께서 강림하신 뒤에 믿는 자들을 아버지의 집으로 인도하실 것이다. **"가서 너희를 위하여 처소를 예비하면 내가 다시 와서 너희를 내게로 영접하여 나 있는 곳에 너희도 있게 하리라" (요 14:3).** 이 말씀은 구원을 얻은 자들이 부활하여 아버지의 집으로 들어간다는 것을 의미한다.

3) 성경은 마지막 부활에 대하여 말씀하고 있다. **"그 후에는 나중이니 저가 모든 정사와 모든 권세와 능력을 멸하시고 나라를 아버지 하나님께 바칠 때라" (고전 15:24).** 예수 그리스도께서 강림하실 때 첫째 부활이 있을 것이다. 믿음으로 의롭다하심을 받은 자들은 그리스도께 붙은 자로서 첫째 부활에 참여할 것이다. 첫째 부활이 있은 뒤에 모든 정사와 권세를 멸하는 최후의 심판이 있을 것이다. 최후의 심판이 끝나면 예수 그리스도께서 나라를 아버지께 받칠 것이다. 최후의 심판이 종료되면 마지막 부활이 있을 것이다.

4) (고전 15:24)에서 "모든 정사와 모든 권세와 능력을 멸하다"란 타락한 천사들이 최후의 심판을 받는 것을 의미한다. 타락한 천사들에 대한 첫 번째 심판은 예수 그리스도의 피에 의하여 이루어졌다. 예수 그리스도께서 사망의 권세를 잡은 마귀의 손에 의하여 십자가에 못 박히심으로 마귀를 심판하시고 그의 모든 권세를 박탈하셨다(히 2:14). 예수 그리스도께서 마귀의 죄를 드러내심으로 마귀를 심판하셨지만 마귀를 결박하여 지옥(또는 무저갱)에 가두지 아니하셨다. 마귀는 심판을 받았지만 무저갱에 갇히지 아니하였으므로 사람을 미혹하여 범죄하게 하고 모든 수단을 동원하여 교회를 핍박하고 있다. 믿지 아니하는 자들은 마귀에게 속하여 하나님을 대적하고 있다. 마귀의 악한 생각이 불신자들을 통하여 말과 행위로 표출되고 있다. 예수 그리스도께서 강림하기 직전 마귀가 무저갱에 갇히기까지 마귀의 미혹은 계속될 것이다.

5) 마귀가 무저갱에서 나와서 잠시 동안 사람을 미혹하여 범죄하게 할 것이다. 사람들은 마귀의 미혹을 받아 하나님을 원망함으로 자신의 죄와 마귀의 죄를 동시에 드러낼 것이다. 마귀가 무저갱에서 나오기 전에 사람들은 하나님을 원망하고 대적하지 아니할

것이다. 그러나 마귀가 무저갱에서 나온 뒤에 사람들은 하나님을 대적할 것이다. 마귀에게 미혹을 받은 자들이 하나님을 대적함으로 마귀의 악한 생각을 행위로 드러낼 것이다. 사람들이 마귀에게 미혹을 받아 하나님을 대적하는 것은 사단이 하나님을 대적하고 있다는 객관적인 증거이다. 마귀는 사람을 통하여 자신의 죄를 드러냄으로 최후의 심판을 받을 것이다. 최후의 심판이 끝나면 마귀를 비롯한 모든 악한 영들의 활동은 중단될 것이다. 마귀는 더 이상 사람을 미혹하지 못하고 귀신들도 더 이상 사람의 육체에 들어가지 못할 것이다. "모든 정사와 모든 권세와 능력을 멸하다"란 이러한 상태를 의미하는 것으로 해석할 수 있다.

6) 모든 심판이 끝나면 마귀와 악한 영들은 결박되어 영원한 형벌로 들어갈 것이다. 이 때가 "나라를 아버지 하나님께 바칠 때"라고 해석할 수 있다. "나라"란 하나님의 통치가 미치는 영역을 의미한다. 하나님께서 아들을 위하여 만물을 지으시고 아들에게 만물의 통치를 맡기셨다. 마귀와 그에게 속한 자들은 아들의 왕권을 인정하지 아니하고 하나님의 뜻을 대적하고 있다. 예수 그리스도께서 마귀와 그에게 속한 모든 자들을 심판하여 결박한다면 하늘과 우주 안에서 아들의 왕권을 인정하지 아니하는 자가 아무도 없을 것이다. 최후의 심판이 끝나면 천사들과 모든 사람들이 하나님의 아들의 왕권을 인정하고 그의 이름 앞에 무릎을 꿇을 것이다. **"하늘에 있는 자들과 땅에 있는 자들과 땅 아래 있는 자들로 모든 무릎을 예수의 이름에 꿇게 하시고"** (빌 2:10). 이러한 상태가 되면 창세전에 작정한 하나님의 모든 뜻이 성취될 것이다. 우주 안에서 최후의 심판이 끝나고 모든 죄가 그친 상태를 "나라를 아버지 하나님께 바칠 때"라고 해석할 수 있다.

7) 예수 그리스도께서 아버지께 바칠 나라는 아버지의 뜻에 만물이 순종하는 나라이다. 그 나라에는 불의와 불법이 없으며 하나님의 영광만이 비칠 것이다. 그 나라에는 어떠한 죄악도 없으며 의와 공의가 강같이 흐를 것이다. 모든 입이 예수 그리스도를 주님이라고 시인하여 그 이름 앞에 무릎을 꿇을 것이다. 첫째 부활에 참여한 자들은 하나님의 이름을 찬양할 것이며, 첫째 부활에 참여하지 못한 자들은 예수 이름 앞에 무릎을 꿇고 울면서 하나님의 자비를 구할 것이다. 이러한 상태가 되었을 때 마지막 부활이 있을 것이다.

8) 마지막 심판은 사단의 미혹에 의하여 사람들이 범죄함으로 자신과 사단의 죄를 드러내는 것이다. 이 심판이 종료되면 더 이상 심판할 대상은 없다. 따라서 하나님은 사단에게 미혹을 받아 범죄하는 자들을 불로 멸하실 것이다. **"저희가 지면에 널리 퍼져 성도들의 진과 사랑하시는 성을 두르매 하늘에서 불이 내려와 저희를 소멸하고"(계 20:9).** 땅에 살아있는 모든 자들이 불로 멸망을 받을 것이다. 이것은 두 가지로 해석할 수 있을 것이다. 첫째, 그들이 지옥의 불로 들어가기 전에 그들은 부활하여 죽지 아니할 몸을 입을 것이다. 둘째, 흙으로 창조된 그들의 육체는 불타서 없어지고 그들의 영혼이 부활하여 불못으로 들어갈 것이다. 어느 이론을 택하건 큰 차이는 없을 것이다.

9) (계 20:12~14)의 말씀은 지금까지의 논의된 것을 요약하여 말씀한다. 모든 죄인들이 책에 기록된 대로 심판을 받을 것이다. **"또 내가 보니 죽은 자들이 무론 대소하고 그 보좌 앞에 섰는데 책들이 펴 있고 또 다른 책이 펴졌으니 곧 생명책이라 죽은 자들이 자기 행위를 따라 책들에 기록된 대로 심판을 받으니"(계 20:12).** 창세로부터 종말까지 그리스도를 믿지 아니한 모든 자들이 그들의 행위대로 심판을 받을 것이다. **"바다가 그 가운데서 죽은 자들을 내어주고 또 사망과 음부도 그 가운데서 죽은 자들을 내어주매 각 사람이 자기의 행위대로 심판을 받고"(계 20:13).** "사망과 음부도 그 가운데 죽은 자를 내어주다"란 육체가 죽은 뒤에 음부로 들어간 모든 영혼들이 부활할 것을 의미한다고 말할 수 있다. 마지막 심판을 받은 뒤에 모든 죄인들은 부활하여 불못으로 들어갈 것이다. **"사망과 음부도 불못에 던지우니 이것은 둘째 사망 곧 불못이라"(계 20:14).** 마지막 부활이 끝나면 우주는 불타서 불못이 될 것이다.

10) 창세로부터 마지막 때까지 모든 인류는 부활할 것이다. 믿는 자들은 생명의 부활로, 믿지 아니하는 자들은 심판의 부활로 나올 것이다. 예수 그리스도께서 강림하실 때 믿음으로 의롭다하심을 받은 자들은 첫째 부활에 참여하여 그리스도와 함께 세상을 심판할 것이다. 그러나 믿지 아니하므로 불의한 자로 정죄 받은 자들은 마지막 부활에 참여할 것이다. 악한 영들과 모든 사람의 심판이 끝나고 예수 그리스도께서 나라를 아버지께 바친 후에 마지막 부활이 있을 것이다. 최후의 심판이 끝나면 모든 입이 예수 그리스도를 주님이라고 시인할 것이며 예수 이름에 모든 무릎이 꿇을 것이다. 이러한 상태가

되면 마지막 부활이 있을 것이다.

(2) 마지막 부활과 죄의 흔적

1) 첫째 부활에 참여하지 못한 자들은 마지막 부활에 참여할 것이다. 창세로부터 종말까지 태어난 모든 사람 가운데 첫째 부활에 참여하지 못한 모든 사람은 마지막으로 부활할 것이다. 지상에 살아있는 자들은 흙으로 된 육체가 홀연히 영으로 된 몸으로 변화할 것이다. 육체를 벗은 영혼들은 홀연히 몸을 입고 나올 것이다. 이로써 온 인류가 부활하여 그 행위에 따라 보응을 받을 것이다. 첫째 부활에 참여하여 영원히 죽지 아니하고 썩지 아니하는 몸을 입은 사람들은 예수 그리스도를 통하여 비취는 하나님의 영광을 볼 것이다. 그러나 마지막 부활에 참여한 자들은 영원한 형벌을 받을 것이다.

2) 마지막 부활에 참여하는 자들은 두 분류로 구분할 수 있다. 육체가 죽은 뒤에 그 영혼이 음부로 들어간 자들과 육체가 살아있는 자들로 구분할 수 있다. 육체가 죽어서 음부로 들어간 영혼의 모습은 죽을 당시에 그 육체의 모습일 것이다.[148] 노인으로 죽은 자의 영혼은 모습은 노인일 것이며, 젊은이로 죽은 자의 영혼의 모습은 젊은이일 것이다. 그들이 부활하면 육체가 죽을 당시의 모습 그대로 부활할 것이다. 육체가 살아있는 자들은 마지막 부활할 당시에 육체가 그대로 부활할 것이다. 그들이 부활한 몸에는 모두 그들이 일생동안 범한 죄의 흔적이 나타날 것이다. 육체에 새겨진 문신처럼 죄인의 부활한 몸에는 죄의 흔적이 문신처럼 새겨져서 그들의 죄를 증거할 것이다. 성경은 그 흔적을 666이라고 말씀한다. **"누구든지 이 표를 가진 자 외에는 매매를 못하게 하니 이 표는 곧 짐승의 이름이나 그 이름의 수라 지혜가 여기 있으니 총명 있는 자는 그 짐승의 수를 세어 보라 그 수는 사람의 수니 육백 육십 륙이니라" (계 13:17,18).**

3) 육체를 벗은 영혼들은 무저갱에서 나온 뒤에 사람을 미혹함으로 자신의 모든 죄를 드러낸 뒤에 부활할 것이다. 그 영혼이 홀연히 변화하여 몸을 입을 것이다. 아담과 하와를 비롯하여 믿지 아니하므로 불의한 자로 심판을 받은 모든 자들이 부활하여 그 모습을 나타낼 것이다. 부활한 사람들의 모습은 죽을 당시에 그 사람의 육체의 모습과 동일할

---

148) 5.4.1. (2) 참조

것이다. 마지막 부활이 있으면 사람들은 인류의 역사를 통하여 태어난 모든 사람들의 모습을 볼 것이다. 아담과 하와, 아벨을 죽인 가인, 노아 시대에 홍수로 죽은 자들, 바벨탑을 쌓은 자들, 소돔과 고모라 사람들, 이스라엘 백성을 박해한 애굽의 왕들, 큰 영토를 정복한 왕들, 교회를 박해한 로마제국의 황제들, 위대한 학자들, 이방종교를 창시한 자들, 전 세계를 전쟁으로 몰아넣은 자들, 핍박을 받고 비천하게 살던 사람들까지 믿지 아니한 모든 사람들이 부활하여 그 모습을 드러낼 것이다. 그들은 죽을 당시에 육체의 모습과 동일하게 부활할 것이다. 노인으로 죽은 자는 노인의 모습으로, 젊은이로 죽은 자는 젊은이의 모습으로, 유아로 죽은 자는 유아의 모습으로 부활할 것이다.

4) 지상에서 육체가 살아있는 자들은 그 육체가 홀연히 변화할 것이다. 흙으로 창조된 육체가 영의 몸으로 변화할 것이다. 그들은 부활하기 전에 육체의 모습 그대로 부활할 것이다. 그들은 부활한 모습 그대로 영원히 존재할 것이다. 죄는 육체와 영혼에 흔적을 남기므로 믿지 아니하는 자들이 가지고 있는 죄의 흔적이 부활한 몸에 그대로 나타날 것이다. 육체가 죽은 자들은 그 영혼에 죄의 흔적을 가지고 있다. 그 영혼이 홀연히 변화하여 몸을 입으면 그 몸에 죄의 흔적이 그대로 나타날 것이다. 육체에 새겨진 문신과 같이 부활한 몸에 죄의 흔적이 새겨질 것이다. 육체가 살아있는 자가 부활하면 부활한 몸에 죄의 흔적이 나타날 것이다. 부활한 몸에 새겨진 죄의 흔적은 눈으로 볼 수 있을 것이다. 부활하기 전에 몸에 있는 죄의 흔적을 눈으로 볼 수 없지만 부활한 몸에 새겨진 죄의 흔적은 눈으로 볼 수 있을 것이다.

5) 부활한 아담과 하와의 몸에는 선악과 계명을 불순종한 죄의 흔적이 새겨질 것이다. 그 흔적은 영원히 없어지지 아니하고 그들의 죄를 증거할 것이다. 가인은 아벨을 죽인 죄의 흔적이 그의 부활한 몸에 새겨질 것이다. 노아 시대에 홍수에 의하여 심판을 받은 자들의 부활한 몸에는 그들의 악한 생각의 흔적이 새겨질 것이다. 소돔과 고모라 사람들의 부활한 몸에는 동성애의 흔적이 새겨질 것이다. 애굽왕 바로의 부활한 몸에는 이스라엘 백성을 죽이고 학대한 죄의 흔적이 새겨질 것이다. 가나안 땅에 정착한 뒤에 우상을 숭배한 이스라엘 백성의 부활한 몸에는 우상의 흔적이 새겨질 것이다. 예수 그리스도를 정죄하여 십자가에 못 박은 자들의 부활한 몸에는 그 죄의 흔적이 새겨질 것이다. 교회를

핍박하고 성도들을 죽인 자들의 부활한 몸에는 그 죄의 흔적이 새겨질 것이다. 마지막 부활에 참여한 자들의 몸에 새겨진 죄의 흔적은 심판의 보좌 앞에 있는 책에 기록된 모든 사람의 행위와 일치할 것이다. 죄의 흔적은 죄의 유형에 따라서 다르게 나타날 것이다.

6) 마지막 부활에 참여한 모든 자들의 몸에는 그들이 일생동안 범한 모든 죄의 흔적이 새겨질 것이다. 그 죄의 흔적이 그들이 받은 공의의 심판을 증거할 것이다. 살인한 자는 그 부활한 몸에 살인의 흔적이, 음행한 자는 그 부활한 몸에 음행의 흔적이, 우상을 숭배한 자는 그 부활한 몸에 우상의 흔적이, 적그리스도는 그 부활한 몸에 적그리스도의 흔적이, 거짓 그리스도는 그 몸에 거짓 그리스도의 흔적이 새겨질 것이다. 부활한 몸에 새겨진 죄의 흔적이 그들의 죄를 증거할 것이다. 따라서 모든 죄인은 자기의 죄를 변명할 수 없을 것이며 받은 심판에 대하여 억울함을 호소하지 못할 것이다.

7) 사람이 범한 모든 죄는 시간 속에 감추어진다. 사람의 모든 죄는 시간 속에 숨겨진 것 같지만 모든 죄인은 육체와 인격과 영에 죄의 흔적을 가지고 있다. 부활하기 전에 사람은 눈으로 자기 죄의 흔적을 볼 수 없다. 그러나 부활한 뒤에 그 죄의 흔적이 그대로 몸에 나타나서 사람은 자신의 몸에 있는 죄의 흔적을 볼 수 있을 것이다. 부활하기 전에 시간 속에 감추어진 죄가 부활한 몸을 통하여 밖으로 드러날 것이다.149) 성경은 감추어진 모든 것이 드러난다고 말씀한다. **"그런즉 저희를 두려워하지 말라 감추인 것이 드러나지 않을 것이 없고 숨은 것이 알려지지 않을 것이 없느니라"(마 10:26). "숨은 것이 장차 드러나지 아니할 것이 없고 감추인 것이 장차 알려지고 나타나지 않을 것이 없느니라"(눅 8:17).**

8) 믿지 아니함으로 불의한 자로 심판을 받은 모든 자들은 마지막 부활에 참여할 것이다. 무저갱에서 나온 자들은 육체가 죽을 당시 그 육체의 모습대로, 육체가 살아있는 자들은 신령한 몸으로 변화할 것이다. 창세로부터 종말까지 믿지 아니하는 모든 자들이 마지막 부활에 참여할 것이다. 첫째 부활과 마지막 부활을 통하여 지상에서 사람으로 태어난 모든 자들이 부활할 것이다. 마지막 부활에 참여한 자들의 몸에는 죄의 흔적이

---

149) 과거의 시간 속에 감추어진 죄를 찾아내기 위하여 검사는 형사피의자를 수사한다.

새겨질 것이다. 각 사람이 일생동안 범한 모든 죄의 흔적이 부활한 몸에 새겨질 것이다. 그 죄의 흔적이 각 사람의 죄를 증거할 것이다. 이로써 창세 이후 사람들이 범한 모든 죄가 그들의 부활한 몸에 흔적으로 나타날 것이다. 그 죄의 흔적은 하나님의 공의의 심판의 결과를 보여줄 것이다.

(3) 마지막 부활과 육체의 저주

1) 마지막 부활에 참여한 자들은 그들의 육체에 일생동안 범한 죄로부터 온 저주를 가지고 있다. 그들 가운데 대부분은 그 저주로 인하여 고통을 당하다가 죽어서 음부로 들어갔다. 율법의 저주는 칼과 기근과 온역으로 나타난다. 자범죄로부터 온 저주는 과거의 죄를 형상화하여 보여준다. 모든 죄는 시간 속에 감추어진다. 그러나 그 죄로 인하여 온 질병은 과거의 죄를 증거한다. 모든 질병은 육체에 고통을 가지고 온다. 질병으로 인하여 당하는 고통은 죄의 형벌을 의미한다. 육체가 죄로 인하여 저주 아래서 당하는 고통이 그 육체의 죽음으로 끝나느냐 아니면 부활한 몸으로 연장되느냐 하는 문제가 제기될 수 있다. 이 문제는 두 가지로 고찰할 수 있다. 첫째, 죄인의 육체가 죽으면 그 육체에 있는 저주가 소멸하느냐, 아니면 그의 영혼으로 옮겨지느냐 하는 것이다. 둘째, 사람이 죽은 뒤에 그 영혼이 그의 육체의 저주를 가지고 있다면 그 저주가 부활한 몸으로 옮겨지느냐 하는 것이다.

2) 첫째 문제 곧, 육체가 죽으면 그 육체의 저주가 소멸하느냐 아니면 영혼으로 옮겨지느냐 하는 것을 살펴보자. 육체가 율법의 저주에 의하여 질병을 앓는 경우 사람이 죽으면 육체의 질병은 육체의 죽음과 함께 소멸하느냐, 아니면 그 질병의 고통이 그대로 영혼으로 옮겨지느냐 하는 문제가 대두될 수 있다. 이에 대한 직접적인 성경의 계시가 없으므로 단정적으로 결론을 내릴 수 없다. 따라서 우리는 성경의 말씀을 기초로 하여 전제조건을 도입하고 이를 기초로 하여 가설을 제시하였다. 이 가설이 하나님의 뜻과 부합하느냐 여부는 죄인의 사후세계에 의존한다. 우리는 가설을 위하여 몇 가지 전제조건을 도입하였다.

3) 전제조건1: 모든 죄는 그리스도 예수의 속죄의 피로써만이 거룩하여진다. **"율법을**

좇아 거의 모든 물건이 피로써 정결케 되나니 피 흘림이 없은즉 사함이 없느니라"(히 9:22). 거룩한 피로 속죄 받지 못한 죄는 영원히 없어지지 아니한다. 따라서 혼에 있는 죄의 흔적은 육체의 죽음으로 없어지지 아니하고 그대로 영혼으로 옮겨질 것이다. 육체가 죽으면 본능과 함께 흙으로 돌아가고 인격은 영과 결합하기 때문이다.

4) 전제조건2: 죄에 대한 하나님의 형벌은 그 죄를 용서받음으로 없어진다. 중풍병자가 믿음으로 그의 죄를 용서받았을 때 그 죄의 형벌로 온 질병이 치료되었다(마 9:6). 믿음으로 질병을 치료받은 뒤에 동일한 죄를 다시 범하면 동일한 질병을 다시 앓게 된다. 따라서 예수 그리스도께서 38년 동안 앓고 있는 병자를 고치신 뒤에 그에게 다시 죄를 범하지 말라고 말씀하셨다. **"그 후에 예수께서 성전에서 그 사람을 만나 이르시되 보라 네가 나았으니 더 심한 것이 생기지 않게 다시는 죄를 범치 말라 하시니"**(요 5:14). 죄를 용서받지 못하면 그 죄의 형벌로 온 질병은 영원히 남을 것이다.

5) 전제조건3: 하나님은 공의로 모든 사람을 심판하고 형벌하신다. 죄를 한번 범한 사람과 두 번 범한 사람이 동일한 형벌을 받는다면 하나님은 공의로운 분이 아니다. 죄의 경중과 회수에 따라서 그 죄의 형벌은 다를 것이다. 예컨대, 성경은 음욕과 간음을 동일하게 죄로 취급하고 있다(마 5:28). 음욕과 간음은 모두 지옥형벌을 받아야 하는 죄이지만 그 형벌에는 차이가 있을 것이다. 탐욕과 우상숭배도 마찬가지이다. 성경은 탐욕과 우상숭배를 동일하게 지옥의 형벌을 받아야 하는 죄로 취급하고 있다(골 3:5). 그러나 탐욕과 우상에게 절한 죄에 대한 형벌은 각각 다를 것이다. 만약 양자가 동일하다면 하나님은 공의로우신 분이 아니다.

6) 전제조건4: 육체가 감각을 가지고 있는 것과 같이 죽은 사람의 영혼도 감각을 가지고 있다.150) 육체가 갈증을 느끼는 것과 같이 영혼도 갈증을 느낀다. 부자가 죽은 뒤에 그 영혼은 갈증을 느낀다. **"불러 가로되 아버지 아브라함이여 나를 긍휼히 여기사 나사로를 보내어 그 손가락 끝에 물을 찍어 내 혀를 서늘하게 하소서 내가 이 불꽃 가운데서 고민하나이다"**(눅 16:24). 영혼은 괴로움과 고통을 느끼는 감각기관을 가지고

---

150) 육체가 살아있을 동안 육체와 인격이 결합되어있으므로 육체는 갈증을 느끼지만, 영은 인격과 분리되어있으므로 갈증을 느끼지 못한다. 그러나 육체가 죽으면 영과 인격이 결합하므로 영혼은 갈증을 느낀다.

있다. 육체는 영의 그림자이므로 육체가 감각을 가지고 있는 것과 같이 영혼은 감각을 가지고 있다.

7) 전제조건5: 죽은 죄인의 영혼은 음부에 들어가서 육체가 살아있을 때 죄의 형벌로 인하여 당하던 고통을 당할 것이다. 하나님은 죄로 인하여 육체를 칼과 온역과 기근으로 형벌하는 것과 같이 죽은 자의 영혼을 칼과 기근과 온역으로 형벌하실 것이다. (눅 16:24)의 말씀은 죽은 자의 영혼이 기근으로 형벌을 받아 고통을 당하는 것을 의미한다. 가뭄으로 오는 기근은 먹을 양식과 마실 물이 없는 저주를 말한다. 영혼의 기갈은 하나님의 말씀을 듣지 못하는 것이다. **"주 여호와께서 가라사대 보라 날이 이를찌라 내가 기근을 땅에 보내리니 양식이 없어 주림이 아니며 물이 없어 갈함이 아니요 여호와의 말씀을 듣지 못한 기갈이라"(암 8:11).** 육체가 살아있는 동안 하나님의 말씀을 듣지 못한 자가 죽으면 그 영혼은 심한 갈증을 느낄 것이다. 죽은 자의 영혼이 기근으로 형벌을 받는다면 온역으로도 형벌을 받을 것이다.

8) 전제조건6: 육체는 영의 그림자이다. 영은 실체이며 영원히 존재한다. 죄로 인하여 육체가 저주를 받는 것과 같이 영혼도 저주를 받을 것이다. 육체가 감각을 가지고 있는 것과 같이 영혼도 감각을 가지고 있을 것이다. 예수 그리스도께서 재림하시면 모든 사람은 부활할 것이다(요 5:29). 심판의 부활로 나아온 영혼들은 부활한 몸으로 지옥 불로 들어갈 것이다. 이상의 전제조건을 기초로 하여 우리는 대립가설과 귀무가설을 제시하였다.

9) 대립가설: 죄인이 질병으로 죽으면 질병의 고통은 육체의 죽음과 함께 소멸하는 것이 아니라 육체에서 영혼으로 그대로 옮겨질 것이다. 질병의 고통이 육체에서 영혼으로 옮겨지면, 그 영혼은 질병으로 당하던 육체의 고통을 그대로 짊어지고 괴로워할 것이다.

10) 귀무가설: 죄인이 질병으로 죽으면 질병의 고통은 육체의 죽음과 함께 소멸할 것이다. 영혼은 저주로 인하여 고통을 당하지 아니할 것이다.

11) 이상의 전제조건을 기초로 하여 가설을 검증하여 보자. 전제조건2에 의하여 죄로부터 온 형벌은 영원하다고 하자. 죄의 형벌로 온 질병의 고통이 육체의 죽음으로 인하여 끝난다고 하면, 이것은 전제조건3과 대치된다. 육체가 죽더라도 죄의 형벌로부터 온 질병의 고통은 지속되어야 한다. 육체가 죽은 뒤에 죄의 형벌이 지속되려면 질병의 고통

이 영혼으로 옮겨져야 한다. 따라서 육체가 죽으면 그 육체가 당하던 질병의 고통을 영혼으로 옮겨져야 할 것이다.

12) 전제조건3에 의하여 하나님은 공의로 심판하시고 공의로 형벌하신다고 하자. 죄의 형벌이 육체에 질병으로 임하였다면 그 육체가 죽은 뒤에 그 결과가 영혼에도 임하는 것이 하나님의 공의이다. 육체만을 형벌하시고 영혼을 형벌하지 아니한다면 하나님은 공의로우신 분이 아니다. 따라서 육체가 죽으면 육체에 임한 죄의 형벌이 그대로 영혼으로 옮겨진다고 말할 수 있다.

13) 전제조건4와 5에 의하여 사람이 죽은 뒤에, 그 영혼은 육체와 동일한 감각기관을 가지고 있다고 하자. 음부에서 부자의 영혼이 갈증으로 고통을 당하고 있다. 이것은 영혼이 질병의 고통을 당할 수 있다는 것을 의미한다. 따라서 육체의 질병으로 인한 고통이 그대로 영혼으로 옮겨진다고 말할 수 있다.

14) 전제조건6에 의하여 사람은 모두 부활하여 영생이나 형벌로 들어간다. 죄인이 부활하여 지옥으로 들어간다면 죄의 형벌은 육체가 살아있을 때부터 영원히 지속된다는 것을 의미한다. 따라서 죄인이 죽은 뒤에 음부에 들어간 영혼도 형벌을 받는다고 말할 수 있다.

15) 이상의 분석결과를 토대로 할 때 대립가설은 수락되고 귀무가설은 기각되었다고 말할 수 있다. 대립가설이 수락되었다면 음부로 들어간 영혼은 육체가 가지고 있던 저주를 그대로 가지고 있다고 말할 수 있다. 음부에 들어간 영혼은 기근으로 물이 없어서 갈증으로 고통을 당할 수 있고, 육체가 죽기 전에 앓던 질병으로 고통을 당할 수도 있을 것이다. 이것이 사실이라면 음부로 들어간 영혼이 육체의 저주를 떠맡고 있을 것이다. 말기 암 환자들이 육체의 고통으로 괴로워한다. 그들은 죽음으로 그 고통이 끝나기를 바라고 있다. 경제적 고통으로 괴로워하는 자들도 있다. 그들은 그 고통을 피하기 위하여 극단적으로 자살을 택하기도 한다. 위의 대립가설이 수락된다면 자살한 자들의 소망은 헛되다고 말할 수 있다. 그들은 육체의 고통을 피하기 위하여 죽음을 택하였지만 육체가 죽은 뒤에 그 고통은 영혼으로 그대로 옮겨질 것이다.

16) 둘째 문제를 검토하여 보자. 육체에 있는 질병의 고통이 육체가 죽은 뒤에 그

영혼으로 옮겨진다면, 부활한 몸에 그 고통이 그대로 나타날 것이다. 암으로 죽은 자는 부활한 몸에 그 질병의 고통이 그대로 나타날 것이다. 뇌경색으로 죽은 자는 부활한 몸에 뇌경색으로 인한 마비가 그대로 나타날 것이다. 치매로 고통을 당하던 자는 그의 부활한 몸에 치매로 인한 고통이 그대로 나타날 것이다. 육체가 살아 있을 때 죄로 인하여 온 모든 저주는 부활한 몸에 그대로 나타날 것이다. 죄인은 예수 그리스도의 피로써 그 죄를 용서받지 못하였으므로 그 죄로 인하여 온 육체의 저주는 육체의 죽음으로 소멸하지 아니하고 부활한 몸에 그대로 나타날 것이다. 곧 음부에서 영혼이 가지고 있던 율법의 저주로 인한 고통이 부활한 몸으로 그대로 옮겨진다고 말할 수 있을 것이다.

(4) 이해를 위한 질문

1) 마지막 부활의 시기

a. 성경은 모든 사람이 부활할 것이라고 말씀한다(요 5:29). 첫째 부활에 참여한 자들은 아버지의 집으로, 마지막 부활에 참여한 자들은 불못으로 들어갈 것이다. 마지막 부활에 참여할 자들은 누구인가.

b. 마지막 부활은 모든 정사와 모든 권세와 능력을 멸한 뒤에 있을 것이다(고전 15:24). 그 때란 구체적으로 언제로 해석할 수 있을까.

c. 무저갱으로 들어간 악한 영들 가운데 육체를 입었던 자들은 마지막 부활에 참여할 것이다. 그렇다면 둘째 부활은 모든 자들의 심판이 끝난 뒤에 있을 것이다. 믿지 아니함으로 불의한 자로 심판을 받은 모든 사람이 부활하면 우주는 불타서 커다란 불못으로 변화할 것이다. 이 불못은 무엇인가(계 20:14,15).

d. 타락한 천사들도 육신을 입고 지옥으로 들어갈 것인가.

2) 마지막 부활과 죄의 흔적

a. 죄인은 원죄와 살아생전에 범한 모든 죄의 흔적을 가지고 있다(계 13:16,17). 마지막 부활에 참여하는 자들은 부활한 몸에 그 죄의 흔적을 가지고 있을 것이다. 그 흔적이 그들의 죄를 증거할 것이다. 죄의 흔적이 부활한 몸에 나타나야 하는 이유는 무엇으로 해석할 수 있을까(창 18:25).

b. 마지막 부활에 참여한 자들의 몸에 있는 죄의 흔적이 모두 다르게 나타나는 이유는 무엇인가.

c. 죄인의 부활한 몸에 있는 죄의 흔적과 심판을 위한 책들에 기록된 그 죄인의 행위와 일치할 것인가.

3) 마지막 부활과 육체의 저주

a. 죄인들은 살아있을 동안 그 육체에 있던 저주는 죽은 뒤에 그 영혼으로 옮겨질 것이다. 저주는 죄로부터 왔으므로 죄를 용서받지 아니하면 그 저주는 없어지지 아니하기 때문이다. 육체가 가지고 있던 저주가 부활한 몸에 그대로 나타날 수 있을까.

b. 죄인이 살아있을 동안 육체의 장애가 부활한 몸에 그대로 나타날 수 있을까.

7.4 지옥의 형벌과 아버지 집의 영광

1. 지옥의 형벌

(1) 흑암과 음부와 지옥

1) 지옥이 어디냐에 대하여 성경의 분명한 계시가 없으므로 지옥의 위치에 대하여 많은 의문을 가질 수 있다. 지옥은 음부 및 흑암과 관련되며 최후의 심판이 끝나면 나타날 것이다. 죄인이 죽으면 그 영혼이 멸절되어 없어진다는 것을 전제로 하여 영원한 형벌을 부정하는 이론이 제기되고 있으나,[151] 이것은 하나님의 공의를 부정하는 것으로 성경의 말씀과 일치하지 아니한다. 지옥에 대한 영원한 형벌이 존재한다면 지옥의 위치를 분명히 할 필요가 있다.

2) 성경은 타락한 천사들이 활동하는 공간과 장소를 음부, 흑암 그리고 지옥이라도 말씀한다. 하나님께서 타락한 천사들을 음부에 가두셨다. **"그러나 이제 네가 음부 곧 구덩이의 맨 밑에 빠치우리로다"** (사 14:15). 하나님께서 타락한 천사들을 땅에 던지셨다. **"네가 아름다우므로 마음이 교만하였으며 네가 영화로우므로 네 지혜를 더럽혔음이**

---

[151] Anthony A. Hoekema, op. cit., pp. 355, 356.

여 내가 너를 땅에 던져 열왕 앞에 두어 그들의 구경거리가 되게 하였도다"(겔 28:17). 음부에서 활동하는 마귀는 음부의 권세를 잡은 자라고 성경은 말씀한다. "**하나님은 나를 영접하시리니 이러므로 내 영혼을 음부의 권세에서 구속하시리로다(셀라)**"(시 49:15). "누가 살아서 죽음을 보지 아니하고 그 영혼을 음부의 권세에서 건지리이까(셀라)"(시 89:48). 마귀는 세상의 임금이라고 성경은 말씀한다. "**이제 이 세상의 심판이 이르렀으니 이 세상 임금이 쫓겨나리라**"(요 12:31). 마귀는 공중의 권세자라고 성경은 말씀한다. "**그 때에 너희가 그 가운데서 행하여 이 세상 풍속을 좇고 공중의 권세 잡은 자를 따랐으니 곧 지금 불순종의 아들들 가운데서 역사하는 영이라**"(엡 2:2). "공중"이란 대기권(air)을 의미한다.

3) 2.1.2. (1)에서 논의한 바와 같이 음부는 의인과 악인을 구별하지 아니하고 죽은 자들의 시체가 들어가는 곳이다. 구약성경에서 음부란 죽은 자들의 시체가 들어가는 곳으로 말씀하고 있다. 광야에서 모세와 아론을 대적한 무리들이 산채로 음부(지하)로 들어갔다(민 16:33). 욥기에서는 음부를 무덤으로 기록하였다(욥 24:19,20). 죄인이 죽어서 음부(지하)로 들어간다는 것은 그의 시체가 무덤으로 들어가는 것을 말한다. (민 16:33)에서 음부란 모세를 대적한 자들이 산 채로 들어간 땅 속을 말한다. (욥 24:19,20)에서 말씀하는 음부도 역시 시체가 묻힌 지하를 의미한다. 예수 그리스도께서도 죽은 뒤에 그의 육체는 음부로 들어갔다. 마귀가 활동하는 모든 장소와 공간, 그리고 사람의 죽은 시체가 들어가는 곳을 음부라고 하면, 음부란 땅 속만을 의미하는 것이 아니라 우주 전체를 의미한고 말할 수 있다.

4) 성경은 음부와 사망을 동일하게 말씀한다. 죽은 자는 음부에 있다. "**사망 중에서는 주를 기억함이 없사오니 음부에서 주께 감사할 자 누구리이까**"(시 6:5). 음부의 줄과 사망의 올무는 동일하다. "**음부의 줄이 나를 두르고 사망의 올무가 내게 이르렀도다**"(시 18:5). "사망이 홀연히 저희에게 임하여 산채로 음부에 내려갈찌어다 이는 악독이 저희 거처에 있고 저희 가운데 있음이로다"(시 55:15). "사망의 줄이 나를 두르고 음부의 고통이 내게 미치므로 내가 환난과 슬픔을 만났을 때에"(시 116:3). "그 집은 사망으로, 그 길은 음부로 기울어졌나니"(잠 2:18). "너희의 사망으로 더불어 세운 언약이

폐하며 음부로 더불어 맺은 맹약이 서지 못하여 넘치는 재앙이 유행할 때에 너희가 그것에게 밟힘을 당할 것이라"(사 28:18). 이 모든 말씀은 사람이 음부에서 살아가고 있다는 것을 의미한다.

5) 흑암이란 타락한 천사들이 갇힌 장소를 의미한다. "**또 자기 지위를 지키지 아니하고 자기 처소를 떠난 천사들을 큰 날의 심판까지 영원한 결박으로 흑암에 가두셨으며**"(유 1:6). 흑암이란 하나님의 영광의 빛이 없는 것을 말한다. 첫째 날 빛이 창조되기 전에 우주는 흑암이었다. "**땅이 혼돈하고 공허하며 흑암이 깊음 위에 있고 하나님의 신은 수면에 운행하시니라**"(창 1:2). 첫째 날 빛이 창조되었으나 우주는 창세로부터 종말까지 하나님의 영광의 빛이 없는 흑암이다. 예수 그리스도께서 육신으로 임하실 때 우주는 흑암이었다. "**흑암에 앉은 백성이 큰 빛을 보았고 사망의 땅과 그늘에 앉은 자들에게 빛이 비취었도다 하였느니라**"(마 4:16). "큰 빛"이란 하나님의 영광인 예수 그리스도를 가리킨다. "빛이 어두움에 비취되 어두움이 깨닫지 못하더라"(요 1:5). "어두움과 죽음의 그늘에 앉은 자에게 비취고 우리 발을 평강의 길로 인도하시리로다 하니라"(눅 1:79). 흑암이란 우주를 의미하므로 성경은 '마귀가 흑암의 권세자'라고 말씀한다. "우리의 씨름은 혈과 육에 대한 것이 아니요 정사와 권세와 이 어두움의 세상 주관자들과 하늘에 있는 악의 영들에게 대함이라"(엡 6:12). "그 눈을 뜨게 하여 어두움에서 빛으로, 사단의 권세에서 하나님께로 돌아가게 하고 죄 사함과 나를 믿어 거룩케 된 무리 가운데서 기업을 얻게 하리라 하더이다"(행 26:18).

6) 성경은 세상을 흑암이라고 말씀한다. 예수 그리스도께서 오시기 전에 세상은 어두움과 죽음의 그늘이었다. 믿는 자들은 하나님의 영광의 빛 가운데 거하지만 믿지 아니하는 자들은 흑암에서 살아간다. "예수께서 또 일러 가라사대 나는 세상의 빛이니 나를 따르는 자는 어두움에 다니지 아니하고 생명의 빛을 얻으리라"(요 8:12). "예수께서 가라사대 아직 잠시 동안 빛이 너희 중에 있으니 빛이 있을 동안에 다녀 어두움에 붙잡히지 않게 하라 어두움에 다니는 자는 그 가는 바를 알지 못하느니라"(요 12:35). "나는 빛으로 세상에 왔나니 무릇 나를 믿는 자로 어두움에 거하지 않게 하려 함이로라"(요 12:46). "너희가 전에는 어두움이더니 이제는 주 안에서 빛이라 빛의 자녀들처럼 행하

라"(엡 5:8).

7) 성경은 지옥과 흑암을 같은 장소라고 말씀하고 있다. 하나님께서 타락한 천사들을 심판하기 위하여 영원한 결박으로 흑암 곧, 지옥에 가두셨다. 사도 유다는 타락한 천사들이 갇힌 장소를 흑암이라고 기록하였다(유 1:6). 사도 베드로는 타락한 천사들이 갇힌 장소를 흑암과 지옥으로 기록하였다. **"하나님이 죄를 범한 천사들을 용서치 아니하시고 지옥에 던져 어두운 구덩이에 두어 심판 때까지 지키게 하셨으며"(벧후 2:4).** "지옥에 던져 어두운 구덩이"란 지옥이 어두운 구덩이임을 의미한다. 지옥은 하늘에서 보면 어두운 구덩이다. (벧후 2:4)에서 "어두움"으로, (유 1:6)에서 "흑암"으로 번역된 헬라어는 조포스(ζόφος)이다. 이것은 지옥과 흑암이 동일한 공간과 장소라는 것을 의미한다. 베드로가 흑암을 지옥으로 표현한 것은 주의 날에 흑암이 불에 타서 지옥이 된다는 것을 의미한다. 음부와 흑암은 미래에 나타날 지옥을 의미한다고 말할 수 있다.

8) 예수 그리스도께서 강림하기 전부터 우주는 불타기 시작할 것이다. **"그 때에 그 환난 후 해가 어두워지며 달이 빛을 내지 아니하며 별들이 하늘에서 떨어지며 하늘에 있는 권능들이 흔들리리라"(막 13:24,25).** 별들이 불타서 떨어질 것이다. 예수 그리스도께서 강림하신 뒤에 우주는 불살라 없어질 것이다. **"그러나 주의 날이 도적 같이 오리니 그 날에는 하늘이 큰 소리로 떠나가고 체질이 뜨거운 불에 풀어지고 땅과 그 중에 있는 모든 일이 드러나리로다"(벧후 3:10).** "주의 날"이란 그리스도의 재림의 날을 의미한다. "체질"이란 물질을 구성하는 원소(element)를 의미한다. **"하나님의 날이 임하기를 바라보고 간절히 사모하라 그 날에 하늘이 불에 타서 풀어지고 체질이 뜨거운 불에 녹아지려니와"(벧후 3:12).**

9) 우주 안에 있는 모든 원소가 불탄 뒤에 커다란 불덩이가 남을 것이다. 우주 전체가 불타고 난 뒤에 우주는 불못이 될 것이다. 가연성 물질이 불에 타면 부피가 축소된다. 이와 같이 우주 안에 있는 모든 것이 불에 타면 공간은 없어지고, 우주는 축소되어 하나의 커다란 불덩이가 될 것이다. 이 불덩이는 영원히 꺼지지 아니하는 지옥이 될 것이다. 태양은 이것을 모형으로 보여준다고 말할 수 있을 것이다. 태양은 그 자체가 불이므로 꺼지지 아니한다. 지구의 중심부는 그 자체가 불이다. 이와 같이 우주 전체가 불타면

그 자체가 불이다. 우주 안에 있는 모든 것이 불탄 뒤에 우주는 축소되어 커다란 불못이 될 것이다. 우주의 공간은 없어지고 우주 전체가 하나의 불덩어리가 될 것이다.

10) 지구는 천국과 지옥의 모형을 보여준다고 말할 수 있다. 지상은 사람이 살아갈 수 있는 완전한 조건을 갖추고 있다. 바다와 육지, 동물과 식물, 강과 산, 바위와 골짜기, 계절에 따라 변하는 자연의 모습, 인류가 건설한 모든 문명은 천국의 아름다움을 모형으로 보여주고 있다. 지구의 중심부에 끓고 있는 마그마는 지옥을 모형으로 보여주고 있다. 곧 지상은 사람이 살아갈 수 있는 완전한 조건을 갖추고 있다. 반면에 지구의 중심부는 불덩이로서 죄인들이 형벌을 받을 완전한 조건을 갖추고 있다. 지구는 우주 종말 이후에 있을 하늘과 지옥의 관계를 모형으로 보여준다고 말할 수 있다.

11) 우주는 타락한 천사들과 죄인을 심판하는 장소로 창조되었다. 우주는 영적으로 모든 죄인이 머물러 있는 음부이며 동시에 하나님의 영광이 없는 흑암이다. 그리스도께서 다시 오시면 음부 안에서 타락한 천사들과 믿지 아니하는 사람들에 대한 최후의 심판이 있을 것이다. 최후의 심판이 끝나면 첫째 부활에 참여하지 못한 모든 자들은 마지막으로 부활할 것이며 음부는 불타서 커다란 불못이 될 것이다. 음부가 불타서 불못이 되면 그곳에 있는 모든 자들은 자동적으로 불속으로 들어갈 것이다. 이것이 영원한 형벌이다.

(2) 지옥과 영원한 형벌

1) 하나님은 만물을 의와 공의로 심판하신 뒤에 불의한 자들과 더러운 자들을 지옥불로 형벌하실 것이다. 믿지 아니하는 자들은 모두 부활한 몸으로 지옥으로 들어갈 것이다. 타락한 천사들은 육체가 없는 피조물이므로 부활하여 몸을 입지 아니할 것이라고 해석할 수 있다. 그러나 구약시대에 천사들이 사람의 육신을 입고 나타난 경우가 있으므로[152] 타락한 천사들도 몸을 입고 불못으로 들어갈 수 있다고 해석할 수도 있을 것이다. 지옥은 영원히 꺼지지 아니하는 불못이며 그 곳으로 들어간 자들은 타지도 아니하고 죽지도 아니할 것이다. 이것이 하나님을 대적한 자들이 받을 영원한 형벌이다.

---

152) 1.2.3. (1) 참조

2) 지옥의 형벌은 두 가지 관점에서 검토하여야 한다. 첫째, 영원한 형벌이다. 우주 안에 있는 모든 물질이 불탄 뒤에 불못으로 된다면 그 불이 영원히 계속될 것이냐 아니면 서서히 꺼질 것이냐 하는 문제가 제기될 수 있다. 하나님은 공의의 하나님이므로 지옥 불은 영원히 꺼지지 아니할 것이라고 말할 수 있을 것이다. 그러나 하나님은 사랑이시므로 그 불이 서서히 꺼질 것이라고 말할 수도 있을 것이다. 이에 대하여 성경은 지옥 불이 영원히 꺼지지 아니한다고 말씀한다. **"거기는 구더기도 죽지 않고 불도 꺼지지 아니하느니라"(막 9:48).** 지옥 불은 영원한 불이다. **"만일 네 손이나 네 발이 너를 범죄케 하거든 찍어 내버리라 불구자나 절뚝발이로 영생에 들어가는 것이 두 손과 두 발을 가지고 영원한 불에 던지우는 것보다 나으니라"(마 18:8).**

3) "영원"으로 번역된 헬라어 아이오니오스($αἰώνιος$)란 시작이 없는, 시작이나 끝이 없는 상태를 의미한다.153) 지옥 불이 꺼지지 아니하는 것은 우주가 불살라 없어짐으로 시간이 끝나고 영원으로 들어가기 때문이다. 첫째 날 빛이 창조된 이후부터 우주 안에서 시간은 시작되었다.154) 시간이 흘러감에 따라서 만물은 변화하고 있다. 지구상에 존재하던 많은 동식물이 시간과 함께 역사 속으로 사라져갔다. 화산이 폭발한 뒤에 지표면으로 분출된 용암은 식은 뒤에 바위가 되었다. 이와 같이 시간이 존재한다는 것은 만물이 변화한다는 것을 의미한다. 그러나 시간이 끝나면 만물은 변화하지 아니한다. 시간이 끝나면 모든 것이 영원한 상태로 들어간다.

4) 지옥의 형벌을 영원한 상태로 이해할 경우에, 믿지 아니하므로 불의한 자로 심판을 받아 지옥으로 들어간 자들은 영원히 지옥을 벗어날 수 없다는 것을 의미한다. 불의한 자들은 부활하여 영원한 지옥의 형벌로 들어갈 것이다. 지옥에 들어간 자들은 그 형벌에서 영원히 벗어나지 못할 것을 알고 이를 갈고 슬퍼할 것이라고 성경은 말씀한다. **"세상 끝에도 이러하리라 천사들이 와서 의인 중에서 악인을 갈라내어 풀무 불에 던져 넣으리니 거기서 울며 이를 갊이 있으리라"(마 13:50).** 이 말씀은 지옥의 형벌이 영원하다는 것을 의미한다.

---

153) H. Sasse, "$αἰώνιος$" ed., Gerhard Kittel and Gerhard Friedrich, op. cit., pp. 35, 36.
154) Wayne Grudem, 상, op. cit., p. 388.

5) 마지막 부활에 참여하여 죽지 아니할 몸을 입은 자만이 지옥으로 들어갈 것이다. 지옥은 영혼으로 들어가는 것이 아니라 부활한 몸으로 들어간다(마 10:28). **"만일 네 눈이 너를 범죄케 하거든 빼어 내버리라 한 눈으로 영생에 들어가는 것이 두 눈을 가지고 지옥 불에 던지우는 것보다 나으니라"** (마 18:9). "몸(소마)"이란 육체(사르크스)와 구별되며 일반적으로 성도와 부활한 자의 살과 뼈를 의미한다. **"너희 몸은 너희가 하나님께로부터 받은바 너희 가운데 계신 성령의 전인 줄을 알지 못하느냐 너희는 너희의 것이 아니라"** (고전 6:19). "육의 몸으로 심고 신령한 몸으로 다시 사나니 육의 몸이 있은즉 또 신령한 몸이 있느니라" (고전 15:44). 부활한 자는 죄를 그쳤으므로 그의 살과 뼈를 육체(사르크스)라고 하지 아니하고 몸(소마)라고 한다.

6) 우주가 불타서 없어지면 시간이 끝나고 영원으로 들어간다. 영원한 상태로 들어가면 그 안에 있는 모든 것이 변화하지 아니한다. 지옥도 변하지 아니하며 그곳으로 들어간 자들의 상태도 변하지 아니한다. 지옥의 형벌은 영원한 형벌이다. 한번 지옥으로 들어간 자는 다시는 그곳에서 나오지 못한다. 지옥 불은 영원히 꺼지지 아니한다. 모든 죄인들이 부활하여 영원히 죽지 아니하는 몸으로 지옥으로 들어가서 그들의 행위에 따라서 형벌을 받을 것이다.

7) 둘째, 죄의 성격에 따라서 죄인이 받을 형벌의 종류가 각각 다를 것이다. **"그가 준 그대로 그에게 주고 그의 행위대로 갑절을 갚아주고 그의 섞은 잔에도 갑절이나 섞어 그에게 주라"** (계 18:6). 믿지 아니하는 자들이 자기의 행위에 따라서 형벌을 받는 것이 하나님의 공의이다. 율법은 사람의 죄를 속성에 따라서 분류하고 그 죄에 대하여 이름을 부여하고 있다. 율법은 모든 죄인이 그들의 죄에 따라서 지옥에서 받을 형벌이 각각 다르다는 것을 보여주고 있다. 세상 법정도 이것을 보여주고 있다. 살인자라도 고의성이 있느냐 없느냐, 과실이냐 아니냐에 따라서 그 형량이 달라진다. 이와 같이 지옥의 형벌도 죄의 성격에 따라서 각각 다르게 나타날 것이다.

8) 각 사람의 행위대로 심판하여 그 죄의 성격에 따라서 지옥에서 받을 형벌의 유형을 결정하는 것이 하나님의 공의이다. 공의의 심판의 기준은 율법과 양심이다. 믿지 아니한 자들 가운데 이스라엘은 율법에 의하여, 이방인들은 양심에 의하여 공의의 심판을 받을

것이다. 율법과 양심에 의하여 정죄 받은 모든 죄는 부활한 몸에 흔적으로 나타날 것이다. 육체의 행위로 범한 죄와 마음속의 생각으로 범한 죄가 부활한 몸에 흔적으로 나타날 것이다. 부활한 몸에 새겨진 죄의 흔적이 하나님께 받은 공의 심판을 증거한다. 부활한 몸에 새겨진 죄의 흔적은 각 사람에 따라서 다르게 나타날 것이다.

9) 율법은 사람의 죄를 613개의 유형으로 구분하여 사람의 모든 죄를 성질에 따라서 분류한다. 사람의 양심을 성문화한 국법도 죄를 성질에 따라서 분류한다. 이 모든 죄가 부활한 몸에 흔적으로 나타날 것이다. 마지막 부활에 참여한 자들은 그 죄의 흔적에 따라서 지옥에서 받을 형벌의 종류가 결정될 것이다.

10) 하나님은 죄의 종류별로 죄인을 구별하실 것이다. 로마 가톨릭 신자들과 이슬람교도들이 들어가는 곳이 각각 다를 것이다. 불교도들과 힌두교도들이 들어가는 곳이 각각 다를 것이다. 이방종교인들과 종교가 없는 자들이 들어가는 가는 곳이 구별될 것이다. 종교가 없는 자들은 무신론자들과 미신(迷信)에 사로잡힌 자들로 구분될 것이다.

11) 이방종교인들은 그들의 죄의 성격에 따라서 구분할 것이다. 이방종교인들은 그들의 자범죄의 성격에 따라서 구분될 것이다. 유대교 아래 있던 이스라엘, 로마 가톨릭 신자, 이슬람교도들은 율법에 의하여 그들의 죄의 성격이 결정될 것이다. 그들은 율법을 알고 율법을 그들의 신앙 양심으로 가지고 있기 때문이다. 그들이 율법을 범한 모든 죄의 성격에 따라서 그들이 받을 형벌의 종류는 결정될 것이다. 불교도들과 힌두교도들은 그들의 교리에 의하여 그들의 죄의 종류가 결정될 것이다. 그리고 이방종교인들은 공통적으로 국법에 의하여 정죄를 받을 것이다. 국법은 사람의 양심을 성문화한 것으로 모든 사람을 정죄한다. **"각 사람은 위에 있는 권세들에게 굴복하라 권세는 하나님께로 나지 않음이 없나니 모든 권세는 다 하나님의 정하신바라"** (롬 13:1). 국민을 통치하는 권세자들의 행위는 국법으로 나타난다. 국가는 국법에 의하여 국민을 통치한다.

12) 종교가 없는 자들은 사람의 양심에 의하여 그들의 죄의 종류가 결정될 것이다. 사람의 양심은 성문화된 국법과 그렇지 아니한 윤리와 도덕으로 구분한다. 국법을 범한 모든 것이 죄다. 비록 국법을 위반한 죄에 대하여 형사처벌을 받지 아니하였다고 하더라도 하나님은 이것을 죄로 심판하신다. 윤리와 도덕에 반한 모든 행위가 세상으로부터

비난을 받으나 형법으로 처벌을 받는 죄는 아니다. 그러나 하나님은 윤리와 도덕에 의하여 가책을 받는 행위를 정죄하신다. 사람의 양심에 의하여 정죄를 받은 모든 죄에 의하여 죄인들이 받을 형벌이 구분될 것이다.

13) 마지막 부활에 참여한 자들은 그들의 행위대로 심판을 받고 그 결과에 의하여 지옥에서 받을 형벌의 종류가 결정될 것이다. 율법은 이것을 보여주고 있다. 율법은 고의로 범한 죄와 그렇지 아니한 죄를 구별한다. 이스라엘은 육신이 연약하여 부지중에 율법을 범하였다. 동물의 사체를 접촉하면 죄이다. **"누구든지 부정한 들짐승의 사체나 부정한 가축의 사체나 부정한 곤충의 사체들 무릇 부정한 것을 만졌으면 부지중이라 할지라도 그 몸이 더러워져서 허물이 있을 것이요"** (레 5:2). 농사일을 하는 사람은 부지중에 동물의 사체를 만질 수 있다. 율법에 의하면 자녀가 부모의 시체를 만지는 것도 역시 죄다. **"어떤 시체에든지 가까이 말찌니 부모로 인하여도 더러워지게 말며"** (레 21:11). 죽은 부모를 장사한 자는 모두 죄인이다. 이와 같이 육신이 연약하여 부득이 하여 죄를 범하였을 때 그 죄는 송아지와 염소와 양의 피로 속죄할 수 있었다(레 5:1~6).

14) 우상숭배, 간음, 안식일을 범한 죄는 제물의 피로써 속죄 받지 못하고 그 죄인이 죽음으로 그 죗값을 씻었다. **"너는 이스라엘 자손에게 또 이르라 무릇 그가 이스라엘 자손이든지 이스라엘에 우거한 타국인이든지 그 자식을 몰렉에게 주거든 반드시 죽이되 그 지방 사람이 돌로 칠 것이요"** (레 20:2). **"누구든지 남의 아내와 간음하는 자 곧 그 이웃의 아내와 간음하는 자는 그 간부와 음부를 반드시 죽일찌니라"** (레 20:10). **"여호와께서 모세에게 이르시되 그 사람을 반드시 죽일찌니 온 회중이 진 밖에서 돌로 그를 칠찌니라"** (민 15:35).

15) 살인한 자는 죽음으로 그 죗값을 씻었다. 그러나 고의가 아니라 과실로 사람을 죽인 자는 도피성으로 피하면 그 목숨을 부지할 수 있다. **"너희를 위하여 성읍을 도피성 으로 정하여 그릇 살인한 자로 그리로 피하게 하라 이는 너희가 보수할 자에게서 도피하는 성을 삼아 살인자가 회중 앞에 서서 판결을 받기까지 죽지 않게 하기 위함이니라"** (민 35:11,12). "그릇 살인한 자"란 과실로 사람을 죽인 자를 말한다. 이와 같이 율법은 죄의 경중에 따라서 그 형벌을 달리하고 있다. 이것은 지옥의 형벌이 그 죄의 경중에

따라서 다르게 나타날 것을 모형으로 보여준다.

16) 지옥은 수많은 방으로 구분될 것이며 각 방마다 형벌의 종류가 각각 다를 것이다. 타락한 천사들이 형벌을 받을 방과 죄인들이 형벌을 받을 방이 각각 다를 것이다. 우상을 숭배한 자와 그렇지 아니한 자가 형벌을 받을 방이 각각 다를 것이다. 살인한 자와 그렇지 아니한 자가 형벌을 받을 방이 각각 다를 것이다. 교회를 박해한 자와 그렇지 아니한 자, 도적질한 자와 그렇지 아니한 자, 음행한 자와 그렇지 아니한 자, 적그리스도와 그렇지 아니한 자, 거짓 선지자와 그렇지 아니한 자가 형벌을 받을 방이 각각 다를 것이다. 지옥에서 죄인들은 동일한 조건으로 형벌을 받지 아니할 것이다. 모든 죄인이 동일한 형벌을 받는 것은 하나님의 공의와 대치된다.

17) 세상 법은 모범수들에 대하여 일정한 기간의 형기를 채우면 감형하고 있다. 사형수가 무기수(無期囚)로, 무기수가 유기수로 감형될 수 있다. 그러나 지옥의 형벌의 유형은 한번 결정되면 영원히 바뀌지 아니할 것이다. 믿지 아니하는 자들은 모두 마지막 부활에 참여하여 그들이 범한 죄에 따라서 그에 합당한 형벌을 영원히 받을 것이다. 이것이 하나님의 공의에 의한 심판이다.

(3) 이해를 위한 질문

1) 흑암과 음부와 지옥

  a. 타락한 천사는 음부, 흑암, 지옥에 갇혀있다(사 14:15; 유 1:6; 벧후 2:4). 흑암이란 무엇을 의미하는가(행 26:18).

  b. 마귀는 음부와 공중의 권세자로서 음부에서 활동하고 있다(마 16:18; 엡 2:2). 음부는 어디를 가리키는가.

  c. 그리스도께서 강림하신 이후에 우주가 불타서 커다란 불못이 된다면 지옥은 어디일까.

2) 지옥과 영원한 형벌

  a. 영원이란 시간이 없는 상태를 의미한다. 시간 속에 있는 모든 것은 변화한다. 영원한 상태에 있는 것들은 변화할 수 있을까.

b. 죄인들은 지옥에서 영원한 형벌을 받는다(마 18:8). 그들은 감형될 수 있을까.

　　c. 죄인은 지옥에서 죄의 종류에 따라서 각각 다른 형벌을 받을 것이다. 그 죄의 종류와 죄의 흔적은 어떤 관계가 있나.

　　d. 모든 죄인은 각각 범한 죄의 종류가 각각 다를 것이다. 모든 죄인이 죄의 종류에 따라서 각각 다른 형벌을 받아야 하는 이유는 무엇인가(계 18:6).

2. 새 예루살렘 성과 첫째 부활에 참여한 자들이 받을 유업

(1) 그리스도 이후 성도들이 받을 유업

1) 그리스도의 이후 믿음으로 구원을 받은 자들로서 첫째 부활에 참여한 사람들이 받을 유업은 각자의 공력에 따라서 결정될 것이다. 성도들은 의롭다하심을 받은 뒤부터 각각 예수 그리스도를 믿는 믿음을 반석으로 하여 그 위에 집을 세운다. 마지막 날에 예수 그리스도께서 성도들의 공력을 불로 시험할 것이다. 만약 성도들의 공력이 불에 타지 아니하면 성도들은 상급을 얻을 것이다. 성도들은 각자 자기의 공력으로 집을 세운다. 하나님은 성도들의 공력에 따라서 상을 주실 것이다. **"보라 내가 속히 오리니 내가 줄 상이 내게 있어 각 사람에게 그의 일한대로 갚아 주리라"** (계 22:12).

2) 사도 바울은 마지막 날에 믿음으로 의롭다하심을 받은 자들이 각자의 공력에 따라서 상급을 받을 것이라고 기록하였다.[155] 성도들은 모두 하나님과 함께 하나님의 집을 세운다. **"우리는 하나님의 동역자들이요 너희는 하나님의 밭이요 하나님의 집이니라"** (고전 3:9). "하나님의 동역자"란 하나님과 함께 하나님의 집을 세우는 것을 말한다. 성도들이 성령으로 진리를 순종하는 것은 하나님의 집을 세우는 것이다. 성도들은 스스로의 노력으로 진리를 순종하지 못하고 성령의 인도하심을 받아야 한다. 예컨대, 예수 그리스도께서 믿는 자들에게 복음 전도를 명하셨다. **"그러므로 너희는 가서 모든 족속으로 제자를 삼아 아버지와 아들과 성령의 이름으로 세례를 주고 내가 너희에게 분부한**

---

[155] 하나님은 성도의 공력의 크기를 심사하신다. 그 기준은 예수 그리스도의 말씀인 진리이다. 진리를 순종한 정도는 성도의 직분과 관련하여 나타난다. 성도들은 각자가 맡은 직분에 충성하였으면 큰 상급을 받을 것이다.

모든 것을 가르쳐 지키게 하라 볼찌어다 내가 세상 끝 날까지 너희와 항상 함께 있으리라 하시니라" (마 28:19,20). 이 말씀은 성령의 권능으로 순종할 수 있다. **"오직 성령이 너희에게 임하시면 너희가 권능을 받고 예루살렘과 온 유대와 사마리아와 땅 끝까지 이르러 내 증인이 되리라 하시니라"** (행 1:8).

3) 하나님의 동역자로서 성도들은 성령으로 하나님의 말씀을 순종함으로 그 직분을 감당할 수 있다. 하나님의 집을 건축하려면 집터와 건축자재가 있어야 한다. 집터는 예수 그리스도의 피에 의한 구원을 인정하는 믿음이고 건축자재는 그의 말씀이다. **"내게 주신 하나님의 은혜를 따라 내가 지혜로운 건축자와 같이 터를 닦아 두매 다른 이가 그 위에 세우나 그러나 각각 어떻게 그 위에 세우기를 조심할찌니라 이 닦아 둔 것 외에 능히 다른 터를 닦아 둘 자가 없으니 이 터는 곧 예수 그리스도라"** (고전 3:9~11). "이 터는 곧 예수 그리스도다"란 예수 그리스도를 믿는 믿음을 의미한다. 성경은 그 믿음을 반석이라고 말씀한다. **"또 내가 네게 이르노니 너는 베드로라 내가 이 반석 위에 내 교회를 세우리니 음부의 권세가 이기지 못하리라"** (마 16:18). 반석 위에 집을 세우지 아니하면 심판 때에 무너질 것이다. **"그러므로 누구든지 나의 이 말을 듣고 행하는 자는 그 집을 반석 위에 지은 지혜로운 사람 같으리니 비가 내리고 창수가 나고 바람이 불어 그 집에 부딪히되 무너지지 아니하나니 이는 주초를 반석 위에 놓은 연고요"** (마 7:25).

4) (마7:25)의 말씀은 성도들이 각각 하나님의 말씀을 순종함으로 집을 세운다는 것을 의미한다. 마지막 날에 하나님은 그 집을 불로 시험하실 것이다. **"만일 누구든지 금이나 은이나 보석이나 나무나 풀이나 짚으로 이 터 위에 세우면 각자의 공력이 나타날 터인데 그 날이 공력을 밝히리니 이는 불로 나타내고 그 불이 각 사람의 공력이 어떠한 것을 시험할 것임이니라 만일 누구든지 그 위에 세운 공력이 그대로 있으면 상을 받고 누구든지 공력이 불타면 해를 받으리니 그러나 자기는 구원을 얻되 불 가운데서 얻은 것 같으리라"** (고전 3:12~15). 하나님의 집을 세우기 위하여 사용된 "금, 은, 보석, 나무, 풀 및 짚"에 대하여 살펴보자.

5) 성경은 하나님의 집이 지혜로 세워진다고 말씀한다. **"집은 지혜로 말미암아 건축되고 명철로 말미암아 견고히 되며"** (잠 24:3). "지혜"란 사람의 지혜가 아니라 하나님의

지혜를 말한다. "오직 비밀한 가운데 있는 하나님의 지혜를 말하는 것이니 곧 감취었던 것인데 하나님이 우리의 영광을 위하사 만세 전에 미리 정하신 것이라"(고전 2:7). "비밀한 가운데 있는 하나님의 지혜"란 예수 그리스도를 의미한다.156) "이 비밀은 만세와 만대로부터 옴으로 감취었던 것인데 이제는 그의 성도들에게 나타났고 하나님이 그들로 하여금 이 비밀의 영광이 이방인 가운데 어떻게 풍성한 것을 알게 하려하심이라 이 비밀은 너희 안에 계신 그리스도시니 곧 영광의 소망이니라"(골 1:26,27). 하나님의 비밀인 예수 그리스도를 아는 것이 하나님의 지혜이다.

6) 성령으로 예수 그리스도를 알 수 있다. "오직 하나님이 성령으로 이것을 우리에게 보이셨으니 성령은 모든 것 곧 하나님의 깊은 것이라도 통달하시느니라"(고전 2:10). 성도들은 성령으로 하나님의 비밀인 예수 그리스도를 볼 수 있다. 성령으로 예수 그리스도를 본다는 것은 진리를 순종함으로 그리스도를 아는 것을 말한다. "우리가 그의 계명을 지키면 이로써 우리가 저를 아는 줄로 알 것이요"(요일 2:3). 성령으로 진리를 순종함으로 예수 그리스도를 아는 지식으로 하나님의 집이 세워진다. 그리스도 예수 안에 하나님의 집을 건축하는 각종 보화가 있다. "그 안에는 지혜와 지식의 모든 보화가 감추어 있느니라"(골 2:3). 하나님의 집은 예수 그리스도를 아는 지식, 곧 각종 보배로 채운다. "또 방들은 지식으로 말미암아 각종 귀하고 아름다운 보배로 채우게 되느니라"(잠 24:4).

7) 성령으로 예수 그리스도의 말씀을 온전히 순종하는 것이 하나님의 집을 금과 은과 보석으로 세우는 것이다. 성령으로 하지 아니하고 성도가 자기의 의지와 능력으로 예수 그리스도의 말씀을 순종하려는 것은 외식이므로 풀과 짚으로 하나님의 집을 세우는 것이다. 하나님의 말씀을 순종하려고 할 때 생각과 마음과 행동이 일치하여야 한다. 바리새인들과 서기관들은 그것이 일치하지 아니하였다. 마음속에 음욕이 가득하였지만 간음한 여자를 율법으로 정죄하는 것은 말씀을 순종하는 것이 아니라 외식하는 것이다(요 8:3,4). 예수 그리스도의 말씀을 순종하려는 생각이 없지만 타인에게 보이기 위하여 순종하는 척하는 것은 외식이며 풀과 짚으로 집을 세우는 것이다.157) 예수 그리스도의

---

156) 6.1.2. (1) 참조
157) 로마 가톨릭 신자들은 성령으로 하지 아니하고 교리로서 예수 그리스도의 말씀을 순종하려고 한다. 그들은 봉사와 구제를 통하여 말씀을 순종하려고 하지만 이것은 외식이다.

말씀을 순종하지 아니하면서 순종하는 척하는 것이 풀과 짚으로 집을 세우는 것이다.

8) 사람은 하나님의 영광을 위하여 창조되었다(사 43:7). 성도는 하나님의 말씀을 순종함으로 하나님의 영광을 나타내야 한다. 사도 바울은 하나님의 영광을 위하여 세상의 모든 지식과 세상의 영광을 버렸다. **"그러나 무엇이든지 내게 유익하던 것을 내가 그리스도를 위하여 다 해로 여길뿐더러 또한 모든 것을 해로 여김은 내 주 그리스도 예수를 아는 지식이 가장 고상함을 인함이라 내가 그를 위하여 모든 것을 잃어버리고 배설물로 여김은 그리스도를 얻고"** (빌 3:7,8). 성도가 하나님의 영광을 위하지 아니하고 자기의 영광을 나타내기 위하여 하나님의 말씀을 순종한다면 풀이나 짚으로 하나님의 집을 세우는 것이다.

9) 믿음으로 의롭다하심을 받은 자들은 그리스도의 지체로서 직분을 맡았다. 그 직분은 달란트로 나타난다. 충성스럽게 그 직분을 감당하였을 때 그들로부터 그리스도의 형상이 나타난다. **"나의 자녀들아 너희 속에 그리스도의 형상이 이루기까지 다시 너희를 위하여 해산하는 수고를 하노니"** (갈 4:19). 그리스도의 팔로서 직분을 맡은 자는 그의 팔과 같이, 발로서 직분을 맡은 자는 그의 발과 같이 최선을 다하여 일하여야 한다. 성도들은 자기의 몸을 통하여 그리스도의 모습을 나타내야 한다. 성도들의 모임인 교회는 예수 그리스도의 공생애를 그대로 재현함으로 그리스도의 형상을 세상에 나타내야 한다. **"우리가 다 하나님의 아들을 믿는 것과 아는 일에 하나가 되어 온전한 사람을 이루어 그리스도의 장성한 분량이 충만한 데까지 이르리니"** (엡 4:13). "그리스도의 장성한 분량"이란 가나안 땅에 그리스도의 공생애를 통하여 나타났던 하나님의 형상을 의미한다. 성도들이 맡은 직분을 잘 감당하는 것은 불에 타지 아니하는 것으로 하나님의 집을 세우는 것이다. **"그에게서 온 몸이 각 마디를 통하여 도움을 입음으로 연락하고 상합하여 각 지체의 분량대로 역사하여 그 몸을 자라게 하며 사랑 안에서 스스로 세우느니라"** (엡 4:16).

10) 성도들은 각자 예수 그리스도의 말씀을 순종함으로 하나님의 집을 세운다. 하나님은 마지막 날에 성도들의 공력을 불로 시험하실 것이다. 그 공력이 불에 타서 없어지면 그 사람은 불 가운데 구원을 얻는 것과 같이 유업을 받지 못할 것이다. 그리스도 이후에

믿음으로 의롭다하심을 받고 첫째 부활에 참여한 모든 자들은 각자의 공력에 따라서 상급을 받을 것이다. 사도는 사도로서, 장로는 장로로서, 목사는 목사로서, 교사는 교사로서, 전도자는 전도자로서, 집사는 집사로서 자기의 직분에 충성한 정도에 따라서 상급을 받을 것이다. 이것이 하나님의 공의이다.

(2) 그리스도 이전 의롭다하심을 받은 자들이 받을 유업

1) 그리스도 이전 믿음으로 의롭다하심을 얻고 첫째 부활에 참여한 사람들은 거듭나지 못하였기 때문에 하나님을 아버지라고 부르지 못하였다. 그들은 하나님의 자녀가 아니라 종으로 구원을 얻었다. 그들이 천국으로 들어간 뒤에 유업을 받을 수 있느냐 하는 문제가 제기될 수 있다. 하나님의 자녀들만이 유업을 받을 수 있지만 종은 받을 수 없기 때문이다. 그러나 그들이 아무런 상급을 받지 못하는 것은 하나님의 공의가 아니다. 따라서 그들에게도 행위에 따른 보상이 있을 것이다. 이 보상은 작은 유업으로 나타날 것이다.

2) 아브라함은 육체의 혈통을 초월하여 믿는 모든 자들의 조상이다. 믿음으로 의롭다하심을 받으면 육체의 혈통과 관계없이 모두 아브라함의 후손이다. 그리스도 이전 사람이나 이후 사람을 막론하고 믿음으로 의롭다하심을 받은 자들은 모두 아브라함의 자손이다.158) 사도 바울은 아브라함의 자손은 누구나 하나님의 유업을 받을 수 있다고 기록하였다. "너희가 그리스도께 속한 자면 곧 아브라함의 자손이요 약속대로 유업을 이을 자니라" (갈 3:29). 이어서 그는 그리스도 이전 사람들을 미성년자로, 이후 사람들을 성년으로 기록하였다. "내가 또 말하노니 유업을 이을 자가 모든 것의 주인이나 어렸을 동안에는 종과 다름이 없어서 그 아버지의 정한 때까지 후견인과 청지기 아래 있나니" (갈 4:1,2). "율법 아래 있는 자들을 속량하시고 우리로 아들의 명분을 얻게 하려 하심이라" (갈 4:5). 이스라엘은 미성년자와 같이 후견인 몽학선생 아래 있었다. 율법은 죄를 깨닫게 하는 몽학선생이 되어 이스라엘을 그리스도께로 인도하였다(갈 3:24).

---

158) 사라는 아브라함의 아내이지만 아브라함의 말을 순종하여 하나님을 믿었으므로 의롭다하심을 받았다. 사라는 아브라함이 받은 칭의 언약에 의하여 의롭다하심을 받았으므로 영적으로는 아브라함의 후손(딸)이다. "사라가 아브라함을 주라 칭하여 복종한 것 같이 너희가 선을 행하고 아무 두려운 일에도 놀라지 아니하므로 그의 딸이 되었느니라" (벧전 3:6).

3) 율법 아래 있는 자들을 미성년자라고 하는 것은 그들도 하나님의 유업에 참여할 수 있다는 것을 의미한다. 성년과 미성년자도 동시에 유업에 참여할 수 있을 것이다. 율법 아래 있던 자들은 미성년자로서 유업에 참여할 수 있지만 성년보다 작은 유업을 받을 것이다. 미성년자란 큰 유업을 감당할 능력이 없는 자를 의미하기 때문이다. 미성년자가 부모로부터 상속을 받으면 그 유산의 관리를 법정 관리인에게 맡긴다. 따라서 성경은 미성년자가 받는 유업을 청기지가 받는 상으로 비유하여 말씀한다. 율법 아래 있는 자들은 하나님의 종으로서 충성하였다. **"또한 모세는 장래에 말할 것을 증거하기 위하여 하나님의 온 집에서 사환(servant)으로 충성하였고"** (히 3:5). 모세는 믿음으로 의롭다하심을 받았지만 하나님의 사환으로서 하나님의 집에서 충성하였다. 이에 반하여 그리스도는 아들로서 자기의 집에서 충성하였다. **"그리스도는 그의 집 맡은 아들로 충성하였으니 우리가 소망의 담대함과 자랑을 끝까지 견고히 잡으면 그의 집이라"** (히 3:6). "그의 집 맡은 아들"이란 아버지의 집을 상속할 자를 의미한다. 종은 주인의 집을 상속으로 받지 못하지만 아들은 받는다. 모세는 종으로서 상속을 받지 못하지만 그 대신에 그의 충성에 대한 보상을 받을 것이다.

4) 다윗은 하나님의 사환으로서 이스라엘의 주권자의 직분에 충성하였다. 그는 하나님의 은혜로 주변 국가를 정복한 뒤에 하나님의 이름을 위하여 성전을 건축하려고 하였다. 그러나 하나님은 이것을 허락하지 아니하셨다. **"여호와의 말씀이 내게 임하여 이르시되 너는 피를 심히 많이 흘렸고 크게 전쟁하였느니라 네가 내 앞에서 땅에 피를 많이 흘렸은즉 내 이름을 위하여 전을 건축하지 못하리라"** (대상 22:8). 다윗에게 하나님의 집 곧, 성전을 건축하지 못하게 한 것은 율법 아래 있는 자들은 천국을 유업으로 받을 수 없다는 것을 의미한다.159) 다윗의 후손으로 오실 그리스도께서 성전을 세우실 것이다. **"네 수한이 차서 네 조상들과 함께 잘 때에 내가 네 몸에서 날 자식을 네 뒤에 세워 그 나라를 견고케 하리라 저는 내 이름을 위하여 집을 건축할 것이요 나는 그 나라 위를 영원히**

---

159) 다윗은 성전을 건축하지 못하였으나, 예수 이름을 믿음으로 의롭다하심을 받은 자들은 성령을 받음으로 성전을 건축한다. 예루살렘 성전은 믿는 자들의 몸을 모형으로 보여준다. 성도들의 몸은 성령이 거하시는 거룩한 성전이다. **"너희가 하나님의 성전인 것과 하나님의 성령이 너희 안에 거하시는 것을 알지 못하느뇨"** (고전 3:16).

견고케 하리라" (삼하 7:12,13). "네 조상들과 함께 잘 때에 내가 네 몸에서 날 자식"이란 다윗이 죽은 뒤에 그의 후손으로 태어날 그리스도를 말한다. 예수 그리스도께서 아버지의 뜻을 온전히 순종하심으로 하나님의 집을 세우셨다.

5) 다윗은 성전을 세우지 못하였다. 하나님의 집은 율법이 아닌 예수 그리스도의 말씀으로 세워진다. 율법은 죄를 깨닫게 하는 언약이며 하나님의 집을 세우는 말씀이 아니다. 하나님의 집이란 예수 그리스도의 몸을 세우는 것이다. 예수 그리스도의 몸은 하나님의 성전이기 때문이다(요 2:21). 성도는 성령으로 진리의 말씀을 순종함으로 예수 그리스도의 몸을 세운다(엡 4:16). 성도는 그리스도의 지체로서 맡은 직분을 감당함으로 그리스도의 몸을 세운다. 그러나 이스라엘은 진리를 받지 못하였으므로 그리스도의 몸을 세우지 못하였다.

6) 이스라엘이 율법을 통하여 자신의 죄를 깨닫고 장차 오실 그리스도를 믿음으로 의롭다하심을 받은 것은 그리스도의 몸을 모형과 그림자로 세운 것을 보여준 것이다. 제사장과 선지자들과 왕으로 기름부음을 받은 자들은 그리스도의 생애를 그림자로 보여주었다. 모세는 율법으로 장차 인류의 죄를 대속하실 그리스도의 생애를 모형으로 보여주었다. 모세는 유월절 어린 양의 피로써 이스라엘을 애굽에서 인도하여 냄으로 택함을 받은 자들을 죄에서 구원하실 그리스도를 모형으로 보여주었다. 이스라엘의 왕으로서 다윗은 의와 공의로 세상을 다스리시는 그리스도를 모형으로 보여주었다. 선지자들은 성령의 감동으로 장차 오실 그리스도의 생애를 모형으로 보였다. 그리스도께서 유다 지파 다윗의 후손으로 베들레헴에서 처녀의 몸을 통하여 태어나시고 유대인들에게 고난을 받으시고 죽임을 당하실 것이 선지자들의 예언으로 계시되었다.

7) 선지자들은 장차 오실 그리스도의 생애를 모형으로 보여주기 위하여 많은 고난을 받고 환난을 당하였다. 모세는 장차 오실 그리스도를 증거하기 위하여 애굽의 왕자로서의 지위를 포기하고 광야에서 많은 고난을 받았다. **"믿음으로 모세는 장성하여 바로의 공주의 아들이라 칭함을 거절하고 도리어 하나님의 백성과 함께 고난 받기를 잠시 죄악의 낙을 누리는 것보다 더 좋아하고"** (히 11:24,25). 다윗은 이스라엘의 주권자로 기름부음을 받았지만 사울 왕으로부터 많은 핍박을 받고 고난을 당하였다. 예레미야는 선지자

로서 장차 오실 그리스도를 증거하기 위하여 옥에 갇히고 쇠사슬에 매이는 고통을 당하였다. 성경은 선지자들이 받은 환난을 이렇게 기록하고 있다. **"또 어떤 이들은 희롱과 채찍질 뿐아니라 결박과 옥에 갇히는 시험도 받았으며 돌로 치는 것과 톱으로 켜는 것과 시험과 칼에 죽는 것을 당하고 양과 염소의 가죽을 입고 유리하여 궁핍과 환난과 학대를 받았으니"** (히 11:36,37).

8) 그리스도 이전 믿음으로 의롭다하심을 받은 자들은 장차 받을 상을 바라보고 맡은 직분에 충성하였다. 모세는 상을 주시는 하나님을 바라보고 충성하였다. **"그리스도를 위하여 받는 능욕을 애굽의 모든 보화보다 더 큰 재물로 여겼으니 이는 상 주심을 바라봄이라"** (히 11:26). 이스라엘 백성은 첫째 부활에 참여할 때 상을 받기 위하여 충성하였다. **"여자들은 자기의 죽은 자를 부활로 받기도 하며 또 어떤 이들은 더 좋은 부활을 얻고자 하여 악형을 받되 구차히 면하지 아니하였으며"** (히 11:35). 그리스도 이전 사람들은 장차 받을 상을 바라보고 맡은 직분에 충성하였다고 말할 수 있다.

9) 그리스도 이전 믿음으로 의롭다하심을 받은 자들은 청지기로 구원을 받았으므로 천국을 유업으로 받지 못할 것이나 충성한 정도에 따라서 청지기로서 상을 받을 것이다.160) 거듭남으로 하나님을 아버지라고 부르는 자들만이 유업을 받을 것이다. **"너희가 아들인고로 하나님이 그 아들의 영을 우리 마음 가운데 보내사 아바 아버지라 부르게 하셨느니라 그러므로 네가 이 후로는 종이 아니요 아들이니 아들이면 하나님으로 말미암아 유업을 이을 자니라"** (갈 4:6,7). 그리스도 이전 사람들은 유업을 받지 못하지만 이후 사람들은 받는다. 따라서 성경은 그리스도 이전 믿음으로 의롭다하심을 받은 자들 가운데 세례 요한이 가장 큰 자이지만 천국에서는 그리스도 이후 성도들 보다 작은 자라고 말씀한다(마 11:11). 이 말씀은 그리스도 이전 믿음으로 의롭다하심을 받은 사람들 가운데 세례 요한이 받을 상급이 가장 크다는 것을 의미한다.

10) 사도 바울은 이삭과 이스마엘을 통하여 이것을 설명하였다. 이삭은 자유하는 여자로부터 태어났으므로 아들이지만, 이스마엘은 여종으로부터 태어났으므로 종이다.

---

160) 선지자들은 장차 오실 그리스도와 구원을 얻을 성도들을 위하여 충성하였다(벧전 1:12). 기업의 주주가 아닌 전문경영인이 주주를 위하여 충성한 결과가 연봉으로 보상을 받듯이, 선지자가 충성한 것에 대하여 상급이 있을 것이다.

"기록된바 아브라함이 두 아들이 있으니 하나는 계집 종에게서, 하나는 자유하는 여자에게서 났다 하였으나 이것은 비유니 이 여자들은 두 언약이라 하나는 시내산으로부터 종을 낳은 자니 곧 하가라"(갈 4:23,24). 이스마엘은 종으로 태어났으므로 아브라함으로부터 유업을 받지 못하고 쫓겨났다. "그러나 성경이 무엇을 말하느뇨 계집 종과 그 아들을 내어 쫓으라 계집 종의 아들이 자유하는 여자의 아들로 더불어 유업을 얻지 못하리라 하였느니라"(갈 4:30).

11) 그리스도 이전 믿음으로 의롭다하심을 받은 자들은 행위에 따라서 상을 받을 것이다. 그 상이 무엇인가에 대하여 성경의 계시가 없으므로 단정적으로 말할 수 없다. 그들은 하나님의 집에서 사환으로 충성한 정도에 따라서 상을 받을 것이다. "그런즉 너희는 강하게 하라 손이 약하지 않게 하라 너희 행위에는 상급이 있음이니라"(대하 15:7). "주께서 내 원수의 목전에서 내게 상을 베푸시고 기름으로 내 머리에 바르셨으니 내 잔이 넘치나이다"(시 23:5). 의롭다하심을 받은 자들의 행위에 따라서 상을 주시는 것이 하나님의 공의이다.

12) 그리스도의 오시는 길을 위하여 자신을 희생한 자들이 받은 상급은 예수 그리스도를 믿음으로 의롭다함을 받은 자들이 받을 상급을 모형으로 보여준다, 아브라함과 야곱이 받은 상급, 모세와 다윗이 받은 상급은 모형이다. 장차 오실 그리스도를 믿음으로 의롭다함을 받고 맡은 직분에 충성한 정도에 따라서 모든 자들이 각각 다른 상급을 받을 것이다. 제사장, 선지자, 왕 및 평민은 그 공력에 따라서 보상을 받을 것이다. 그들은 거듭나지 못하고 종으로서 구원을 받았으므로 이에 합당한 상급을 받을 것이다.

13) 예수 그리스도를 믿음으로 의롭다함을 받고 거듭난 자들은 그의 재림의 길을 준비하기 위하여 많은 환난과 핍박을 받고 심지어는 목숨까지 버렸다. 사도들은 목숨을 아끼지 아니하고 그리스도의 부활을 증거하였으며, 마지막에는 순교한 것으로 전하여지고 있다. 사도들은 복음을 증거하다가 매를 맞고 옥에 갇히고 굶주리고 헐벗는 고난을 당하였다. 스데반이 그리스도를 증거하다가 순교한 이후 복음은, 이방인에게 급속하게 전파되기 시작하였다. 사도 바울은 이방인의 사도로서 부르심을 받은 뒤에 세상으로부터 오는 온갖 고난과 핍박을 견디며 복음을 증거하였다. 사도로부터 복음의 전함을 받은

자들도 역시 복음을 증거하기 위하여 많은 환난을 당하였다. 그들은 박해를 피하여 토굴 속에서 일생을 마치기도 하였다. 거듭난 자들은 하나님의 자녀로서 그들의 공력에 따라서 각각 다른 상급을 받을 것이다. 이로써 그리스도를 위하여 충성한 모든 사람이 빠짐없이 각자의 공력에 따라서 상급을 받을 것이다. 그 상급은 첫째 부활에 참여할 때 결정될 것이다.

(3) 이해를 위한 질문

1) 그리스도 이후 사람들이 받을 유업

a. 예수 이름을 믿고 영생을 얻은 자들은 하나님의 자녀로서 유업을 받는다(갈 3:29). 하나님은 성도들의 공력에 따라서 각각 다른 상급을 주실 것이다(계 22:12). 이것이 하나님의 공의이다. 성도들의 공력을 판단하는 기준은 무엇인가.

b. 성도들은 그리스도 위에 집을 건설하여야 하는 이유는 무엇인가(마 7:24).

c. 성도들은 하나님의 집을 무엇으로 세우는가.

d. 짚이나 풀로 집을 세웠다는 것은 무엇인가(고전 3:12).

e. 불 가운데서 얻는 구원이란 무엇인가(고전 3:15).

f. 성도들이 충성한 결과 받는 상급은 무엇인가.

2) 그리스도 이전 사람들이 받을 유업

a. 거듭난 자와 그렇지 못한 자가 받을 상급이 다를 수 있을까.

b. 선지자들은 청지기로 충성하였으므로 청지기의 상을 받을 것이다. 모든 선지자들이 공력에 따라서 각각 다른 상을 받는 것이 하나님의 공의에 비추어 볼 때 타당하다고 말할 수 있을까.

c. 천국에서 거듭난 자가 여자가 낳은 자보다 크다는 것은 무엇을 의미하는가(마 11:11).

d. 다윗이 받을 상과 베드로가 받을 상이 어떻게 다를까.

3. 새 예루살렘 성과 하나님의 영광

(1) 아버지의 집: 새 예루살렘

1) 우주가 불타서 없어지고 모든 죄인이 지옥으로 들어가면, 남은 것은 우주 밖에 있는 하늘이다. 성도들이 부활하여 들어갈 아버지의 집에 대한 모형이 성경을 통하여 계시되었다. 아버지의 집은 새 예루살렘 성이다. 땅에 있는 예루살렘 성은 하늘에 있는 새 예루살렘 성을 모형과 그림자로 보여준다. 예루살렘 성이 있던 다윗의 보좌는 하늘에 있는 아들의 보좌를, 솔로몬이 건축한 성전은 하늘성전을 모형과 그림자로 보여준다. 예수 그리스도의 족보에서 다윗은 이스라엘의 유일한 왕으로서 만물을 통치하시는 그리스도의 왕권을 예표로 한다.161) 아론의 후손 제사장이 소와 염소와 양의 피를 가지고 예루살렘 성전에 들어간 것과 같이 예수 그리스도께서 자기의 피를 가지고 하늘성전으로 들어가셨다.

2) 성경은 구원받은 자들을 위하여 예비 된 새 하늘과 새 땅을 새 예루살렘이라고 말씀한다. **"또 내가 새 하늘과 새 땅을 보니 처음 하늘과 처음 땅이 없어졌고 바다도 다시 있지 않더라 또 내가 보매 거룩한 성 새 예루살렘이 하나님께로부터 하늘에서 내려오니 그 예비한 것이 신부가 남편을 위하여 단장한 것 같더라"** (계 21:1,2). 히브리서 기자는 하늘에 있는 도성을 예루살렘이라고 기록하였다. **"그러나 너희가 이른 곳은 시온산과 살아계신 하나님의 도성인 하늘의 예루살렘과 천만 천사와 하늘에 기록한 장자들의 총회와 교회와 만민의 심판자이신 하나님과 및 온전케 된 의인의 영들과"** (히 12:22,23). "장자들의 총회"란 아브라함으로부터 시작하는 장자의 명분을 소유한 자들의 모임을 의미한다.162) 하나님께서 이스라엘을 인류의 장자로 택하여 부르셨다(출 4:22).

3) 땅에 있는 예루살렘 성은 하늘에 있는 아버지 집을 비유와 모형으로 보여준다. 히브리어에서 예루살렘 (יְרוּשָׁלַיִם)은 쌍수형 어미를 가지고 있다. 쌍수형이란 동일한 것이 쌍으로 존재할 때 사용한다. 하늘을 새 예루살렘 성이라고 하면 우주는 그 성문

---

161) 3.3.1. (2) 참조
162) 3.3.1. (1) 참조

밖이다. 히브리서 기자는 하늘을 예루살렘 성으로, 우주를 예루살렘 성 밖으로 표현하였다. **"이는 죄를 위한 짐승의 피는 대제사장이 가지고 성소에 들어가고 그 육체는 영문 밖에서 불사름이니라 그러므로 예수도 자기 피로써 백성을 거룩케 하려고 성문 밖에서 고난을 받으셨느니라 그런즉 우리는 그 능욕을 지고 영문 밖으로 그에게 나아가자"** (히 13:11~13). 제사장은 회막 문 밖에서 예물을 죽인 뒤에 그 피를 가지고 회막 문으로 들어갔다. 이와 같이 예수 그리스도께서 예루살렘 성문 밖(우주)에서 죽으시고 그 피를 가지고 하늘성전이 있는 예루살렘 성으로 들어가셨다(히 9:23). 예수 그리스도께서 죽임을 당하신 예루살렘 성문 밖은 우주를, 그가 자기의 피를 가지고 들어가신 하늘은 예루살렘 성을 예표로 한다.

4) 예수 그리스도께서 부활하여 올라가신 곳이 아버지의 집이다(요 20:17). 그 곳에는 아들의 보좌와 하늘성전이 있다. 예수 그리스도께서 아버지의 집에서 구원받은 자들을 위하여 처소를 마련하시고 계신다. 첫째 부활에 참여한 자들이 불살라 없어질 우주를 벗어나면 그들 앞에 아버지의 집이 펼쳐질 것이다. 아버지의 집은 새 하늘과 새 땅이며 새 예루살렘 성이다. **"우리는 그의 약속대로 의의 거하는바 새 하늘과 새 땅을 바라보도다"** (벧후 3:13). 아버지의 집에는 태양과 달이 없으며 어린 양으로부터 나오는 하나님의 영광이 비취고 있다. 그곳에는 낮과 밤이 없다. 성도들이 보좌로부터 흘러나오는 생명수를 마실 것이다. **"또 저가 수정 같이 맑은 생명수의 강을 내게 보이니 하나님과 및 어린 양의 보좌로부터 나서"** (계 22:1).

5) 하늘보좌는 하나님의 영광과 관련된다. 그 보좌로부터 나오는 하나님의 영광이 온 하늘을 비취고 있다. 그 이유를 살펴보자. 우주는 물질계로 창조되었으므로 창조된 빛이 비취고 있으나, 하늘은 영계로 창조되었으므로 하나님의 영광이 비취고 있다. 영광이란 하나님께로부터 나오는 영적인 빛을 의미한다. 만물이 창조되기 전에 하나님께서 영광 가운데 계셨다(요 17:5). 하나님께서 영광의 우편에 하늘을 창조하시고 그곳에 보좌를 두셨다. 그리스도께서 승천하신 뒤에 하나님 우편에 앉으셨다는 것은 그의 보좌가 영광의 우편에 있다는 것을 의미한다. **"주 예수께서 말씀을 마치신 후에 하늘로 올리우사 하나님 우편에 앉으시니라"** (막 16:19). **"스데반이 성령이 충만하여 하늘을 우러러**

주목하여 하나님의 영광과 및 예수께서 하나님 우편에 서신 것을 보고"(행 7:55).

6) 아들의 보좌를 포함한 하늘이 하나님의 영광의 우편에 있다는 것은 하나님께서 영광의 우편에 하늘을 창조하셨다는 것을 의미한다. 하나님께서 하늘을 창조하셨지만 그곳에만 계시지 아니하고 영광 가운데도 계신다.163) 하나님은 만물 보다 크고 천지에 충만하므로 하늘이 하나님을 감당할 수 없기 때문이다. **"하나님이 참으로 땅에 거하시리이까 하늘과 하늘들의 하늘이라도 주를 용납지 못하겠거든 하물며 내가 건축한 이 전이 오리이까"(왕상 8:27)**. 하나님은 하늘성전에 자기의 이름을 두시고 그 이름을 통하여 자신의 존재를 나타내신다.

7) 하나님의 영광은 영적인 빛을 의미한다. 이에 대한 성경의 말씀을 살펴보자. 태초에 하나님과 함께 계신 말씀이 생명의 빛이다. **"그 안에 생명이 있었으니 이 생명은 사람들의 빛이라"(요 1:4)**. 태초에 하나님과 함께 계신 말씀이 영광의 빛이며, 이 빛은 창조된 빛이 아니라 하나님께로부터 나오는 영적인 빛이다. 그 영광의 빛이 말씀을 통하여 세상에 임하였다. **"일어나라 빛을 발하라 이는 네 빛이 이르렀고 여호와의 영광이 네 위에 임하였음이니라"(사60:1)**. 이스라엘 백성에게 하나님의 말씀이 임하였을 때, 그의 영광이 나타났다. 시내산에서 천사가 율법의 말씀을 가지고 왔을 때, 그 곳은 하나님의 영광으로 충만하였다. 시내산에 임한 연기와 불은 하나님의 영광의 모형이다. 율법과 선지자들의 예언의 말씀은 예수 그리스도의 모형과 그림자이므로(히 10:1), 시내산과 성막(성전)에 임한 영광은 하늘을 비추는 하나님의 영광의 모형과 그림자이다(출 40:35). 율법의 말씀을 통하여 하나님의 영광이 이스라엘 백성에게 모형으로 임하였다.

8) 영광의 빛은 하나님의 얼굴로부터 나온다. **"하나님이여 우리를 돌이키시고 주의 얼굴 빛을 비취사 우리로 구원을 얻게 하소서"(시 80:3)**. "얼굴 빛"이란 하나님의 말씀을 통하여 비취는 영광의 빛을 말한다. 하나님은 영이시므로 말씀으로 자신의 존재와 뜻을 계시하신다. 이스라엘은 말씀을 통하여 하나님을 만났다. 곧 하나님의 말씀을 듣는 것은 하나님의 얼굴을 뵙는 것이다. 따라서 하나님의 말씀을 구하는 것은 그의 얼굴을 구하는 것이다. **"이는 여호와를 찾는 족속이요 야곱의 하나님의 얼굴을 구하는 자로다(셀라)"**

---

163) 1.1.1. (1) 참조

(시 24:6). **"너희는 내 얼굴을 찾으라 하실 때에 내 마음이 주께 말하되 여호와여 내가 주의 얼굴을 찾으리이다 하였나이다"** (시 27:8). 하나님의 얼굴은 하나님 말씀을 의미한다. 하나님은 그의 말씀을 통하여 그의 영광을 나타내신다.

9) 하늘에서 비취는 하나님의 영광은 하나님의 존재를 나타낸다. 영광과 하나님의 존재(하늘보좌)는 분리할 수 없기 때문이다. 보좌는 하나님께서 계시다는 증거이고, 영광은 하나님께로부터 나온다. 그리스도께서 보좌에 오르시기 전에 보좌로부터 영광이 나와서 하늘을 비취고 있었다. 그러나 그리스도께서 승천하여 보좌에 오르신 뒤부터 그에게서 영광이 나와서 하늘을 비취고 있다. 그리스도는 하나님의 본체이며 하나님의 영광의 광채이기 때문이다(히 1:3). **"다시 밤이 없겠고 등불과 햇빛이 쓸데 없으니 이는 주 하나님이 저희에게 비취심이라 저희가 세세토록 왕노릇하리로다"** (계 22:5). **"그 성은 해나 달의 비췸이 쓸데없으니 이는 하나님의 영광이 비취고 어린 양이 그 등이 되심이라"** (계 21:23). "하나님의 영광이 비취다"란 하나님의 영광이 하늘에서 비취는 영적인 빛임을 의미한다. 예수 그리스도는 하나님의 본체의 형상이므로 그로부터 영광이 나온다. 예수 그리스도께서 이 땅에 계실 때 하나님의 영광이 그를 통하여 비취고 있었다. 그러나 사람은 그 영광을 보지 못하였다. **"빛이 어두움에 비취되 어두움이 깨닫지 못하더라"** (요 1:5).

10) 예수 그리스도께서 자기의 피를 가지고 하늘성전에 들어가셔서 사단의 죄로 인하여 더럽혀진 모든 것들과 사람들의 모든 죄를 거룩하게 하셨다. **"그리스도께서는 참 것의 그림자인 손으로 만든 성소에 들어가지 아니하시고 오직 참 하늘에 들어가사 이제 우리를 위하여 하나님 앞에 나타나시고"** (히 9:24). 이로써 그리스도의 피로써 죄를 대속하는 성전의 사명이 끝났다. 따라서 새 예루살렘 성에는 하나님의 성전이 없고 예수 그리스도께서 그 성전이 되신다. **"성안에 성전을 내가 보지 못하였으니 이는 주 하나님 곧 전능하신 이와 및 어린 양이 그 성전이심이라"** (계 21:22).

11) 성경은 예수 그리스도의 몸이 하늘성전이라고 말씀한다. **"그러나 예수는 성전 된 자기 육체를 가리켜 말씀하신 것이라"** (요 2:21). 그리스도 예수 안에 태초에 하나님과 함께 계신 말씀이 있고 하나님의 이름이 있으며 아버지와 성령께서 계신다. 그리스도

예수 안에 하나님의 뜻과 말씀과 일이 있다. 따라서 예수 그리스도의 몸은 하나님의 성전이다. 예루살렘 성전은 예수 그리스도의 몸의 모형이다. 예루살렘 성전에 하나님의 이름과 말씀이 있었다. 솔로몬이 건축한 성전에 하나님의 이름과 언약궤가 있었다. **"제사장들이 여호와의 언약궤를 그 처소로 메어 들였으니 곧 내전 지성소 그룹들의 날개 아래라"** (대하 5:7). 따라서 성경은 예루살렘 성전에 하나님께서 계신다고 말씀한다. **"여호와께서 그 성전에 계시니 여호와의 보좌는 하늘에 있음이여 그 눈이 인생을 통촉하시고 그 안목이 저희를 감찰하시도다"** (시 11:4).

12) 땅에 있는 예루살렘 성은 아버지 집을 모형으로 보여준다. 예루살렘 성에 다윗의 보좌와 성전이 있는 것처럼 아버지의 집에도 아들의 보좌와 성전이 있다. 아버지의 집에는 태양과 달이 없으므로 낮과 밤이 없고 보좌로부터 나오는 영광의 빛이 항상 비취고 있다. 예수 그리스도께서 승천하신 뒤부터 그를 통하여 영광의 빛이 비취고 있다.

(2) 새 예루살렘과 하나님의 영광

1) 최후의 심판이 끝나고 우주가 불타서 불못이 되면 마지막 부활에 참여한 자들이 모두 지옥으로 들어갈 것이다. 그리고 첫째 부활에 참여한 자들은 아버지의 집으로 들어갈 것이며 행위에 따라서 상급을 받을 것이다. 그들이 받을 상급은 부활시에 결정될 것이다. 첫째 부활에 참여하는 자들의 몸에 그들의 상급이 그리스도의 흔적으로 나타날 것이다. 그들이 아버지의 집으로 들어가면 창세전에 작정된 하나님의 모든 뜻이 성취되고 하나님의 의와 공의가 강같이 흐르며 그의 영광이 하늘에 충만할 것이다.

2) 우주가 불살라 없어지고 첫째 부활에 참여한 자들이 아버지의 집으로 들어가면 만물이 하나님의 뜻에 순종할 것이다. 마귀와 함께 지옥으로 들어간 자들은 하나님께서 정한 방법대로 형벌을 받을 것이다. 하나님을 대적하던 모든 자들이 지옥에서 하나님의 말씀에 따라서 예수 그리스도의 이름에 무릎을 꿇고 하나님의 아들을 주로 시인할 것이다(빌 2:10). 그러나 성도들은 아버지의 집에서 하나님의 영광에 참여할 것이다. 아버지의 집에는 성도들을 위하여 예비된 처소가 있다. 예수 그리스도께서 승천하신 이후부터 성도를 위하여 처소를 예비하고 계신다(요 14:2). 그 처소는 성도의 공력에 따라서 결정

될 것이다. 성도들은 살아있을 동안 각각 그리스도 예수를 터로 하여 그 위에 집을 건축하고 있다. 아버지의 집에 있는 성도들의 처소는 그들의 공력에 따라서 세워질 것이다. 나무나 풀이나 짚으로 세운 자는 처소를 얻지 못할 것이다.

3) 성도들은 그들이 맡은 직분에 따라서 상급을 받을 것이다. 그리스도의 지체로서 교회에는 많은 직분이 있다. **"하나님이 교회 중에 몇을 세우셨으니 첫째는 사도요 둘째는 선지자요 세째는 교사요 그 다음은 능력이요 그 다음은 병 고치는 은사와 서로 돕는 것과 다스리는 것과 각종 방언을 하는 것이라"** (고전 12:28). **"그가 혹은 사도로, 혹은 선지자로, 혹은 복음 전하는 자로, 혹은 목사와 교사로 주셨으니"** (엡 4:11). 성도들이 맡은 직분을 잘 감당하면 그리스도의 지체로서 그의 형상을 온전히 나타낼 것이다. **"이는 성도를 온전케 하며 봉사의 일을 하게 하며 그리스도의 몸을 세우려 하심이라"** (엡 4:12). 맡은 직분을 감당한 자는 사도로서, 선지자로서, 복음을 전하는 자로서, 목사로서, 교사로서 상급을 받을 것이다. 직분에 충성한 정도에 따라서 성도 각자가 받을 상급이 결정될 것이다. 사도들이 받을 상급과 선지자가 받을 상급이 각각 다를 것이다. 사도들 가운데서도 직분에 충성한 정도에 따라서 상급이 다를 것이다. 죄인들이 불못에서 받을 형벌이 각각 다르듯이, 성도들이 아버지의 집에서 받은 상급이 각각 다를 것이다.

4) 성도들은 왕으로서의 영광을 가지고 아버지의 집으로 들어갈 것이다. **"만국이 그 빛 가운데로 다니고 땅의 왕들이 자기 영광을 가지고 그리로 들어오리라"** (계 21:24). "땅의 왕들"이란 세상의 왕을 의미하는 것이 아니라 그리스도와 함께 왕노릇한 자들을 말한다. 예수 그리스도께서 마귀를 심판하고 그의 모든 권세를 박탈하신 권세를 말씀으로 받고, 그 말씀으로 이 땅에서 영적으로 왕노릇한 자들이 있다. 예수 그리스도께서 믿는 자들에게 왕 같은 권세를 주셨다. **"내가 너희에게 뱀과 전갈을 밟으며 원수의 모든 능력을 제어할 권세를 주었으니 너희를 해할 자가 결단코 없으리라"** (눅 10:19). 사도들은 그 말씀으로 세상임금의 권세를 결박하고 귀신을 쫓아내며 병자를 고치고 복음을 증거하였다. 사도들은 그 권세를 가지고 아버지의 집으로 들어갈 것이다.

5) 아버지의 집에서 성도들은 어린 양의 보좌로부터 흘러나오는 생명수의 강에서

그 물을 마실 것이다. 또한 성도들은 그 강가에 있는 생명나무의 열매를 양식으로 먹을 것이다. "또 저가 수정 같이 맑은 생명수의 강을 내게 보이니 하나님과 및 어린 양의 보좌로부터 나서 길 가운데로 흐르더라 강 좌우에 생명나무가 있어 열두 가지 실과를 맺히되 달마다 그 실과를 맺히고 그 나무 잎사귀들은 만국을 소성하기 위하여 있더라" (계 22:1,2). "성령과 신부가 말씀하시기를 오라 하시는도다 듣는 자도 오라 할 것이요 목마른 자도 올 것이요 또 원하는 자는 값없이 생명수를 받으라 하시더라" (계 22:17). 이 말씀은 성도들이 먹고 마시고 입고 기거하는 모든 문제가 하나님의 은혜로 해결된다는 것을 의미한다. 따라서 아버지의 집에서 성도들은 다시는 의식주를 해결하기 위하여 일하지 아니할 것이다.

6) 아버지의 집에는 의와 공의가 강같이 흐르고 미혹하는 자가 없으므로 다시는 하나님의 대적하는 죄가 없을 것이다. 죄가 없으므로 칼과 온역과 기근과 같은 저주도 없다. **"다시 저주가 없으며 하나님과 그 어린 양의 보좌가 그 가운데 있으리니 그의 종들이 그를 섬기며" (계 22:3)**. 저주가 없다는 것은 눈물과 질병과 죽음이 없다는 것을 의미한다. "모든 눈물을 그 눈에서 씻기시매 다시 사망이 없고 애통하는 것이나 곡하는 것이나 아픈 것이 다시 있지 아니하리니 처음 것들이 다 지나갔음이러라" (계 21:4).

7) 아버지의 집에서 성도들은 우주 안에서 체험한 핍박과 환난과 슬픔에 대한 모든 것을 기억하지 아니할 것이다. 우주 안에서의 생활은 꿈을 꾼 것과 같이 잃어버릴 것이다. **"주여 사람이 깬 후에는 꿈을 무시함 같이 주께서 깨신 후에 저희 형상을 멸시하시리이다" (시 73:20)**. 사도들은 복음을 증거하기 위하여 많은 핍박을 받고 사형선고를 받는 것과 같은 환난을 당하였다. 이에 대한 모든 괴로운 경험이 다시는 생각나지 아니할 것이다. 성도들도 살아있을 동안 체험한 슬프고 괴로운 일들이 있다. 특히 자기의 가족을 구원하지 못한 경우에 이에 대한 괴로운 마음이 남아서 성도들을 사로잡을 수 있다. 그러나 우주 안에서 있던 모든 일들은 기억되지 아니할 것이다.

8) 아버지의 집에서 하나님은 성도의 아버지가 되시고 그리스도는 성도의 신랑이 되실 것이다. 성도는 하나님을 아버지로, 그리스도를 신랑으로 모신 기쁨으로 충만할 것이다. 성도들은 모두 형제와 자매이며 그리스도의 지체로서 서로를 내 몸과 같이 사랑

할 것이다. 성도들은 온전히 그리스도의 형상을 나타낼 것이다.164) 하나님의 거룩하심 같이 성도들도 거룩할 것이며, 하나님의 의로우심 같이 성도들도 의로울 것이다. 성도들을 통하여 그리스도의 형상과 영광이 나타날 것이다. 이로써 사람을 자기의 형상으로 창조하신 하나님의 뜻이 온전히 성취될 것이다.

9) 아버지의 집에는 밤이 없으며 하나님의 영광이 항상 충만히 비취고 있다(계 22:5). 성도들은 하나님의 영광 가운데서 보좌에 앉으신 그리스도와 하나님을 찬양할 것이다. **"이십사 장로들이 보좌에 앉으신 이 앞에 엎드려 세세토록 사시는 이에게 경배하고 자기의 면류관을 보좌 앞에 던지며 가로되 우리 주 하나님이여 영광과 존귀와 능력을 받으시는 것이 합당하오니 주께서 만물을 지으신지라 만물이 주의 뜻대로 있었고 또 지으심을 받았나이다 하더라"** (계 4:10,11). **"주여 누가 주의 이름을 두려워하지 아니하며 영화롭게 하지 아니하오리이까 오직 주만 거룩하시니이다 주의 의로우신 일이 나타났으매 만국이 와서 주께 경배하리이다 하더라"** (계 15:4).

10) 아버지의 집에서 성도들은 왕노릇할 것이며 천사들로부터 섬김을 받을 것이다. 천사들은 구원 얻은 자들을 섬기기 위하여 창조되었다. **"모든 천사들은 부리는 영으로서 구원 얻을 후사들을 위하여 섬기라고 보내심이 아니뇨"** (히 1:14). 성도들은 그리스도의 신부로서, 하나님의 자녀로서 거룩한 세마포 옷을 입고 생명나무의 열매를 먹고 생명수를 마시며 왕으로서 영광을 누릴 것이다. 성도들이 이 땅에서 받는 고난은 아버지의 집에서 누릴 영광을 역(逆)으로 보여준다. **"자녀이면 또한 후사 곧 하나님의 후사요 그리스도와 함께한 후사니 우리가 그와 함께 영광을 받기 위하여 고난도 함께 받아야 될 것이니라 생각건대 현재의 고난은 장차 우리에게 나타날 영광과 족히 비교할 수 없도다"** (롬 8:17,18).

11) 성도들이 아버지의 집에서 누릴 영광은 영원한 것이다. 모든 죄인들이 지옥에서 영원한 형벌을 받는 것과 같이, 성도들은 아버지의 집에서 영원토록 하나님의 영광에 참여할 것이다. 성도들은 항상 신랑이신 그리스도의 얼굴을 보는 기쁨으로 충만할 것이

---

164) 사람을 미혹하던 악한 영들은 불못으로 들어갔고 육체의 정욕은 흙으로 돌아갔으므로 아버지의 집에 들어간 자들은 의와 공의를 행할 것이다

다. **"그의 얼굴을 볼터이요 그의 이름도 저희 이마에 있으리라"** (계 22:4). 이것이 믿음으로 의롭다하심을 받은 자들이 받을 영원한 복이다. 일시적으로 육체가 있을 동안 누리는 복은 복이 아니다. 다윗은 그의 왕권을 넘어 영원한 복을 사모하고 그 기쁨으로 충만하였다. **"내가 여호와를 항상 내 앞에 모심이여 그가 내 우편에 계시므로 내가 요동치 아니하리로다 이러므로 내 마음이 기쁘고 내 영광도 즐거워하며 내 육체도 안전히 거하리니**(시 16:8,9).

12) 사도 바울은 자신이 아버지의 집에서 누릴 영광을 보았다. 그는 환상 가운데 낙원으로 올라가서 하나님의 영광을 보았다. **"그가 낙원으로 이끌려가서 말할 수 없는 말을 들었으니 사람이 가히 이르지 못할 말이로다"** (고후 12:4). 따라서 그는 장차 받을 영광을 위하여 세상에 속한 모든 것들을 버리고 죽도록 충성하였다. **"형제들아 나는 아직 내가 잡은 줄로 여기지 아니하고 오직 한 일 즉 뒤에 있는 것은 잊어버리고 앞에 있는 것을 잡으려고 푯대를 향하여 그리스도 예수 안에서 하나님이 위에서 부르신 부름의 상을 위하여 좇아가노라"** (빌 3:13,14). 사도 요한은 아버지의 집에서 받을 영광을 보았으므로 그리스도의 재림을 사모하였다. **"이것들을 증거하신 이가 가라사대 내가 진실로 속히 오리라 하시거늘 아멘 주 예수여 오시옵소서"** (계 22:20).

13) 믿음으로 의롭다하심을 받고 첫째 부활에 참여한 자들은 새 예루살렘 성에서 하나님의 영광에 참여하여 영생을 누릴 것이다. 예수 그리스도의 보좌로부터 나오는 영광의 빛이 온 성을 비출 것이다. 그 성은 낮과 밤의 구별이 없을 것이다. 성도들은 그리스도의 신부로서, 하나님의 자녀로서 하나님의 이름을 찬양할 것이다. 그들은 보좌에서 흘러나오는 생명수를 마시고 생명나무의 열매를 먹을 것이며 천사들의 수종을 받을 것이다. 성도들을 섬기는 자들로 창조된 천사들은 성도들을 위하여 일할 것이다(계 22:3). 다시는 죄와 저주, 질병과 죽음도 없을 것이다. 예수 그리스도의 영광이 온 성을 덮을 것이다.

(3) 이해를 위한 질문

1) 새 하늘과 새 땅의 모형

   a. 최후의 심판이 끝나면 우주는 불살라 없어지고 큰 불못으로 될 것이다(계 20:14). 그 후에는 성도들을 위하여 예비된 예루살렘 성이 내려올 것이다(계 21:2). 땅에 있는 예루살렘 성은 하늘에 있는 예루살렘 성의 모형이다. 그 이유는 무엇인가.

   b. 하늘에는 영광의 빛이 비취고 있다(계 21:23). 그 빛과 태양 빛은 어떻게 다른가.

   c. 하늘에서 영광의 빛은 어디에서 나오는가.

   d. 하늘에는 왜 그림자가 없는가(약 1:17).

   e. 왜 예수 그리스도의 몸은 하늘성전인가(계 21:22).

2) 아버지의 집: 새 예루살렘 성

   a. 우주가 불타서 불못이 되고 부활한 성도가 아버지의 집으로 들어가면, 만물이 하나님의 말씀을 순종함으로 하나님의 영광을 나타낸다. 하나님을 대적하던 악한 영들을 비롯하여 만물이 하나님의 말씀을 순종하는 이유는 무엇인가.

   b. 하늘에는 의와 공의가 강같이 흐르며 사망과 저주가 없는 이유는 무엇인가(계 21:4).

   c. 하늘에서 성도들이 누리는 복은 무엇인가(계 22:1,2).

   d. 하늘에서 성도들이 세세토록 왕노릇한다는 것은 무엇을 의미하는가(계 22:5).

   e. 하늘에서 하나님과 그리스도의 영광이 어떻게 나타나는가.

7.5 요약 및 결론

1. 제7부에서 예수 그리스도의 재림 이후에 있을 최후의 심판을 중심으로 재림의 준비와 징조, 예수 그리스도의 재림, 성도의 부활, 타락한 천사들과 믿지 아니하는 자들에 대한 심판을 논의하였다. 예수 그리스도의 강림과 그 후에 있을 최후의 심판이 이루어질 과정과 그 내용을 성경의 말씀을 기초로 하여 체계적으로 설명하려고 노력하였다. 예수 그리스도의 강림과 최후의 심판은 미래에 다가올 것이므로 할 수 있는 한 성경의

말씀을 토대로 하여 하나님의 뜻에 부합되는 이론을 도출하려고 하였다. 그러나 우리의 이론이 실제 나타날 미래와 다를 수 있을 것이다. 7.1에서는 예수 그리스도의 재림과 성도의 부활, 7.2에서는 예수 그리스도의 재림과 최후의 심판, 7.3에서는 첫째 부활과 마지막 부활, 7.4에서는 지옥의 형벌과 아버지 집의 영광에 대하여 논의하였다.

예수 그리스도의 강림은 일정한 조건의 성취를 요구한다. 인류의 역사는 그 조건의 성취를 향하여 달려가고 있다. 성경이 말씀하는 예수 그리스도의 강림의 조건은 이스라엘의 복음화, 거짓 선지자와 거짓 그리스도의 출현과 미혹, 교회의 배교 및 대환난 등이다. 예수 그리스도께서 강림하기 전에 복음이 온 세상에 전파될 것이며 마지막으로 이스라엘이 구원을 받을 것이다. 복음이 이방인들에게 전파되기 전까지 이스라엘은 강퍅하게 되므로 구원을 받지 못할 것이다. 그러나 모든 이방인에게 복음이 전파되고 이방인의 충만한 수가 구원을 얻은 뒤에 이스라엘이 복음을 받아드려 구원을 얻을 것이다. 마지막 날에 하나님께서 이스라엘의 마음을 열어서 하나님의 뜻과 예수 그리스도를 알게 하실 것이다.

예수 그리스도의 재림이 가까이 다가올수록 교회를 미혹하는 적그리스도, 거짓 그리스도 및 거짓 선지자들이 나타날 것이다. 거짓 그리스도는 자신을 가리켜 재림 예수라고 한다. 거짓 선지자는 자신의 생각을 하나님의 말씀이라고 속여서 교회로 하여금 범죄하게 한다. 특히 그들은 그리스도의 강림의 날짜를 예언함으로 교회로 하여금 범죄하게 한다. 그들은 교회를 육체의 일로 인도함으로 썩어질 것을 거두게 할 것이다(갈 6:8). 그들은 종교다원주의와 동성애로 교회를 미혹할 것이다. 종말이 다가오면 교회는 미혹을 받아 배교할 것이다. 적그리스도, 거짓 선지자 및 거짓 그리스도들이 교회를 미혹하고 믿는 자들 가운데 일부가 믿음을 버리고 세상으로 돌아갈 것이다. 하나님의 창조사역, 예수 그리스도의 동정녀 탄생과 부활을 부인하는 자유주의 신학은 교회를 내부로부터 붕괴시키고 있다. 자유주의 신학에 감염된 교회는 종교다원주의와 동성애에 빠져서 예수 그리스도의 피에 의한 속죄와 구원을 부인함으로 세상으로 돌아갈 것이다.

예수 그리스도께서 재림하기 전에 멸망의 가증한 것이 거룩한 곳에 설 것이고 큰 환난이 있을 것이며 교회를 미혹하는 자들이 심판을 받아 산채로 불 못으로 들어갈 것이다. 멸망의 가증한 것이란 교회를 미혹하는 적그리스도, 거짓 그리스도 및 거짓 선지자로 해석할 수 있다. 그들이 예배당의 강단에 서서 성도를 미혹할 것이다. 그리스도의 강림이 다가오면 전쟁과 지진이 빈번할 것이며 기근이 심화될 것이다. 그리스도의 강림 직전에 거짓 선지자와 거짓 그리스도들은 산채로 불못으로 들어갈 것이며 마귀와 음부에서 활동하는 악한 영들은 무저갱으로 들어갈 것이다. 적그리스도는 심판을 받아 멸망할 것이다. 그 후에는 일시적으로 윤리와 도덕적인 죄가 그치고 일시적으로 평화가 찾아올 것이다.

하늘에서 예수 그리스도의 강림을 알리는 징조가 나타날 것이다. 하늘에서 별들이 불타서 떨어지기 시작할 것이고 태양이 빛을 잃을 것이며 천사들의 나팔소리가 울려 퍼질 것이다. 그 때에 예수 그리스도께서 천사들과 함께 영광 가운데 강림하실 것이다. 예수 그리스도 안에서 잠자던 자들은 부활하여 그리스도와 함께 공중으로 내려올 것이며 지상에 있는 성도들은 부활하여 공중으로 끌려올라갈 것이다. 부활에 참여하지 못한 자들은 다가올 심판과 형벌을 두려워하여 통곡할 것이다.

2. 예수 그리스도께서 강림하신 뒤에 부활한 성도들과 함께 의와 공의로 세상을 심판하실 것이다. 심판이란 예수 그리스도 앞에서 자기의 죄를 고백하는 것이다. 사람들은 율법으로 자신의 죄를 깨닫고 죄를 자백함으로 심판을 받는 것이다. 심판은 책에 기록된 대로 이루어질 것이다. 예수 그리스도의 보좌 앞에 어린 양의 생명책과 또 다른 책이 펼쳐질 것이다. 어린 양의 생명책에는 믿음으로 구원을 받은 자들이, 또 다른 책에는 믿지 아니함으로 구원을 받지 못한 자들의 모든 행위가 기록되었을 것이다. 어린 양의 생명책에 기록된 자는 심판을 받지 아니할 것이나, 또 다른 책에 기록된 자들은 행위에 따라서 심판을 받을 것이다.

예수 그리스도의 강림시까지 육체가 죽은 자들의 영혼은 음부로 내려간 자와 낙원으로 올라간 자로 구분한다. 믿는 자들은 낙원에서 잠자는 것과 같이 예수 그리스도 안에서 안식을 누릴 것이다. 예수 그리스도께서 강림하실 때 그들은 홀연히 변화하여 죽지 아니하고 썩지 아니할 몸을 입고 그리스도와 함께 공중으로 내려올 것이다. 믿지 아니하는 자들은 죽은 뒤에 그 영혼이 음부로 내려가서 자기의 죄를 깨닫고 이를 갈며 통곡할 것이다. 그들은 생전에 하나님과 예수 그리스도를 알지 못하였다가 육체가 죽은 뒤에 죄를 깨달을 것이다. 믿지 아니하는 자들이 음부로 내려가서 죄를 깨닫는 것은 심판을 받은 것이다.

예수 그리스도께서 강림하실 때 육체가 살아있으나 부활에 참여하지 못한 자들은 자기의 죄를 깨닫고 통곡함으로 심판을 받을 것이다. 그들은 구원의 기적을 바라고 하나님 앞에서 자기의 죄를 자백하며 하나님의 은혜를 구할 것이다. 그러나 구원의 문이 닫혔으므로 그들의 회개는 헛될 것이다. 그들은 말로만 듣던 예수 그리스도의 강림을 눈으로 보고 심판이 시작되는 것을 깨달을 것이다. 그들은 지옥의 형벌을 무서워하며 통곡할 것이며 자신들을 멸망의 길로 인도한 우상과 이방신전을 파괴할 것이다. 그들의 고백과 행위가 그들의 죄를 증거할 것이다. 이로써 그들은 심판을 받을 것이다.

예수 그리스도께서 강림하신 뒤에 예수 그리스도를 믿는다고 입으로 고백하는 자들을 양과 염소로 구분하실 것이다. 예수 그리스도를 주님이라고 입으로 고백하는 모든 자들이 부활에 참여하여 공중으로 끌려 올라갈 것이 아니라 아버지의 뜻대로 행하는 자들만이 부활하여 그리스도를 영접할 것이다. 성령을 훼방하는 자, 가룟 유다처럼 직분을 버린 자, 거짓 선지자와 거짓 그리스도에게 미혹을 받은 자, 율법의 행위로 돌아간 자, 음행한 자, 동성애자, 살인한 자, 기름을 준비하지 아니한 자는 염소로 분류되어 첫째 부활에 참여하지 못하고 통곡할 것이다.

예수 그리스도의 강림 전에 무저갱에 갇혔던 마귀와 악한 영들은 그곳에서 나와 사람들을 미혹할 것이다. 예수 그리스도의 강림을 보고 회개하며 통곡하던 자들은 윤리와 도덕적인 죄를 그치고 하나님의 말씀을 순종하려고 하였으나, 마귀에게 미혹을 받아 다시 예수 그리스도를 대적할 것이다. 마귀가 무저갱에서 나온 뒤에 세상은 하나님의 말씀을 대적하는 죄로 가득할 것이다. 이것은 마귀가 사람을 미혹하여 범죄하게 한다는 객관적인 증거이며, 동시에 마귀에게 미혹을 받은 사람이 하나님을 대적한다는 것을 증거한다. 마귀와 악한 영들은 아담 이후 모든 사람을 미혹하여 하나님을 대적하게 한 죄를 스스로 드러내고, 첫째 부활에 참여하지 못한 자들은 마귀에게 미혹을 받아 범죄함으로 자신의 죄를 드러낼 것이다. 이로써 모든 심판은 끝날 것이다.

3. 의롭다하심을 받은 자들은 그리스도께서 강림하실 때 첫째 부활에 참여할 것이다. 첫째 부활은 두 단계를 통하여 이루어질 것이다. 첫째, 낙원에서 안식을 누리는 자들은 부활하여 그리스도와 함께 공중으로 강림할 것이다. 둘째, 지상에 있는 자들은 부활하여 공중으로 끌려올라갈 것이다. 예수 그리스도 안에서 안식하는 영혼들은 홀연히 변화하여 신령한 몸을 입을 것이며, 지상에 있는 자들은 흙으로 된 몸을 벗고 신령한 몸을 입을 것이다. 의롭다하심을 얻고 거듭난 난 자들은 모두 젊은이의 모습으로 부활할 것이다. 그러나 의롭다하심을 얻었으나 거듭나지 못한 자들은 죽을 당시의 모습으로 부활할 것이다. 첫째 부활에 참여한 자의 몸에는 어린 양의 이름이 있을 것이다. 그 이름으로부터 하나님의 영광이 나타날 것이다.

첫째 부활에 참여하지 못한 자들은 모두 마지막 부활에 참여할 것이다. 의롭다하심을 받지 못한 자들은 모든 심판이 끝나면 마지막 부활에 참여할 것이다. 지상에서 살아있는 자들은 흙으로 된 몸이 죽지 아니할 몸으로 변화할 것이다. 무저갱에서 나온 자들의 영혼이 홀연히 몸을 입고 나올 것이다. 이로써 창세로부터 종말까지 모든 인류는 부활할 것이다. 마지막 부활에 참여한 자들은 죽은 당시의 육체의 모습으로 부활할 것이며 부활한 몸에는 원죄와 자범죄의 흔적이 새겨질 것이다. 부활한 몸에 있는 죄의 흔적대로 그들은 형벌을 받을 것이다.

예수 그리스도께서 강림하신 뒤에 모든 심판이 끝나면 우주는 불살라 커다란 불못이 될 것이다. 타락한 천사들이 갇혀서 활동하는 공간과 장소를 흑암 또는 음부라고 한다. 마귀가 우주 안에서 활동하므로 우주는 흑암이며 음부이다. 예수 그리스도께서 강림하기 직전부터 우주는 불타기 시작하여 모든 심판과 마지막 부활이 끝나면 우주는 완전히 불타서 불못이 될 것이다. 이것이 지옥일 것이다. 마지막 부활에 참여한 자들은 모두 불못으로 들어가 영원한 형벌을 받을 것이다.

모든 심판이 끝나면 첫째 부활에 참여한 자들은 각자의 영광을 가지고 거룩한 세마포 예복을 입고 새 예루살렘 성으로 들어갈 것이다. 사도는 사도의 영광을, 선지자는 선지자의 영광을, 목사는 목사의 영광을, 교사는 교사의 영광을, 집사는 집사의 영광을 가지고 새 예루살렘 성으로 들어갈 것이다. 예수 그리스도의 이름으로 왕 같은 권세를 가지고 마귀를 결박하고 복음을 증거하며 이적과 기사를 행한 성도들은 왕 같은 영광을 가지고 그 성으로 들어갈 것이다.

첫째 부활에 참여한 자들이 각자의 영광을 가지고 거룩한 세마포를 입고 새 예루살렘 성으로 들어가면 만물이 아버지의 뜻에 무릎을 꿇게 될 것이다. 타락한 천사들과 믿지 아니하는 모든 자들이 하나님의 뜻대로 지옥 불에 들어가면 모든 죄는 끝날 것이다. 첫째 부활에 참여한 자들은 영광 가운데 새 예루살렘 성에서 하나님을 찬양할 것이다. 이로써 만물이 하나님의 뜻에 순종할 것이며 하나님의 영광이 만물을 덮을 것이다. 예수 그리스도는 하늘보좌에 앉아 영원히 만물을 다스릴 것이며 성도들은 하나님의 영광 가운데서 영생을 누릴 것이다.

4. 마지막으로 이 책의 내용을 종합하여 보자. 이 책은 창세전에 공간과 장소를 초월하여 스스로 계신 하나님으로부터 시작하여 우주 종말까지를 다루고 있다. 태초에 하나님께서 아들을 위하여 만물을 창조하시려고 하셨을 때 사단의 타락과 사단의 미혹으로 아담이 타락할 것을 미리 아시고 창조와 우주 역사에 관한 모든 뜻을 작정하셨다. 하나님은 하늘을 영계로 창조하시고 아들을 위하여 보좌와 성전을 마련하셨다. 우주는 물질계로서 타락한 사단을 심판하고 인류의 죄를 대속하는 흑암으로 창조되었다.

천사들은 빛이 창조되기 전에 창조되었다. 사단은 하나님의 이름을 찬양하는 천사로서 아름답게 창조되었으나 교만하여 하나님의 아들을 위하여 예비된 보좌에 오르려고 하였다. 하나님은 그 천사를 불의하다고 선언하시고 영원한 결박으로 흑암에 가두셨다. 우주는 흑암으로 창조되었으나 육일간의 창조사역을 통하여 지금 우리가 보는 세계로 태어났다. 하나님은 자기의 형상을 따라 사람을 창조하심으로 아들이 육신으로 임하실 길을 예비하셨다. 하늘에서 창조된 천사는 육신이 없는 영적 피조물이나 사람은 영과 혼과 육신을 가진 유일한 피조물로 창조되었다.

사람은 하나님의 형상으로 창조되었으므로 땅을 정복하여 문명을 건설하고 문화생활을 하며 모든 동물을 다스리는 특권을 받았다. 사람은 하나님의 형상이므로 하나님의 아들이 오실 길을 준비함으로 하나님의 영광을 나타내야 할 사명을 받았다. 그 사명을 완수하기 위하여 지켜야 할 계명이 선악과 계명이다. 하나님만이 자기의 의지로 생명과 사망을 결정하실 수 있으나, 아담은 자유의지로 이것들을 결정하려고 하였다. 아담은 사단에게 미혹을 받아 자유의지로 계명을 불순종함으로 하나님의 주권을 침해하였다. 죄로 인하여 아담은 하나님의 형상을 상실하였으며 이로 인하여 하나님의 아들이 오실 길이 막히게 되었다.

하나님은 아담의 타락으로 차단된 그리스도의 오시는 길이 아벨의 믿음으로 열리게 되었다. 그러나 마귀는 아벨을 죽임으로 그 길을 다시 차단하였다. 그러나 그 길이 에녹의 믿음으로 다시 열렸고 그 믿음이 노아로 이어졌다. 노아의 믿음을 위협하는 악한 생각과 계획을 가진 자들이 홍수로 심판을 받아 죽임을 당하였다. 하나님은 아브라함을 택하여 부르시고 그의 믿음을 의롭다고 하시고 그에게 장차 오실 그리스도의 언약을 주셨다. 아브라함의 믿음이 이삭으로, 이삭에서 야곱으로, 야곱에서 열두 아들로 이어졌다. 요셉이 애굽으로 들어간 이후 그리스도의 언약을 받은 자들과 악한 영들의 지배 아래 있는 자들의 영적 싸움이 시작되었다.

애굽의 바로는 그리스도의 언약을 받은 자들을 박해하고 죽였다. 하나님은 이스라엘 백성을 애굽에서 인도하여 내시고 광야에서 율법을 주셨다. 율법은 그들로 하여금 죄를 깨닫게 하여 장차 오실 그리스도를 믿고 그의 오실 길을 준비하게 하는 법이다. 율법으로 자신의 죄를 깨닫고 장차 오실 그리스도를 믿은 자들은 광야를 통과하여 가나안 땅에 들어갈 수 있었다. 하나님의 은혜로 가나안 땅에 들어간 이후 바벨론에게 멸망하기까지 이스라엘의 역사는 그리스도의 오시는 길을 준비하는 과정에서 벌어지는 영적전쟁을 보여준다.

아브라함과 이삭과 야곱으로 이어지는 오실 그리스도의 언약이 이스라엘 백성에게 사명을 주어졌다. 하나님은 이 사명을 위하여 그들을 애굽에서 인도하여 내시고 그들에게 율법을 주셨다. 그들이 가나안 땅에 정착한 이후 율법으로 하나님을 섬기는 것은 그리스도의 오시는 길을 준비하는 것이다. 사단은 이것을 막기 위하여 이방여자들로 이스라엘 백성을 미혹하여 우상을 숭배하게 하였다. 이스라엘 백성은 이방인의 미혹에 빠져 우상을 숭배에서 헤어나지 못하고 결국에는 앗수르와 바벨론에게 멸망하였다. 이스라엘 백성들은 영토와 주권을 잃어버리고 세계 각지에 흩어지게 되었다. 그들이 우상을 숭배할 때에도, 남은 자들은 율법으로 자신의 죄를 깨닫고 장차 오실 그리스도를 믿음으로 의롭다함을 받았다. 그들을 통하여 그리스도께서 육신으로 임하셨다.

이스라엘의 역사는 사단의 죄를 모형으로 보여준다. 사단은 뱀을 이용하여 아담을 미혹한 것과 동일한 방법으로 이방인을 통하여 이스라엘 백성을 미혹하여 우상을 숭배하게 하였다. 아담은 이스라엘을, 뱀은 이방인들을 모형으로 보여준다. 이방인들이 파괴한 예루살렘 성전은 이방인의 손에 의하여 십자가에 못 박히실 그리스도를 모형으로 보여준다. 제사장들과 선지자들과 왕들은 장차 오실 그리스도의 생애를 모형으로 보여주었다. 그리스도께서 장차 선지자, 제사장 및 왕의 직분을 가지고 오실 것이다.

마지막 선지자 말라기는 이스라엘이 기다리던 그리스도께서 곧 오실 것이며 그의 오심을 준비할 선지자 엘리야가 그리스도 앞서 온다고 예언함으로 구약성경을 마감하였다. 말라기 이후 세례 요한까지 하나님은 그리스도의 오시는 길을 완전하게 준비하셨다. 바벨론의 포로에서 가나안 땅으로 돌아온 유대인들은 하나님께서 약속하신 진정한 제사장의 나라를 건설하였으며, 전 세계에 흩어진 유대인들은 회당을 세웠고, 알렉산더는 점령지역의 언어를 헬라어로 통일하였다. 이로써 그리스도의 복음이 전파될 기틀이 마련되었다.

구약성경에서 예언한 대로 예수 그리스도께서 아브라함과 다윗의 후손을 통하여 육신으로 임하셨다. 신약성경은 그리스도께서 믿음으로 의롭다함을 받은 아브라함의 후손으로 오셨다는 것으로부터 시작한다. 아브라함으로부터 시작하는 이스라엘의 역사는 그리스도의 오시는 길을 준비한 것임을 밝히고 있다. 그리스도께서 공생애를 시작하기 전에 말라기 선지자의 예언대로 세례 요한이 와서 그리스도의 길을 준비하였다. 구약성경의 예언대로, 그리스도는 처녀의 몸에서 잉태하시고 아버지의 뜻을 위하여 일하셨으며 죽으시고 부활하셨다. 그리스도에 대한 구약성경의 모든 예언이 성취되었다. 이로써 구약시대에 율법으로 자신의 죄를 깨닫고 장차 오실 그리스도를 믿고 소망한 모든 자들의 죄가 그리스도의 피로써 용서받았다.

그리스도께서 인류의 모든 죄와 허물을 짊어지고 죽으심으로 아담의 타락으로 들어온 원죄와 인류의 모든 자범죄를 대속하셨다. 그리고 아담을 미혹하여 타락하게 한 사단을 심판하시고 그의 모든 권세를 박탈하셨다. 그리스도께서 부활하심으로 자신이 하나님의 아들이란 객관적인 증거를 보이신 뒤에 승천하여 하늘보좌에 앉으셨다. 이후부터 그리스도께서 믿는 자들에게 성령을 보내주신다. 사도들은 성령으로 목숨을 걸고 그리스도의 복음을 증거하였다. 이제는 믿는 자들이 성령의 역사로 복음을 증거하고 있다. 믿는 자들은 원죄와 자범죄를 용서받고 장차 다시 오실 그리스도와 몸의 부활을 소망하며 복음을 증거함으로 사랑을 실천한다.

복음증거의 내용은 예수가 하나님의 아들이라는 것이다. 그는 죽임을 당하셨으나 부활하셨다. 그는 승천하신 이후에 성령을 보내신다. 믿는 자들은 이에 대한 객관적인 증거를 제시하며 그리스도의 피에 의한 구원과 그의 재림시 있을 첫째 부활에 대한 소망을 전한다. 사도 바울은 성도들은 운동장에서 골인지점을 향하여 달려가는 선수와 같다고 기록하였다. 구약시대에 믿음의 선진들은 장차 오실 그리스도의 소망을 가지고 목숨을 초월하여 하나님을 섬긴 것과 같이, 우리는 첫째 부활에 참여할 소망을 가지고 복음을 증거한다.

그리스도께서 작정된 때에 다시 오실 것이다. 그 때에 우주는 불타기 시작할 것이며 마지막 심판이 있을 것이다. 창세 이후 믿지 아니함으로 불의한 자로 선언된 자들은 행위에 따라서 형벌의 종류를 결정하는 심판을 받을 것이다. 믿음으로 의로운 자로 선언된 자는 복음의 행위에 따라서 상급을 결정하는 심판을 받을 것이다. 아담을 미혹한 사단과 그의 사자들에 대한 심판이 있을 것이다. 모든 심판이 끝나면 우주는 불에 타서 커다란 불못이 될 것이며 모든 죄인들은 부활하여 이 불못으로 들어갈 것이다. 믿는 자들은 모두 부활하여 아버지의 집으로 들어갈 것이다. 이로써 창세전에 작정된 하나님의 모든 뜻이 완성될 것이다. 이제 우리는 그리스도의 재림을 기다리며 첫째 부활의 소망을 가지고 그리스도의 말씀을 순종하여야 한다. **"이것들을 증거하신 이가 가라사대 내가 진실로 속히 오리라 하시거늘 아멘 주 예수여 오시옵소서"** (계 22:20).

저자 약력

- 성균관대학교 경제학과 졸
- 동 대학원 경제학과(Ph.D.)
- 안양대학교 신학연구원
- 공인회계사
- 섬기는 교회 : 소명교회

저서

- 공저 「자산, 부채관리」 ALM(국제금융연수원, 1993)
- 초판 「왜 우리는 예수 그리스도를 믿어야 하는가」(크리스챤 디스커버리, 2015)
- 「동성애의 실상과 허상」(크리스챤 디스커버리, 2017)
- 개정 증보판 「왜 우리는 예수 그리스도를 믿어야 하는가?」(크리스챤 디스커버리, 2023)
- 초판 「모형으로 계시된 그리스도와 믿음」(크리스챤 디스커버리, 2023.5.20 발행)

왜 우리는 예수 그리스도를 믿어야 하는가?

초　　판 : 2015년 발행
개정 증보판 제3권 : 2023년 6월 20일
저　　자 : 김도수
펴낸 곳 : 크리스챤 디스커버리
　　　　　경기도 안양시 동안구 학의로 282, 412호
　　　　　Tel: 070-4629-1906
제　　작 : (주) 앱닥
발 행 자 : 김정민
발　　행 : 크리스챤 디스커버리

* 임의로 복사하거나 제본할 수 없습니다.
* 잘못된 책은 교환해 드립니다.

정가 20,000원

ISBN 979-11-983295-4-7 94230
ISBN 979-11-983295-1-6　(세트)